Babylonische Archive

Band 2

Urkunden zum Ehe-, Vermögens- und Erbrecht aus verschiedenen neubabylonischen Archiven

Cornelia Wunsch

Babylonische Archive 2

Herausgeber
Cornelia Wunsch

ISLET
Dresden 2003

Urkunden zum Ehe-, Vermögens- und Erbrecht

aus verschiedenen neubabylonischen Archiven

von
Cornelia Wunsch

ISLET
Dresden 2003

Herstellung: Druckerei Wolfram, Dresden
Printed in Germany
ISBN 398084661X
ISBN 13: 9783980846615

ISLET
E-Mail: islet@mailbox.co.uk

Helga und Manfred Mösch
in Dankbarkeit gewidmet

Inhalt

Vorwort

Das vorliegende Buch entstand als ein erster Beitrag zum Forschungsprojekt „Erbrecht in Mesopotamien", das Konrad Volk an der Universität Tübingen initiiert hat und das von der Deutschen Forschungsgemeinschaft getragen wird. Ziel des Projektes ist es, die erbrechtlichen Regelungen in Mesopotamien anhand von Gesetzesbestimmungen und praktiziertem Recht vergleichend zu untersuchen und Entwicklungslinien aufzuzeigen. Darüber hinaus soll anhand der Privaturkunden ermittelt werden, wie Erbteilungen vonstatten gingen, welchen Umfang die Erbschaften hatten, welchen Einfluß der Teilungsmodus auf die Familienstruktur und die ökonomischen Ressourcen der nächsten Generation hatte und mit welchen Heiratsstrategien die Effekte der Erbteilungen kompensiert werden sollten. Besondere Beachtung verdient die Frage, in welchem Maße die übliche Erbfolge umgangen werden konnte (etwa durch Schenkungen, Vermögensübertragungen unter Lebenden oder auf den Todesfall, Testamente, Adoptionen oder das Überspringen einer Generation) und welchen Spielraum der Erblasser dafür hatte.

Auf die meisten der hier publizierten Urkunden wurde ich schon 1993/94 aufmerksam, als ich im Rahmen eines Postdoktoranden-Projektes die Babylon-Sammlung des Britischen Museums durchging, um nach Texten des Egibi-Archivs zu suchen. Dabei notierte ich auch alle Urkunden, die auf den ersten Blick zwar keinen Zusammenhang zu diesem Archiv erkennen ließen, aber für vermögens- und erbrechtliche Fragestellungen interessant schienen: Erbteilungen, Mitgiftbestellungen, eine Scheidungsurkunde und Gerichtsdokumente. Während sich einige später doch als Retroakten zum Egibi-Archiv herausstellten, wiesen andere eine vage Verbindung zu einer anderen, kleineren Archivgruppe auf, die hier als Šangû-Ninurta-Archiv bezeichnet wird. Daneben kamen auch Texte zutage, deren Archivzugehörigkeit bislang nicht geklärt werden kann. Auf weitere Urkunden, speziell in der Sippar-Sammlung, wurde ich durch Kollegen hingewiesen, oder ich fand sie durch Zufall, weil ich die Nummern in ganz anderem Zusammenhang nach dem Katalog bestellt hatte.

Viele Tafeln sind beschädigt und bedürfen einer detaillierten, nachvollziehbaren Bearbeitung, um dem Außenstehenden verständlich zu werden. Eine solche Präsentation kann nicht in eine Untersuchung zum mesopotamischen Erbrecht aufgenommen werden, sie würde den Rahmen sprengen. In archivbezogene Studien könnten auch nicht alle Texte einbezogen werden, insbesondere, wenn ihre Anbindung auf schwachen Indizien beruht oder gar nicht nachweisbar ist. Thematisch Verwandtes sollte möglichst zusammen publiziert werden, um dem Interessierten mühsame Literaturrecherchen zu ersparen. Somit entstand die Idee, diese Textbearbeitungen in Buchform zusammenzufassen, um eine Darstellung zum Erbrecht von Detaildiskussionen zu entlasten. Es wurden außerdem Kopien und Neubearbeitungen von vier Texten angefügt, die für unser Thema relevant sind und die vor über hundert Jahren von F.E. Peiser in Umschriften mitgeteilt wurden.

Den Trustees des Britischen Museums sei für die Genehmigung, die Tafeln zu kopieren und im Rahmen dieses Buches zu veröffentlichen, aufrichtig gedankt.

Die Mitarbeiter am Department Ancient Near East haben mich stets freundlich und tatkräftig unterstützt. Christopher Walker, Erle Leichty und Marcel Sigrist haben mir Vorarbeiten zum Katalog der Babylon-Sammlung zur Verfügung gestellt.

Während meines Aufenthaltes am Britischen Museum hatte ich mehrere Monate Gelegenheit, einschlägige Texte mit Caroline Waerzeggers zu diskutieren, als sie die zeitgleichen Privatarchive aus Borsippa durchgesehen hat. Ich verdanke ihr zahlreiche Denkanstöße und manchen Hinweis auf verwandtes Material. Sie hat Teile des Manuskripts gelesen, ebenso wie Michael Jursa. Beide haben mich auf Fehler hingewiesen und vor Peinlichkeiten bewahrt, auch an manchen Stellen Lesungen verbessern oder Ergänzungen vorschlagen können. Des weiteren danke ich Claus Ambos für Korrekturen sowie John MacGinnis, Ran Zadok, Karlheinz Kessler und Stefan Zawadzki für Anregungen, Hinweise auf Tafeln und Literatur.

Der Deutschen Forschungsgemeinschaft gebührt mein Dank für die finanzielle Förderung dieses Projekts und Konrad Volk für seine stete Ermutigung und die hervorragenden Arbeitsbedingungen an der Universität Tübingen. M. Hudson hat über das Institute for the Study of Long-Term Economic Trends einen Druckkostenzuschuß eingeworben.

Cornelia Wunsch

Liste der in Kopie publizierten Urkunden

Inventar-nummer	Nr. im Buch	Querverweis
BM 21975	15	
BM 30515	33	
BM 31425	8	(+) 36799
BM 31721	22	
BM 32153	16	+32185 +32194
BM 32185		siehe 32153
BM 32194		siehe 32153
BM 32463	17	
BM 32619	34	
BM 33795	5	
BM 35508	42	(+) 38259
BM 35675	24	
BM 36463	21	
BM 36466	37	
BM 36799		siehe 31425 (+)
BM 37603	20	+ 37620
BM 37620		siehe 37603
BM 37722	25	
BM 38125	43	
BM 38205	36	
BM 38215	19	
BM 38259		siehe 35508
BM 38428	26	
BM 38943	40	
BM 40030	41	
BM 40523	13	
BM 40566	12	
BM 41663	45	+41698 +41905
BM 41698		siehe 41663
BM 41869	23	
BM 41905		siehe 41663
BM 41933	14	
BM 42470	3	
BM 45547	10d	
BM 46580	11	
BM 46581	30	
BM 46618	2	
BM 46635	10b	
BM 46646	27	
BM 46721	31	
BM 46787	4	
BM 46827	10a	
BM 46830	32	
BM 46838	28	
BM 47084	6	
BM 47272	10c	
BM 47492	7	
BM 47552	18	
BM 47795	29	(+) 48712
BM 48712		siehe 47795
BM 55784	35	
BM 59584	1	
BM 59618	39	
BM 59721	9	
BM 65722	48	
BM 77425	44	
BM 77432	46	+77647
BM 77474	47	
BM 77647		siehe 77432
BM 103451	38	

Texte, die kollationiert* oder mit Kopie neu bearbeitet° wurden

BM 61737	*6^{22}, 9f.
BM 76029	*31^{10}
BM 76202	*30^{7}
BM 82597	*30^{8}
BMA 31*	siehe BM 76202
BMA 32*	siehe BM 82597
BMA 33*	siehe BM 76029
Peiser, BRL 2, S. 16°	Nr. 44
Peiser, BRL 2, S. 63°	Nr. 47
Peiser, BRL 2, S. 73°	Nr. 46
Peiser, BRL 4, S. 20°	Nr. 35
Roth, RA 82, S. 134^{7}*	siehe BM 61737

Thematische Übersicht

Adoption
Nr. 43, 44
Eheschließung
Nr. 1, 2, 3, 4, 5, 6, 7
Eid / Fluchformel zur Vertragssicherung
Nr. 1, 3, 10, 12, 13, 15, 16, 17, 18, 20, 22, 23, 33, 36, 43
Eid vor Gericht
Nr. 45, 46
Erbteilung
Nr. 38, 39, 40, 41, 42
Erbvertrag
Nr. 33, 36, 37
Kaufvertrag
Nr. 29
Kompensation von Mitgiftgut
Nr. 16, 18, 21, 23
Mitgiftbestellung
Nr. 2, 3, 4, 6, 7, 10, 12, 13
Pfründen
Nr. 17, 37, 38
Protagonisten mit westsemitischen Namen
Nr. 5, 18, 48
Rechtsstreit / Beurkundung einer außergerichtlichen Einigung
Nr. 11, 42, 44, 45, 46, 47, 48
Siegel° / Beischriften ohne Siegel*
Nr. 11*, 18°, 29°, 41°, 42°, 44*, 45*, 46°
Scheidung / Auflösung von Ehe(versprechen)
Nr. 8, 9
Testament
Nr. 34, 35
Vermögensübertragung (Anwendung des Formulars der ~)
Nr. 13, 14, 15, 16, 17, 18, 19, 20, 21, 22, 23, 24, 25, 26, 28, 30, 33, 34, 35, 36
Versorgungsansprüche
Nr. 8, 11, 15, 20, 43, 48

BEMERKUNGEN ZU DEN UMSCHRIFTEN

In den Umschriften wurden die Logogramme in ihre akkadischen Entsprechungen aufgelöst. Dabei kommen die Indizierungen von R. Borger, *Assyrisch-babylonische Zeichenliste* (3. Auflage, Alter Orient und Altes Testament 33/33A, Neukirchen-Vluyn 1986) und W. von Soden und W. Röllig, *Das Akkadische Syllabar* (4. Auflage, Analecta Orientalia 42, Rom 1991) zu Anwendung. Wo diese voneinander abweichen und wegen der in neubabylonischer Zeit abweichenden Präferenz bei einigen wenigen Zeichen wird wie folgt verfahren:

Bābili^{ki} tin.tir^{ki}; *Bābili*$_2$^{ki} e^{ki}; *balāṭu* tin; *dīnu* di.ku$_5$; *imittu* zag.lu; ^{d}*Ištar* ^{d}15; ^{d}*Marduk*$_2$ ^{d}šú; *nadānu* mu; *nadānu*$_2$ sum.na; *napḫaru* šu.nigin; *napḫaru*$_2$ pap; *napḫaru*$_3$ šu.nigin$_2$; ^{d}*Nergal* u.gur; *pūtu* sag; *qabû* e; *šalāmu* gi

[...] kennzeichnet abgebrochenen Text
⸢...⸣ kennzeichnet teilweise zerstörte Stellen
<...> kennzeichnet ausgelassene Zeichen
{...} kennzcichnet überflüssige Zeichen
* kennzeichnet Kollationsergebnisse
! kennzeichnet Korrekturen oder Emendationen
? kennzeichnet unsichere Lesungen

Die Kopie ist in jedem Fall zu vergleichen.

Die neubabylonischen Urkunden sind nach Tag, Monat und Regierungsjahr des jeweiligen Herrschers datiert (Camb = Cambyses, Cyr = Cyrus II., Dar = Darius, EvM = Amēl-Marduk; Nbk = Nebukadnezar II., Nbn = Nabonid, Npl = Nabopolassar, Ngl = Neriglissar, Xer = Xerxes I.). Die Umrechnung nach dem Julianischen Kalender folgt R.A. Parker und W.H. Dubberstein, *Babylonian Chronology, 626 B.C.–A.D. 75* (Brown University Studies 19, Providence 1956).

Gewichtsmaße:

Šekel	(*šiqlu*)	1 š	(ca. 8 g)
Mine	(*manû*)	1 m = 60 š	(ca. 500 g)

Das Flächen- und Hohlmaß Kur entspricht 54000 Quadratellen bzw. 180 Litern und ist folgendermaßen unterteilt:

1 Kur	5 PI	30 Bán	180 Silà	
1 PI		6 Bán	36 Silà	
		1 Bán	6 Silà	
			1 Silà	10 GAR

Literatur- und Abkürzungsverzeichnis

Bibliographische Abkürzungen richten sich nach dem *Akkadischen Handwörterbuch* von W. von Soden (Wiesbaden 1958–81) und dem *Assyrian Dictionary of the University of Chicago* (Chicago und Glückstadt 1956ff.)

Abraham, K.

CRRAI 38 — „The Dowry Clause in Marriage Documents from the First Millennium B.C.E.", in J.-M. Durand (Hrsg.), *La circulation des biens, des personnes et des idées dans le Proche-Orient ancien, XXXVIIIe R.A.I.*, Paris 1992, S. 311–320.

AfO 38/39 — siehe MacGinnis

AfO 42/43 — siehe Wunsch

AfO 44/45 — siehe Wunsch

Arnaud, D.

RA 68 — „Annexe IV: AO 19641", RA 68 (1974), S. 178–179.

Baker, H.D.

Fs Walker — „Approaches to Akkadian Name-Giving in First-Millennium B.C. Mesopotamia", in C. Wunsch (Hrsg.), *Mining the Archives. Festschrift for Christopher Walker …* (Babylonische Archive 1). Dresden 2002, S. 1–24.

Baker, H.D. und C. Wunsch

Notaries — „Neo-Babylonian Notaries and Their Use of Seals", in W.W. Hallo und I.J. Winter (Hrsg.), *Seals and Seal Impressions. Proceedings of the XLVe Rencontre Assyriologique Internationale, Part II: Yale University*, Bethesda 2001, S. 197–213.

Beaulieu, P.-A.

BCSMS 26 — „Woman in Neo-Babylonian Society", BCSMS 26 (1993), S. 7–14.

Catalogue — *Catalogue of the Babylonian Collections at Yale, 1. Late Babylonian Texts in the Nies Babylonian Collection*, Bethesda 1994.

MOS Studies 2 — „A Finger in Every Pie: The Institutional Connections of a Family of Entrepreneurs in Neo-Babylonian Larsa", in A.C.V.M. Bongenaar (Hrsg.), *Interdependency of Institutions and Private Entrepreneurs (MOS Studies 2). Proceedings of the Second MOS Symposium (Leiden 1998)* (PIHANS 87). Istanbul 2000, S. 43–72.

RA 87 — „Prébendiers d'Uruk à Larsa", RA 87 (1993), S. 137–152.

Bertin, G. — unpublizierte Kopien, Britisches Museum.

BMA — siehe Roth

Bongenaar, A.C.V.M.

Ebabbar — *The Neo-Babylonian Ebabbar Temple at Sippar: Its Administration and its Prosopography* (PIHANS 80). Istanbul 1997.

BRL (mit Bandnummer) siehe Peiser

Çağirgan, G. und W.G. Lambert

JCS 43–45 — „The Babylonian Kislimu Ritual", JCS 43–45 (1991–93), S. 89–106.

Camb siehe Straßmaier
CM 3 und CM 20 siehe Wunsch
CTMMA 3 siehe Spar und von Dassow
Cyr siehe Straßmaier

Dandamaev, M.A.
Bagasaru „Bagasarū ganzabara", *Studien zur Sprachwissenschaft und Kulturkunde, Gedenkschrift für Wilhelm Brandenstein (1898-1967)*, Innsbruck 1968, S. 235–239.

Dar siehe Straßmaier

von Dassow, E.
AuOr 12 „Archival Documents of Borsippa Families", AuOr 12 (1994), S. 105–120.

van Driel, G.
BiOr 49 „Neo-Babylonian Texts from Borsippa", BiOr 49 (1992), S. 28–50.
Care of the Elderly „Care of the Elderly: The Neo-Babylonian Period", in M. Stol und P. Vleeming (Hrsg.), *The Care of the Elderly in the Ancient Near East* (Studies in the History and Culture of the Ancient Near East 14). Leiden–Boston–Köln 1998, S. 161–197.
Elusive Silver *Elusive Silver: In Search of a Role for a Market in an Agrarian Environment. Aspects of Mesopotamia's Society*. Leiden 2002.

Evetts, B.T.A.
EvM, Ngl *Inscriptions of the Reigns of Evil-Merodach (B.C. 562–559), Neriglissar (B.C. 559–555) and Laborosoarchod (B.C. 555)* (Babylonische Hefte 6B). Leipzig 1892 (mit Textnummer).

EvM siehe Evetts

George, A.R.
OLA 40 *Babylonian Topographical Texts* (OLA 40). Leuven 1992.

Holtz, S.E.
JNES 60 „To Go and Marry Any Man That You Please: A Study of the Formulaic Antecedents of the Rabbinic Writ of Divorce", JNES 60 (2001), S. 241–258.

Hunger, H.
Kolophone *Babylonische und Assyrische Kolophone* (AOAT 2). Neukirchen-Vluyn 1968.

Iraq 64 siehe MacGinnis

Joannès, F.
Archives de Borsippa *Archives de Borsippa. La famille Ea-ilûta-bâni. Étude d'un lot d'archives familiales en Babylonie du VIIIe au Ve siècle av. J.-C.* Genf 1989.
Fs Perrot „Textes babyloniens de Suse d'époque achéménide", in F. Vallat (Hrsg.), *Contribution à l'histoire de l'Iran. Mélanges offerts à Jean Perrot*. Paris 1990, S. 173–180.
KTEMA 22 „La mention des enfants dans les textes néo-babyloniens", KTEMA 22 (1997), S. 119–133.

NABU 1996/72 „Textes judiciaires néo-babyloniens, collation et réedition (suite): textes de Kuta."

TÉBR *Textes économiques de la Babylonie récente (Étude des textes de TBER–cahier nº 6)* (Études assyriologiques, cahier nº 5). Paris 1982.

Jursa, M.

Bēl-rēmanni *Das Archiv des Bēl-rēmanni* (PIHANS 86). Istanbul 1999.

NABU 2001/102 „*Kollationen*".

Kessler, K.

AUWE 8 *Uruk. Urkunden aus Privathäusern. Die Wohnhäuser westlich des Eanna-Tempelbereichs. Teil I: Die Archive der Söhne des Bēl-ušallim, des Nabû-ušallim und des Bēl-supê-muḫur* (AUWE 8). Mainz 1991 (mit Textnummer).

MacGinnis, J.

AfO 38/39 „Neo-Babylonian Prebend Texts from the British Museum", AfO 38–39 (1991–92), S. 74–100.

ASJ 15 „The Manumission of a Royal Slave", ASJ 15 (1993), S. 99–106.

Iraq 64 „The Use of Writing Boards in the Neo-Babylonian Temple", Iraq 64 (2002), S. 217–236.

Nbk, Nbn siehe Straßmaier

Ngl siehe Evetts

NRV siehe San Nicolò und Ungnad

Peiser, F. E.

BRL *Aus dem Babylonischen Rechtsleben I–IV*. Leipzig 1890–98.

OLZ 7 „Aus Rom", OLZ 7 (1904), S. 37–44.

Petschow, H.H.

JCS 19 „Die neubabylonischen Zwiegesprächsurkunden und Genesis 23", JCS 19 (1965), S. 103–120.

Kaufformulare *Die neubabylonischen Kaufformulare* (Leipziger rechtswissenschaftliche Studien 118). Leipzig 1939.

PNA siehe Radner und Baker

Powell, M.A.

Maße und Gewichte „Maße und Gewichte", RlA 7 (1985), S. 483.

RA 82 siehe Roth

Radner, K.

Privatrechtsurkunden *Die neuassyrischen Privatrechtsurkunden als Quelle für Mensch und Umwelt* (SAA 6). Helsinki 1997.

Radner, K. und H.D. Baker (Hrsg.)

PNA *The Prosopography of the Neo-Assyrian Empire*. Helsinki 1998ff.

RGTC 8 siehe Zadok

Ries, G.

Bodenpachtformulare *Die neubabylonischen Bodenpachtformulare*. Berlin 1976.

Roth, M.T.

AfO 36/37 „The Material Composition of the Neo-Babylonian Dowry“, AfO 36/37 (1989–90), S. 1–55.

BMA *Babylonian Marriage Agreements, 7th–3rd Centuries B.C.* (AOAT 222). Neukirchen-Vluyn 1989 (mit Textnummer).

CSSH 29 „Age at Marriage and the Household: A Study of Neo-Babylonian and Neo-Assyrian Forms“, Comparative Studies in Society and History 29/4 (1987), S. 715–747.

JESHO 31 „'She Will Die by the Iron Dagger': Adultery and Neo-Babylonian Marriage“, JESHO 31 (1988), S. 186–206.

JSS 33 „ina amat DN1 u DN2 lišlim“, JSS 33 (1988), S. 1–9.

Law Collections *Law Collections from Mesopotamia and Asia Minor* (SBL Writings from the Ancient World 6). Atlanta 1995.

RA 82 „Women in Transition and the *bīt mār banî*“, RA 82 (1988), S. 131–138.

Sack, R.H.

AM *Amel-Marduk 562–560 B.C. A Study based on Cuneiform ...* (AOAT 4). Neukirchen-Vluyn 1972 (mit Textnummer).

San Nicolò, M.

ArOr 6 „*Parerga Babylonica XII: Tempelpfründen* (isqu) *und* ἡμέραι λειτουργικαι in Eanna“, ArOr 6 (1934), S. 179–202.

San Nicolò, M. und H.H. Petschow

BR 6 *Babylonische Rechtsurkunden aus dem 6. Jahrhundert v. Chr.* (ABAW NF 51), München 1960 (mit Textnummer).

San Nicolò, M. und A. Ungnad

NRV *Neubabylonische Rechts- und Verwaltungsurkunden übersetzt und erläutert, Vol. 1: Rechts-und Wirtschaftsurkunden der Berliner Museen aus vorhellenistischer Zeit.* Leipzig 1935 (mit Textnummer).

Schaudig, H.

AOAT 256 *Die Inschriften Nabonids von Babylon und Kyros' des Großen samt den in ihrem Umfeld entstandenen Tendenzschriften* (AOAT 256). Münster 2001.

von Soden, W.

ZA 62 „Der neubabylonische Funktionär *simmagir* und der Feuertod des Šamaš-šum-ukīn“, ZA 62 (1972), S. 84–90.

Spar, I. und E. von Dassow

CTMMA 3 *Cuneiform Texts in the Metropolitan Museum of Art, III. Private Archives from the First Millennium B.C.* New York 2000 (mit Textnummer).

Stol, M.

Beer „Beer in Neo-Babylonian Times“, in L. Milano, (Hrsg.), *Drinking in Ancient Societies* (History of the Ancient Near East. Studies 6). Padova 1994, S. 155–183.

Stolper, M.W.

Annali *Late Achaemenid, Early Macedonian, and Early Seleucid Records of Deposit and Related Texts* (AION, Suppl. 77). Napoli 1993.

Fs Veenhof „The Testament of Mannu-kâ-attar", in W.H. van Soldt (Hrsg.), *Veenhof Anniversary Volume. Studies Presented to Klaas R. Veenhof on the Occasion of His Sixty-Fifth Birthday* (PIHANS 89). Istanbul 2001, S. 467–473.

Straßmaier, J.N.

Camb *Inschriften von Cambyses, König von Babylon (529–521 v. Chr.)* (Babylonische Texte 8–9). Leipzig 1890 (mit Textnummer).

Cyr *Inschriften von Cyrus, König von Babylon (538–529)* (Babylonische Texte 7). Leipzig 1890 (mit Textnummer).

Dar *Inschriften von Darius, König von Babylon (521–485)* (Babylonische Texte 10–12). Leipzig 1897 (mit Textnummer).

Nbk *Inschriften von Nabuchodonosor, König von Babylon (604–561 v. Chr.)* (Babylonische Texte 5–6). Leipzig 1889 (mit Textnummer).

Nbn *Inschriften von Nabonidus, König von Babylon (555–538 v. Chr.)* (Babylonische Texte 1–4). Leipzig 1889 (mit Textnummer).

Tallqvist, K.L.

NN *Neubabylonisches Namenbuch zu den Geschäftsurkunden aus der Zeit des Šamaš-šum-ukīn bis Xerxes* (ASSF 32/2). Helsinki 1905.

TÉBR siehe Joannès

Waerzeggers, C.

AfO 46/47 „The Records of Inṣabtu from the Naggāru Family", AfO 46/47 (1999–2000), S. 183–200.

Marduk-rēmanni *Het archief van Marduk-rēmanni.* Dissertation (unpubliziert), Gent 2001.

Weszeli, M.

Fs Walker „Du sollst nicht darüber spotten: eine Abschrift der 10. Tafel von úrù àm.ma.ir.ra.bi", in C. Wunsch (Hrsg.), *Mining the Archives. Festschrift für Christopher Walker …* (Babylonische Archive 1). Dresden 2002, S. 343–354.

NABU 1999/107 „Ein Rind mit vernarbtem Buckel".

Wunsch, C.

AfO 42/43 „Die Frauen der Familie Egibi", AfO 42/43 (1995–95), S. 33–63.

AfO 44/45 „Und die Richter berieten … Streitfälle in Babylon aus der Zeit Neriglissars und Nabonids ", AfO 44/45 (1997–98), S. 59–100.

CM 3 *Die Urkunden des babylonischen Geschäftsmannes Iddin-Marduk. Zum Handel mit Naturalien im 6. Jahrhundert v. Chr.* (Cuneiform Monographs 3A und B). Groningen 1993 (mit Textnummer).

CM 20 *Das Egibi-Archiv I. Die Felder und Gärten* (Cuneiform Monographs 20A und B). Groningen 2000 (mit Textnummer).

Fs Del Olmo „Eine Richterurkunde aus der Zeit Neriglissars", in M. Molina u.a. (Hrsg.), *Arbor Scientiae. Estudios del Proximo Oriente Antiguo dedicados a Gregorio del Olmo Lete con ocasión de su 65 aniversario.* AuOr 17/18 (1999–2000), S. 241–254.

Fs Oelsner „Die Richter des Nabonid", in J. Marzahn und H. Neumann (Hrsg.), *Assyriologica et Semitica. Festschrift für Joachim Oelsner …* (AOAT 252). Münster 2000, S. 557–597.

Zadok, R.

AfO 44/45 Rezension zu M. Sigrist, H.H. Figulla und C.B.F. Walker, *Catalogue of the Babylonian Tablets in the British Museum 2*, AfO 44/45 (1997–98), S. 293–306.

IOS 18 „Notes on Borsippean Documentation of the Eighth-Fifth Centuries B.C.", IOS 18 (Fs Rainey, 1998), S. 249–296.

RGTC 8 *Geographical Names According to New-and Late-Babylonian Texts* (RGTC 8). Wiesbaden 1985.

Die Eheurkunden (Nr. 1 bis 7)

Im folgenden werden sieben neue Eheurkunden publiziert, von denen sechs aus neubabylonisch-frühachämenidischer Zeit stammen und das bekannte Korpus um ein Fünftel erweitern, hinzu kommt ein jüngerer Text.

M.T. Roth hat 1989 die bis dahin verfügbaren Eheverträge zusammengestellt und als *Babylonian Marriage Agreements* (BMA) ediert.[1] Eheurkunden stellen keine einheitliche Gruppe dar. Zu definieren, was einen Ehevertrag ausmacht, und ihn von anderen ehebezogenen Vertragstypen, z.B. einfachen Mitgiftbestellungen, abzugrenzen ist zugegebenermaßen schwierig, da zahlreiche Übergangsformen bezeugt sind.

Wenn ein Ehebegehren oder -versprechen explizit zum Ausdruck gebracht wird, scheint der Begriff „Eheurkunde" gerechtfertigt. In welcher Form dies geschieht, ob aus Sicht der Ehepartner oder in der dritten Person formuliert, ist dabei nicht von Belang, da sich derselbe Sachverhalt sowohl in Zwiegesprächsform als auch in objektiver Stilisierung beurkunden läßt.[2] Beispiele beider Formulartypen sind belegt, wenngleich die Zwiegesprächsurkunden bei weitem überwiegen.[3] Bislang ist keine Urkunde bekannt, die lediglich ein Ehebegehren oder -versprechen, aber keine sonstigen Bestimmungen beinhaltet. Stets sind mindestens Klauseln über die Mitgift und/oder Konsequenzen eines Vertragsbruchs angefügt. Keine einzige dieser Klauseln ist jedoch obligatorisch, so daß als konstituierendes Element einer Eheurkunde lediglich das Ehebegehren oder -versprechen angesehen werden

1 M.T. Roth, *Babylonian Marriage Agreements, 7th–3rd Centuries B.C.* (= AOAT 222), Neukirchen-Vluyn 1989 (im folgenden BMA; wird, wenn nicht anders angegeben, nach Textnummer zitiert). BMA 1f. stammen noch aus der Zeit der assyrischen Herrschaft, BMA 3 bis 15 aus neubabylonischer Zeit, BMA 17 bis 26 sind frühachämenidisch (zur Datierung von BMA 26 in das Jahr 5 Cyr siehe M. Jursa, NABU 2001/102 A, mit Kollationsergebnissen), BMA 28 bis 30 und 44 ohne erhaltenes Datum sicher ebenfalls frühachämenidisch. Bei BMA 16 sind hinsichtlich des Formulars Zweifel angebracht, ob überhaupt ein Ehevertrag vorliegt. BMA 27 verkörpert in jedem Falle einen anderen Texttypus. Wahrscheinlich beschwert sich ein Verwandter der Ehefrau, daß auf die Mitgift zugegriffen worden ist, ohne gleichwertige Objekte an die Ehefrau zu überschreiben, und fordert zur Sicherung der Mitgift auf, vgl. *kunuk* (Z. 6′) und *kūm* (Z. 8′).
Die Urkunden aus spätachämenidischer und seleukidischer Zeit bleiben hier zunächst außer Betracht, da sie sich in formaler Hinsicht unterscheiden, im Kommentar zu Nr. 7 wird detailliert darauf eingegangen.

2 Zu den Zwiegesprächsurkunden vgl. H.H. Petschow, JCS 19 (1965), S. 103–120, auf S. 114f. mit Beispielen von Vertragsarten des Familien- und Vermögensrechts, die üblicherweise in Zwiegesprächsform stilisiert werden. Ein Beispiel für das Nebeneinander beider Typen sind Pachturkunden.

3 Zwiegesprächsurkunden beginnen mit dem Ehebegehren (von Seiten des Mannes bzw. seines Vaters formuliert) und der Ehezusage (von Seiten der Frau bzw. ihrer Vertreter). Auf die Feststellung, der Bräutigam habe sich an die Braut bzw. deren Vertreter gewandt (PN *ana* PN_2 *kiām iqbi umma*) mit wörtlichem Zitat: „Gib mir PNf (mit Verwandtschaftsbezeichnung und Statusangabe) zur Ehe" (PNf … *ana aššūti bī innamma*), „sie sei (meine) Ehefrau" (*lū aššatu šī*) folgt in objektiver Stilisierung die Feststellung, die andere Partei habe zugestimmt und die Braut dem Bräutigam zur Ehe gegeben (PN_2 *išmē-ma* PNf *ana aššūti ana* PN *iddin*).
Urkunden in rein objektiver Stilisierung enthalten nur die Ehezusage in der 3. Person fest: PN (*ana*) PNf *iḫḫaz* „PN wird PNf heiraten" (z.B. BMA 9 und 22) oder die Übergabe der Braut : PN PNf *ana aššūti … iddin* „PN hat PNf zur Ehe(frau) … gegeben" (z.B. BMA 18, Nr. 5 im vorliegenden Buch).

müßte. Dieses ist aber auch bei Urkunden über Mitgiftbestellungen[4] implizit vorauszusetzen, so daß eine Gegenüberstellung von Eheurkunden und Mitgiftbestellungen eigentlich an der Sache vorbei geht: Eine Urkunde, die mit der formalen Eheabsprache zwischen den Parteien beginnt, aber dann über die bloße Vergabe der Mitgift nebst den sich daraus ergebenden Verpflichtungen hinaus keine weiteren Klauseln enthält (insbesondere keine gegen Vertragsbruch), ist im Grunde als eine unwesentlich erweiterte Mitgiftbestellung zu betrachten.[5]

Auch Angaben zum Status der Braut als *nu'artu* oder *batultu* (zur Bedeutung s. sogleich) sind nicht auf die als „Eheurkunden" klassifizierten Texte beschränkt, sondern finden sich auch in einfachen Mitgiftbestellungen.[6] Auch dies weist auf den engen Bezug zwischen beiden Textgruppen hin.

Die Frage nach der formalen Gliederung des Materials sei damit beiseite gelassen; hier soll es vor allem darum gehen, welche Fakten die Parteien beurkundet wissen wollten—und warum; und welche neuen Informationen zum Eherecht daraus gewonnen werden können. Letzteres setzt aber auch voraus, daß über die Lebenssituation der Parteien etwas in Erfahrung gebracht werden kann.

Wenn wir die überlieferten Eheurkunden und Mitgiftversprechen betrachten, so fallen mehrere Dinge auf: In den bekannten Archiven der babylonischen Oberschicht finden sich zahlreiche Mitgiftbestellungen, -quittungen und -abrechnungen, aber nur wenige Eheurkunden. Diese wiederum behandeln ausschließlich Aspekte der Mitgift. Es muß nicht verwundern, der Mitgift als zentralem Thema bei Eheanbahnungen in diesen Kreisen zu begegnen, schließlich verfolgten diese Familien damit handfeste wirtschaftliche Interessen. Allerdings verwundert das völlige Fehlen von Absprachen zu Vertragsbruch, Scheidung usw. Zwar könnten Überlieferungszufall und Publikationsstand dafür verantwortlich gemacht werden, aber da sich unsere Kenntnis der neubabylonischen Archive zunehmend verbessert, sollte eher nach anderen Erklärungen gesucht werden.

Im Gegensatz dazu sind zahlreiche Eheverträge überliefert, bei denen bescheidene oder gar keine Mitgiften vergeben werden, wo sich aber zahlreiche Zusatzklauseln finden. Und diese Verträge lassen sich nur äußerst selten bestimmten Archiven zuordnen, oft genug

4 Eine Mitgiftbestellung erfolgt in der Form PN *ina ḫūd libbīšu … ana nudunnê itti* PNf *ana* PN_2 *iddin* „PN hat aus freien Stücken … als Mitgift mit PNf an PN_2 gegeben" (z.B. Camb 215).

5 BMA 10, 12, 21, 23 (hier ist das Formular der Eheabsprache sogar erst nachträglich ergänzt worden, vgl. den Kommentar von M.T. Roth), 24a und b sowie Nr. 4 (und vielleicht auch Nr. 6) im vorliegenden Buch.
Nbn 990 (= BMA 18) bietet die Ehezusage nur in objektiver Stilisierung, d.h. ohne die direkte Rede (PN u PN_2 *ina ḫūd libbīšunu* PNf *aḫāssunu ana aššūti ana* PN_3 *iddinū*) und hängt ebenfalls nur noch das Mitgiftversprechen an. Fragmentarische Urkunden, in denen außer der Mitgiftbestellung keine weitere Klausel erhalten ist, sind BMA 7, 23, 28 und 29.
Auch in den objektiv stilisierten Eheurkunden BMA 9 und 22, die mit PN PNf *iḫḫaz* „PN wird PNf heiraten" beginnen, folgt dann lediglich die Mitgiftbestellung. Damit bringen sie genau das zum Ausdruck, was die einfachen Mitgiftbestellungen besagen, letztere z.T. unter Anfügung von *ūm* PN (*ana*) PNf *iḫḫazu* (Mitgiftobjekte) PN_2 *ana* PN *inamdin* „wenn PN die PNf (endgültig) heiratet, wird PN_2 die Mitgiftobjekte an PN übergeben, z.B. BM 30441 (AfO 42/43 Nr. 6): 10f.; so sicher auch BM 34241 (AfO 42/43 Nr. 4): 9f. zu ergänzen: ⌜*u_4*⌝-[*mu* PN] *ana* PNf *iḫ*!(im)-*ḫa*-⌜*za*⌝ […]. Gegenstand dieser Urkunden sind somit die vertragliche Zusage der Mitgiftobjekte und gegebenfalls die Modalitäten der Übergabe bzw. eine Teilquittung.

6 In BM 46685: 9, (unpubliziert, aus dem Šangû-Ninurta-Archiv, vgl. dazu den Kommentar zu Nr. 2 in diesem Buch) wird die Braut als *nu'artu* beschrieben.

haben die Parteien keinen Ahnherrennamen. Daraus kann nicht ohne weiteres geschlossen werden, sie seien dem unteren gesellschaftlichen Stratum zuzuordnen, da in Eheurkunden bei vornehmen Familien die Ahnherrennamen weggelassen sein können.[7] Wenn jedoch gleichzeitig bestimmte Dienstverpflichtungen oder Abhängigkeiten von anderen Personen erwähnt werden, haben wir es sicher nicht mit den begüterten Kreisen zu tun.

Es scheint also, als seien bei reichen Heiraten die an die Ehe geknüpften Bedingungen (außer den materiellen) entweder uninteressant oder als bekannt vorauszusetzen, während es für die weniger Betuchten durchaus von Belang war, wem welche Rechte zustanden, so daß es sich lohnte, in die Ausstellung einer Urkunde zu investieren.

Der Terminus nu'artu

An dieser Stelle soll noch einmal auf die Frage eingegangen werden, was der Terminus ^f^NAR-*(tu)/nârtu* bedeutet, denn fünf der sieben Bräute in den hier publizierten Urkunden werden so bezeichnet. CAD B 174 *s.v. batultu* machte bereits darauf aufmerksam, daß dieser Begriff in neubabylonischen Eheurkunden schwerlich „Sängerin" bedeuten kann. M.T. Roth hat wegen syllabischer Schreibungen wie *nu-mar-tu*$_4$, *nu-maš-ti* oder *nu-man-áš-tu*$_4$ eine Form *nu'artu* angesetzt und als „age group designation" verstanden, da er parallel zu *batultu* („junges Mädchen, Jungfrau(?)") verwendet wird.[8] Sie hat die zeitliche Verteilung der Belege untersucht und ferner darauf hingewiesen, daß zumindest in einem Text eine *nu'artu* ein Kind zu haben scheint, der Terminus somit keine Jungfräulichkeit bezeichnen dürfte.

Das Thema wurde von G. van Driel unter der Überschrift „marriages with a problem" aufgegriffen.[9] Er weist darauf hin, daß *nu'artu* einen bestimmten Status, wenn nicht gar eine Funktion bezeichnen muß, da der Begriff auch in anderem Zusammenhang erscheint: In BM 64026[10] geht es um die Tochter einer Tempelsklavin, die *ina na-ru-tu*$_4$ einen Sohn geboren und vor den Tempelbehörden versteckt hat. Van Driel versteht dies analog zu *ina ḫarīmūti* als Hinweis auf Prostitution[11] und sieht einen Zusammenhang zwischen der Bezeichnung einer Braut als *nu'artu*, dem Vorkommen der Eisern-Dolch-Klausel[12] in Eheverträgen, die der Ehefrau für den Fall, daß sie mit einem anderen Mann *in flagranti*

7 Caroline Waerzeggers hat mich auf dieses Problem aufmerksam gemacht und freundlicherweise auf BM 64177 hingewiesen (eine Bearbeitung erscheint im Rahmen ihrer Studie zum Archiv des Marduk-rēmanni): Dort verheiratet Marduk-rēmanni aus der Familie Ṣāḫit-ginê seinen Sohn, aber weder sein Ahnherrenname noch der der Braut sind in der Urkunde genannt.

8 BMA, S. 6f. und CSSH 29 (1987), 715–747, besonders S. 738–746.

9 *Care of the Elderly*, S. 192–194.

10 Transliteration und Übersetzung jetzt bei J. MacGinnis, Iraq 64 (2002), S. 234, Nr. 12. Er zitiert zwar van Driels Artikel, hält aber an der Übersetzung „female singer" für *nârtu* fest.

11 *Care of the Elderly*, S. 192, Anm. 59: „It is an euphemistic variant for the more explicit *ḫarīmūtu* used in, for instance, *AnOr* 8 14: 10." Auf einen weiteren möglichen Beleg für *ina ḫarīmūti* hat mich M. Jursa hingewiesen. In CT 55 154 heißt es: PN *mār* 3-[*ta* (Tage, Monate, Jahre)] *šá* PNf ... *ina ḫa-ri-*[...] *tu-li-di* ... Wie von ihm ebenfalls angemerkt, könnte *ina ḫa-ri-*... freilich auch eine Ortsangabe repräsentieren (man vergleiche z.B. BM 65950, wo ein Baby *ina ḫi-ri-tu*$_4$ URU [...] geborgen und aufgenommen wurde).

12 Dazu M.T. Roth, JESHO 31 (1988), 186–206. P.-A. Beaulieu, BCSMS 26 (1993), S. 11, Anm. 22 versteht das Verb als *tamû* (statt *mâtu* „sterben") und übersetzt „she will be cursed by the iron dagger". Auch in diesem Falle hätte die Frau zweifelsohne mit schwerwiegenden Konsequenzen zu rechnen.

ertappt werden sollte, den Tod durch den eisernen Dolch androht.[13] Er nimmt an, die Eisern-Dolch-Klausel und eine substantielle Mitgift schlössen sich gegenseitig aus.

Letzteres ist tendenziell richtig, vier Gegenbeispiele lassen sich jedoch anführen.[14] Die Mitgiften nehmen sich zugegebenermaßen relativ bescheiden aus, aber einfache Verhältnisse allein sagen nichts Negatives über den Lebenswandel der Braut. Hinzu kommt ein quantitatives Argument: Wenn wir jene 35 Fälle zugrunde legen, in denen Aussagen über die Braut getroffen werden oder nicht getroffen werden, der Sachverhalt also auf jeden Fall beurteilt werden kann, so ist in der Hälfte (achtzehn Fällen) die Braut eine *nu'artu*, in sechs Fällen eine *batultu*, neunmal wird nichts dergleichen über sie gesagt.[15] Wenn die Hälfte der Bräute der Prostitution nachginge oder einen angeschlagenen Ruf hätte, so wäre dies eine überraschende Größenordnung. Selbst wenn wir die Bräute ohne Eisern-Dolch-Klausel abrechnen, bliebe es bei einem Drittel. Es sollte daher nach einer anderen, moralisch „neutralen" Bedeutung von *nu'artu* gesucht werden, die die Tochter aus gutem Hause mit nicht unerheblicher Mitgift (wie hier, Nr. 4) ebenso einschließt, wie die Tempelsklavin, die ihr Kind versteckt.

Einen etwas anderen Blickwinkel eröffnet ein weiterer, bisher unpublizierter Text: BM 26513.[16] Ein Angehöriger der Familie Rē'i-alpī (mit voller Filiation) erklärt, er könne den Dienst für seine Tempelpfründe nicht versehen, da er der Sohn einer ^{f}NAR-*tu*$_4$ und nicht rasiert (*gullubu*, d.h. zum Dienst zugelassen) sei. Da das Problem schon zwanzig Jahre lang besteht, muß wohl geschlossen werden, daß sich dieser Zustand nicht ändern läßt.

Aus dem Text gehen mehrere Dinge hervor: Erstens hat der Mann, der aus einer alteingesessenen, mit dem Tempel verbundenen „guten" Familie stammt, eine Pfründe geerbt (gekauft sicher nicht, denn er hätte kaum in etwas investiert, aus dem er nur auf Umwegen Nutzen ziehen kann). Zweitens ist zur Ausübung des Dienstes eine Zulassung erforderlich, die nur erteilt wird, wenn der Kandidat auch von mütterlicher Seite her die erforderlichen Voraussetzungen an Abstammung bzw. kultische Reinheit erfüllt (wie bereits aus anderem Zusammenhang bekannt war).[17] Dies war in seinem Falle nicht gegeben. Drittens wird der

13 *Care of the Elderly*, S. 192: „We can not be wrong in suggesting that the presence of the dagger phrase or the lack of it in cases in which a ^{SAL}NAR is involved have some connection with the status of the woman concerned."

14 BMA 19: 20 š Silber und Hausrat; BMA 26: 20 š Silber, 1 š Gold und Hausrat; dieses Buch, Nr. 2: ein Grundstück, ein Sklave und Hausrat; Nr. 3: 10 š Silber.

15 Belege aus spätachämenidischer und seleukidischer Zeit sind nicht eingerechnet; ausgenommen sind auch BMA 9, 18 und 22 wegen des abweichenden Formulars, bei dem eine Angabe zum Status der Braut gar nicht unbedingt zu erwarten wäre, und BMA 16, 29 und 30 wegen des fragmentarischen Erhaltungszustands.
• Die Braut ist *nu'artu*: BMA 1, 5, 6, 8, 10, 11, 14, 19, 20, 21, 24a und 24b* (= TuM 2/3 2, stark beschädigte; schon auf Basis der Kopie ist in Z. 10 eher DUMU.SAL-⸢*ti-šú*$^!$ ^{f}NAR *a-na*⸣ *áš-šu-ú-tu* … zu vermuten, dies wird durch ein von C. Waerzeggers entdecktes Teilduplikat bestätigt), BMA 26; Nr. 1, 2, 3, 4, 6 in diesem Buch. Auch die unpublizierte Mitgiftbestellung BM 46685 (7 Camb) nennt die Braut so.
• Die Braut ist *batultu*: BMA 3, 7, 12, 23, 44, BM 64177.
• Die Braut ist weder *nu'artu* noch *batultu*: BMA 2, 4, 13, 15, 17, 25, 28, 29; Nr. 5 in diesem Buch.

16 Die Kenntnis dieses Textes verdanke ich Caroline Waezeggers. Die Urkunde war Gegenstand unserer Diskussionen und die hier angebotene Interpretation geht auf ihre Anregungen zurück.

17 Dazu M. San Nicolò, ArOr 6, besonders S. 191–198 zu AnOr 8 48 und YOS 7 167 (den Hintergrund der erstgenannten Urkunde bildet eine Adoption).

Grund angeführt: Die Mutter war eine ᶠNAR-*tu*₄. Eine Altersangabe kann damit nicht gemeint sein. Es ist des weiteren kaum anzunehmen, daß der Betreffende seine Mutter der Prostitution bezichtigt oder eine moralische Wertung im Blick hat. Freilich ist nicht erwiesen, ob derselbe Begriff wie in den Eheurkunden gemeint ist; vielleicht ist die Mutter wirklich eine Sängerin gewesen (ob im kultischen oder profanen Kontext, sei hier dahingestellt), und wir müßten annehmen, daß dies Konsequenzen für die Tauglichkeit ihres Sohnes zum Pfründendienst hatte. Sollte allerdings der Terminus aus den Eheurkunden vorliegen, so könnte er andeuten, daß der Sohn (der ja wohl erbberechtigt war) nicht aus der legitimen Ehe seines Vaters stammte, sondern adoptiert war.

Als gemeinsamer Nenner von ᶠNAR/*nu'artu* und *nârūtu* in den vorliegenden Kontexten käme daher „ledig" (d.h. nie verheiratet) in Betracht. Für eine Braut hat dies keinerlei negative Konnotation und implizierte wohl normalerweise auch Jungfräulichkeit. Inwieweit es auch eine Altersangabe im Sinne von „mannbar" umfaßte, muß zunächst offen bleiben.[18] Im Falle der ledigen Mütter braucht ein gelegentlicher Anklang an *ḫarīmūtu* nicht verwundern, denn Vorbehalte seitens der „ehrbaren" Bürger haben zu allen Zeiten bestanden. Wenn andererseits die Mutter des Pfründeninhabers als Abhängige im Haushalt des Vaters gelebt haben sollte und in der Tat „ledig" war, als er geboren wurde, dann hat dies absolut nichts mit Prostitution zu tun. Es spricht also nichts dagegen, in einer als *nu'artu* bezeichneten Braut zunächst das gut behütete junge Mädchen zu vermuten, das zum ersten Mal verheiratet wird—wenn keine expliziten Angaben über ein Kind entgegenstehen. Die Eheurkunden scheinen dies zu bestätigen.[19]

Wenn *nu'artu* im Sinne von „ledige (Frau)" verwendet wird und *per se* keine Aussage über einen schlechten Ruf beinhaltet, dann bleibt nach der Abgrenzung von *nu'artu* und *batultu* zu fragen, und nach dem Status von Frauen, die weder als *batultu* noch *nu'artu* bezeichnet werden.

Die zeitliche Verteilung der Belege für *nu'artu* und *batultu* läßt, soweit man dies bei wenigen Belegen überhaupt beurteilen kann, eine gewisse Tendenz erkennen.[20] Spätachämenidisch-seleukidische Belege für *nu'artu* fehlen, in früherer Zeit ist *batultu* selten. Die Bedeutung beider Begriffe dürfte sich bezüglich des Ledigseins überschneiden, *batultu* also

18 Es sei allerdings darauf verwiesen, daß in BM 42470 (Nr. 3 im vorliegenden Buch) eine *nu'artu* noch zwei Jahre nach Ausstellung der Eheurkunde bei ihrem Vater wohnen bleiben soll. Dies kann verschiedene Gründe haben, aber einer könnte darin bestehen, daß sie eben noch nicht „mannbar" ist.

19 Von den *nu'artus* in BMA und im vorliegenden Buch gibt nur ᶠBazītu aus BMA 5 Anlaß zu Bedenken (wie von M.T. Roth in BMA, S. 7 konstatiert), da am Schluß gesagt wird, eine gewisse ᶠBābunu sei (nunmehr oder schon immer?) die Tochter des Bräutigams. Ob sie zugleich eine Tochter der ᶠBazītu ist, wird zwar nicht gesagt, doch diese Interpretation ist sehr wahrscheinlich. Zu bedenken ist aber auch, daß wir es in diesem Fall mit einem Bräutigam mit „Vergangenheit" zu tun haben. Er wird von seinem Vater verheiratet, aber den Angehörigen des Vaters wird bei Androhung einer hohen Strafe (6 Minen Silber, die an ᶠBazītu zu zahlen sind) verboten, den Bräutigam als Sklaven zu bezeichnen. Dies impliziert auch, daß sie keine Rechte über ihn, seine Frau und seine Kinder anmelden dürfen. Da der Bräutigam dazu bestimmt ist, vier Monate im Jahr den Königsdienst seines Vaters zu versehen, werden wir an entsprechende Klauseln in Adoptionsverträgen erinnert, in denen der Adoptierte (zusammen mit anderen Kindern des Adoptivvaters) „Göttern und König" dienen soll (AnOr 8 14, BM 74543 [zitiert bei van Driel, *Care of the Elderly*, S. 184, dort allerdings als BM 78543, die richtige Nummer hat mir M. Jursa zur Kenntnis gebracht und damit eine Kollation ermöglicht]).

20 M.T. Roth, CSSH 29(1987), Übersichtstabelle S. 740f. Die neuen Belege unterstreichen den Trend.

kaum etwas anderes als *nu'artu* meinen. Die Bevorzugung des einen oder anderen mag zunächst von sprachlich-ethnischen oder sozialen Faktoren beeinflußt gewesen sein.[21] Im Laufe der Zeit scheint *batultu nu'artu* verdrängt zu haben. Ob dies damit zu tun hat, daß *nârūtu* in bestimmten Zusammenhängen pejorative Anklänge bekam, muß dahingestellt bleiben. Im vorliegenden Buch werden beide Begriffe neutral und bewußt unbestimmt mit „junges Mädchen" wiedergegeben, was Ledigkeit und Jungfräulichkeit einschließen kann.

Fünf der Frauen, die nicht als *nu'artu* oder *batultu* bezeichnet werden, könnten durchaus auch zur Gruppe der behüteten Mädchen gehört haben, aus dem Fehlen der Bezeichnung allein sollte man noch nichts ableiten.[22] Allerdings sind ihre Väter tot oder abwesend, was die Wahrscheinlichkeit erhöht, daß die eine oder andere jung verwitwet sein könnte. Drei der Frauen fallen aber mit Sicherheit nicht in diese Kategorie, da sie die Bedingungen ihrer Verehelichung selbst aushandeln.[23] Unter ihnen sind also am ehesten Nicht-Ledige zu erwarten, ob nun guten oder schlechten Rufs.

Damit stellt sich erneut die Frage nach der Funktion der Eisern-Dolch-Klausel, da die zunächst vermutete Verbindung von *nu'artu*-Status, fehlender Mitgift und schlechtem Ruf nicht zutrifft. Es besteht allerdings eine auffällige Kopplung der Klausel mit einer anderen: der Verpflichtung des Ehemannes, eine immens hohe Summe an die Ehefrau zu zahlen, sollte er ihren Status als *aššatu* abstreiten oder eine andere Frau heiraten. M.T. Roth hat darauf hingewiesen, daß beide Bestimmungen gegen einen Vertragsbruch gerichtet sind,

---

21 Die vornehmste *batultu* ist ohne Zweifel die Tochter Neriglissars in Ngl 13 (= BMA 7, Jahr 1 Ngl). Eine andere (in Nbn 243 = BMA 12, 6 Nbn) ist die Schwester von Kalbaja, dem Adoptivsohn des Nabû-aḫḫē-iddin aus der Familie Egibi (vgl. dazu den Kommentar von E. von Dassow zu CTMMA 3 53). Ihr Vater hat keinen Ahnherrennamen, aber Geld und Verbindungen zum Hof (Ngl 39). Vermutlich gehörte er zum Beamtenapparat. Die Adoption seines Sohnes, in die alteingesessene Familie der Mutter hinein, soll diesem zweifellos gesellschaftliches Prestige geben. Die *batultu* in VS 6 3 (= BMA 3, Jahr 2 Nabopolassar) wird als Zweitfrau geheiratet, weil die Hauptfrau bislang keine Kinder bekommen hat. Beide Parteien haben (stark beschädigte) Ahnherrennamen, auch Vermögen ist vorhanden. Alle anderen Belege stammen aus der zweiten Hälfte von Darius' Regierung. In Dar 301 (= BMA 23) verhandeln Parteien mit fremdländischen Namen. Für BM 64177 siehe Anm. 7 (von C. Waerzeggers zwischen 20 und 30 Dar datiert). Für BMA 44 gibt es keine prosopographische Datierungshilfe.

22 BMA 17: Die Braut wird von Bruder und Mutter verheiratet, der Text weist zahlreiche orthographische und lexikalische Probleme auf; BMA 15 und 28: Sie wird vom Bruder verheiratet und hat eine Mitgift. BMA 13 ist zu fragmentarisch, um die Sache zu beurteilen. In Nr. 5 im vorliegenden Buch wird die Braut von Brüdern und Schwester verheiratet, die Namen weisen auf nicht-babylonische Herkunft.
Einen Spezialfall stellt Nbk 101 (= BMA 4) dar. Die Braut wird von der Mutter verheiratet, bekommt keine Mitgift, und die Mutter erhält einen Sklaven und 30 Šekel Silber, *kūm* „(als Gegenwert) für" ihre Tochter. Wie an anderer Stelle ausgeführt (C. Wunsch, AfO 44/45, S. 62–67), zählt die Tochter danach als Sklavin. Wahrscheinlich war sie ein Zieh- oder Adoptivkind, das von einer Frau zu ähnlichen Konditionen angenommen wurde, wie in BM 61737 beschrieben (Transliteration: M.T. Roth, RA 82 [1988], S. 134, Anm. 7): Wenn die Tochter ins Haus eines *mār banê* zu gehen beabsichtigt, muß sie der Adoptivmutter eine Mine Silber als Gegenleistung für ihr Aufziehen (Kollation Z. 8'f. *ku-ú-mu* || *ra-bu-ti-šú*) zahlen. Im Falle von Nbk 101 wurden diese Ressourcen offensichtlich von jener Familie bereitgestellt, der ihr Ehemann ursprünglich als Sklave gehört hatte. Dies erklärt den späteren Sklavenstatus der Frau und den Kaufcharakter dieser Eheschließung.

23 In BMA 25 und 29 bringt die Frau eine Mitgift mit. In BMA 25 sind Gerätschaften zum Bierbrauen eingeschlossen, was geschäftliche Aktivitäten, etwa als Schankwirtin, vermuten läßt. In Nr. 2 kann angenommen werden, daß die Frau zuvor der Prostitution nachging.

aber diesen Punkt nicht weiter ausgeführt.[24] Auf den ersten Blick erscheinen sie auch nicht wie die beiden Seiten einer Medaille, sie ergeben aber Sinn, wenn man die Vermögensverhältnisse der Parteien bedenkt und andere Vereinbarungen über Vertragsbruch, die keine Eisern-Dolch-Klausel enthalten, zum Vergleich heranzieht.

Ziel der Ehe ist die Erzeugung legitimer, d.h. erbberechtigter, Nachkommen. In männlicher Linie kann Legitimität nur erreicht werden, wenn die eheliche Treue der Frau garantiert ist, erst die moderne Medizintechnik hat den Vaterschaftsnachweis auf anderem Wege ermöglicht. Vertragsbruch seitens der Frau läßt sich somit klar definieren. Dies erklärt auch, warum die Untreue der Ehefrau ein Kapitalverbrechen darstellt, während Seitensprünge des Mannes als Kavaliersdelikt gelten: Eventuelle Nachkommen sind nicht automatisch erbberechtigt. Er handelt der Übereinkunft aber zuwider, wenn er seine Frau ihres Status' beraubt, indem er sie zur Geschiedenen macht, zur Zweitfrau degradiert oder das Erbe ihrer Kinder schmälert.

Ungeachtet der Eisern-Dolch-Klausel kann davon ausgegangen werden, daß die eheliche Treue der Frau in allen vorliegenden Eheverträgen stillschweigend vorausgesetzt wird und Ehebruch in jedem Fall äußerst unangenehme Folgen für sie haben würde. Der vertragsbrüchige Mann kann im Gegensatz dazu wohl nur zur Herausgabe der Mitgift und Zahlung eines angemessenen Scheidegeldes gezwungen werden. Bei einer bescheidenen Mitgift kann der Ehemann eine Scheidung riskieren, ohne sich zu ruinieren. Wenn jedoch von nicht sehr vermögenden Leuten als Gegenstück zur Eisern-Dolch-Klausel ein Betrag von fünf oder sechs Minen vereinbart wird, dann handelt es sich um eine astronomische Größenordnung („nur" eine Mine dürfte eine ähnlich abschreckende Wirkung bei Tempeloblaten haben), eine Scheidung verbietet sich somit von selbst. Die symbolische Größenordnung erinnert nicht von ungefähr an die entsprechenden Klauseln in Pachtverträgen:[25] Der Pächter soll es sich ja nicht einfallen lassen, den Boden nicht zu bestellen oder keine Bäume anzupflanzen.

Die Einbeziehung von Eisern-Dolch- und Scheidungsklausel in den Vertrag dürfte also weniger durch ein besonders hohes Risiko ehelicher Untreue durch die jeweilige Frau bedingt sein, sondern vielmehr die Position der armen Braut bei Vertragsbruch durch den Mann stärken: Beide Seiten sichern sich im Grunde zu, es todernst zu meinen und sich im Falle eines Falles nichts schenken zu wollen.

Aus diesem Blickwinkel betrachtet, erklärt sich das Fehlen der Klausel bei reichen Mitgiften: Der Ehemann hatte von vornherein viel mehr zu verlieren und eine Vertragsstrafe würde nicht annähernd so abschrecken wie bei armen Leuten.[26]

---

24 „A divorce clause, for example, is concerned with the husband's breach of the marital bond by his initiating a divorce; this breach demands payment by the husband of a predetermined monetary divorce settlement. Similarily, should the wife breach the marital bond by violating her husband's right to exclusive sexual access, she is subject to the death penalty": JESHO 31 (1988), S. 205.

25 G. Ries, *Bodenpachtformulare*, S. 138–144. Die Beträge liegen meist zwischen 20 š und 1 m, gelegentlich bis 5 m.

26 Es sei darauf verwiesen, daß die Scheidungsklausel auch mit einem anderen Gegenstück versehen werden kann oder ohne ein solches vorkommt. VS 6 61 (= BMA 8): Die Mutter der Braut muß 5 m Silber aus ihrem eigenen Vermögen zahlen, wenn sie die Tochter dem Bräutigam verweigert: Angesichts einer Mitgift von nur 20 š für die Tochter dürfte sie kaum reich genug dafür sein. Auch dem Bräutigam sind 5 m angedroht. Nbk 101 und L 1634 (= BMA 4 und 25): jeweils 1 m bei Scheidung, ohne Gegenstück.

Nr. 1: Ehevertrag
Inventarnummer: BM 59584 (82–7–14, 3994)

Vs

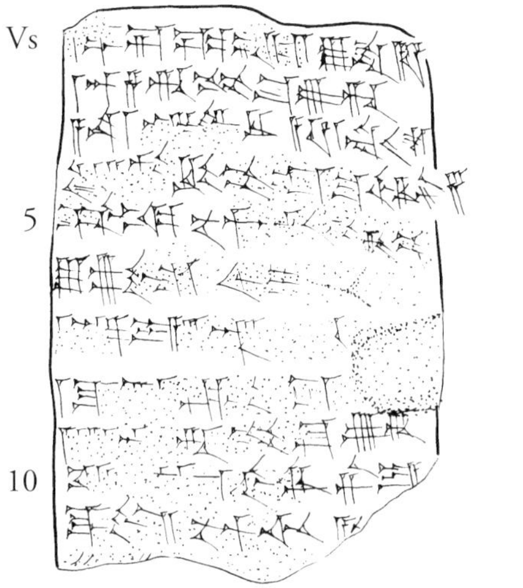

Rs

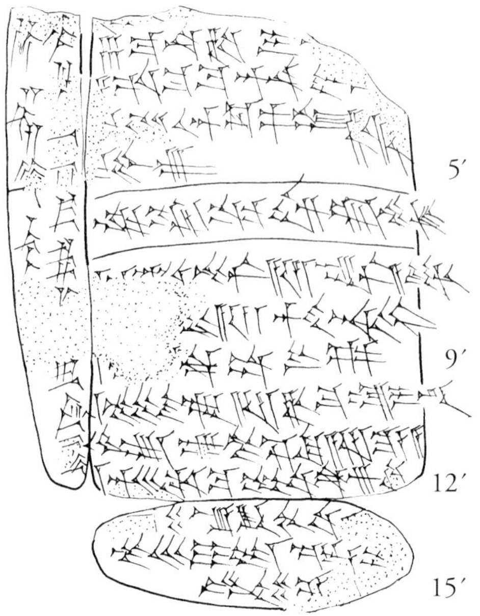

1 ⸢^{m}*Mār*⸣*-É-sag-*⸢*íl*⸣*-lu-mur mār*$_2$*-šú šá*
2 ^{md}*Za-ri-qu-šu-ú-ri*
3 *a-na* ^{md}⸢*Nabû-na'id*⸣ *mār*$_2$*-šú šá* ^{m}⸢x x (x)⸣
4 *ki-*⸢*a-am*⸣ *iq-bi* ⸢*um-ma*⸣ ^{f}*Tuq-ni-iá*
5 *mārat-ka nu-maš-*⸢*ti bi-nam-ma*⸣
6 *lu-ú* ⸢*aššatu ši-i*⸣ [(…)]
7 ^{md}⸢*Nabû*⸣*-na'id*$_2$ *mār*$_2$*-šú šá* ^{m}⸢x x⸣ [(…)]
8 ^{m}⸢*Mār-É-sag-íl-lu*⸣-[*mur*]
9 ⸢*mār*$_2$*-šú šá*⸣ ^{md}[*Za*]*-ri-*⸢*qu*⸣*-šu-ú-ri*
10 *i*[*š-me-e-m*]*a* ^{f}*Tuq-ni-ia*
11 *mārat-*⸢*su*⸣ *nu-*⸢*maš*⸣*-ti a-n*[*a*]
12 ⸢x x x⸣ […]
ein bis zwei Zeilen weggebrochen

Rs 1′ ⸢x x x⸣ […]
2′ 6 *ma-na kaspu i-n*[*am-din*]
3′ *šá da-ba-ba an-na-a' i*[*nnû*^{ú}]
4′ ⸢^{d}*Marduk*⸣ *u* ^{d}*Zar-pa-*<*ni*>*-tu*$_4$
⸢*ḫalāq*(ḪA.A)*-šú*⸣
5′ [*li*]*q-bu-ú*

6′ *ina ka-nak-ka* ^{im}*ṭuppi šuāti*(MU)^{meš}

7′ ⸢IGI ^{md}*Marduk*⸣*-šuma-ibni mār*$_2$*-šú šá*
^{md}*Bēl-ibni mār*$_2$ ^{lú}*Naggāru*
8′ […]-⸢ŠEŠ⸣ *mār*$_2$*-šú šá*
^{m}*Iššar*(AN.ŠÁR)*-bal-liṭ*
9′ ^{m}⸢^{d}*Nabû-za*⸣*-kip-kīn*$_2$ *ša-rēši*(^{lú}SAG)
10′ ^{m}*Mu-še-zib-*^{d}*Bēl mār*$_2$*-šú šá*
^{m}*Ḫa-ba-ṣi-i-ri*
11′ *u* ^{lú}*ṭupšarru*$_2$ ^{md}⸢*Nabû*⸣*-šumu-līšir*
mār$_2$*-šú šá* ^{m}*Iqīša*^{šá}*-a*
12′ [*mār*$_2$] ^{md}*Sîn-da-ma-qu Sippar*^{ki}
13′ ⸢^{iti}⸣*addāru arkû*(ŠE.DIRI.KIN.KU$_5$)
ūmi ⸢5$^{?}$⸣.[kam]
14′ *šanat* 36.kam ^{md}*Nabû-kudurrī-*[*uṣur*]
15′ *šar Bābili*$^{[ki]}$
lRd [1-*en* ^{túg}]KUR.⸢RA⸣ ^{m}*Mār*⸣*-É-sag-gil-lu-mur* ⸢*a-na*⸣
[^{f}…]*-tu*$_4$ *uk-te-ti-*[*im*]

Z. 3, 7 Als Vatersname des Brautvaters käme ^{md}*Bēl-uballiṭ*^{it} in Frage.

Rs 9′ Lesungsvorschlag von M. Jursa. Ein *ša-rēši* dieses Namens ist in der Liste der Höflinge in Sippar bei A.C.V.M. Bongenaar, *Ebabbar*, S. 108–112 nicht gebucht.

lRd Den Hinweis, in *uk-te-ti-*[...] eine Form von *katāmu* zu sehen (mit *ana* als *nota accusativi*) und mit einer zeremoniellen Übergabe eines Kleidungsstückes zu verbinden, verdanke ich M. Jursa.

Übersetzung

Mār-Esagil-lūmur, der Sohn des (Z. 2) Zariqu-šūri, (Z. 3) hat zu Nabû-na'id, dem Sohn des ..., (Z. 4) folgendermaßen gesprochen: „^{f}Tuqnija, (Z. 5) deine Tochter, das junge Mädchen, [gib] mir, und (Z. 6) sie möge (meine) Ehefrau sein!" (Z. 7) Nabû-na'id, der Sohn des ..., (Z. 10) erhörte (Z. 8) Mār-Esagil-lūmur, den Sohn des (Z. 9) Zariqu-šūri, (Z. 10a) und ^{f}Tuqnija, (Z. 11) seine Tochter, das junge Mädchen, zur (Z. 12) [Ehefrau gab er ihm.] (Lücke)

(Rs 2′) [...] wird er 6 Minen Silber zahlen. (Rs 3′) Wer diese Abmachung ändert, (Rs 4′) dessen Untergang mögen Marduk und Zarpanītu (Rs 5′) befehlen.

(lRd) [Mit einem] KUR.RA-[Gewand] hat Esagil-lūmur [^{f}...]tu bedeckt.

Zeugen	Marduk-šuma-ibni/Bēl-ibni/Bā'iru
	[...]/Iššar-balliṭ
	[Nabû-zā]kip-kīn, *ša-rēši*
	Mušēzib-Bēl/Ḫabaṣīru
Schreiber	Nabû-šumu-līšir/Iqīšaja/Sîn-damāqu
Ausstellungsort	Sippar
Datum	⌜5?⌝.12b.36 Nbk (29.3.568 v. Chr.)

Kommentar

Die stark beschädigte Urkunde stammt aus Sippar. Brautvater und Bräutigam werden nicht mit Ahnherrennamen genannt; sie dürften somit nicht dem Kreis der mit dem Tempel verbunden privilegierten städtischen Oberschicht zuzurechnen sein. Die Anwesenheit eines königlichen *ša-rēši*-Beamten als Zeuge deutet eher auf niederes Personal. Zeugen und Schreiber sind nicht anderweitig nachzuweisen.

Die Urkunde folgt dem üblichen Zwiegesprächsformular. Von einer Mitgift scheint nicht die Rede zu sein. Zwar könnte dergleichen in der Lücke am unteren Rand gestanden haben, aber diese ist nicht sehr groß, und die Abschnitte zuvor und danach bedürfen bereits der Ergänzung. Beim Betrag von sechs Minen Silber, der in Rs 2′ genannt ist, handelt es sich keinesfalls um die Mitgift, sondern um eine Vertragsstrafe, wahrscheinlich für den Fall, daß der Ehemann seine Frau „entläßt" oder sie zur Zweitfrau degradieren will (vgl. das in der Einleitung dazu Gesagte). Demnach wäre die Lücke wohl mit der Eisern-Dolch-Klausel zu füllen.

Nachgetragen ist ein Vermerk, daß der Bräutigam jemanden (nicht die Braut, wohl eher deren Mutter) mit einem Kleidungsstück beschenkt hat. Dergleichen kommt z.B. als symbolische Handlung bei Hauskäufen vor, wenn die „Hausherrin" ein Gewand erhält (BE 8 43: 37, zitiert in CAD K 301 *s.v. katāmu* 5a) oder dieses in Silber abgegolten wird (*kaspu kî atri u lubār bēlet bīti*, in Verträgen *passim*). Auch bei Adoptionen kann die leibliche Mutter in ein KUR.RA-Gewand gekleidet werden, wenn sie das Kind aufgibt: BM 61737

(M.T. Roth, RA 82 [1988], S. 134, Anm. 7): 1´f. (kollationiert): ⌜1-*en* ^{túg}KUR.RA *ana*⌝ PNf … *tukattam*; BM 59804: 1-*en* ^{túg}KUR.RA … *kūm mušēniqūti u rubbê ana* PNf (*t*)*ukattim*. Daß auch die Mutter, die die Tochter in die Ehe „entläßt", auf diese Weise beschenkt wird, muß nicht verwundern.

Nr. 2: Ehevertrag
Inventarnummer: BM 46618 (81–8–30,84)

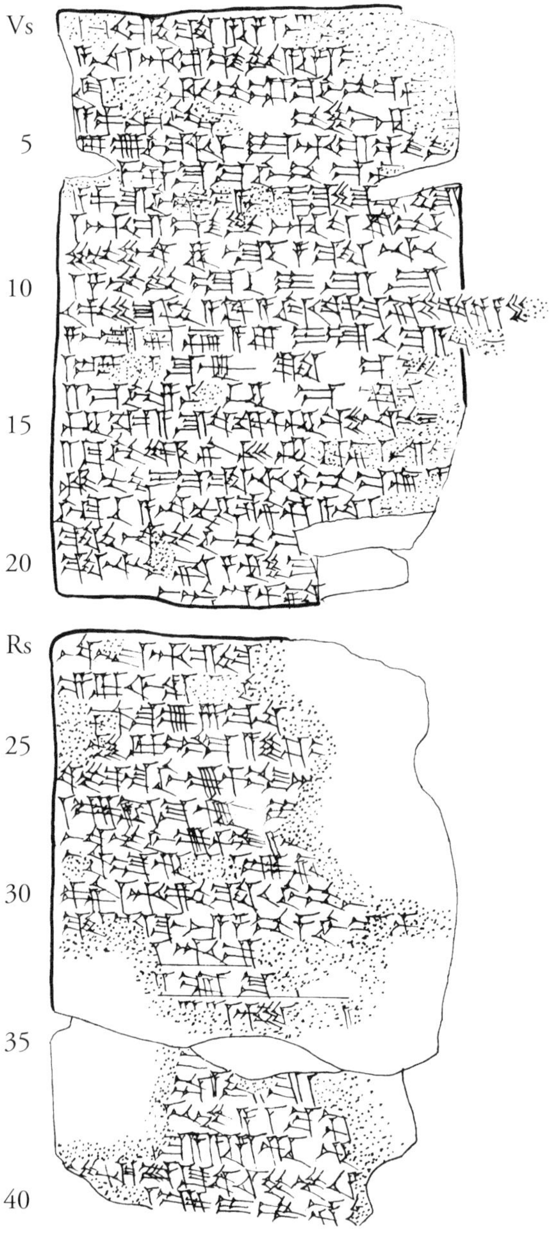

1 ⸢^{md}⸣Nergal-uballiṭ^{iṭ} mār$_2$-šú šá ^{m}⸢x⸣[...]
2 a-na ^{md}Nergal-pir᾿u(NUNUZ)-uṣur mār$_2$-šú šá ^{m}⸢x⸣[...]
3 ki-⸢a-am⸣ iq-bi um-ma ^{f}Bi-is-s[a-a]
4 a-ḫat-ka ⸢^{f}nârtu(NAR)⸣ bi-in-na[m-ma]
5 lu-ú aššatu ši-i ^{md}Nergal-pir᾿u(NUNUZ)-uṣur
6 [iš]-me-e-šu-ma ^{f}Bi-is-s[a-a]
7 a-ḫat-su ⸢^{f}nârtu(NAR) a-na⸣ áš-šu-tu ⸢id⸣-din-su
8 ^{md}Nergal-pir᾿u(NUNUZ)-uṣur ina ḫu-ud lìb-bi-šú
9 ^{še}zēru pu-ut zittī-šú šá it-ti
10 ^{m}Šākin-šumi aḫi abī-šú i-zu-zu
11 ul-tu kišād nāri a-di muḫḫi ma-kal-le-e šá 50[^{meš}]
12 šá ina āli ⸢bīt⸣ sa-a-lu i-ṣi u ma-a-d[i]
13 ^{md}Nabû-[rēma]-šu-kun 1-et ^{giš}⸢eršu(NÁ)⸣
14 2 ^{giš}kussê(GU.ZA)$^{m[eš]}$ 1-en ^{giš}paššūru(⸢BANŠUR⸣)
15 1-en ka-a-su siparri(ZABAR) 1-en qa-bu-ut-tu$_4$
16 2 ^{túg}gu-le-ni^{meš} 1-en ⸢^{túg}x x x⸣[x]
17 ik-nu-uk-ma it-ti ^{f}Bi-is-sa-a
18 aḫātī-šú a-na nu-dun-né-e a-na ^{m}[^{d}Nergal-uballiṭ]
19 id-din ina u$_4$-mu ^{f}Bi-is-[sa-a]
20 it-ti ^{lú}zikri(NITA) šá-nam-ma [...]
21 ina patar(GÍR) parzilli(AN.BAR) ta-[mat]

Rs 22 ina u$_4$-mu ^{md}Nergal-uballiṭ^{i}[^{ṭ} ^{f}Bissaja]
23 un-daš-ši-ru-⸢ma⸣ aš[šatu šanītu]
24 [ir]-ta-šu-ú 6 ma-na [kaspu ...]
25 [i]-nam-daš-šum-ma a-šar p[a-ni-šu (maḫru) tallak]
26 u$_4$-mu ma-la ^{f}Ú-bar-tu$_4$ b[al-ṭa-at]
27 ^{md}Nabû-rēma(ARḪUŠ)-šu-kun i-[pal-làḫ-šu]
28 ina u$_4$-mu ^{f}Ú-bar-tu$_4$ a-n[a šīmti]
29 [t]a-at-tal-k[u] ^{md}Nabû-rēm[a(ARḪUŠ)-šukun]
30 pa-ni ^{md}Nergal-uballiṭ^{iṭ} u ^{f}Bi-i[s-sa-a]
31 id-[d]a-gal ina a-šá-bi šá ^{f}Ú-bar-[tu$_4$]
32 [ummi šá] ^{md}Nergal-[pir᾿a-uṣur]

---

33 [ina kanāk ^{i}]^{m}ṭuppi šu-[a-ti]

---

34 [IGI ^{m}...] ⸢mār$_2$-šú šá⸣ ^{md}Marduk-[...]
35 [...] ⸢x⸣ [...]
36 [...]-DU mār$_2$ ^{lú}Asû ^{m}[...]
37 [mār$_2$-šú šá ^{md}]Ea$^{?}$-iddin mār$_2$ ^{m}Ba-si-[ia]
38 [u ^{lú}ṭupšarru$_2$ ^{m}Eri$^{?}$]-ba-a mār$_2$-šú šá ^{m}Ri-m[ut ...]
39 ⸢Bābili⸣^{ki} ^{iti}tašrītu ūmi 11.kam šanat ⸢14⸣.[kam]
40 [o o o] ^{md}Nabû-na᾿id$_2$ šàr Bābili$_2$$^{k[i]}$

Z. 10 Entweder ist *ul* versehentlich weggelassen worden, oder die Formulierung soll besagen, daß das Grundstück zwar schon (ideell, d.h. wertmäßig nach Größe des Erbanteils) geteilt worden ist, aber nach wie vor gemeinsam bewirtschaftet wird (so z.B. in BM 87081: 6, wo ein solcher Anteil verkauft wird.).

Z. 12 Grundbesitz in Bīt-Sâlu (kein Eintrag zu diesem Ort in R. Zadok, RGTC 8) kommt sonst auch im Šangû-Ninurta-Archiv (s. Kommentar) vor: BM 46862 (Nabû-ēṭir//Šangû-Ninurta kauft ein Grundstück von Šamaš-iddin//Šumu-libši), BM 45499+ (Ausstellungsort; derselbe kauft von zwei Söhnen des Kabtija//Šumu-libši ein Grundstück in Bīt-Nabû-īpuš), BM 45560//46788 (Mitgift der Töchter des Iddin-Marduk //Bēl-apla-uṣur; davon war eine mit Nabû-ēṭirs Sohn verheiratet).

Z. 15 Eine Schale, *qabūtu*, findet sich dreimal in den von M.T. Roth untersuchten Mitgifturkunden (AfO 36/37, S. 27), allerdings wäre dafür die Zahlschreibung 1-*et* zu erwarten. Zwar ist auch ein Behältnis *qabû* (CAD Q 21f. *s.v. qabû* B) bezeugt, die Zeichen am Ende scheinen aber eindeutig für *qabūtu* zu sprechen.

Z. 16 Unklar, wie am Ende zu lesen ist. M.T. Roth, AfO 36/37, S. 31 zitiert *kitinnītu* (1+*et* síg *kit-ni-tum ḫi-šiḫ*$^{?}$*-tum*) in CT 49 165: 8.

Z. 32 Die Ergänzung ist sehr wahrscheinlich. Die Anwesenheit der Mutter der Brautmutter kommt oft vor, insbesondere, wenn deren Rechte an bestimmten Vermögensobjekten, die zu ihrer Mitgift gehören, eingeschränkt werden. Im vorliegenden Fall betrifft dies den Sklaven, der ihr zwar bis zu ihrem Tod dienen soll, über den sie aber keine anderweitigen Verfügungen mehr treffen kann.

Übersetzung

Nergal-uballiṭ, Sohn des [...], hat (Z. 2) zu Nergal-pirʾa-uṣur, Sohn des [...], (Z. 3) folgendermaßen gesprochen: „Bissaja, (Z. 3) deine Schwester, das junge Mädchen, gib [mir], (Z. 5) sie sei (meine) Ehefrau!" Nergal-pirʾa-uṣur (Z. 6) erhörte ihn, und Bissaja, (Z. 7) seine Schwester, das junge Mädchen, gab er ihm zur Frau. (Z. 8) Nergal-pirʾa-uṣur hat aus freiem Entschluß (wörtlich: in der Freude seines Herzens) (Z. 9) die Anbaufläche, (und zwar) seinen (eigenen) Anteil, den er mit (Z. 10) Šākin-šumi, dem Bruder seines Vaters, geteilt hat, (Z. 11) vom Kanalufer bis zum gegenüberliegenden Ende der 50er-Einheit (Z. 12) in der Ortschaft Bīt-Sâlu, (sei es) größer oder kleiner, (Z. 13) den (Sklaven) Nabû-rēma-šukun, ein Bett, (Z. 14) zwei Stühle, einen Tisch, (Z. 15) einen Bronzebecher, eine Schale, (Z. 16) zwei Gewänder (und) ein ... (Z. 17) unter Ausstellung einer offiziellen Urkunde mit Bissaja, (Z. 18) seiner Schwester, als Mitgift an [Nergal-uballiṭ] (Z. 19) gegeben. Wenn Bissaja (Z. 20) mit einem anderen Mann [ertappt wird], (Z. 21) so wird sie durch den eisernen Dolch [sterben]. (Z. 22) Wenn Nergal-uballiṭ Bissaja (Z. 23) verläßt, um eine andere Ehefrau zu (Z. 24) bekommen, (Z. 25) wird er ihr (Z. 24) 6 m Silber [...] (Z. 25) zahlen, und [sie kann gehen], wohin [es ihr beliebt]. (Z. 26) Solange Ubārtu le[bt], (Z. 27) wird Nabû-rēma-šukun [sie (als Herrin) respektieren]. (Z. 28) Wenn Ubārtu gestorben (Z. 29) sein wird, (Z. 31) gehört (Z. 29) Nabû-rēma-šukun (Z. 30) Nergal-uballiṭ und Bissaja. (Z. 31) In Anwesenheit von Ubātu, (Z. 32) [der Mutter(?)] des Nergal-[pirʾa-uṣur].

Zeugen	[...]/Marduk-[...]
	[...]/[...]-DU/Asû
	[...]/Ea$^{?}$-iddin/Basi[ja]
Schreiber	[Erī]baja/Rīmūt/[...]
Ausstellungsort	Babylon
Datum	11.7.14$^{?}$ Nbn (11.10.542 v. Chr.)

Kommentar

In der vorliegenden Urkunde verheiratet Nergal-pir᾿a-uṣur seine Schwester ^{f}Bissaja an einen gewissen Nergal-uballiṭ. Die Ahnherrennamen der Protagonisten sind leider nicht erhalten geblieben oder wurden gar nicht genannt, daher können über das familiäre Umfeld keine Aussagen getroffen werden. Die Beziehungen lassen sich wie folgt darstellen:

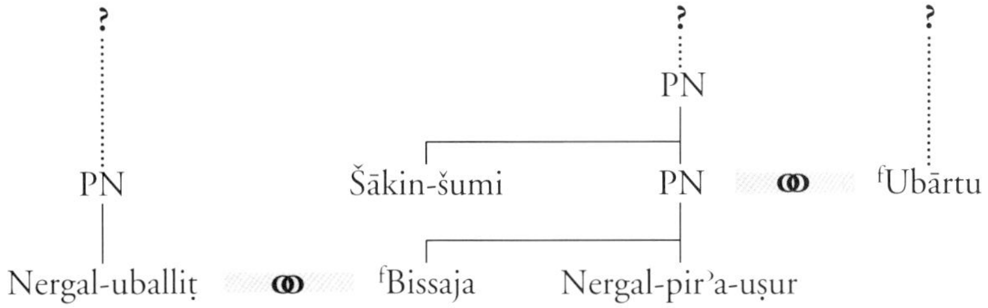

Die Genannten können bisher nicht mit Personen gleichen Namens aus anderen Urkunden in Verbindung gebracht werden. Die Ankaufsnummer 81–8–30 und der Ortsname Bīt-Sâlu deuten auf das Umfeld des Šangû-Ninurta-Archivs[1], ohne daß eine direkte Verbindung nachweisbar wäre. Dieses beinhaltet mehr als 60 Texte, die überwiegend aus den Ankäufen 81–7–1 (hohe Nummern) und 81–8–30 stammen.[2]

Die Mitgift der ^{f}Bissaja umfaßt einen Grundstücksanteil, einen Sklaven und Hausrat, mutet also recht bescheiden an, wenngleich der Wert des Grundstücks nicht genau bestimmt werden kann. Es hatte dem Vater gemeinsam mit seinem Bruder gehört, stammt also höchstwahrscheinlich aus großväterlichem Erbe. Ungeteilte Erbengemeinschaften bzw. die gemeinschaftliche Bewirtschaftung (Verpachtung und Teilung des Ertrags) sind gängige Praxis. Nergal-pir᾿a-uṣur überläßt nunmehr seinen Erbanteil (*pūt zittīšu*) an diesem Objekt seiner Schwester.

Zu den Sanktionen bei Ehebruch durch die Frau bzw. Scheidung durch den Ehemann vgl. die Einleitung; Die Mitgift stellt die bisher umfangreichste bei gleichzeitiger Eisern-Dolch-Klausel dar.

1 Diese Bezeichnung wird im folgenden gewählt, auch wenn über den Charakter des Urkundenkomplexes noch keine endgültigen Aussagen getroffen werden können. Zentralfiguren sind Iddin-Bēl, der Sohn des Nabû-ēṭir aus der Familie Šangû-Ninurta, und sein Sohn Itti-Nabû-balāṭu. Verwandtschaftsbeziehungen mit Zweigen der Familien Bēl-apla-uṣur, Egibi, Bēl-ēṭiru, Eppeš-ilī, URÙ.DÙ-mansum, Ēṭiru, Ṭābiḫ-kāri und Miṣiraja lassen sich nachweisen, weitere Verbindungen zu den Familien Šumu-libši und Ašlāku sind zu vermuten. In jedem Falle scheinen die Urkunden, die aus Raubgrabungen stammen, als geschlossene Gruppe gefunden worden zu sein. Die Publikation der Texte durch Verf. ist in Vorbereitung. Es bleibt zu prüfen, inwieweit andere kleine Gruppen, z.B. die um Kittija aus der Familie Ir᾿anni, mit ihnen assoziiert waren. Im vorliegenden Band gehören BM 46787 (Nr. 4), BM 45547//46635//46827//47272 (Nr. 10), BM 47552 (Nr. 18) und die Urkunden der Šikkuttu aus der Familie URÙ.DÙ-mansum (Nr. 27 bis 32) zum selben Komplex.

2 In den niedrigen Nummern von 81–7–1 befinden sich Teile des Bēl-rēmanni-Archivs; zur Verteilung des Materials vgl. M. Jursa, *Bēl-rēmanni*, 4–6. Interessanterweise fehlen bisher Hinweise auf Bēl-rēmanni-Urkunden im Ankauf 81–8–30; es hat demnach keine vollständige Vermischung stattgefunden. Auch einige Nummern aus 81–11–3 gehören zum Šangû-Ninurta-Komplex bzw. zu den mit dieser Familie assoziierten Familien, ein isolierter Šangû-Ninurta-Text kam in 82–5–22 zu Tage (Hinweis von M. Jursa).

Nr. 3: Ehevertrag
Inventarnummer: BM 42470 (81–7–1, 230)

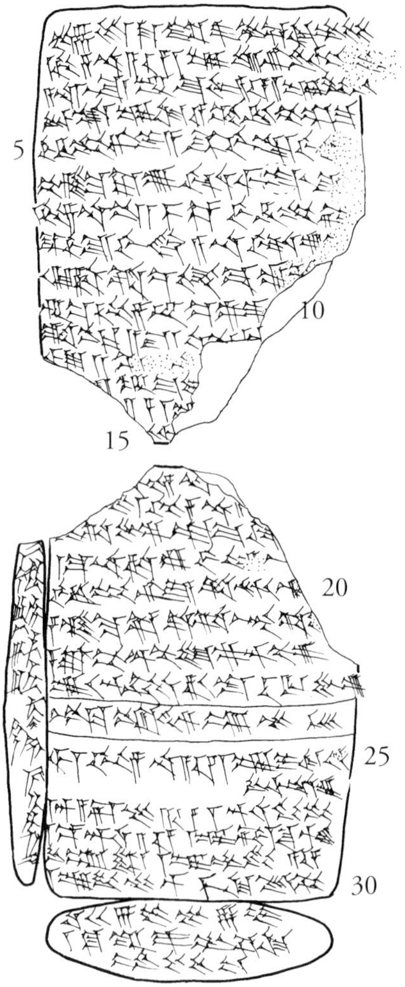

1 *šanat* 9.kam ^{m}*Ku-ra-áš šàr Bābili*$_{2}^{ki}$
šàr mātāti(KUR.KUR)
2 ^{m}*Gu-za-na mār*$_{2}$*-šú šá* ^{md}*Nabû-ēṭir*^{ir}
^{lú}*ši-*⸢*rik* ^{d}*Nabû*⸣
3 *a-na* ^{m}*Ina-qātē*^{II}-^{md}*Bēl-šu-lum mār*$_{2}$*-šú šá*
^{md}*Nabû-aḫa-*⸢*uṣur*$_{2}^{?}$⸣
4 ^{lú}*ši-rik* ^{d}*Nabû ki-a-am iq-bi um-ma*
5 ^{f}*Tuq-qu-ni-ia mārat-ka* ^{f}*n*[*ârtu*(NAR)]
6 *bi-nam-ma lu-ú aššatu ši-i* ^{m}*Ina-qā*[*tē*^{II}-^{d}*Bēl-*
šu-lum]
7 ^{m}*Gu-za-na iš-me-e* ^{f}*Tuq-qu-ni-i*[*a*]
8 *mārat-su* ^{f}*nârtu*(NAR) *a-na aššūti*$^{ú-t[ú}$ *id-din*]
9 10 *šiqil kaspu* 1+*et*$^{!}$ ^{giš}*eršu ma*$^{?}$-⸢x x⸣[...]
10 1-*en* ^{giš}*kussû* 1-*en* ^{giš}*pa-áš-*[*šu-ru*]
11 1-*et ka-a-su* ⸢*siparri*⸣ [...]
12 *ù* 2-⸢*ta* x⸣ [...]
13 [^{m}*Ina-qātē*]^{II}-^{d}*Bēl-šu-lu*[*m* ...]
14 [...-*s*]*u*$^{?}$ *šá* ^{md}*Bē*[*l-* ...]
15 [x x x] *u pāni* [...] (uRd erreicht)
Rs 16 [x x ^{m}]*Gu-za-na* [...]
17 [*ina u*$_{4}$*-m*]*u* ^{m}*Gu-za-na a-*[*na* ^{f}*Tuq-qu-ni-ia*]
18 [*i*]*q-ta-bu-ú um-ma* <*ul*> *ašša*[*tī attī*]
19 1 *ma-na kaspu ú-šal-lam ina* [*ūmi*]
20 ^{f}*Tuq-qu-ni-ia it-ti z*[*i-ka-ri*]
21 *šá-nam-ma kal-da-ta ina patri*(GÍR) *ta-ma*[*t*]
22 *šá dib-bi an-nu-tu ú-*<*šá*>*-an-nu-ú*
23 ^{d}*Nabû u* ^{d}*Marduk ḫalāq*$^{!}$(ḪA.LA^{sic})*-šú liq-bu-ú*

---

24 *ina ka-nak* ^{im}*ṭuppi šuāti*(MU)^{meš}

---

25 IGI ^{m}*Gu-za-na mār*$_{2}$*-šú šá* ^{md}*Nabû-i-di-*⸢x (x)⸣
26 ((leer)) ^{lú}*ši-rik* ^{d}*Nabû*
27 ^{md}*Mār*$_{2}$*-bīti-iddin mār*$_{2}$*-šú šá* ^{md}*Šamaš-aḫa-uṣur*
28 ^{m}*Nūr-*^{d}*Šamaš mār*$_{2}$*-šú šá* ^{md}*Nabû-rēma-šu-kun*
29 ^{lú}*ṭupšarru* ^{md}*Nabû-šarra-uṣur mār*$_{2}$*-šú šá*
30 ^{md}*Nabû-aḫa-iddin Bar-sip*^{ki} ^{iti}*ajjāru*
oRd 31 *ūmi* 26.kam *šanat* 9.kam
32 ^{m}*Ku-ra-áš šàr Bābili*$_{2}^{ki}$
33 *šàr mātāti*(KUR.KUR)^{tú}
lRd 1 [*a-di*] 2-*ta šanāti*$_{2}^{meš}$ ^{f}*Tuq-qu-ni-iá*
2 [(...)] *ina pān abī-šú áš-ba-a*ʾ

Z. 1: Das ausführliche Formular mit Jahresangabe zu Anfang ist nicht unüblich; vgl. M.T. Roth, BMA, S. 3.

Z. 9: Weder bei der Zusammenstellung von Mitgiftobjekten (M.T. Roth, AfO 36/37) noch in CAD gibt es eine Parallele, die eine Ergänzung suggeriert. Betten werden als *šá* ^{giš}*musukannu* (MES.MÁ.GAN.NA) oder *akkadītu* qualifiziert; üblicherweise erfolgt die Materialangabe mit *šá* ^{giš}...

Z. 14: Es bleibt unklar, was hier zu ergänzen ist, jedenfalls nicht der Name Ina-qātē-Bēl-šulum.

Z. 17f.: Ähnlich in BMA 5: 12f.:

i-na u₄-mu PN *iq-ta-bu-ú um-ma* PNf *ul áš-šá-tu₄ ši-i*. Sonst wird diese Klausel anders formuliert. Ohne Negation ergibt der Satz keinen Sinn, ein Schreiberversehen liegt vor.

Z. 19f. Dieselbe Formulierung findet sich in BMA 5: 10f.

Z. 22 Es wären *enû* G oder *šanû* D zu erwarten. Da *enû* D nicht belegt ist, muß wiederum ein Schreiberversehen angenommen werden.

Z. 25 Am Ende vielleicht *-i-ṭi-ru*! für *-ēṭir* zu lesen?

lRd 2 Verbalform nicht korrekt, versehentlich Stativ fem. Plural.

Übersetzung

Im 9. Jahre des Cyrus, Königs von Babylon und der Länder, (Z. 2) hat Gūzānu, der Sohn des Nabû-ēṭir, der Oblate [des Nabû], (Z. 3) zu Ina-qātē-Bēl-šulum, dem Sohn des Nabû-aḫa-uṣur, (Z. 4) dem Oblaten des Nabû, folgendermaßen gesprochen: (Z. 5) „fTuqqunija, deine Tochter, das junge Mädchen, (Z. 6) gib mir! Sie sei (meine) Ehefrau." Ina-qātē-Bēl-šulum (Z. 7) erhörte Gūzānu. fTuqqunija, (Z. 8) seine Tochter, das junge Mädchen, [gab er (ihm)] zur Ehefrau. (Z. 9) 10 š Silber, ein ...-Bett, (Z. 10) einen Stuhl, einen Tisch, (Z. 11) einen bronzenen Becher, [...] (Z.12) und 2 [... hat als Mitgift] (Z. 13) [Ina-qātē]-Bēl-šulum [... mitgegeben. (Z. 14) ...] des Bēl/Nabû-[...] ... (Z. 16) [...] Gūzānu [...].

(Z. 17) [Wenn] Gūzānu z[u fTuqqunija] (Z. 18) folgendermaßen spricht: „[Meine] Ehefrau [bist du] <nicht>!", (Z. 19) wird er eine Mine Silber zahlen. Wenn (Z. 20) fTuqqunija mit einem anderen [Mann] (Z. 21) ergriffen wird, wird sie durch den Dolch ster[ben].

(Z. 22) Wer diese Abmachung ändert, (Z. 23) dessen Untergang mögen Nabû und Marduk befehlen. (l. Rd 1) Zwei Jahre [lang] wird fTuqqunija (l. Rd 2) (noch) bei ihrem Vater wohnen.

Zeugen	Gūzānu/Nabû-idi..., *širku* des Nabû(tempels)
	Mār-bīti-iddin/Šamaš-aḫa-uṣur
	Nūr-Šamaš/Nabû-rēma-šukun
Schreiber	Nabû-šarra-uṣur/Nabû-aḫa-iddin
Ausstellungsort	Borsippa
Datum	26.2.9 Cyr (19.5.530 v. Chr.)

Kommentar

Mit dieser Urkunde ist erstmals eine Eheschließung unter Tempelsklaven belegt.[1] Abgesehen von der letzten Klausel bietet sie formal keine Besonderheiten gegenüber jenen von Angehörigen der städtischen Elite. Lediglich die Mitgift fällt mit zehn Šekeln Silber recht bescheiden aus. Unter den Zeugen sind Tempelpersonal und Personen ohne Ahnherrennamen anzutreffen. Hohe Verwaltungsbeamte fehlen, offenbar bedurfte die Heirat nicht ihrer ausdrücklichen Genehmigung, da Braut und Bräutigam gleichermaßen zum Nabû-Tempel gehörten, also der Status ihrer Kinder nicht zur Debatte stand.

Die Braut wird noch zwei Jahre bei ihrem Vater wohnen—ein deutlicher Hinweis, daß zwischen Ehevertrag und Vollzug der Ehe, Mitgiftbestellung und -übergabe ein beträchtlicher Zeitraum liegen kann.

1 G. van Driel, *Care of the Elderly*, S. 167, Anm. 7, erwähnt BM 63910. Dort bittet ein Vater die Tempelbehörden, ihm ein elternloses Mädchen zu geben, das er großziehen und später seinem Sohn geben will, sicherlich als Ehefrau. Der Vorgang ist als Adoption zu klassifizieren, auch wenn die Möglichkeit einer späteren Heirat angesprochen wird.

Nr. 4: Ehevertrag
Inventarnummer: BM 46787 (81–8–30,253)

1 *[^{m}Nidinti-^{d}Bēl māru] ⸢šá⸣ ^{m}Itti-^{d}Marduk-balāṭu*
2 *[mār ^{md}Ea-eppeš]⸢^{eš}-ilī⸣ ina ḫu-ud lìb-bi-šú*
3 *[a-na] ⸢^{m}⸣^{d}Nabû-kāṣir māri šá ^{m}Šuma-ukīn*
4 *⸢mār$_2$ ^{m}E⸣-ṭè-⸢ru ki⸣-a-am iq-bi*
5 *um-ma ^{f}In-ba-a mārat-ka*
6 *nar-tu$_4$ [bi-in]-nam-ma lu-ú áš-šá-tu$_4$ ši-i*
7 *^{md}Nabû-[kāṣir iš-me-e]-šu-ma*
8 *^{f}⸢In-ba-a⸣ [mārat-s]u a-na áš-šu-tu*
9 *id-da-áš-šú ^{md}Nabû-kāṣir ina ḫu-ud lìb-bi-šú*
10 *5 ma-na kaspu* (Rasur) *nu-uḫ-ḫu-tu*
11 *šá ina 1 šiqli bit-qa ^{m}A-na-muḫḫi-^{d}Bēl-tak-lak ^{lú}ardu*
12 (Rasur) *a-na nu-dun-ni-e*
13 *it-ti ^{f}In-ba-a mārtī-šú nar-tu$_4$*
14 *a-na ^{m}Ni-din-tu$_4$-^{d}Bēl i-nam-din*
15 *ina a-šá-bi šá ^{fd}Bānī-tu$_4$-e-ṭi-rat*
16 *mārti šá ^{md}Bēl-na-din-apli$_2$ mār$_2$ ^{m}E-ṭ[è-ru]*
17 *alti ^{md}Nabû-kāṣir ummi šá [^{f}In-ba-a]*

Rs 18 *ina a-šá-bi šá ^{f}[…]*
19 *mārti šá ^{m}Šá-ki[n-šumi mār …]*
20 *ummi šá ^{m}Ni-din-[tu$_4$-^{d}Bēl]*
21 *^{lú}mu-kin-nu ^{md}Mardu[k-…]*
22 *mār$_2$ ^{m}Su-ḫa-a-a* [(leer)]
23 *^{lú}mu-kin-nu ^{md}Bēl-na-din-apli$_2$ māru šá ^{md}⸢Bēl-ik⸣-ṣur*
24 *mār$_2$ ^{m}E-ṭè-ru ^{m}Aḫḫē^{meš}-iddin-^{d}Marduk māru šá$^{!}$*
25 *^{m}Šá-kin-šumi mār$_2$ ^{m}Su-ḫa-a-a ^{md}Nabû-it-tan-nu*
26 *māru šá ^{md}É-a-⸢šuma⸣-uṣur mār$_2$ ^{m}Ú-ri-in-du-a-mat-su*
27 *^{md}Bēl-ke-šìr māru šá ^{md}Bēl-kāṣir*
28 *mār$_2$ ^{m}Ba-si-ia ^{md}Bēl-ušallim māru šá*
29 *[^{m}Ara]d$^{?}$-^{d}Marduk mār$_2$ ^{m}E-ṭè-ru*
30 *[^{m}…-b]ul-liṭ-su māru šá ^{m}Gu-za-nu*
31 *[mār …] ^{m}Iddin-^{d}Marduk māru šá ^{md}Bāba-ēreš*

eine halbe Zeile frei

32 *[^{lú}ṭupšarru ^{md}…-n]a-din-aḫi māru šá ^{md}Bēl-kāṣir*
33 *[mār … …^{k}]^{i} ^{iti}araḫsamna ūmi* 25.[kam]
34 [*šanat* x.kam *^{m}Da-r]i-ia-muš*

oRd 1′ […]⸢x⸣
2′ *[… il-te-q]u-ú*

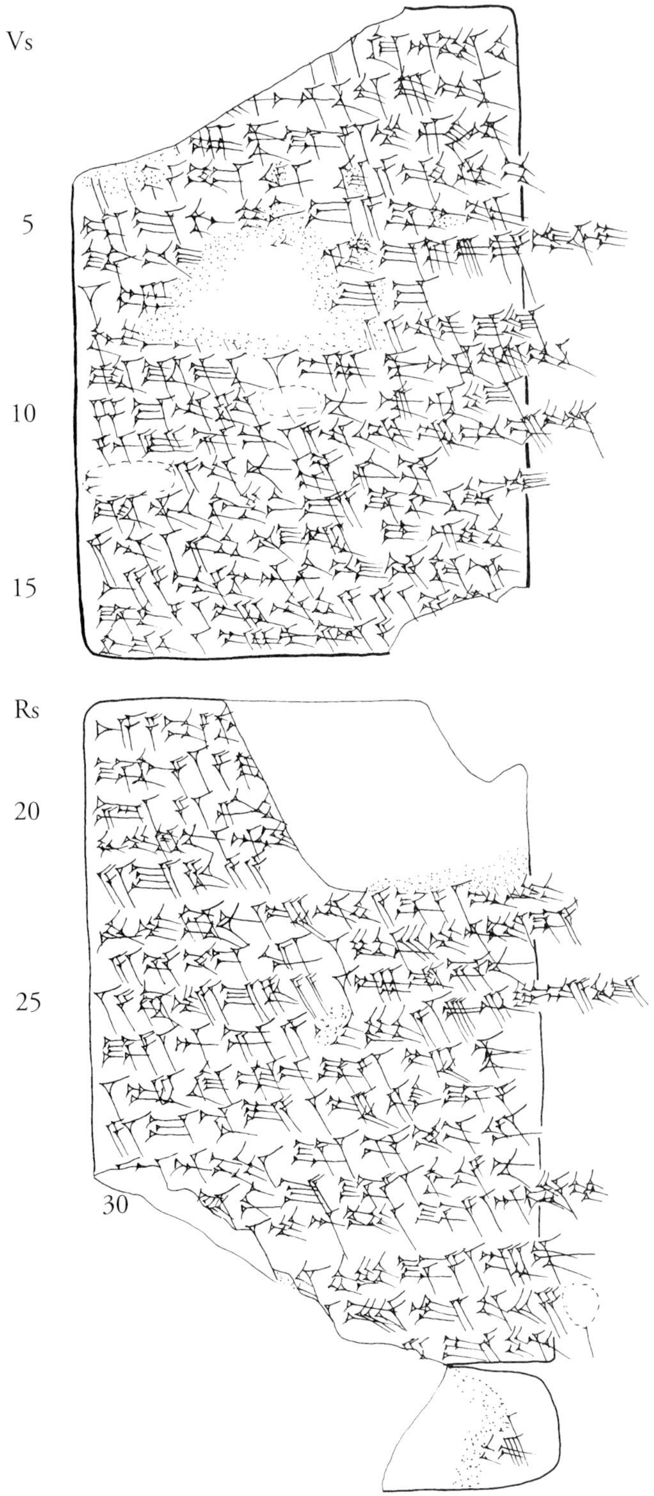
Vs
Rs

Z. 2 Vom Ahnherrennamen des Bräutigams sind nur Spuren der letzten beiden Zeichen erkennbar, drei Schrägkeile und ein dem BAR ähnliches Element. Eine Ergänzung zu UŠ.BAR erscheint ausgeschlossen, md*Sîn-ilī* scheidet wegen der Platzverhältnisse aus. Am ehesten ist an Ea-eppeš-ilī zu denken, allerdings mit Vorbehalt.

Z. 19 Vom Ahnherrennamen der Mutter des Nidinti-Bēl ist nichts erhalten. Die vorgeschlagene Ergänzung beruht auf der Vermutung, daß in Z. 24f. ihr Bruder genannt ist.

Z. 21 Die Einleitungsformel für die Zeugenliste steht versehentlich doppelt. Da der erste Zeuge abgesetzt von den anderen und nach zwei verwandten Frauen genannt wird, haben wir in ihm wohl auch einen Familienangehörigen zu vermuten.

Z. 26 Es ist wohl *urindu* / *erimtu* „Bedeckung, Schirm" gemeint. Der Ahnherrenname ist rar. In BM 46844 (81–8–30, 310) erscheint eine fŠikkû/Marduk-šākin-šumi/Urindu-amāssu als Gläubigerin eines *imittu*-Verpflichtungsscheines (Zeit des Cambyses). Die Tafel stammt aus demselben Ankaufszusammenhang wie das vorliegende Dokument, läßt sich aber bislang keinem Archiv direkt zuordnen.

Z. 31 Es ist unklar, ob ein Ahnherrenname folgt. Der Zeilenabstand ist eigentlich zu knapp.

oRd Es dürfte sich um den Vermerk über die Ausfertigung der Urkunde in zwei Exemplaren (1-*en*-ta-àm *ilteqû*) handeln, der bei Eheurkunden gelegentlich erscheint (M.T. Roth, BMA, S. 19f. mit Anm. 70), wenngleich sich dies bei paritätischen Vereinbarungen von selbst versteht.

Übersetzung

[Nidinti-Bēl, Sohn] des Itti-Marduk-balāṭu (Z. 2) [aus der Familie Ea-epp]eš-ilī(?), hat aus freiem Entschluß (wörtlich: in der Freude seines Herzens) (Z. 3) [zu] Nabû-kāṣir, dem Sohn des Šuma-ukīn (Z. 4) aus der Familie Ēṭiru folgendermaßen gesprochen: (Z. 5) „fInbaja, deine Tochter, (Z. 6) das junge Mädchen, [gib] mir, und sie möge (meine) Ehefrau sein!" (Z. 7) Nabû-kāṣir [erhörte ihn], und (Z. 8) fInbaja, [seine Tochter], (Z. 9) gab er ihm (Z. 8) zur Ehefrau. (Z. 9) Nabû-kāṣir wird aus freiem Entschluß (Z. 10) fünf Minen Silber von *nuḫḫutu*-Qualität, (Z. 11) ⅛-Legierung, (und) Ana-muḫḫi-Bēl-taklāk, den Sklaven, (Z. 12) als Mitgift (Z. 13) mit fInbaja, seiner Tochter, dem jungen Mädchen, (Z. 14) an Nidinti-Bēl mitgeben. (Z. 15) In Anwesenheit von fBānītu-ēṭirat, (Z. 16) der Tochter des Bēl-nādin-apli aus der Familie Ēṭiru, (Z. 17) der Ehefrau des Nabû-kāṣir, der Mutter der [fInbaja]. (Z. 18) In Anwesenheit von [PNf], (Z. 19) der Tochter des Šākin-[šumi ...], (Z. 20) der Mutter des Nidin[ti-Bēl]. (oRd 2) [Je ein (Exemplar des Schriftstücks)] haben sie [an sich genommen].

ina ašābi Zeuginnen fBānītu-ēṭirat/Bēl-nādin-apli/Ēṭiru ∞ Nabû-kāṣir, Mutter der Inbaja
f[...]/Šākin-[šumi]/[Suḫaja(?)], Mutter des Nidinti-Bēl

Zeugen Marduk-[...]//Suḫaja
Bēl-nādin-apli/Bēl-ikṣur/Ēṭiru (Großvater der Inbaja)
Aḫḫē-iddin-Marduk/Šākin-šumi/Suḫaja (wohl der Bruder der Mutter des Bräutigams)
Nabû-ittannu/Ea-šuma-uṣur/Urindu-amassu
Bēl-kēšir/Bēl-kāṣir/Basija
Bēl-ušallim/Arad(?)-Marduk/Ēṭiru
[...]-bullissu/Gūzānu/[...]

Schreiber [...]-nādin-aḫi/Bēl-kāṣir/[...]

Ausstellungsort weggebrochen (sicher Babylon)

Datum [x.x.x] Dar

Kommentar

Der vorliegende Ehevertrag stammt aus dem Umfeld des Šangû-Ninurta-Archivs[1] und läßt sich über mehrere Ecken an den Stammbaum der Familie Šangû-Ninurta anbinden. Einige der hier genannten Personen erscheinen aber auch in anderem Kontext. Zum einen weist die Tafel Bezüge zu den Urkunden der ᶠŠikkuttu aus der Familie URÙ.DÙ-mansum (Nr. 27 bis 32) auf, die aus demselben Ankaufskomplex stammen: Bēl-nādin-apli aus der Familie Ēṭiru, der mütterliche Großvater der Braut, hat der ᶠŠikkuttu zu Beginn der Regierungszeit des Darius einen Teil eines Hausgrundstücks verkauft, ein angrenzendes Areal aber für sich behalten (BM 47795+, Nr. 29). Auch der Vater unseres Zeugen Bēl-kēšir aus der Familie Basija besaß ein angrenzendes Grundstück und wird als Nachbar im Kaufvertrag genannt. Zwar können weder die Eheurkunde noch der Kaufvertrag Retroakten zum jeweils anderen Dokument sein, sie lassen jedoch vermuten, daß zwischen den Familien Ēṭiru, URÙ.DÙ-mansum und Basija über die nachbarschaftlichen Beziehungen hinaus verwandtschaftliche Verbindungen bestanden haben könnten.

Dafür gibt es weitere Hinweise: Der besagte Zeuge Bēl-kēšir erscheint auch in BM 46712 (81–8–30, 178) aus dem Jahre 19 Dar als erster Zeuge, allerdings ist der Ahnherrenname dort nicht erhalten. Es handelt sich um eine Quittung über 30 Šekel Silber, in der ᶠAmtija, die Tochter des Ea-šuma-uṣur aus der Familie Ēṭiru, und ein gewisser Ḫariṣānu gemeinsam als Empfänger erscheinen. Daß Ḫariṣānu ᶠAmtijas Ehemann ist, legt die Art der Transaktion nahe—es dürfte sich um Mitgiftsilber handeln, da ᶠAmtija nominelle Gläubigerin der Forderung gewesen war.

Diese ᶠAmtija ist mit ᶠAmat-Ninlil, der Tochter der ᶠŠikkuttu aus der Familie URÙ.DÙ-mansum, identisch, denn ihre Schwester ᶠUbārtu ist laut BM 46581 (Nr. 30): Rs 6′f. die Tochter eines Ea-šuma-⌜uṣur⌝ aus der Familie [...*ṭ*]*è-ri*—die Spuren sind nach BM 46712 ohne Probleme zu ergänzen. Damit ist die Identität von ᶠŠikkuttus Ehemann geklärt; er stammt—wie die Protagonisten des vorliegenden Dokuments—aus der Familie Ēṭiru und war, wie aus der Kombination fragmentarischer Filiationen in anderen Urkunden hervorgeht,[2] der Onkel des Großvaters der Braut.

Ḫariṣānu, ᶠŠikkuttus Schwiegersohn, ist nach Auskunft von BM 46684 und 46706 ein Sohn des Iddin-Marduk aus der Familie Bēl-apla-uṣur. Seine Schwester ᶠNâdaja war mit Iddin-Bēl, dem Sohn des Nabû-ēṭir aus der Familie Šangû-Ninurta, einer der Zentralfiguren dieses Archivkomplexes, verheiratet. Damit ist die lose Verbindung zwischen dem vorliegenden Dokument und dem Šangû-Ninurta-Archiv hergestellt, in dem nicht nur Mitglieder der genannten Familien, sondern auch Nachkommen von Eppeš-ilī, Miṣiraja, Ṭābiḫ-kāri, Bēl-ēṭiru und Šumu-libši auf vielfältige Weise miteinander verbunden sind. Die Urkunden gehören zu denselben Ankäufen wie die zuvor erwähnten Gruppen und sind somit auf ähnliche Weise wie die Archivgruppen aus Borsippa miteinander verquickt.[3]

Unser Zeuge Bēl-nādin-apli aus der Familie Ēṭiru (der Großvater der Braut) stellt aber gemeinsam mit seinem Schwiegersohn noch eine Verbindung zu einem ganz anderen Archiv her: Er erscheint als Schreiber von BM 74541 (Duplikat 74637; Babylon, 24 Dar), allerdings ist sein Vatersname dort nicht angegeben. Sein Schwiegersohn Nabû-kāṣir (mit

---

1 Siehe dazu den Kommentar zu Nr. 2 mit Anm. 1f.

2 Dazu ausführlich in der Einleitung zu den Urkunden der ᶠŠikkuttu in diesem Band (Nr. 27–32).

3 Vgl. den Kommentar zu BM 21975 (Nr. 15).

voller Filiation) wird aber im selben Dokument als Zeuge genannt. Protagonist der Transaktion ist Marduk-rēmanni aus der Familie Ṣāḫit-ginê, in dessen Archiv die Urkunde auch überliefert wurde.[4] Das Archiv stammt aus Sippar, Marduk-rēmanni unterhielt aber geschäftliche Verbindungen zu einflußreichen Kreisen in Babylon, z.B. zum Gouverneur (*šākin ṭēmi*) von Babylon. Er war nicht etwa bloß ein einfacher Schreiber, sondern gehörte zur kleinen Gruppe der siegelführenden Notare, die Grundstückskaufverträge beurkunden, hatte also wahrscheinlich den Status eines „Schreibers des Königs".[5] Wenn man in Rechnung stellt, daß [f]Šikkuttu, seine Verwandte und Nachbarin, die Tochter eines königlichen Richters war,[6] dann demonstriert die Urkunde, was zu erwarten ist: Die Kontakte zwischen den vermögenden Kreisen beider Städte und die Verflechtung der Machtstrukturen.

Der vorliegende Ehevertrag folgt dem üblichen Formular und weist keine formalen Besonderheiten auf. Allerdings bekommt die Braut [f]Inbaja aus der Familie Ēṭiru eine respektable Mitgift: Fünf Minen Silber machen sie zu einer guten Partie.

Aus welcher Familie ihr Bräutigam stammt, läßt sich wegen der Beschädigung der Tafel nicht mit letzter Sicherheit sagen. Unter Vorbehalt lassen sich die Familienbeziehungen folgendermaßen rekonstruieren:

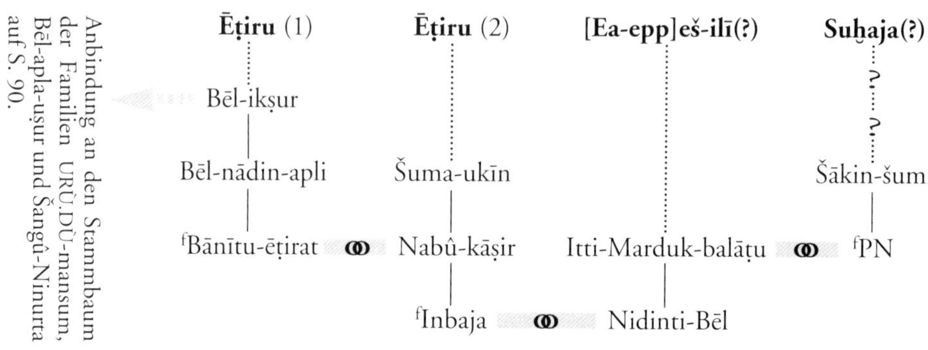

Es sei angemerkt, daß auch Angehörige der Familie Eppeš-ilī mit Familie Šangû-Ninurta liiert sind: Itti-Nabû-balāṭu, Sohn des Iddin-Bēl aus der Familie Šangû-Ninurta hat eine [f]Bēlessunu (alias [f]Bissaja), die Tochter des Zababa-erība aus der Familie Eppeš-ilī, geheiratet,[7] auch ihre Geschwister erscheinen gelegentlich im Šangû-Ninurta-Archiv. Insofern hat der auf epigraphischen Erwägungen basierende Vorschlag auch eine gewisse kontextuelle Wahrscheinlichkeit.

Anders sieht es mit der Familie der Mutter des Nidinti-Bēl aus: Hier stützt sich die Vermutung lediglich auf die Erwähnung eines Sohnes des Šākin-šumi aus der Familie Suḫaja als Zeuge, sowie eines anderen Mitglieds dieser Familie als Zeuge an prominenter Stelle. Bei einer Eheschließung mehr als nur die engsten Angehörigen zu finden, sollte aber nicht überraschen.

4 Eine Bearbeitung dieses Textes erfolgt durch C. Waerzeggers im Rahmen ihrer Studie zum Marduk-rēmanni-Archiv. Die nachfolgenden Bemerkungen über Marduk-rēmannis Kontakte nach Babylon beruhen auf den Ausführungen in ihrer Dissertation (unpubl.).

5 Siehe dazu den Kommentar zu BM 47552 (Nr. 18) im vorliegenden Buch.

6 Siehe dazu den Kommentar auf S. 89.

7 BM 46685 ist das Mitgiftversprechen, BM 46962 betrifft die Verrechnung des Mitgiftsilbers und die Sicherstellung der Mitgift.

Nr. 5: Ehevertrag
Inventarnummer: BM 33795 (Rm 4 354)

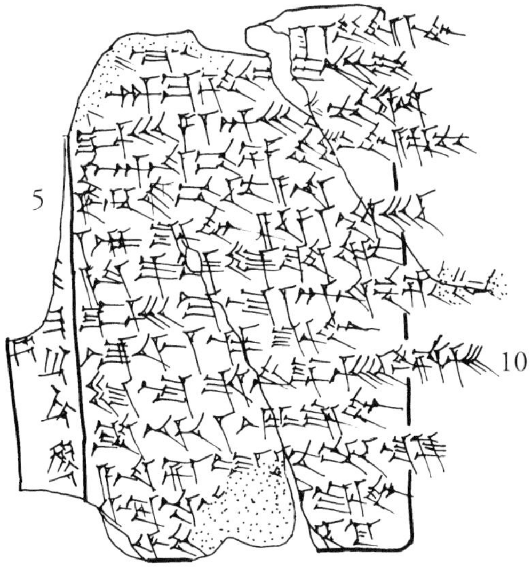

1 [x] la ⸢x⸣[x x]⸢x⸣ ^{m}*Aḫu-im-me-e*ʾ
2 ⸢^{f}⸣^{d}*Ma-am-m*[*i*]*-i-ti-i-lat*
3 *mārū*^{meš} *šá* ^{md}*Sîn-*⸢*še*⸣*zēra-iddin*$_{2}$
4 ^{fd}*Na-bé-e-ḫi-in-i*ʾ *a-ḫat-šú-nu*$^{!}$
5 *ina*$^{!}$ *ḫu-<ud> lìb-bi-šú-nu a-na*
6 ^{m}*Aq-ra-a*ʾ *mār*$_{2}$*-šú šá* ^{m}*Arad-eš-šú*
7 *a-na áš-šu-tu id-di-nu*
8 *mārū*^{meš} *ma-la* $^{m(sic!)d}$*Na-bé-e-*⸢*ḫi-in-i*ʾ⸣
9 *la-pān* ^{m}*Aq-ra-a*ʾ
10 *tu-la-da* ^{lú}*mārū*^{meš}*-šú* ^{lú}*zikarū*(UŠ)^{meš}
11 *it-ti* ^{m}*Aq-ra-a*ʾ
12 *a-na bīt abī-šú-nu il-la-ku*
13 *ù ina u*$_{4}$*-m*[*u* ^{m}*Aq*]*-ra-a*ʾ
14 [*a-na*] *ši-mat* [*it-t*]*al-ku*

unterer Rand erreicht, Lücke von ein bis drei Zeilen

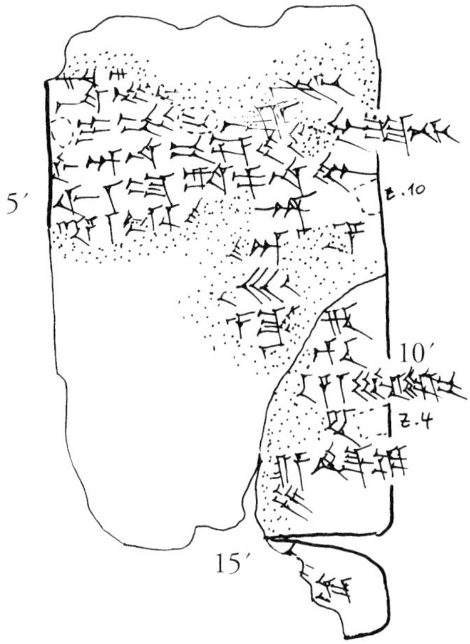

Rs 1′ ⸢*a*$^{?}$*-na*$^{?}$ *bīt*$^{?}$⸣ [...]
2′ *ina u*$_{4}$*-mu a*[*ššatu šá-n*]*i-ti*
3′ ⸢o⸣ *i-taḫ-*((x))*-*⸢*zu*⸣ o o o
4′ ^{fd}*Na-bé-e-ḫi-*⸢*in-i*ʾ⸣ <DA>M$^{!}$ *rabīti*^{ti}
5′ IGI ^{m}*At-ta-pa-na-a*ʾ
6′ *mār*$_{2}$*-šú šá* ^{m}*Da-*⸢x⸣-[(x)]*-ìl*
7′ [^{m}...]-⸢x⸣*-ìl mār*$_{2}$*-šú šá*
8′ [...]*-eš-š*[*ú*]
9′ [...]-⸢x⸣*-id-ri*
10′ [...]*-ḫu*
11′ [^{m}... *mār*$_{2}$]*-šú šá* ^{m}*Še-el-li-bi*
12′ [...-^{d}*B*]*ēl*
13′ [...] *ālu šá* ^{lú}GAL SAG
14′ [...].kam
oRd 15′ [...]-⸢x⸣
16′ [...]^{ki}
17′ [(...)]

lRd 1 [...] ⸢x⸣ 3 *ma-na kaspu* [(x x)]
2 [...]*-ru*

Z. 1 Aḫ-immê „His mother's brother" (aram.), vgl. PNA 1/I, S. 65.

Z. 3 Die Schreibung ^{še}*zēru* im Personennamen ist ungewöhnlich.

Z. 4 Der Name *Ḫi-in-ni-iʾ* (nB Belege in PBS 2/1 *passim*, Ḫinnī(-GN) in assyrischen Texten) wird in PNA 2/I, S. 473, unter Berufung auf R. Zadok als **ḥinn* "favour, grace" mit Suffix *ī* erklärt.

Z. 5 Das erste Zeichen ist offenbar ohne Rasur über ein anderes geschrieben und sieht daher aus wie ein SAL, das dritte ist ausgelassen worden, so daß etwas wie ^{f}*ḫu-zib-bi* dasteht, aber keinen Sinn ergibt. Mit heftiger Emendation erreichte man *ina ḫūd libbīšunu*, diese Phrase sollte aber *vor* dem Namen der Braut stehen. Nach dem Namen ist vielmehr ein Wort zu erwarten, das die Braut qualifiziert. Angesichts der sonst üblichen Termini *batultu* bzw. **nuʾartu* (geschrieben $^{\text{f/lú}}$NAR, *nu-mar-tu*$_4$, *nu-maš-ti* oder *nu-man-áš-tu*$_4$, vgl. M.T. Roth, BMA, S. 7) wäre an ^{f}*nam-ár*$^{!}$-<*tu*> als Variante zu *nuʾartu* „junges Mädchen" zu denken. Normalerweise wird aber kein Suffix angefügt. Daher erscheint die Emendation zu *ina ḫūd libbīšunu* trotz allem wahrscheinlicher.

Z. 14 Am Anfang ist etwas wenig Platz, um *a-na* zu ergänzen. Allerdings könnte die Zeile auf dem linken Rand begonnen haben.

Rs 1′ Auf wen sich die beschädigte Klausel bezieht, kann nicht ermittelt werden. Denkbar wäre, daß Nabē-ḫinnī ins „Vaterhaus" (d.h. zu ihren Geschwistern) zurückkehrt, sollte ihr Ehemann sterben. Aber auch die männlichen Nachkommen, von denen es zuvor hieß, die gingen mit ihrem Vater, könnten gemeint sein. Je nachdem, ob der untere Rand beschrieben war, steht mehr oder weniger Platz zur Ergänzung zur Verfügung.

Rs 4′ Das Zeichen DAM bzw. *aššatu* läßt der Kontext erwarten, jedoch steht etwas wie KU oder ÁŠ da. Entweder fehlt der Anfang des Zeichens DAM, oder es ist *áš-*<*šá-ti*> gemeint (Vorschlag: C. Waerzeggers), man vergleiche den Lapsus in Z. 5. Das nachfolgende GAL-*ti* unterliegt keinem Zweifel. Das Adjektiv *rabû* kennzeichnet einen Ranghöheren, Belege für die Hauptfrau als *aššatu rabītu* (aB im Kodex Ḫammurapi als *ḫīrtu* bezeichnet) gibt es aus El-Amarna und Boğazköy (CAD *s.v. rabû* 2c 1′).

Rs 5′ Zur Ergänzung des Vatersnamens kämen Dāgil-ili, Dalâ-il, Daniāti-il in Betracht (vgl. PNA 1/II, *s.v.*), allerdings passen die Zeichenspuren zu keiner Variante richtig gut.

Rs 9′ Sicher ein mit *idrī* „meine Hilfe" zusammengesetzter aramäischer Name, vgl. Attâ-idrī PNA 1/I, S. 234.

Ausstellungsort: Offensichtlich ist die Ortschaft nach einem hohen königlichen Beamten, dem Chef der *ša-rēšis*, benannt. Ähnliches liegt bei Bīt-rāb-kāṣiru vor, wo der königliche Schatzmeister auch nachweislich Grundbesitz hat (dazu M.A. Dandamaev, *Bagasaru*; C. Wunsch, CM 20a, S. 174–176).

Übersetzung

[PN], Aḫ-immê (und) (Z. 2) Mamītu-ilat, (Z. 3) Kinder des Sîn-zēra-iddin, haben (Z. 4) Nabê-ḫinnī, ihre Schwester, (Z. 5) aus freien Stücken (wörtlich: in der Freude ihrer Herzen) an (Z. 6) Aqrâ, den Sohn des Arad-Eš(š)u, (Z. 7) zur Ehefrau gegeben. (Z. 8) (Was) die Kinder (betrifft), die Nabê-ḫinnī (Z. 9) dem Aqrâ (Z. 10) gebären wird: Seine männlichen Kinder werden (Z. 11) mit Aqrâ (Z. 12) in das Haus ihres Vaters gehen. (Z. 13) Und wenn Aqrâ (Z. 14) stirbt (wörtlich: [zum] Schicksal [ge]ht), [wird …] (Rs 1′) zum Haus […]. (Rs 2′) Wenn er eine [zwei]te Ehe[frau] (Rs 3′) nimmt, (Rs 4′) (bleibt) Nabê-ḫinnī die Ranghöchste. (lRd 1) […] 3 Minen Silber (lRd 2) [… erhal]ten.

Zeugen	Attâ-panā/Da[...]-il
	[...]-il/[...]-eššu
	[...]-idrī/[...]-ḫu
	[...]/Šellibi
Schreiber	[...]-Bēl/[...]
Ausstellungsort	Ālu ša ^{lú}GAL SAG
Datum	bis auf wenige Reste weggebrochen

Kommentar

Die Urkunde ist in mancherlei Hinsicht außergewöhnlich. Die Heirat wird auf Seiten der Braut nicht von Vater, Mutter oder Bruder arrangiert, sondern mehrere Geschwister gemeinsam (wohl drei, darunter eine Frau) verheiraten ihre Schwester. Ihre Namen klingen nicht babylonisch, sondern überwiegend westsemitisch. Ausgestellt wurde das Dokument in einer Ortschaft, die die Anwesenheit von königlichem Verwaltungspersonal und Dienerschaft—nicht unbedingt alles Einheimische—erwarten läßt.

Über den Status der Ehepartner werden keine Aussagen gemacht, also haben wir wohl nicht anzunehmen, daß sie Sklaven waren. Auffälligerweise wird jedoch im Haupttext keine Mitgift genannt. Ein beschädigter Nachtrag auf dem Rand erwähnt zwar 3 Minen Silber, aber ob und von wem diese ausgezahlt wurden oder nur als Vertragsstrafe angedroht sind (z.B. im Falle einer Scheidung), kann dem Text nicht entnommen werden. Allerdings bilden Bestimmungen zur Mitgift, nach allem, was wir über Formular und Zweckbestimmung der babylonischen Eheurkunden wissen, normalerweise das Herzstück der Vereinbarungen und werden nicht in Nachsätzen abgetan. Demzufolge könnte es durchaus sein, daß die Braut ohne Mitgift verheiratet worden ist. Wenn ferner das letzte Zeichen ...]-*ru* auf dem Rand eine Verbform im Plural anzeigen sollte, dann könnte sich dahinter eine Quittungsklausel (*maḫrū*, *eṭrū*) verbergen, die auf den Erhalt von Silber durch die Geschwister der Braut deutet. Zahlungen in dieser Richtung sind bei Eheabsprachen zwischen Familien der städtischen Mittel- und Oberschicht nicht üblich, aber das Personal unserer Urkunde ist diesen Kreisen auch nicht zuzurechnen. Andererseits gibt es weitere Beispiele, daß eine Braut gewissermaßen in die Ehe verkauft worden ist[1] und dies Auswirkungen auf ihren Status und den ihrer Kinder hatte. Ob im vorliegenden Falle allerdings tatsächlich Silber an Nabê-ḫinnīs Geschwister geflossen ist, kann nicht festgestellt werden.

Interessanterweise wird aber gerade der Status ihrer Nachkommen explizit—wenn auch für uns nicht recht verständlich—geregelt: Die männlichen sollen mit ihrem Vater in dessen „Haus" gehen. Was diese Bestimmung eigentlich bedeutet, ist völlig unklar; Parallelen sind m.W. nicht bekannt. Wörtlich genommen, könnte sie heißen, daß die Ehepartner nicht zusammen wohnen werden. Man könnte auch vermuten, daß Aqrâ und „sein Haus" bestimmten Dienstpflichten nachkommen müssen und diese auch auf den Söhnen lasten. Des weiteren könnte sich die Klausel auf die ethnische Zugehörigkeit bei Partnern unterschiedlicher (wenngleich für uns nicht konkret bestimmbarer) Herkunft beziehen. Dabei ist etwa an religiöse Kulte zu denken, die nur Mitglieder bestimmter Gruppen durchführen konnten. Möglicherweise geht es auch um Statusfragen, da einer der

---

1 Der Fall der ^{f}Lā-tubāšinni, vgl. C. Wunsch, AfO 44/45, S. 62–67 und hier, S. 6, Anm. 22.

beiden Partner Sklave oder in anderer Form abhängig war, auch wenn darüber nichts ausgesagt ist. Es könnte auch sein, daß Aqrâ weder aus Babylonien stammte, noch ewig dort bleiben wollte, und anderswo beheimatet war. Vielleicht bestimmte die Klausel, daß er die Söhne in seine Heimat mitnehmen wollte? Die nachfolgende, stark beschädigte Klausel könnte dann besagen, daß entweder Nabê-ḫinnī oder die Söhne nach dem Tod des Aqrâ woandershin gehen können oder müssen. Das Ganze bleibt Spekulation.

Die Bestimmung Rs 2′f. gestattet dem Ehemann ausdrücklich, eine zweite Frau zu nehmen, sie stellt aber zugleich sicher, daß Nabê-ḫinnī nicht zur Nebenfrau degradiert werden darf. Eine solche Regelung ist höchst ungewöhnlich und singulär. Sie mag dadurch bedingt sein, daß der Ehemann vielleicht wirklich nicht ständig in Babylonien lebte und sich vorbehalten wollte, auch andernorts einen Hausstand zu gründen. Die Bestimmung hat im jedem Falle eine völlig andere Funktion als die in der Einleitung besprochene Klausel in Eheverträgen, die der Ehefrau eine hohe Abfindung garantiert, falls der Ehemann sie entlassen oder eine zweite Frau *ana muḫḫīšu* heiraten, sie also degradieren sollte.

Wenn sich die auf dem Rand nachgetragene Klausel über drei Minen Silber nicht auf eine Zahlung bei Eheschließung bezieht, dann könnte sie eine Vertragsstrafe bei Ehescheidung androhen.

Nr. 6: Fragment eines Ehevertrages
Inventarnummer: BM 47084 (81–08–30,605)

Vs

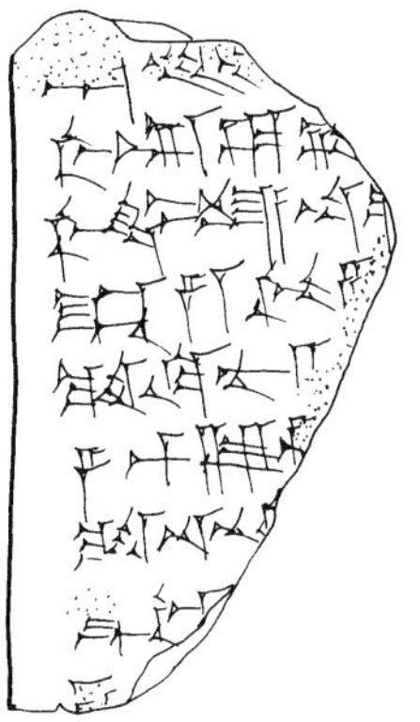

5′

1′ ⌜*mār* ^{m}*Mu*-⌜*dam*⌝-[...]
2′ ^{f}*Ina-É-sag-í*[*l*-...]
3′ ^{f}*nar-tu*$_{4}$ *a-na á*[*š-šu-tu* ...]
4′ *mār-šú šá* ^{m}*Gu-za-*[*nu* ...]
5′ *id-di-nu* 2 *m*[*a-na*? *kaspu* ...]
6′ *šá ina* 1 *šiqli b*[*it-qa* ...]
7′ *it-ti* ⌜f⌝[...]
8′ *mārtī-š*[*ú* ...]
9′ ⌜x x⌝[...]
Rest der Vorderseite und Beginn der Rückseite weggebrochen

Rs 1′ ⌜^{m}x⌝[...] (letzter Zeugenname)
etwa fünf Zeilen Abstand, leer
2′ ^{md}*Mardu*[*k*-...]
3′ ⌜x⌝ [...]

Rs

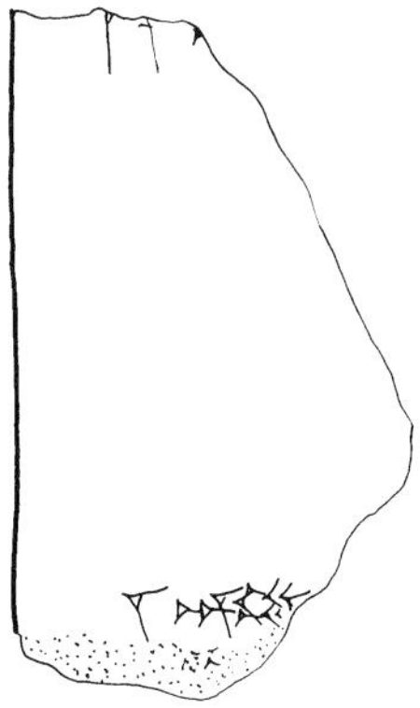

Z. 1′ Als Ergänzung für den Ahnherrennamen kommt z.B. Mudammiq-Adad in Frage; dieser ist im Raum Babylon (wo dieses Fragment wegen der Ankaufsnummer wahrscheinlich herkommt) gut bezeugt; *mušallim* scheidet jedenfalls aus.

Z. 3′ Entweder steht das Verb versehentlich im Subjunktiv, oder die Braut wird von mehreren Familienangehörigen in die Ehe gegeben. In solchen Fällen können die Verbalformen und Possessivsuffixe bzw. Verwandtschaftsbezeichnungen teilweise unzutreffend sein, vgl. YOS 6 188 (= BMA 17), BMA 26 und 32.

Z. 6′ Als Angabe der Silberqualität ist üblicherweise *ša ina* 1 *šiqli bitqu* „1/8-Legierung" zu erwarten. Zumindest bestätigt dieser Vermerk, daß es sich zuvor um einen Geldbetrag handeln muß, keine Sklaven, Möbelstücke oder Kleider.

Übersetzung

[...] aus der Familie Mudammiq-[Adad ... erhörte ihn/sie und] (Z. 2′) Ina-Esagil-[..., seine Tochter], (Z. 3′) das junge Mädchen, hat er(?) zur Ehe[frau an PN], (Z. 4′) den Sohn des Gūzānu [aus der Familie ...] (Z. 5′) gegeben. Zwei [Minen Silber] (Z. 6′) von [1/8]-Qualität hat er(?) mit [Ina-Esagil-...], (Z. 7′) seiner Tochter, [... mitgegeben].

Zeugennamen weggebrochen
Schreiber Marduk-[...]
Ausstellungsort und Datum nicht erhalten

Nr. 7: Ehevertrag
Inventarnummer: BM 47492 (81–11–3,197)

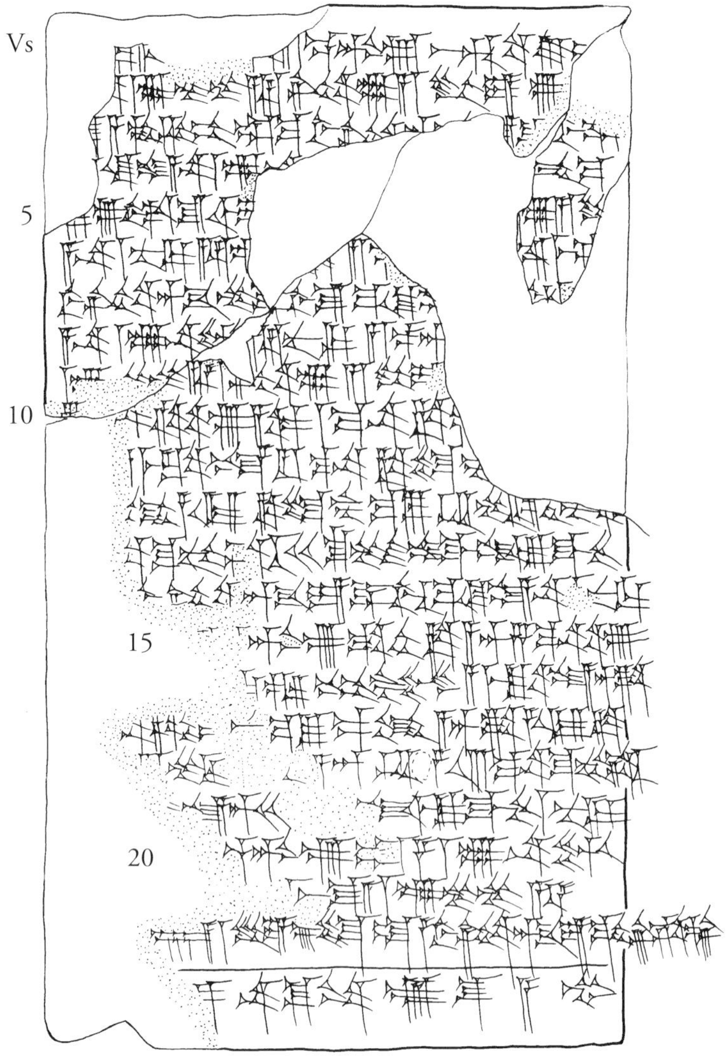

Die Tafel ist ungesiegelt. Die Rückseite ist fast vollständig zerstört; am linken Rand sind zwölf senkrechte Keile vor den Zeugennamen noch zu sehen (darüber eventuell ein weiterer zu ergänzen), nahe dem rechten Rand sind Reste folgender Ahnherrennamen zu erkennen:

Z. 5′: [… ^{m}*K*]*i-din-*^{d}*Na-na-a*
Z. 10′: […] *mār*$_{2}$ ^{m}*Ki-din-*^{d}*Na-na-a*
Z. 11′: […]*-uballiṭ*^{it} *mār*$_{2}$ ^{md}*Ea-ilu-ta-bani*
Z. 12′: [… ^{m}*K*]*i-din-*^{d}*Na-na-a*

1 [^{m}*Lâb*]*āši*([NU].⸢TÉŠ⸣) ⸢*mār*$_2$*-šú*⸣ [*šá* ^{md}*Nabû-uballiṭ*$^{?}$] *mār*$_2$ ^{m}*Nūr-*^{d}*Pap-sukkal ina ḫu-ud lìb-b*[*i-šú*]

2 [*a-n*]*a* ^{md}*Nabû-šuma-iddin mār*$_2$*-šú šá* ^{m}*Ni-din-tú-*^{d}*Nabû mār*$_2$ ^{m}*Aḫi-ia-ú-*[*tu*]

3 [*k*]*i-a-am iq-bi um-ma* ^{f}*Ni-*⸢*din-tú-*^{d}*Bēlti*(GAŠAN)*-ia mārat-ka*⸣

4 [*b*]*a-tul-tu*$_4$ *a-na* ^{md}*Nabû-na-*[*ṣir māri-ia a-na aššūti*] ⸢*i*⸣*-din-ma*

5 ⸢*lu*⸣*-ú aššat-su ši-i* [^{md}*Nabû-šuma-iddin mār*$_2$*-šú šá* ^{m}*Ni-din-t*]*ú-*^{d}*Nabû mār*$_2$ ^{m}*Aḫi-*[*ia-ú-tu*]

6 *a-na* ^{m}*Lâbāši*(NU.TÉŠ) *mār*$_2$*-šú šá* ^{md}*N*[*abû-uballiṭ*^{i}]$^{!?}$ *mār*$_2$ ^{m}*Nū*[*r-*^{d}*Pap-sukkal*] *iš-me-*⸢*e*⸣*-*[*ma*]

7 ^{f}*Ni-din-tú-*^{d}*Bēlti*(GAŠAN)*-ia*$_5$ ⸢*mārat*⸣*-su ba-tul-t*[*u*$_4$ *a-na*]⸢*aššūt*(DAM)⸣*-*[*ti*]

8 *a-na* ^{md}*Nabû-na-ṣi*[*r m*]*ār*$_2$*-šú šá* ^{m}*Lâbāši*(NU.TÉŠ) *mār*$_2$ ^{m}*Nūr-*^{d}[*Pap-sukkal iddin*]

9 ^{md}⸢*Nabû-šuma*⸣*-iddin mār*$_2$*-šú šá* ^{m}*Ni-din-tú-*^{d}*Nabû mār*$_2$ ^{m}*Aḫi-ia-*[*ú-tu ina ḫūd libbīšú*]

10 ⸢5⸣ [*ma-n*]*a kaspu peṣû*^{ú} *a-di* 1 *ma-na kaspu pe*[*ṣû*^{ú} *šá ina quppi*]

11 [1+*et*] ⸢*a*⸣*-me-lu-ut-tu*$_4$ *šá* ⅚ *ma-na kaspu tu-ub-*[*lu-ú*]

12 [1+*et* ^{giš}]*eršu*(NÁ) *šá* 10 *šiqil kaspu tu-ub-ba-lu* 1+*en mu-šaḫ-ḫi-nu siparri*(U[D.KA.BAR])

13 [*šá* 13 *ma-n*]*a šu-qul-ta-šú* 20 ^{túg}*mu-ṣib-tu*$_4$ *rabī-tu*$_4$ *ù qal-lat*

14 [*it-ti*]$^{⸢f⸣}$*Ni-din-tú-*^{d}*Bēlti-ia mārtī-šú ba-tul-tu*$_4$ *a-na* ^{m}*Lâbāši*(NU.TÉŠ)

15 [*mār*$_2$*-šú šá* ^{md}*Nabû-uballiṭ*$^{?}$ *mār*$_2$ ^{m}*Nūr*]*-*^{d}*Pap-sukkal id-din kaspu a*$_4$ 5 *ma-na peṣû*^{ú}

16 [*a-di* 1 *ma-na k*]*a-sap qu-up-pu* ^{lú}*a-me-lu-ut-tu*$_4$ *a*$_4$ 1+*et*

17 [*šá* ⅚ *ma*]*-*⸢*na kaspu tu*⸣*-*[*ub*]*-ba-lu* ^{giš}*eršu*(NÁ) *a*$_4$ 1+*et šá* 10 *šiqil kaspu*

18 [*tu-ub-ba-l*]*u mu-š*[*aḫ-ḫi-nu*] *a*$_4$ 1+*en šá* 13 *ma-na šu-qul-ta-šú*

19 [UD.KA.BAR(?) ^{túg}*mu-ṣib-tu*]$_4$ *a*$_4$ 20 *rabī-tu*$_4$ *ù qal-lat* ^{m}*Lâbāši*(NU.TÉŠ)

20 [*mār*$_2$*-šú šá* ^{md}*Nabû-uballiṭ*$^{?}$ *mār*$_2$ ^{m}*Nūr*]*-*^{d}*Pap-sukkal* ⸢*abu*⸣ *šá* ^{md}*Nabû-na-ṣir*

21 [*akī* ^{na_4}*ṭuppīšu*(?)] *ina qātē*^{II} ^{md}*Nabû-šuma-iddin mār*$_2$*-šú šá*

22 [^{m}*Ni-din-tú*]*-*^{d}*Nabû mār*$_2$ ^{m}*Aḫi-ia-ú-tu abu šá* ^{f}*Ni-din-tú-*^{d}*Bēlti-ia ma-ḫi-ir e-ṭi-ir*

---

23 [*i-na k*]*a-na-ku* ^{na_4}*ṭuppi šu-a-tì*

Zeugen- und Schreibernamen, Ausstellungsort und Datum nicht erhalten

Z. 6 Dies ist die einzige Stelle, an der Reste vom zweiten Element von Lâbāšis Vatersnamen erhalten sind. Wenngleich die vorgeschlagene Ergänzung zu den Zeichenspuren passen könnte, ist sie doch sehr unsicher.

Z. 11 Das Abstraktum *amēlūtu* (grammatisch feminin) könnte wohl auch einen männlichen Sklaven meinen (vgl. CAD A/2, S. 61 *s.v. amīlūtu* 2c), zumal kein Name angegeben ist, also nur das Wertobjekt an sich gemeint ist. Allerdings sind Mitgiftsklaven überwiegend weiblich, da sie dazu bestimmt sein dürften, der Ehefrau zur Hand zu gehen.

Z. 20 Für die Ergänzung am Anfang bietet sich keine direkte Parallele an. Es wäre an *akī* ^{na_4}*ṭuppīšu* zu denken, vgl. BM 82597 (= BMA 32): 29, TBÉR 93/94 (= BMA 34): 26f.

Übersetzung

[Lâ]bāši, der Sohn [des Nabû-uballiṭ(?)] aus der Familie Nūr-Papsukkal, hat aus freiem Entschluß (Z. 2) [zu] Nabû-šuma-iddin, dem Sohn des Nidinti-Nabû aus der Familie Aḫijaūtu, (Z. 3) so gesprochen, folgendermaßen: ᶠNidinti-Bēltija, deine Tochter, (Z. 4) das junge Mädchen, gib dem Nabû-nāṣir, meinem Sohn [zur Ehe]: (Z. 5) Sie möge seine Ehefrau sein.

[Nabû-šuma-iddin, der Sohn des Nidinti]-Nabû aus der Familie Aḫijaūtu, (Z. 6) erhörte Lâbāši, den Sohn des [Nergal-uballiṭ(?)] aus der Familie Nūr-Papsukkal, [und] (Z. 7) ᶠNidinti-Bēltija, seine Tochter, das junge Mädchen, [zur] Ehe (Z. 8) [gab er] dem Nabû-nāṣir, dem Sohn des Lâbāši aus der Familie Nūr-[Papsukkal].

(Z. 9) Nabû-šuma-iddin, der Sohn des Nidinti-Nabû aus der Familie Aḫijaūtu, hat [aus freiem Entschluß] (Z. 10) ⌜5⌝ [Minen] weißes Silber—einschließlich einer Mine weißen Silbers [in der Schatulle (der Ehefrau)]—(Z. 11) [eine] Sklavin, die ⅚ Minen Silber (ein)bringt, (Z. 12) [ein] Bett, das 10 Šekel Silber (ein)bringt, einen Kochkessel aus Br[onze], (Z. 13) [der 13 Minen] wiegt, 20 Gewänder, große und kleine, (Z. 14) [mit] ᶠNidinti-Bēltija, seiner Tochter, dem jungen Mädchen, dem Lâbāši, (Z. 15) [dem Sohn des Nergal-uballiṭ(?) aus der Familie Nūr]-Papsukkal, gegeben.

(Z. 15) Diese fünf Minen weißes Silber (Z. 16) —[einschließlich einer Mine in der] Schatulle (der Ehefrau)—, diese eine Sklavin, (Z. 17) [die ⅚ Minen Silber] (ein)bringt, dieses eine Bett, das 10 Šekel Silber (Z. 18) [(ein)bringt], diesen einen Koch[kessel] von 13 Minen Gewicht (Z. 19) [(aus) Bronze(?)], diese 20 [Gewänder], große und kleine, hat Lâbāši, (Z. 20) [der Sohn des Nabû-uballiṭ(?) aus der Familie Nūr]-Papsukkal, der Vater des Nabû-nāṣir, (Z. 21) [gemäß seiner Urkunde(?)] von Nabû-šuma-iddin, dem Sohn des (Z. 22) [Nidinti]-Nabû aus der Familie Aḫijaūtu, dem Vater der ᶠNidinti-Bēltija, erhalten (und) beglichen bekommen.

Kommentar

Die vorliegende Urkunde kann nur aufgrund ihres Erscheinungsbildes und inhaltlicher Kriterien zeitlich grob bestimmt werden, die späte Achämenidenzeit ist die wahrscheinlichste Vermutung.

Die Tafel ist großformatig in der Form eines Ziegels mit leicht gerundeten Kanten, sie hat Hochformat. Die Schrift ist groß und gestochen schön. Es gibt weder Siegel noch irgendwelche Beischriften, die—wenn es sich um eine spätere Abschrift oder Archivkopie handeln sollte—auf Siegel auf dem Originaldokument verweisen würden. Damit sieht sie auf den ersten Blick neubabylonischen Abschriften von Urkunden über Grundstückstransaktionen ähnlicher als den fast durchweg gesiegelten seleukidischen Eheverträgen bzw. Mitgifturkunden.[1]

1 Eindeutig datierbar sind OECT 9 73, BM 84127+, CT 49 165, 167, 193, VS 6 227, BM 76968//76972 (BMA 36 bis 42). Alle Exemplare sind gesiegelt. Bei allen anderen (nicht neubabylonisch/frühachämenidischen) Urkunden, deren Datenformeln nicht erhalten sind, muß damit gerechnet werden, daß sie auch aus der späten Achämenidenzeit stammen könnten, da datierbare Urkunden aus dieser Periode äußerlich nicht zu unterscheiden sind. BMA 38 (auch Nr. 40 und eventuell Nr. 36, wenn das Formular jeweils etwas anders ergänzt wird, insbesondere in Nr. 36: 4 zu *t[a-ad-din]*) stellt keinen Ehevertrag, sondern eine Mitgiftquittung

Letztere verwenden ebenfalls Hochformat und haben scharf abgesetzte und annähernd gleichmäßig breite Ränder, auf denen Abdrücke von Stempel- oder Ringsiegeln angebracht bzw. entsprechende Beischriften ($^{\mathrm{na_4}}$*kunuk*/*unqu* PN) zu finden sind. Einige Siegel können auch auf der Rückseite, auf einer unbeschriebenen Fläche zwischen Zeugen- und Schreibernamen (z.B. bei CT 49 193) bzw. neben den Namen (z.B. CT 49 167) angebracht sein.

Im Unterschied zur vorliegenden Urkunde würde man allerdings bei der Angabe der Silberqualität statt „weiß" (*peṣû*)[2] eher „fein/geläutert" (*qalû*) und einen Hinweis auf Münzen oder den Kurs nach dem babylonischen Standard erwarten.[3] Die Wertangabe der Mitgiftobjekte wird in den eindeutig seleukidischen Urkunden CT 49 165 und 193 (BMA 38 und 40) mit *šīm* x *šiqil kaspi* realisiert, gegenüber *šá* x *šiqil kaspu ubbalu* in unserem Exemplar. Daraus kann jedoch kein Datierungskriterium abgeleitet werden.[4]

Ein Kriterium, das eine Einordnung in die Seleukidenzeit suggeriert, ist die Schreibung des Namens Lâbāši mit NU.TÉŠ, denn sie stellte bisher (auch wegen der geringen Zahl an spätachämenidischen Texten) eine Art Leitfossil für seleukidenzeitliche Urkunden dar. Sie ist jedoch bereits in der mittleren Achämenidenzeit nachweisbar,[5] muß also nicht gegen eine frühere Datierung sprechen.

Von neubabylonisch-frühachämenidischen Eheverträgen wiederum unterscheidet sich unser Exemplar nicht nur durch die Größe: Die Auflistung der Mitgiftgegenstände mit Wertangabe und die Quittungsklausel über den Erhalt der Mitgift sind in dieser Zeit noch nicht üblich.[6] Damit verdichten sich die Indizien, die für eine Einordnung in die mittlere bis späte Achämenidenzeit sprechen.

---

dar, in der auf die Heirat in der Vergangenheit Bezug genommen wird und die zwischenzeitlich geborenen Kinder als legitime Kinder des Ehemannes bezeichnet werden. Dies macht m. E. die Ausstellung der Urkunde aus Anlaß der vollständigen Mitgiftübergabe nach Geburt der Kinder wahrscheinlich; demnach liegt kein Ehevertrag im engen Sinn vor. In BMA 42: 26 wird eine Urkunde, die wir als Ehevertrag klassifizieren würden, explizit als $^{\mathrm{na_4}}$KIŠIB *nu-dun-nu-ú* bezeichnet. Bei allen später als Darius I datierten Texten (soweit die entsprechenden Stellen erhalten sind) kommt im Unterschied zu früheren Verträgen eine Quittungsklausel vor (s. dazu Anm. 6). Dies deutet auf eine Veränderung der Rechtspraxis: Nicht das verbindliche Mitgift*versprechen* wird beurkundet, sondern die erfolgte Übergabe.

2 Während in Z. 10 eine Ergänzung zu *q*[*a-lu-ú* ...] denkbar wäre, ohne den Zeichen Gewalt anzutun, schließt die Wiederholung in Z. 15 diese Möglichkeit aus.

3 Dazu M.W. Stolper, *Annali*, S. 22f.

4 Die Formulierung ist auch in frühseleukidischer Zeit nachweisbar, z.B. CT 39 108 (M.W. Stolper, *Annali*, Nr. 7): 1′ bzw. (2) aus dem Jahr 37 SÄ.

5 Dar 364: 8 (BM 30143, Jahr 13 Dar *šar mātāti*, mithin Dar II), bei K.N. Tallqvist, *NN* unter *Nu-ur* gebucht; F. Joannès, TBÉR Nr. 71: 13 (8 Dar II). Auch in Artaxerxes-zeitlichen Urkunden des Esagila-Archivs ist sie zu finden (Auskunft von M. Jursa). In den Indizes zum Murašû-Archiv ist der Name allerdings nicht in dieser Schreibung gebucht.

6 K. Abraham, CRRAI 38, S. 311–320 hat das Formular der Eheverträge hinsichtlich der Mitgiftklauseln untersucht. Sie unterscheidet den „early Neo-Babylonian" Vertragstyp (556–486 v. Chr.), der die Mitgiftgüter auflistet und die Übergabe („donation of the dowry by the bride's agent to the new couple") festhält (bzw. verbindlich zusagt). Im „late Neo-Babylonian" Vertragstyp der späteren Texte sind diese Klauseln auch enthalten, obendrein wird die Mitgift summiert (*summarize*) und ihr Empfang durch die Quittungsklausel bestätigt. [Unter „*summarize* the content of the preceeding long and detailed dowry list" (S. 311, Hervorhebung dort) ist keine Angabe, wieviel die gesamte Mitgift in Silber wert ist, zu verstehen, sondern ein Pauschalbegriff wie „die gesamte Mitgift". Es sei darauf hingewiesen, daß unser Text, obwohl er alle anderen Merkmale des „späten" Typs aufweist, gerade dieses eine vermissen läßt, vgl. dazu Anm. 9].

Der Mangel an Texten aus dieser Periode wird immer wieder beklagt; an Eheverträgen gibt es erst recht wenige, und die Abgrenzung von spätachämenidischen gegenüber seleukidischen Urkunden ist schwierig, wenn das Datum nicht erhalten ist. Mit Sicherheit können BMA 32 und 33 dieser Periode zugewiesen werden, bei BMA 31[7] und 43 fehlt das Datum, während die Susa-Texte BMA 34f. und F. Joannès, _Mélanges Perrot_, Nr. 1 zwar in die spätachämenidische Zeit gehören könnten, sich aber wegen ihrer ägyptischen Protagonisten und Besonderheiten inhaltlicher, formaler und lexikalischer Natur ohnehin nicht zum direkten Vergleich anbieten.

BM 82597 (BMA 32, Zeit eines Artaxerxes, aus Kutha) hat ziegelförmiges Hochformat (11,5×6,7 cm, ca. 3,3 cm dick) und ist rundum mit Siegelabdrücken bestückt,[8] demnach

---

7 Diese Urkunde beginnt mit der Wunschformel _ina a-<mat>*_ ^{d}_Bēl u_ ^{d}_Nabû liš-lim_, die gelegentlich auch auf Verträgen anzutreffen ist (dazu ausführlich M.T. Roth, JSS 33 (1988), S. 1–9). Da der älteste datierbare Text mit dieser Formel aus dem Jahr 18 Dar II stammt, kann sie kein Unterscheidungskriterium zwischen spätachämenidischen und seleukidischen Texten sein. Die Anrufung von Bēl und Nabû macht Babylon oder Borsippa als Herkunftsort wahrscheinlich. Die Rückseite ist leer, die Tafelränder sind gewölbt, es gibt keine Siegel. Offenbar handelt es sich um eine Abschrift.
BM 76202, Kollationen: Z. 1 lies: _-ku*-ṣur-šú_; Z. 2: ^{md}AG-_tab*-tan*-bul*-liṭ_$^{!}$* A ^{m}MU*-^{d}_pap-sukkal_; Z. 3: ^{f}GEMÉ*-^{d*}GAŠAN*-_ia*_ ⌜DUMU*.SAL* _šá*_ ^{md}AG$^{?}$*-PAP$^{?}$*⌝ ŠEŠ AD*-_ka_; Z. 4: _i-bi*-in-nam-ma_; Z. 5: ^{md}AG-_tab*-tan*-bul*-liṭ_$^{!}$*; Z. 6: ^{m}MU*-^{d}_pap-sukkal_ ^{md}AG-_ku*-ṣur-šú_. Interessant ist die Tatsache, daß Bēl-aba-uṣur seine Cousine, die Tochter des Bruders seines Vaters, verheiratet. Offensichtlich ist er der nächste männliche Verwandte.

8 Mindestens acht Rollsiegel (wobei teilweise nur eine Figur aufgestempelt worden ist) und sechs ellipsenförmige Stempel, jeweils mit ^{na_4}KIŠIB bezeichnet, sind erhalten. Der Text der Tafel wurde zuerst geschrieben, dann die Beischriften (die z.T. den Zeilenenden auf dem rechten Rand ausweichen müssen), und zum Schluß wurden die Siegel angebracht (sie verdrücken an einigen Stellen die Zeichen des Haupttextes bzw. der Beischriften). Es handelt sich um Zeugen- und Parteiensiegel (hier Z bzw. P mit Nummer), die drei Brüder der Braut sind als _nādin eqli_ ausgewiesen. Die Reihenfolge der Siegel folgt nicht dem Rangprinzip, sondern geht reichlich durcheinander: lRd Z2, Z5, Z1, Z9, P2; rRd P1, Z8??, Z12, Z7, Z4 (mit Siegel*) [eventuell ist im oberen Abschnitt etwas durcheinandergeraten und ein Siegel mehr als Beischriften vorhanden]; uRd P3, Z3, Z11 (und wohl noch ein weiteres Siegel); oRd unklar (vielleicht der Schreiber, außerdem noch Platz für weitere Siegel). Die Siegel von Z6, Z10 und Z13 sind nicht zu lokalisieren (Platz für eins auf dem uRd, zwei auf dem oRd wäre vorhanden). Dem Siegel des Bēl-iddinu (MU-_nu*_) aus der Familie Sîn-karābī-išme (rRd, 2. von oben) kann keiner der Beteiligten zugeordnet werden, hier ist eine Verwechslung mit Z8 (Familie Irʾannu) zu vermuten.
BM 82597, Kollationsergebnisse (eine Reihe von Unsicherheiten, insbesondere bei Eigennamen und der Grundstücksbeschreibung, bleiben bestehen): Z. 10: ⌜KA⌝* _šul-pu ina*_ GARIM* _il*_-[...], Z. 11: [NA]M* ..., Z. 13: [x x (x)] ^{lú}GAL*-_ka-ṣi-ru_ ..., Z. 16: vielleicht [x x (x)] ^{giš*}KIRI$_{6}$^{*meš} _šá_ LUGAL (jedenfalls nicht DUB^{meš}), Z. 17 und 21: der ^{m}KAL-^{d}EN-_ia-me-en-na_ gelesene Name beginnt wohl eher mit dem Zeichen É, was dann folgt, ist keinesfalls $^{d+}$EN. Eine befriedigende Lesung kann nicht angeboten werden. Z. 26: [1-_en šá_]-_ḫi-il_ URUDU* ..., Z. 29: am Ende ist der Name des Bräutigams zu ergänzen, dann ergibt auch _u_ in der nächsten Zeile Sinn, Z. 31 Ende ... _ma-ḫ[ir* e-ṭi]r*_, Z. 34: ... ^{md}EN-AD*-URÙ* ..., Z. 35: ^{md}U.GUR-NUMUN*-DÙ DUMU _šá_ ^{m}_tab*-ni*-e*-<a>*_ ..., Z. 36: ^{md}EN-BA*-_šá*_ DUMU _šá_ ^{m}NUMUN*-_ia*_ ..., Z. 37: ^{md}BE-MU* DUMU _šá_ ^{md}EN-MU*-_nu_ ..., Z. 40: ^{md}EN-NUMUN*-GIŠ DUMU _šá_ ^{md}U*.GUR*-TIN*-_s[u*]_ ..., Z. 41: ^{md}EN-MU*-_nu*_ DUMU _šá_ ^{md}U.GUR-MU*-DÙ* ..., Z. 42: ^{md}EN-_ana*-mi*_-AŠ*-_tu_$_{4}$* (ohne Zweifel ist _mēreḫtu_ gemeint, vielleicht steht AŠ für _ru_(_m_)?) DUMU _šá_ ^{md}EN-URÙ-_šú*_ ..., Z. 43: ^{m}KAR*-^{d}AMAR*.UTU* ..., Z. 45: ^{md}U.GUR-NUMUN*-DÙ* ...

als Originaldokument zu betrachten. Das Formular unterscheidet sich von unserem Exemplar insofern, als der Wert der Mitgiftbestandteile nicht in Silber angegeben und die Liste in der Quittungsklausel nicht wiederholt, sondern als *nudunnûšu gabbi* zusammengefaßt wird.[9] Diese Urkunde steht unserem Text hinsichtlich Formular und Siegelung also nicht näher als die seleukidischen.

Es bleibt BM 76029 (BMA 33, Jahr 32 Artaxerxes I/II) zum Vergleich: Die Tafel ist breit und flach (13×15,5 cm, etwa 2,8 cm dick), ungesiegelt, und die Zeilen sind nicht bis zum Rand beschrieben. Auslassungen bzw. Abkürzungen beim Formular kommen vor (vgl. den Kommentar in BMA, S. 108), in Z. 6 steht MIN, gefolgt von einer Lücke, statt des Personennamens. All dies läßt vermuten, daß es sich um ein Konzept handelt, nach dem die eigentliche Urkunde später ausgestellt worden ist.[10] Für die Frage nach dem „typischen" Tafelformat für eine Eheurkunde aus der späteren Achämenidenzeit nutzt sie also nichts.

Somit fehlt eine echte Parallele, die als Datierungshilfe dienen könnte. Ob das Fehlen von Siegelabrollungen auf unserer Tafel nun in größerer zeitlicher Nähe zur neubabylonischen Tradition begründet liegt, als Zeichen für eine Archivabschrift zu werten ist, eine lokale Besonderheit oder eine bislang nicht belegte Alternative darstellt, kann hier nicht entschieden werden.

Die Herkunft aus Borsippa dürfte außer Frage stehen, da die Familiennamen der Protagonisten und der Zeugen in Borsippa-Urkunden aus neubabylonischer Zeit gut bezeugt sind.[11] Einzelne Individuen aus den Familien Nūr-Papsukkal, Aḫijaūtu, Ea-ilūtabani und Kidin-Nanaja trifft man zwar auch anderswo an, die Kombination erscheint jedoch signifikant.

Die Braut wird mit fünf Minen Silber gut ausgestattet, davon obendrein ein Fünftel zu ihrer eigenen Verfügung *ina quppi*.[12]

---

9 Platz für die Ergänzung von *nudunnûšu gabbi* gäbe es in BM 47492 nur am Anfang von Z. 21, mithin zwischen Empfänger und Auszahlendem und von der vorhergehenden Aufzählung der Mitgiftbestandteile getrennt—keine sehr wahrscheinliche Option.

10 Die Tafel ist, wohl bevor sie ins Museum gelangte, auf unsachgerechte Weise „restauriert" worden, indem Risse im Korpus und Absplitterungen der Oberfläche mit Ton zugeschmiert wurden. Dadurch sind Zeichenreste in Brüchen teilweise verdeckt und schlecht identifizierbar. BM 76029, Kollationsergebnisse: Z. 5 und 6 jeweils ^{m}*mi-nu-ú-*^{d}EN-*a-qar**, Z. 6 Anfang: nach MIN Lücke von drei Zeichen, Z. 10: ^{giš}MES.MÁ.[GAN]-⸢*ka*⸣-*nu** (phonetisches Komplement, wohl auch so in Z. 21, aber nicht voll erhalten), Z. 13 $^{⸢f⸣}$**lu**-*ri**-*i*[*n**-*du* …], Z. 14: ⸢DUMU⸣* *šá** ^{md}EN*-[x x x]-⸢x⸣ DUM[U* …] (wohl Filiation des Vaters des Bräutigams), Z. 16: 1-*en šu-pal** [GÌR …], Z. 18: DUMU*.SAL, Z. 19: […]-*in* KÙ*.BABBAR* , Rs 5′: ^{md}EN-KÁD* DUMU ^{lú}*dul**-*lu**-*pu*, Rs 6′: DUMU *šá* ^{m}BA*-*šá**-*a*, Rs 7′: [^{m}É.SAG.Í]L*-GIN*-⸢A×A⸣*, Rs 9′: $^{[m]d}$EN-*lu**-*mur**, Rs 12′: DUMU^{meš} *šá* ^{md}BE*-NU*-DINGIR*^{meš}* DUMU* ^{m}*[…], Rs 14′: [^{m}G]I*-^{d}EN.

11 F. Joannès, *Archives de Borsippa*, listet im Index 15 bzw. 31 Personen aus den Familien Aḫijaūtu und Nūr-Papsukkal auf, viermal Kidin-Nanaja. Daß die Familie der Archivinhaber, Ea-ilūtabani, gut vertreten ist, versteht sich von selbst.

12 Zum *quppu*-Silber als dem Anteil, über den die Ehefrau verfügen kann, der also nicht vom Ehemann oder dessen Vater in eigene Geschäfte gesteckt werden kann, vgl. M.T. Roth, AfO 36/37, S. 6–9.

Nr. 8: Urkunde über eine Ehescheidung
Inventarnummer: BM 31425 (+) BM 36799
(76–11–17,1152 (+) 80–6–17,537)

BM 36799, Vs

BM 31425, Vs

BM 31425, Rs

BM 36799, Rs

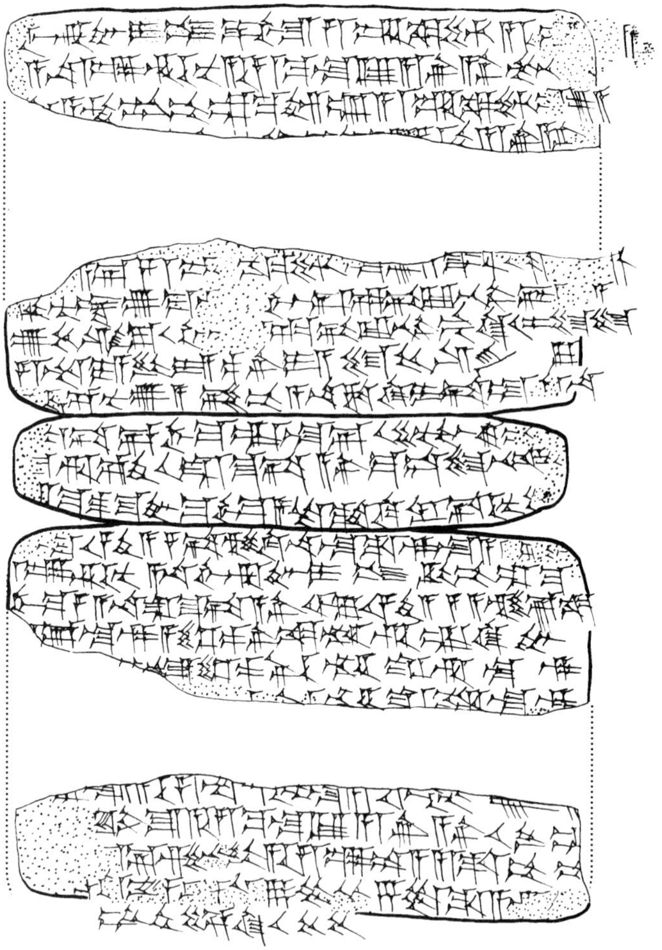

1 ^{f}*Re-ʾi-i-tu*$_{4}$ *mārat-su šá* ^{md}*Bēl-ka-ṣir mār*$_{2}$ ^{m}⸢x⸣ [x (x)] ⸢x⸣
2 *a-na* ^{md}*Nabû-bēl-šú-nu mār*$_{2}$*-šú šá* ^{m}*Ba-la-ṭu mār*$_{2}$ ^{m}*Ir-a-ni mu-t*[*i-šú*]
3 ⸢*ki*⸣*-a-am taq-bi um-ma* ^{im}*ṭuppu šá* $^{!}$(A) ^{md}*Bēl-ka-ṣir* ⸢*abū*⸣*-ú-a*
4 [………] ⸢x x x x (x) *šá*⸣ ^{m}*Balāṭu mār*$_{2}$ ^{m}*Ir-a-ni*

Lücke von drei bis vier Zeilen

1′ [(x) x x] ⸢A⸣ É *šá* ^{md}*B*[*ēl*]*-ka-ṣir* ⸢*abu-ú-a ku-um nu*⸣*-d*[*un-né-e*]*-*⸢*šú*⸣
2′ [*i*]*k-nu-uk-ú-ma p*[*a-ni*] ^{f}*Ina-É-sag-íl-be-let ummī-*[*i*]*a*
3′ *ú-šad-gil-lu u* ^{f}*Ina-*[*É*]*-sag-íl-be-let ár-ki mi-tu-tu*

4′ *šá ^{m}Ardi-ia aḫī-ia pa-ni-ia tu-šad-gil-lu*
5′ *[nu]-dun-nu-ú-a gab-bi a-na kaspi ki-i ta-ad-⸢di⸣-na*
uRd 6′ *[t]a-ta-kal mim-ma al-la bīti u ^{še}zēri ina lìb-b[i]*
7′ *[l]a re-e-ḫi u ra-šu-ta-a-ni ma-du-tu ina muḫ-ḫ[i]*
8′ *[i]b-ba-áš-šu-uʾ-ma mim-ma šá te-eṭ-ṭi-ru-uš-šú-nu-t[ì]*
Rs 9′ *⸢ù⸣ kurummāti$^{ḫi.a}$ šá ta-nam-di-na la da-ag-la-a-⸢{x}-ta⸣* [o]
10′ *^{md}Nabû-bēl-šú-nu a-na ^{f}Re-ʾi-i-tu$_{4}$ iq-bi um-ma*
11′ *mim-ma šá a-na ra-šu-ta-a-ni ù kurummāti$^{ḫi.a}$ šá a-nam-dak-ka*
12′ *⸢la⸣ dag-la-ak a-šar pa-ni-ka maḫ-ri al-ki-iʾ*
13′ *[ù ^{f}Re-ʾi]-⸢i-tu$_{4}$⸣ a-šar pa-ni-šú maḫ-ra tal-la-ak*
14′ *[ù ^{md}Nabû-bēl-šú-nu a-šar] ⸢pa-ni-šú⸣ maḫ-ra il-la-ak*
Lücke von zwei bis drei Zeilen
B: Rs 1″ *$^{[m]}$⸢Ap-la-a⸣ mār$_{2}$-šú šá ^{m}Arad-⸢^{d}Gu-la mār$_{2}$ ^{m}Ši-gu-ú-a⸣*
2″ *[^{md}x (x)]-bul-liṭ-su mār$_{2}$-šú šá ^{m}Ba-la-ṭu mār$_{2}$ ^{m}Ir-a-ni u ^{lú}ṭup[šarru$_{2}$]*
3″ *[^{md}Za-b]a$_{4}$-ba$_{4}$-napišti$^{⸢ti⸣}$-uṣur mār$_{2}$-šú šá ^{md}Nabû-mukīn$_{2}$-apli$_{2}$ mār$_{2}$ ^{m}Da-bi-bi*
4″ [x (x)]⸢x^{ki}⸣ *^{itu}⸢nisannu$^{?}$ ūmi⸣* 9.kam *⸢šanat⸣* 5.kam *^{m}Da-a-r[i-ia-muš]*
5″ *šàr Bābili^{ki} u mātāti*(KUR.KUR)

Z. 1 ^{f}Rēʾītu ist die Kurzform von Namen wie ^{f}Ištar-rēʾât, ^{f}Rēʾīti-Gula o.ä. CAD R 257, *s.v.* 2′b führt zwar nur aAkk, aB und mB Belege an, aber vgl. z.B. Nr. 39 im vorliegenden Buch.
Der Ahnherrenname der Ehefrau ist schwer beschädigt. Die Umrisse könnten vielleicht zu Abī-ul-īde (AD.NU.ZU) passen, sicher ist dies aber keineswegs.

Z. 3 Eindeutiges A anstelle von *šá*, eine Emendation ist nicht zu vermeiden. ^{f}Rēʾītu wird kaum gesagt haben: „Meine Tafel hat B., mein Vater …", sondern es ist ein Relativsatz zu erwarten.

Z. 1′ Die ersten erhaltenen Zeichen nach dem Bruch sehen wie A und É aus. Es muß sich um ein Objekt handeln, das Bēl-kāṣir seiner Frau als Eigentum übertragen hat, üblicherweise kämen Grundstücke, Häuser und Sklaven in Frage. A.É könnte zu …^{d}]*Mār$_{2}$-bīti* ergänzt und als Teil der Lagebeschreibung eines Hauses angesehen werden (z.B. ein Haus neben dem/an der Straße zum Mār-bīti-Tempel). Gegen [… U]N.É „Hausleute" (als Terminus für Sklaven) spricht das Fehlen des Pluralzeichens. Nach einem auf …-⸢*ṣa*!⸣-*bit* endenden Sklavennamen würde man ^{lú}ÌR, *qal-la* o.ä. erwarten.

Z.7′, 12′ Eine Frage kann in Z. 6′f. noch nicht stehen, denn es folgt eine eindeutige Feststellung im selben Zusammenhang. Ebensowenig kann es sich in Z. 11′f. um eine Frage handeln. Die Negation mit *lā* im Hauptsatz kommt neubabylonisch vor, für Beispiele in Königsinschriften vgl. H. Schaudig, AOAT 256, S. 278. Auch in Prozeßurkunden, die viel zitierte Rede wiedergeben, findet sie sich häufig, vgl. hier Nr. 46: 18 und Nr. 47: 9′, 10′.

Rs 5′ Mit *nudunnûa gabbi* werden alle Vermögenswerte zusammengefaßt, die zuvor genannt sind, d.h. ^{f}Rēʾītus Mitgift einschließlich dessen, was ihr die Mutter vermacht hat. Keinesfalls bezieht sich die nachfolgende Feststellung, der Ehemann habe sie verkauft und verbraucht, auf die ursprüngliche Mitgift allein.

Rs 9′, 12′ *dagālu* G (Grundbedeutung „schauen") im Sinne von „haben, besitzen" (mit dem Eigentümer als Subjekt des Satzes) gibt es selten (für Belege im Prekativ siehe CAD D 24, *s.v.* 2b 2′ und AHw 150, *s.v.* 8d), sonst wird mit Gt- oder Š-Stamm *pān* PN *tidgulu*/*šudgulu* konstruiert (jemandem „gehören" oder „als Eigentum übertragen").

Übersetzung

^{f}Rēʾītu, die Tochter des Bēl-kāṣir aus der Familie [...], (Z. 3) hat folgendermaßen (Z. 2) zu Nabû-bēlšunu, dem Sohn des Balāṭu aus der Familie Irʾanni, [ihrem] Ehemann, (Z. 3a) gesprochen:

„Die Tafel, die(!) Bēl-kāṣir, mein Vater, (Z. 4) [... des] Balāṭu aus der Familie Irʾanni, [... (Lücke von drei bis vier Zeilen)]

(Z. 1′) [...], *was* Bēl-kāṣir, mein Vater, (als Gegenwert) für ihre Mitgift (Z. 2′) unter Ausstellung einer offiziellen Urkunde an ^{f}Ina-Esagil-bēlet, meine Mutter, (Z. 3′) als Eigentum übertragen hatte, und (das) ^{f}Ina-Esagil-bēlet nach dem Tod (Z. 4′) des Ardija, meines Bruders, an mich übertragen hat, (Z. 5′) meine ganze Mitgift (also): Nachdem du sie verkauft (wörtlich: für Silber gegeben) hast, (Z. 6′) hast du sie aufgezehrt (wörtlich: gegessen). Außer dem Haus und einem Grundstück ist davon (Z. 7′) nichts übrig, und zahlreiche Gläubiger (mit Rechten) darauf (Z. 8′) gibt es. Hast du denn gar nichts, womit du sie auszahlen (Z. 9′) und mir Unterhalt leisten könntest?"

(Z. 10′) Nabû-bēlšunu sprach folgendermaßen zu ^{f}Rēʾītu: (Z. 12′) „Ich habe nichts, (Z. 11′) das ich an die Gläubiger oder als Unterhaltsleistung an dich zahlen könnte. (Z. 12′a) Geh, wohin du willst!"

(Z. 13′) [Und ^{f}Rēʾī]tu geht, wohin sie will, (Z. 14′) [und Nabû-bēlšunu] geht, wohin er will. [...]

(Lücke von zwei bis drei Zeilen, wahrscheinlich mit dem Vermerk über die doppelte Ausfertigung des Dokuments, der Einleitungsformel und dem Beginn der Zeugennamen)

Zeugen	Aplaja/Arad-Gula/Šigūa	
	[...]-bullissu/Balāṭu/Irʾanni	(Bruder des Ehemannes)
Schreiber	Zababa-napištī-uṣur/Nabû-mukīn-apli/Dābibī	
Ausstellungsort	nur Spuren, vermutlich Babylon	
Datum	9.I?.5 Dar (29.4.481 v. Chr).	

Kommentar

Die vorliegende Urkunde ist eine Rarität. Sie liefert den ersten neubabylonischen Praxisbeleg für eine Institution, die aus mesopotamischen Rechtssammlungen durchaus geläufig ist, im Detail aber alles andere als vollständig behandelt wird: die Ehescheidung. Auch aus früheren Epochen haben Urkunden, die praktische Details von Ehescheidungen dokumentieren, Seltenheitswert.

Die Tafel besteht aus zwei Teilen, die physisch nicht joinen; beide Fragmente stammen aus der sogenannten Babylon-Sammlung des Britischen Museums. Die erkennbaren Formularbestandteile ließen beim oberen Bruchstück zunächst an eine Vermögensübertragung denken, das untere enthielt eine aus Eheverträgen bekannte Formel. Nur der seltene Name der Ehefrau suggerierte eine Verbindung beider Teile. Umso schwieriger dürfte es sein, das fehlende Mittelstück zu identifizieren, das möglicherweise noch unerkannt in der Sammlung liegt, da es nur unspezifische Textpassagen, eine Beschreibung von Vermögensobjekten und Zeugennamen auf der Rückseite enthalten dürfte.

Die Stücke stammen aus dem Kunsthandel, wurden 1876 bzw. 1880 registriert und sind im Kontext des Egibi-Archivs, des umfangreichsten bislang bekannten neubabylonischen Privatarchivs, auf uns gekommen.[1] Der Ankauf 76–11–17 kann als Egibi-Ankauf *per se* gelten, aber auch 80–6–17 enthält Egibi-Material in geringerem Maße. Eine verwandtschaftliche Beziehung oder eine direkte Verbindung zu den Geschäften dieser Familie (etwa über den Verkauf bestimmter Vermögensobjekte) kann jedoch nicht hergestellt werden. Trotzdem erscheint die Vermutung gerechtfertigt, daß die vorliegende Scheidungsurkunde in irgendeiner Form von Belang für die Egibis gewesen sein muß, denn familieninterne Dokumente anderer Familien über Mitgiften oder Erbschaften sind ebenfalls im Egibi-Archiv überliefert, weil sie den legitimen Erwerb von Sklaven, Grundstücken oder Häusern nachweisen helfen. Mit der vorliegenden Urkunde könnten beispielsweise künftige Ansprüche der Ehefrau ᶠRēʾītu auf Objekte, die ihr Ehemann längst verkauft hat, abgewehrt werden.

Die Parteien sind Babylonier mit typischen Namen und voller Filiation. Allerdings ist der Ahnherrenname der Ehefrau so beschädigt, daß er nicht identifiziert werden kann. Auch der Ausstellungsort ist fast völlig zerstört; die Spuren könnten aber zu Babylon passen. Die Personennamen und der Ankaufszusammenhang weisen ebenfalls in Richtung Babylon oder Borsippa, eventuell kämen auch Ḫursagkalamma/Kiš bzw. Orte in der näheren Umgebung in Frage.

Es handelt sich um eine Urkunde im Zwiegesprächsformat. Die Dialogform wird bei bestimmten Vertragsarten (z.B. Eheverträgen und Adoptionen) bevorzugt, eignet sich aber auch sonst, um Eigentümlichkeiten individueller Fälle darzustellen, für die dem Schreiber kein festes Formular zur Verfügung stand. Im vorliegenden Falle wird die Formel PN PN_2 *išme*, die den Parteienkonsens als Grundlage des Geschäftsabschlusses unterstreicht, vermieden. Nichtsdestotrotz dokumentiert die Tafel eben dies: eine außergerichtliche Einigung der Ehepartner (wenn auch unter Zähneknirschen), die vor „normalen" Zeugen, darunter dem Bruder des Ehemannes, beurkundet wird. Richter oder hohe Beamte wie *šākin ṭēmi*, *sukkallu* oder *sartennu*, vor denen üblicherweise ein Rechtsstreit ausgetragen wird, sind nicht hinzugezogen worden.

ᶠRēʾītu wendet sich an ihren Ehemann Nabû-bēlšunu, indem sie ihn zunächst daran erinnert, welche Vermögenswerte sie in die Ehe mitgebracht hat, und wirft ihm vor, fast alles verkauft und weitere Schulden angehäuft zu haben. Sie fordert ihn auf, die Gläubiger zu bezahlen und ihren Unterhalt zu garantieren. Stattdessen leistet er den eheinternen Offenbarungseid und schließt mit den Worten der Scheidungsklausel: „Geh, wohin du willst!", die in objektiver Stilisierung in je einer Version für jede Partei wiederholt wird: Beide werden damit der aus der Ehe resultierenden Ansprüche und Verpflichtungen ledig erklärt.

Diese Scheidung ist der Alptraum einer jeden Ehefrau: Ihr Mann hat das Vermögen durchgebracht und schickt sie in die Wüste—ohne Proviant. Dieser Fall ist weder in Rechtsbüchern vorgesehen noch in Eheverträgen antizipiert; gegenseitige Ansprüche können nur noch theoretischer Natur sein und die Diskussion der Schuldfrage müßig.

Die Urkunde erweckt den Eindruck, als ob die Initiative von ᶠRēʾītu ausgeht. Allerdings ist zu bedenken, daß bei Zwiegesprächsurkunden in der Regel die Partei mit dem

1 Zu Herkunft, Forschungsgeschichte und Inhalt vgl. C. Wunsch, CM 20A, S. 1–19.

geringerem Status oder dem dringlicheren Anliegen den Antrag unterbreitet.[2] Konnte sie überhaupt eine Scheidung fordern?

Die überlieferten neubabylonisch/frühachämenidischen Eheverträge enthalten keine paritätischen Scheidungsklauseln, wenn man von einem zwischen Protagonisten mit ägyptischen Namen in Susa ausgestellten Vertrag absieht, der eher die ägyptische Praxis widerspiegeln dürfte.[3] Zwar ist häufig eine Klausel zu finden, wonach der Ehemann ein bis sechs Minen Silber an die Ehefrau zahlen muß, wenn er sie verstoßen oder zur Zweitfrau degradieren sollte, sie dient aber (wie auf S. 6f. dargestellt) eher dazu, eine Scheidung durch den Ehemann zu verhindern, indem unüberwindliche finanzielle Hürden aufgebaut werden. So ist wohl anzunehmen, daß prinzipiell ähnliche Regeln galten, wie sie im Kodex Ḫammurapi niedergelegt sind, und daß diese bei Vertragsabschluß stillschweigend vorausgesetzt wurden. Demnach konnte wohl—wenn vorab keine paritätische Scheidungsklausel vereinbart worden war—nur der Ehemann die Scheidung initiieren.[4]

Was ᶠRēʾītu von ihrem Mann fordert, ist auch gar nicht die Scheidung, sondern eigentlich nur die Einhaltung des Ehevertrages: Unterhalt für sich selbst. Sie wirft dem Ehemann vor, diesen Vertrag gebrochen zu haben, indem er alle Ressourcen, die ihm ihre Familie als Mitgift und darüber hinaus zur Verfügung gestellt hatte und mit deren Hilfe er für sie sorgen sollte, verkauft, verbraucht und für weitere Schulden verpfändet hat.

Daß sich aus der Mitgift ein Unterhaltsanspruch der Frau gegenüber demjenigen ableitet, der die Mitgift in Besitz nimmt und sie bewirtschaftet, wird vor allem dann deutlich, wenn sich die fraglichen Personen für die Alimentation der Frau verbürgen. Dies können z.B. auch Brüder sein, die sich verpflichten, ihre unverheirateten Schwestern, denen der Vater eine Mitgift versprochen hatte (die sich im noch ungeteilten väterlichen Erbe befindet) und die bei ihnen leben, entsprechend zu verpflegen.[5]

ᶠRēʾītus Mitgift dürfte keineswegs bescheiden gewesen sein, auch wenn sich ihr Umfang nicht abschätzen läßt. Wieviel ihr der Vater bestimmte, hat auf jenem Teil der Tafel gestanden, der nicht überliefert ist. Darüber hinaus hatte ᶠRēʾītus Vater eine Verfügung zugunsten ihrer Mutter getroffen (wie aus Z. 2′f. hervorgeht), indem er ihr etwas als Gegenwert für ihre Mitgift übereignete, und seinen Sohn zum Nacherben eingesetzt. Nach dem Tod des Sohnes, als dieses Vermögen keinen Verfügungsbeschränkungen mehr unterlag, überschrieb es die Mutter an ihre Tochter. Auf beides, ᶠRēʾītus Mitgift und das Erbe ihrer Mutter, hatte ihr Ehemann zugegriffen.

---

2 Dazu H. Petschow, JCS 19 (1965), S. 116.

3 TBÉR 93f. (BMA 34): Der Ehemann muß 5 m Silber zahlen und die Mitgift herausgeben, wenn er seine Frau entläßt, um eine andere an ihren Platz zu setzen; wenn die Ehefrau ihren Mann verläßt, muß sie ihm die Mitgift überlassen und eine weitere Strafe auf sich nehmen, deren konkreter Inhalt allerdings unklar ist.
Neuassyrische Eheverträge mit Klauseln, die auch der Ehefrau das Recht einräumen, eine Scheidung zu initiieren, sind überliefert. Die entsprechenden Regelungen dürften mit dem hohen gesellschaftlichen Status der Frauen zusammenhängen, vgl. K. Radner, *Privatrechtsurkunden*, S. 159.

4 §142 des Kodex Ḫammurapi erlaubt der Ehefrau lediglich, sich mit ihrem Ansinnen an die Behörden zu wenden, wenn ihr Mann sich grobes Fehlverhalten zuschulden kommen läßt. Ob das Verbrauchen der ökonomischen Ressourcen darunter fällt, ist fraglich.

5 Vgl. z.B. Nr. 11 im vorliegenden Buch. Es sei auch auf den Fall der Šikkuttu verwiesen, die von ihrem Schwager Unterhaltsleistungen erhielt, offenbar nachdem ein Rechtsstreit stattgefunden hatte, s. dazu S. 90.

Die Mitgift, die eine Frau in die Ehe einbringt, umfaßt üblicherweise (je nach den Vermögensverhältnissen ihrer Familie) Grundstücke, Häuser, Sklaven und Silberbeträge, die „mit" der Braut an den Ehemann oder, wenn dessen Vater noch am Leben ist, an diesen übergeben werden. Zwar gehört die Mitgift nicht dem Ehemann (bzw. dessen Vater) und er darf sie nicht veräußern, ihm steht aber das Recht zu, die Objekte zu nutzen oder zu bewirtschaften und das Silber in Geschäfte zu investieren, ohne die Substanz anzutasten. In der Praxis war es aber kaum möglich, den Verbleib des Silbers zu kontrollieren, häufig sah man sich gezwungen, Häuser, Felder oder Sklaven kurz- oder langfristig zu verpfänden oder gar in schwierigen Zeiten zu verkaufen. Es bestand also immer die Gefahr, daß die Mitgift, die einmal dem Unterhalt der Witwe dienen und als Erbe ihren Kindern zufallen sollte, bei alltäglichen Geschäften nach und nach „verlorenging". Aber man konnte zumindest verhindern, daß dies ohne Wissen und Zustimmung der Ehefrau geschah: indem der Ehemann gegenständlich greifbare Objekte wie Sklaven (oder auch Grundstücke und Häuser) im Wert des Silbers oder veräußerter Mitgiftgüter im Rahmen einer Vermögensübertragung an die Ehefrau überschieb. Solche Verträge zur Sicherung der Mitgift nach dem Schema: (Objekte) PN *iknuk*[6]*-ma kūm nudunnê pān* PNf *ušadgil* „die Objekte hat PN unter Ausstellung einer offiziellen Urkunde als (Gegenwert für) die Mitgift an PNf (als Eigentum) übertragen" sind gut belegt. Oft kamen dergleichen Vereinbarungen zustande, weil Familienangehörige der Ehefrau auf deren Mann gewissen Druck ausgeübt hatten.[7]

Ein Fall wie der vorliegende hätte sich — angemessene Vorsichtsmaßnahmen vorausgesetzt — also gar nicht ereignen dürfen; ^{f}Rēʾītu hätte spätestens dann, als sich die wirtschaftliche Situation ihres Mannes so weit verschlechtert hatte, daß es an die Substanz, d.h. ihre Mitgift, ging, über den Ernst der Lage informiert sein müssen und einschreiten können, mit welchem Erfolg, sei hier dahingestellt. In ihrem Falle wurde aber bereits versäumt, das wichtigste Druckmittel bei eheinternen Vermögensauseinandersetzungen — die Vermögensübertragung zur Sicherstellung der Mitgift — überhaupt zu schaffen. Zum Zeitpunkt ihrer Scheidung waren Vater, Bruder und Mutter tot, von Kindern wird nichts erwähnt. Sie hatte vermutlich keine nahen Angehörigen, die für sie hätten eintreten können. Wahrscheinlich haben der Tod von Vater und Bruder auch verhindert, daß Kontrollen über den Verbleib ihrer Mitgift rechtzeitig durchgeführt wurden.

Aber auch die besten Vorsichtsmaßnahmen helfen nichts, wenn Not oder böser Wille herrschen. In der Praxis gab es Wege und Möglichkeiten, Verfügungsbeschränkungen zu umgehen oder außer Kraft zu setzen. So kann Mitgiftgut verkauft werden, wenn die Ehefrau zustimmt und auf spätere Klagen verzichtet, was in der Regel durch ihre Anwesenheit (*ina ašābi*) bei Vertragsabschluß geschieht. Zwar könnte sie ihre Zustimmung verweigern, aber ein Verkauf kann notfalls auch ohne ihre Mitwirkung arrangiert werden.

---

6 Zum Vorschlag, *kanāku* „siegeln" im vorliegenden Kontext als „Ausstellen einer offiziellen Urkunde" zu verstehen, vgl. S. 170.

7 In Nbk 265 (= CM 3 13, mit Kommentar CM 3A, S. 21) wird dies recht ausführlich geschildert: Der Vater der Ehefrau wendet sich an den Schwiegersohn und zählt die Mitigiftbestandteile auf, die er ihm übergeben hat. Er beschwert sich, daß die Gläubiger des Vaters des Schwiegersohnes auf Teile der Mitgift zugegriffen haben und fordert den Schwiegersohn auf, der Tochter etwas zu überschreiben. Dem stimmt der Schwiegersohn zu, und es folgt das Formular der Vermögensübertragung. Eine ähnliche Vorgeschichte ist in Nr. 16 im vorliegenden Buch dargestellt, auch BMA 27 (dazu hier, S. 1 mit Anm. 1) weist entsprechende Formularbestandteile auf.

Daß sich Ehemänner gewisser Tricks bedient haben, um Geschäfte mit Mitgiftgut hinter dem Rücken ihrer Frauen zu bewerkstelligen, läßt sich durch Urkunden belegen.[8] Dabei bediente man sich eines Formulars, das üblicherweise bei der Stellvertretung im Geschäftsleben angewandt wird, wodurch sich die Anwesenheit der Ehefrau bei Vertragsabschluß erübrigt. Die entsprechenden Fälle sind nur bekannt, weil die Ehefrau später gegen die angeblich auf ihren Wunsch (*ana ṣibûti*) ausgestellten Verträge protestiert hat und sie annullieren ließ. In wie vielen Fällen die Ehefrau gar nicht in der Lage war, die Durchsetzung ihrer Rechte überhaupt in Angriff zu nehmen, muß offen bleiben.

Gegenüber einem Verkauf mag die Verpfändung zunächst als das kleinere Übel erschienen sein, wobei korrekterweise bei Mitgiftgut ebenfalls die Zustimmung der Ehefrau erforderlich gewesen sein dürfte. Diese war sicher leichter zu erlangen, wenn z.B. bei antichretischen Vereinbarungen über Grundstücke oder Häuser „nur" das Nutzrecht, das während der Ehe ohnehin nicht bei der Frau lag, an den Gläubiger anstelle der sonst fälligen Zinsen abgetreten wurde. Solche Arrangements waren langlebig und unauffällig, da sie keine weiteren Zahlungen oder Transaktionen erforderten. Sie stellten also gewissermaßen eine finanzielle Zeitbombe dar, die dann explodierte, wenn das aufgenommene Silber verbraucht war und der Gläubiger sein Geld forderte—mitunter erst Jahre nach der Verpfändung. Der Schuldner mag in einem solchen Falle noch auf bessere Zeiten hoffen und eine Zession erreichen, aber auch damit ist das Problem nicht gelöst, sondern nur der endgültige Verkauf des gepfändeten Objekts verschoben.

Ob die Misere, in der sich Nabû-bēlšunu und ᶠRēʾītu befanden, durch Verschwendung, Mißwirtschaft, Betrug oder eine Kette unglücklicher Umstände verursacht worden ist, entzieht sich unserer Kenntnis. Nabû-bēlšunu mochte es darauf angelegt haben, die Mitgift seiner Ehefrau durchzubringen oder beiseite zu schaffen. Ebensogut könnten geschäftliche Mißerfolge, Krankheit, hohe Steuern und die unerbittliche Arithmetik von Zins und Zinseszins zum wirtschaftlichen Ruin geführt haben. Wie dem auch sei, es war offensichtlich kein Vermögen mehr vorhanden und beide Parteien müssen die Scheidung als eine akzeptable Lösung angesehen und auf eine sorgfältige Beurkundung Wert gelegt haben.

Der Ehemann spricht die *verba solemnia* „Geh, wohin du willst!"[9] und entläßt sie damit. In objektiver Stilisierung wird dies wiederholt, und zwar in je einer Version für beide Parteien, Mann und Frau. Beide werden damit von den aus ihrer Ehe resultierenden Rechten und Pflichten entbunden. Ein wechselseitiger Klageverzicht könnte sich angeschlossen haben (er könnte im Bruch nach Rs 14′ gestanden haben), er ist implizit aber wohl bereits in der Aussage enthalten, jeder könne gehen, wohin er will.[10] Es leuchtet ein, daß sich ein Ehemann, der die Mitgift seiner Frau aufgebraucht hat (unter welchen

8 C. Waerzeggers hat dieses Phänomen erkannt und in AfO 46/47 (1999–2000), S. 183–200 mehrere Fälle analysiert und die Belege zusammengetragen.

9 Der Sachverhalt einer Scheidung kann in Gesetzesbestimmungen, Eheverträgen und diesbezüglichen Urkunden auf verschiedene Weise zum Ausdruck gebracht werden, vgl. S. Holtz, JNES 60, zur Scheidungsklausel nach mesopotamischen und rabbinischen Quellen: (1) Der Ehemann „entläßt" (*muššuru*) seine Frau, (2) sie kann gehen, wohin sie will, bzw. ins Vaterhaus zurückkehren oder (3) ein Mann ihrer Wahl kann sie heiraten.

10 Diese Klausel ist nicht auf Fälle von Ehescheidungen beschränkt, S, Holtz, JNES 60, S. 248 charakterisiert sie als „release clause" und verweist auf ihre Anwendung bei Adoptionen und Testamenten, z.B. in Emar.

Umständen auch immer), bei der Scheidung bescheinigen läßt, daß die Geschiedene keine Rechte mehr auf die Restituierung ihrer Mitgift anmelden kann, sollte er wider Erwarten und mit fremder Hilfe (etwa der seines Bruders oder einer künftigen Ehefrau) doch noch einmal zu Vermögen kommen. Der Ehemann profitiert von dieser Lösung also in jedem Falle. Welchen Vorteil hat aber die Ehefrau?

Eine Wiederverheiratung wäre für sie grundsätzlich möglich. Ohne Mitgift und nicht mehr ganz jung war sie zwar keine begehrte Partie mehr, könnte aber z.B. für einen Witwer mit kleinen Kindern durchaus interessant gewesen sein, wenn dieser Schwierigkeiten hatte, eine Braut mit Mitgift einzuwerben.[11] In diesem Falle würde sie zumindest versorgt sein. Notfalls könnte sie vielleicht im Haushalt eines entfernten Verwandten als Arbeitskraft unterkommen. Dies mögen gegenüber der Fortsetzung ihrer Ehe attraktive Lösungen gewesen sein, wenn man bedenkt, daß das Familienvermögen nicht nur dahin war, sondern die Schulden den Wert der wenigen verbliebenen Vermögensobjekte wahrscheinlich noch überstiegen. Mit der Scheidung haftete sie wohl nicht mehr für die Schulden ihres insolventen Ehemannes, konnte also auch nicht von seinen Gläubigern zum Abarbeiten von Forderungen oder Schlimmerem vereinnahmt werden.[12]

---

11 Kindern aus der ersten Ehe des Vaters stehen zwei Drittel seines Erbes zu (vgl. §15 des sogenannten Neubabylonischen Gesetzesfragments, zuletzt M.T. Roth, *Law Collections*, S. 148). Eine Frau, die einen Witwer mit Söhnen heiratet, muß somit eine entsprechende Zurücksetzung ihrer zukünftigen Kinder in Kauf nehmen.

12 Der Verkauf von Kindern oder der Ehefrau durch den Ehemann zur Schuldentilgung ist in neubabylonischer Zeit höchst selten belegt. In welcher Form Ehefrauen generell für Schulden ihres Mannes haften, die dieser ohne ihre Mitwirkung eingegangen ist, und welchen Einfluß das Vorhandensein einer Mitgift darauf hat, bleibt zu untersuchen.

Nr. 9: Auflösung eines Eheversprechens oder einer Ehe
Inventarnummer: BM 59721 (AH 82–7–14, 4131)

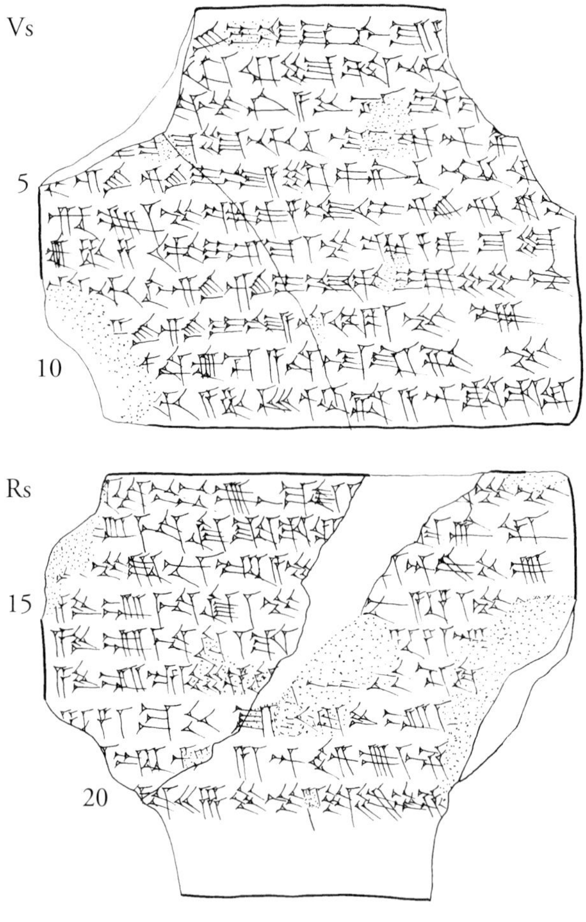

Die Kenntnis dieser Tafel verdanke ich Caroline Waerzeggers.

Z. 1ff. Am Ende von Z. 1 ist genug Platz für den Vatersnamen der ^{f}Gigītu, am Anfang von Z. 2 könnte der Ahnherrenname gestanden haben. Dann wären die Zeichen *s/ša*]*r-ru-tu* als Ende des Ahnherrennamens aufzufassen. Allerdings kommen dafür keine in Sippar gängigen Familiennamen in Frage. Auch wenn man statt *s/ša*]*r* die Lesung ⌜x⌝-LAGAB ansetzt, bietet sich mit den Lautwerten *kil*, *kìr*, *rin* oder *ḫab* keine Lösung an. Die Abstraktendung -*ūtu* ist überhaupt als Bildungselement von Namen rar, insbesondere ohne Suffix, wenn man von Aḫḫūtu, Ardūtu und Aplūtu absieht. Mit *šarrūtu* „Königsherrschaft" zusammengesetzte Namen werden in der Regel mit dem Logogramm LUGAL geschrieben und mit Suffix gebildet, z.B. Tērik-šarrūssu; sie sind meist als Personennamen (nicht Ahnherrennamen) belegt.
Falls ein Ahnherrenname der ^{f}Gigītu gar nicht angegeben ist, wäre als Alternative an *ana* (*muḫḫi*) *sarrūti* „wegen Falschheit, Lüge" zu denken. Dann würde man ein Verb des Anklagens in der 3. Pers. fem. nach dem Namen der Gegenpartei (*itti* PN) am Ende von Z. 3 erwarten, die Zeichenspuren passen aber nicht zu einem mit *t* beginnenden Zeichen. Vielmehr dürfte es sich um *i*[*t*- handeln. Da beim Klagen vor Gericht zwei Parteien involviert sind, steht hier möglicherweise der Plural comm.

1 [^{f}*Gi-g*]*i-i-tu*$_4$ *mārat-su šá* [...]
2 [*a-na* (*muḫḫi*) *sa*]*r*$^{?}$*-ru-tu it-ti* [^{m}*Iddin-*^{d}*Nabû*]
3 [*mār*$_2$*-šú šá* ^{md}*Mard*]*uk-šuma-ibni mār*$_2$ ^{lú}*Malāḫu* ⌜*id*⌝-[*bu-bu*]
4 [*um-m*]*a*$^{?}$ ⌜*áš*$^{?}$*-šu*⌝*-tu ti-šú la* [*tab*$^{?}$]*-ka-an-ni* [(...)]
5 ^{f}*Gi-gi-i-tu*$_4$ *a-šar pa-ni-šú maḫ-ru*
6 *tal-lak* ^{m}*Iddin-*^{d}*Nabû áš-šá-tu*$_4$ *mi-gi-ri lìb-bi-*[*šú*]
7 *iḫ-ḫa-za ul* ^{i}*iturrū*(GUR)*-ma* ^{m}*Iddin-*^{d}*Nabû šá áš-šu-tu*
8 *it-ti* ^{f}*Gi-gi-i-tu*$_4$ *ul i-dab-bu-ub*
9 ^{f}*Gi-gi-i-tu*$_4$ *a-na muḫḫi* ^{m}*Iddin-*^{d}*Nabû*
10 [*ul ta*]*-na-aḫ-si a-na la ra-ga-mu*
11 [*it-t*]*i a-ḫa-meš* 1-*en*-ta.àm *ša-ṭa-ri*
Rs 12 [*il*]*-te-qu-ú ina ma-ḫar* ^{m}[^{d}*Mardu*]*k-šuma-iddin*
13 $^{[lú]}$*Šangû-Sip-par*^{ki} *ša-ṭa-ru* [*ša*]*-ṭi-ir-*{*ru*}
14 ^{lú}*mu-kin-nu* ^{md}*Bēl-apla-iddin mār*$_2$*-šú šá* ^{md}*Balīḫu*^{ú}
15 *mār*$_2$ ^{lú}*Šangû-Sip-par*^{ki} ^{m}*Mu-*[*ra*]*-nu mār*$_2$*-šú šá* ^{m}*Šuma-*[*iddin*]
16 *mār*$_2$ ^{lú}*Šangû-Sip-par*^{ki} ^{m}*Ile*ʾʾ*i*$_2$-[^{d}*Marduk*] *mār*$_2$*-šú šá* ^{md}*Nabû-*[*šumu-līšir*]
17 *mār*$_2$ ^{lú}*Šangû-*^{d}*Ištar-Bābili*^{ki} [^{md}*Nabû*]*-šumu-līšir*
18 *mār*$_2$*-šú šá* ^{m}*Ba-laṭ-su* (Rasur) *ù* ^{lú}*ṭupšarru*$_2$ ^{m}[*Arad-*^{d}*Bēl*]
19 [*mār*$_2$*-šú šá*] ^{md}*Bēl-*⌜*ušallim*⌝ *mār*$_2$ ^{md}*Adad-šam-me-e Sip-p*[*ar*^{ki}]
20 [^{iti}x] *ūmi* 26.kam *šanat* ⌜4$^{?}$⌝.kam ^{m}*Kur-raš šàr Bābili*$_2$[^{ki} *u mātāti*]

Z. 4 Am Ende der Zeile steht deutlich *-an-ni*, das Zeichen davor dürfte KA sein. Im Bruch danach wäre zwar noch Platz für ein oder zwei Zeichen, wahrscheinlich stand dort aber gar nichts. Somit ist wohl zu einer Verbform mit dem Suffix der ersten Person zu ergänzen, und wir haben eine wörtliche Rede vor uns. Dann erwartet man *umma* als Einleitung, sicher am Beginn dieser Zeile. Da mit der nächsten Zeile bereits ein neuer Abschnitt beginnt, muß der Inhalt von ^{f}Gigītus Beschwerde auf Z. 4 Platz finden. Als Ergebnis ihrer Klage wird sie enlassen: Sie kann gehen, wohin sie will. Der Gegenpartei wird zugestanden, eine Ehefrau nach Gutdünken zu heiraten. Offensichtlich sind die Parteien also verheiratet oder hatten dies beabsichtigt, und der Anlaß der Unstimmigkeiten ist eine andere, vom Bräutigam bzw. Ehemann bevorzugte Frau. Angesichts dieser Konstellation ergibt die hier vorgeschlagene Ergänzung Sinn, wenngleich sie zwei Probleme birgt: Statt *aššatu* „Ehefrau" steht *aššūtu* „Ehe" und für die Ergänzung der Verbform ist wenig Platz. Zudem ist *abāku* bislang nicht im Zusammenhang mit dem „Heimführen" der Braut bezeugt, stattdessen wird gewöhnlich *aḫāzu* verwendet. Man würde zudem gern einen Prohibitiv *lā tabbakanni* sehen. Die Verneinung *lā* statt *ul* mit Präteritum im Hauptsatz sollte jedoch nicht beunruhigen und der Satz ergäbe Sinn. Eine Form von (*w*)*ašāru* D (etwa „gib mich frei!") kann jedenfalls nicht ohne Emendation in die Zeichen hineingelesen werden. Wenn man statt einer Verneinung *ina* ŠU$^{[II]}$*-ka an-ni-*[...] läse, wäre nichts gebessert. Auch wenn inhaltlich keine Bedenken bestehen, kann die Lesung dieser Zeile also nicht als gesichert gelten.

Z. 7–12 Der Klageverzicht ist paritätisch, auffallend ausführlich und recht umständlich formuliert.

Z. 12 ff. Marduk-šuma-iddin ist als *šangû* von Ebabbar zwischen 15 Nbn und 7 Cyr belegt, vgl. A.C.V.M. Bongenaar, *Ebabbar*, S. 29f. Für Bēl-apla-iddin s. S. 448 (zahlreiche Belege zwischen 30 Nbk und 1 Camb), Mūrānu S. 458 (15 Nbn–8 Cyr) und Ileʾʾi-Marduk S. 437 (15 Nbn–6 Cyr), Nabû-šumu-līšir S. 439f. (5 Nbn–7 Cyr als *ṭupšar Ebabbar*), Arad-Bēl S. 481f. (1 Ngl–3 Dar).

Datum Die Jahreszahl ist beschädigt, es kommen „4" und „7" in Frage. Die Amtszeit aller bekannten Zeugen ließe beide Möglichkeiten zu. Beim Monat könnte es sich um Abu (5) handeln.

Übersetzung

fGigītu, die Tochter des [...] (Z. 2) [hat(!) wegen] Lügen(?) gegen [Iddin-Nabû, (Z. 3) den Sohn des Marduk]-šuma-ibni aus der Familie Malāḫu [Klage geführt], (Z. 4) [folgendermaßen]: „Eine Ehe(frau) hast du (schon). Mich hast du nicht (als Braut heim)geführt! (Oder: Führe(!) mich nicht heim!)“ (Z. 5) fGigītu kann (Z. 6) gehen, (Z. 5a) wohin sie will. (Z. 6a) Iddin-Nabû kann eine Ehefrau nach seinem Gefallen (Z. 7) heiraten. Iddin-Nabû wird wegen der Ehe (Z. 8) gegen fGigītu nicht klagen. fGigītu wird sich deswegen an Iddin-Nabû (Z. 9) nicht wieder wenden. (Z. 10) Damit (künftig) nicht geklagt werde, haben sie (Z. 11) gemeinsam je ein (Exemplar des) Schriftstück(s) (Rs 12) an sich genommen. Vor [Marduk]-šuma-iddin, (Rs 13) dem Šangû von Sippar, ist das Schriftstück geschrieben worden.

ina maḫar	Marduk-šuma-iddin/(Erība-Marduk/Šangû-Ištar-Bābili), *šangû* von Sippar
Zeugen	Bēl-apla-iddin/Balīḫū/Šangû-Sippar
	Mūrānu/Šuma-[iddin]/Šangû-Sippar
	Ile''i-[Marduk]/Nabû-[šumu-līšir]/Šangû-Ištar-Bābili
	Nabû-zēru-līšir/Balāssu(/Šangû-Ištar-Bābili)
Schreiber	[Arad-Bēl]/Bēl-ušallim/Adad-šammê
Ausstellungsort	Sippar
Datum	26.[x].4? Cyr (etwa 535/534 v. Chr.)

Kommentar

In der vorliegenden Urkunde wird wahrscheinlich die Auflösung einer Ehe oder eines Eheversprechens auf Betreiben der Braut bzw. Ehefrau beurkundet. Sie hat dem Mann etwas vorzuwerfen, und da sein Recht, nunmehr eine andere Frau heiraten zu können, ausdrücklich betont wird, dürfte diese Absicht den Grund der Trennung darstellen. Da die Frau für sich allein spricht, ihr Anliegen also nicht von Vater, Mutter oder Bruder vorgetragen wird, können wir wohl annehmen, daß sie die Bedingungen ihrer Verheiratung ebenfalls selbst ausgehandelt hat. Vielleicht wäre dies nicht ihre erste Ehe gewesen.

Von einer Mitgift wird nichts erwähnt. Wahrscheinlich hat fGigītu keine gehabt (so daß man ihrem Ehemann *in spe* unterstellen könnte, er habe nach einer besseren Partie Ausschau gehalten), denn wäre eine Mitgift versprochen oder übergeben worden, sollte man wohl einen Vermerk über die Rückerstattung in der Urkunde erwarten, oder darüber, daß diesbezügliche Ansprüche nicht existieren.

Der Fall wurde der Tempelbehörde des Ebabbar vorgelegt, die die Angelegenheit damit offiziell bestätigt.

Nr. 10:	Mitgiftbestellung in mehreren Exemplaren	
Inventarnummer:	Exemplar a:	BM 46827 (81–8–30,293)
	Exemplar b:	BM 46635 (81–8–30,101)
	Exemplar c:	BM 47272 (81–8–30,794)
	Exemplar d:	BM 45547 (81–7–1,3308)

Exemplar b, Vs

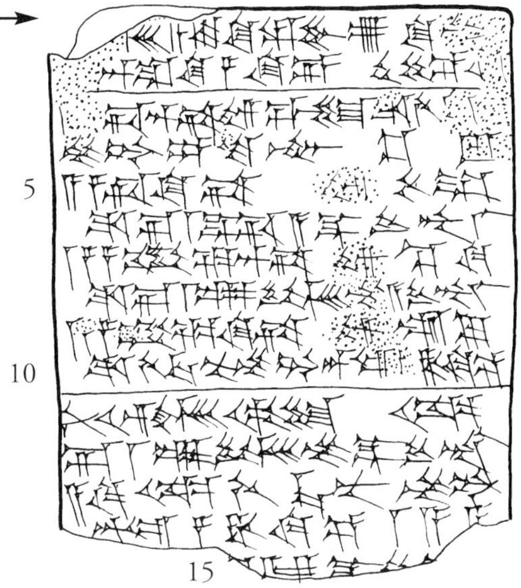

Exemplar a

Vs

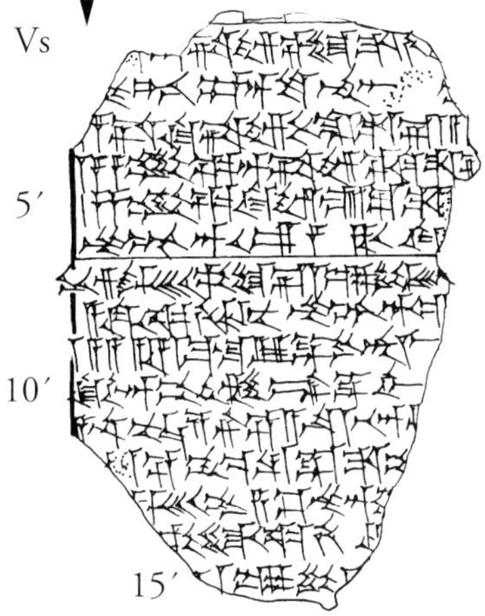

Rs

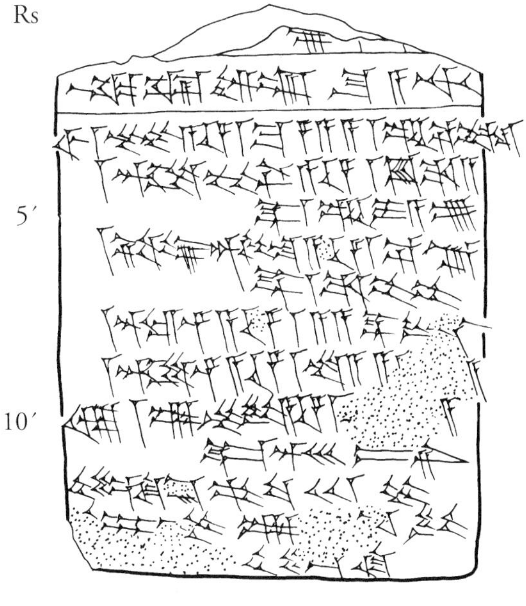

Rs

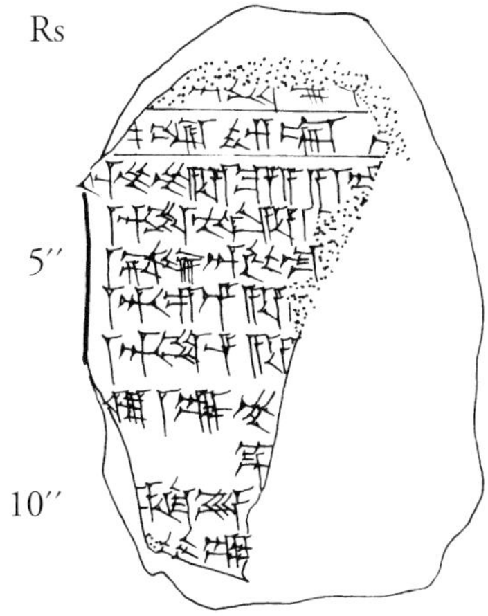

	Exemplar **a**			Exemplar **b**
	[…]	**1**	b1	[10 gi]^{meš} *eqel ki-šub-bu-ú erṣeti*^{tì}
	[…]		b2	[KÁ].DINGIR.RA^{ki} *šá qé-reb Bābili*^{ki}
a1′	[2 GAR *šiddu e*]*lû* ^{im}*amurru ṭāḫ* […]	**2a**	b3	[2 GAR] *šiddu elû* ^{im}*amurru ṭāḫ sūqi* ⸢*qatnu*⸣^{nu}
a2′	[*m*]*u-taq mul-te-šir ḫ*[*ab-lu*]		b4	*mu-taq mul*$^{!}$(NAP)*-te-šir ḫab-*⸢*lu*⸣
a3′	⸢2⸣ GAR *šiddu šaplû* ^{im}*šadû ṭāḫ bīt* ^{m}*Apla*$_2$*-*[*a* …]	**2b**	b5	2$^{!}$ GAR *šiddu šaplû* ^{im}*šadû*
			b6	*ṭāḫ bīt* ^{m}*Apla-a mār* ^{lú}*Ṭābiḫu*
a4′	1 GAR *ník-kàs pūtu elītu* ^{im}*iltānu ṭāḫ bīt* […]	**2c**	b7	1 GAR *ník-kàs pūtu elītu* ^{im}*iltānu*
			b8	*ṭāḫ bīt* ^{md}*Nabû-aḫḫē*^{meš}*-iddin mār*$_2$ ^{lú}*Ṭābiḫ*
a5′	1 GAR *ník-kàs pūtu šaplītu* ^{im}*šūtu ṭāḫ* […]	**2d**	b9	1 GAR *ník-kàs pūtu šaplītu* ^{im}*šūtu*
a6′	*mu-taq* ^{d}*Nergal šá ḫa-de-*[*e*]		b10	*ṭāḫ sūqi qatnu*^{nu} *mu-taq* ^{d}*Nergal šá ḫa-de*
a7′	*napḫar*$_2$ 10 gi^{meš} *ul-tu bīt* ^{md}*Nabû-aḫḫē*^{meš}*-i*[*ddin* …]	**3**	b11	*napḫar*$_2$ 10 gi^{meš} *ul-tu muḫḫi*
			b12	*bīt* ^{md}*Nabû-aḫḫē*^{meš}*-iddin mār* ^{lú}*Ṭābiḫu*
a8′	*a-di muḫḫi sūqi qatnu*^{nu} *mu-taq* ^{d}*Nergal* […]		b13	*a-di muḫḫi sūqi qatnu*^{nu} *mu-taq*
			b14	^{d}*Nergal šá ḫa-de-e* ^{m}*Apla*$_2$*-a*
a9′	^{m}*Apla*$_2$*-a mār*$_2$*-šú šá* ^{m}*Ba-la-ṭu mār* ^{lú}*Ṭābiḫu* […]	**4a**	b15	[…*-l*]*a-ṭu* ⸢*mār* ^{lú}⸣[…]
a10′	*itti* ^{fd}*Kurun-nam-tab-ni mārtī-*[*šú*]	**4b**		
a11′	*a-na nu-dun-ni-e*			
	a-na ^{m}*Kabti*$_2$*-ilī*^{m}[^{eš}*-*^{d}*Marduk*]	**4c**		
a12′	[*mār*$_2$*-šú š*]*á* ^{m}*E-ṭè-ru mār* ^{m}*Da-bi-*[*bi id-din*]			
a13′	[*nīš il*]*ī*^{meš} *u šarri za-kìr šum*(MU)	**5**		
	^{d}*Ma*[*rduk u* ^{d}*Zarpanītu* …]			
a14′	[x (x) *u*]*l-tu muḫḫi sūqi qat*[*nu*^{nu} *a-di* …]	**6**		
a15′	[…]⸢x⸣ ^{md}*Nabû-aḫḫē*^{m}[^{eš}*-iddin* …]			
	(…)		b1′	[…] ⸢*ú-šá*⸣-[…]
a1″	[…]-^{d}*Marduk ú-*⸢*šá*⸣*-*[*ad-gil*]			
a2″	[*ina k*]*a-nak* ^{im}*ṭuppi š*[*u-a-ti*]		b2′	*ina ka-nak* ^{im}*ṭuppi šu-a-ti*
a3″	IGI ^{m}*Šuma-iddin mār*$_2$*-šú šá* ^{m}*Iqīša*^{šá}*-a* *mār*$_2$ ^{md}*B*[*ēl-*…]	**7a**	b3′	IGI ^{m}*Šuma-iddin mār*$_2$*-šú šá* ^{m}*Iqīša*^{šá}*-a* *mār*$_2$ ^{md}*Bēl-e-ṭè-ru*
a4″	^{md}*Marduk-zēra-ibni mār*$_2$*-šú šá* ^{m}[…]		b4′	^{md}*Marduk-zēra-ibni mār*$_2$*-šú šá* ^{m}*Bul-ṭa-*
a5″	^{m}*Ta-qiš-*^{d}*Gu-la* […]		b5′	*mār* ^{md}*Bēl-ia-ú*
a6″	^{md}*Nergal-ēṭir*$_2$ *mār*$_2$*-šú šá* […]		b6′	^{m}*Ta-qiš-*^{d}*Gu-la mār*$_2$*-šú šá* ^{m}*E-ṭir*
a7″	^{md}*Marduk-ēṭir*$_2$ *mār*$_2$*-šú šá* […]		b7′	*mār* ^{m}*Da-bi-bi*
			b8′	^{md}*Nergal-ēṭir*$_2$ *mār*$_2$*-šú šá* ^{m}*Apla*$_2$*-a mār* ^{lú}*Ṭābiḫu*
			b9′	^{md}*Marduk-ēṭir*$_2$ *mār*$_2$*-šú šá* ^{m}*Mušēzib* *mār*$_2$ ^{m}[x (x)]*-a*
a8″	*ù* ^{md}*Nabû-šuma-*[…]	**7b**	b10′	*ù* ^{md}*Nabû-šuma-uṣur mār*$_2$*-šú šá* ^{m}[…]*-a*
a9″	*mār* […]		b11′	*mār* ^{md}*Sîn-tab-ni*
a10″	[*Bābi*]*li*^{ki} ^{iti}[…]	**8**	b12′	*Bābili*^{ki} ^{iti}*ajjāru ūmi* 21.kam
a11″	[…].kam ^{d}*Nabû-*[…]		b13′	[*šan*]*at* 7.kam ^{d}*Nabû-*[*apl*]*a-uṣur*
			b14′	[*šàr*] *Bābili*^{ki}

Exemplare **c** und **d**

Exemplar **c**, Vs

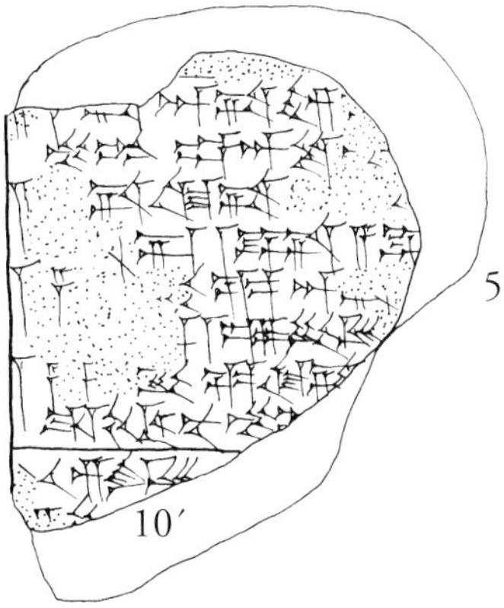

1

2a c1′ [2 GAR] ⌜*šiddu*⌝ *elû* ^{im}[…]
c2′ *mu-taq mul-te-*⌜*šir*⌝ […]
2b c3′ ⌜2⌝ [GAR] *šiddu šaplû* $^{\text{i[m}}$*šadû*]
c4′ [o o *ṭā*]*ḫ bīt* ^{m}*Apla-a mā*[*r* …]
2c c5′ 1 GAR [*ník-kà*]*s pūtu elī*[*tu* …]
c6′ [o o *ṭāḫ bī*]*t* ^{md}*Nabû-aḫḫē*^{meš}-[…]
2d c7′ 1 GAR ⌜*ník-kàs*⌝ *pūtu šaplītu* […]
c8′ o *ṭāḫ sūqi qatnu*^{nu} *mu-t*[*aq* …]

3 c9′ ⌜*napḫar*$_2$⌝ 10 gi^{meš} […]
c10′ [*mā*]*r* ^{lú}[…]

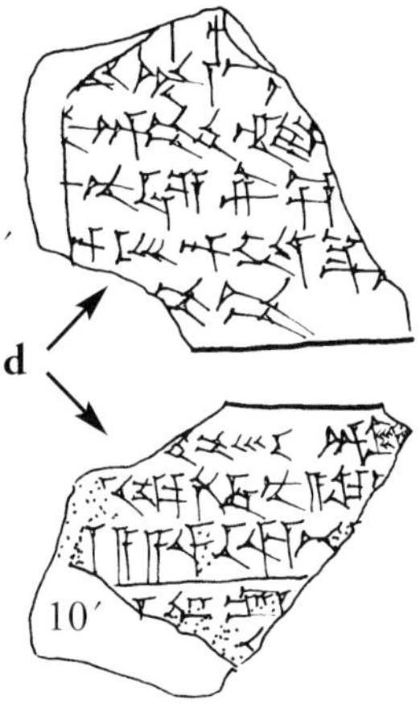

Exemplar **d**

4a d1′ […]⌜x x⌝[…]
d2′ ⌜^{lú}⌝*Ṭābiḫu* […]
4b d3′ […] ⌜^{f}⌝^{d}*Kurun-nam-t*[*ab-ni* …]
d4′ […] *nu-dun-ni-e* […]
4c d5′ […^{m}*Kabti*$_2$]-*ilī*^{meš}-^{d}*Marduk mār* […]
d6′ [^{m}*Da*]-*bi-bi* [*id-din*]
5 d7′ […] *ḫe-pí eš-šú* ^{d}*Za*[*r-*…]

6 d8′ [… *ul-t*]*u muḫḫi sūqi qatnu*^{nu} *a-di* […]
d9′ [… *šá*] ^{m}*Apla*$_2$*-a maḫar-šú pān* ^{m}*Kabti*$_2$-*i*[*lī*^{meš}-^{d}*Marduk* …]

d10′ [*ina ka-na*]*k* ^{im}⌜*ṭuppi*⌝ [*šuāti*]

7a

Exemplar **c**, Rs

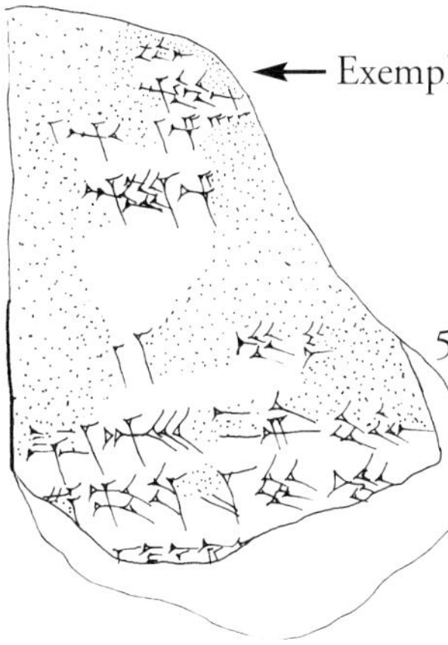

c1′′ [^{md}*Marduk-zē*]*ra-ib*[*ni* …]
c2′′ [^{m}*Ta-qiš*]-^{d}*Gu-l*[*a* …]
c3′′ ^{md}⌜*Nergal*⌝-*ēṭir*$_2$ ⌜*mār*$_2$*-šú šá*⌝ […]
c4′′ $^{\text{[m]d}}$*Marduk-ēṭir*$_2$ […]

7b c5′′ [*ù*] ^{md}[*Nabû*]-*šuma-uṣ*[*ur* …]
c6′′ *mār* ^{md}*Sîn-tab-ni Bābi*[*li*^{ki}]
8 c7′′ $^{\text{[iti]}}$*ajjāru ūmi* 21.kam *šan*[*at* …]
c8′′ [^{d}*Nabû*]-⌜*apla*⌝-[*uṣur* …]

Die vorliegende Urkunde ist auf vier Tafeln in mindestens drei Exemplaren überliefert; Exemplare c und d könnten zur selben Tafel gehört haben, bilden aber keinen physischen Join. Bei Exemplar d handelt es sich eindeutig um eine spätere Abschrift, wie aus dem *ḫepi*-Vermerk hervorgeht. Auch für die anderen Textvertreter ist dies anzunehmen, zumal eine Urkunde aus der Regierungszeit Nabopolassars innerhalb der Textgruppe, mit der diese Urkunden erworben wurden, eine Rarität darstellt. Keine der Tafeln weist Siegel oder Nagelmarken auf.

1 Aus der Beschreibung als *eqel kišubbê* „Ödland", „unbebautes Terrain" geht hervor, daß es sich um eine Baulücke handelt, im Gegensatz zum *bītu epšu*, dem „bebauten Hausgrundstück", das ein funktionstüchtiges Bauwerk kennzeichnet, oder dem *bītu aptu* (*ana napāṣi u epēši*), einer „Ruine, (zum Abreißen und Neu-Bauen)". Die runde Summe bei der Flächenangabe in Z. 8 muß daher nicht verwundern. Wenn Häuser oder Hausteile verkauft werden, wird u.U. bis auf 2 Finger (1/12 Elle, etwa 2,5 cm) genau gemessen.

2a/c Der Prozessionsweg im Westen ist nach *multēšir ḫabli*, „der dem Bedrängten Gerechtigkeit verschafft", der Götterwaffe des Marduk, benannt. Zu dessen Teilnahme an Prozessionen vgl. A.R. George, OLA 40, S. 406f. Es handelt sich offenbar nicht um eine breite Straße, denn ebenso wie beim Prozessionsweg des Nergal *šá ḫadê*, der das Grundstück im Süden begrenzt, ist von *sūqu qatnu*, einer engen Straße bzw. Gasse, die Rede. Laut Abschnitt 1 sind beide im Stadtteil Kadingirra zu lokalisieren, wo sich z.B. auch der Tempel des Nabû *ša ḫarê* befindet (ebenda, Übersichtskarte S. 24). Beide Wege stehen im rechten Winkel, d.h. einer mündet in den anderen ein bzw. zweigt dort ab. Das Hausgrundstück liegt also an der Ecke. In südlicher Richtung liegt Esagila, Ausgangspunkt und Ziel von Prozessionen. Ob dieses auf direkter Route zu erreichen war, ist fraglich. Eher könnte einer der Wege in östliche Richtung zur Prozessionsstraße Aj-ibūr-šabû geführt haben.

3 Flächenberechnung: Das Gesamtmaß beträgt zehn Gi zu je 49 Quadratellen (d.h. 7 Flächenellen pro Gi), insgesamt 490 Quadratellen. Die Stirnseiten werden übereinstimmend mit je 17½ Ellen angegeben, wobei 1 (Längen)-GAR = 2 (Längen)-Gi („Rohr") = 4 *nikkas* = 14 (Längen)-Ellen entspricht, vgl. M. Powell, *Maße und Gewichte*, S. 483 mit Fig. 10). Das *nikkas*, sonst neubabylonisch meist als Flächeneinheit von ½ Gi anzutreffen, wird hier als Längenmaß im selben Verhältnis zum „Rohr" gebraucht. Demnach errechnen sich 28 Ellen als Mittelwert der beiden Längsseiten. Dies paßt zu den erhaltenen Zeichenspuren, wenn man davon absieht, daß in b5 das Zahlzeichen eher wie ein A aussieht.

6 Die Klausel ist auf allen Exemplaren stark beschädigt, aber ihr Inhalt kann durch Kombination der Teile zumindest erahnt werden. Es geht offenbar um Wegerechte beim Zugang zum Grundstück. Aplaja scheint sich einen Ausgang (*mūṣû*) zur Straße zu sichern, überläßt aber den vorderen Teil seinem Schwiegersohn Kabti-ilī-Marduk. Es bleibt unklar, wie groß die Lücke vom Ende von a15′ bis zum Anfang von a1″ anzusetzen ist. Möglicherweise folgt nach a15′ noch eine Zeile auf der Vorderseite und zwei auf der Rückseite der Tafel. In Exemplar d scheint alles auf nur zwei Zeilen Platz zu finden, aber dies könnte durch einen *ḫepi*-Vermerk und den entsprechenden Textverlust bedingt sein.

Übersetzung

(1) [10 Gi] Ödland im Bezirk Kadingirra innerhalb von Babylon:

(2a) [2 GAR (= 28 Ellen)] obere Längsseite im Westen an der engen Gasse, dem Prozessionsweg Multēšir-ḫabli, (2b) 2 GAR (= 28 Ellen) untere Längsseite im Osten neben dem Haus des Aplaja aus der Familie Ṭābiḫu, (2c) 1 GAR ½ *nikkas* (= 17½ Ellen) obere Stirnseite im Norden neben dem Haus des Nabû-aḫḫē-iddin aus der Familie Ṭābiḫu, (2d) 1 GAR ½ *nikkas* (= 17½ Ellen) obere Stirnseite im Süden neben der engen Gasse, dem Prozessionsweg des Nergal *ša ḫadê*:

(3) Insgesamt 10 Gi vom Haus(grundstück) des Nabû-aḫḫē-iddin aus der Familie Ṭābiḫu bis zur engen Gasse, dem Prozessionsweg des Nergal *ša ḫadê*, (4a) hat Aplaja, Sohn

des Balāṭu aus der Familie Ṭābiḫu, (4b) mit ᶠKurunnam-tabni, seiner Tochter, (4c) als Mitgift an Kabti-ilī-Marduk, den Sohn des Ēṭiru aus der Familie Dabibī, [mitgegeben.]

(5) [Ein Eid bei] Göttern und König ist geschworen. Bei Ma[rduk und] Zar[panītu hat er geschworen].

(6) [Der Ausgang(?) ...] von der engen Gasse bis [zum Haus des] Nabû-aḫḫē-iddin [(...) gehört(?)] Aplaja; seinen vorderen (Teil) hat er Kab[ti-ilī]-Marduk [übereignet].

Zeugen	Šuma-iddin/Iqīšaja/Bēl-ēṭiru
	Marduk-zēra-ibni/Bulṭaja/Bēlijau
	Taqīš-Gula/Ēṭiru/Dabibī (Bruder des Bräutigams)
	Nergal-ēṭir/Aplaja/Ṭābiḫu (Bruder der Braut)
	Marduk-ēṭir/Mušēzib/[...]-a
Schreiber	Nabû-šuma-uṣur/[...]a/Sîn-tabni
Ausstellungsort	Babylon
Datum	21.2.7 Npl (8.5.619 v. Chr.)

Kommentar

Es handelt sich beim vorliegenden Dokument um einen Mitgiftvertrag. Das zu übergebende Objekt steht in Vordergrund, weshalb das Formular zu Beginn wie ein Grundstückskauf anmutet. Wann das Objekt übergeben wird, d.h. das Nutzrecht an den Ehemann übergeht, wird nicht explizit ausgesagt. Wahrscheinlich muß er zunächst das Haus bauen bzw. erneuern, ehe es bewohnt werden kann.

Die Familienbeziehungen lassen sich wie folgt darstellen:

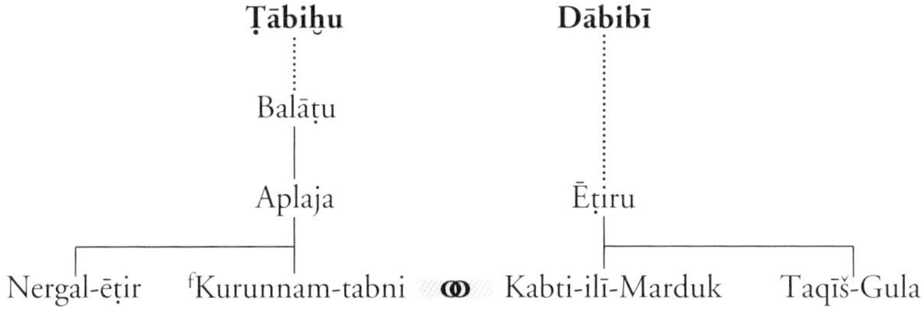

Die Urkunde ist in mindestens drei Exemplaren überliefert, die aus den Ankäufen 81–7–1 (hohe Nummern) und 81–8–30, d.h. aus denselben Ankaufzusammenhängen wie das Archiv der Familie Šangû-Ninurta, stammen.[1] Eine direkte Verbindung unserer Protagonisten zu dieser kann jedoch bislang nicht nachgewiesen werden. Die Urkunde ist zwei Generationen älter als die ersten Dokumente der Šangû-Ninurtas, sie könnte für diese durchaus als Retroakte von Bedeutung gewesen sein, wenn sie etwa durch Erbe oder Kauf in den Besitz dieses Grundstücks gekommen sind.[2] Warum gleich drei oder mehr Kopien

1 Dazu vgl. den Kommentar zu Nr. 2.

2 Auch die Anwesenheit von BM 46877, einem *imittu*-Verpflichtungsschein zu Gunsten eines Sohnes des Nergal-ēṭir aus der Familie Ṭābiḫu (also eines Neffen des Paares) aus dem Jahre 39 Nbk im selben Archivkontext deutet auf eine Verbindung zur Familie Šangû-Ninurta oder einer anderen mit ihr verschwägerten Familie.

angefertigt wurden, ist nicht nachvollziehbar. Beispiele, daß angehende Schreiber Familiendokumente im Rahmen ihrer häuslichen Ausbildung kopierten, sind bekannt.[3] Allerdings finden sich außer Duplikaten von Grundstückstiteln keine weiteren diesbezüglichen Hinweise im Šangû-Ninurta-Archiv.[4]

---

3 M. Jursa, *Bēl-rēmanni*, Kapitel II 6 zu „Reflexen der Schreiberausbildung in Bēl-rēmanni-Archiv".

4 BM 45561//BM 46636: betrifft Grundstückskauf, 33 Nbk; BM 45560//BM 46788: Urkunde bezüglich einem Mitgiftgrundstück, das sich zwei Schwestern teilen, doppelte Ausfertigung daher nicht unbegründet, [x Nbn oder Cyr]; BM 45529//BM 45551: Grundstückskauf, unterschiedliche Zeilenaufteilung, z.T. abweichender Text, 12 Dar. Vgl. auch die folgende Nummer.

Nr. 11: Richterurkunde
Inventarnummer: BM 46580 (81–8–30,46)

Vs

Rs

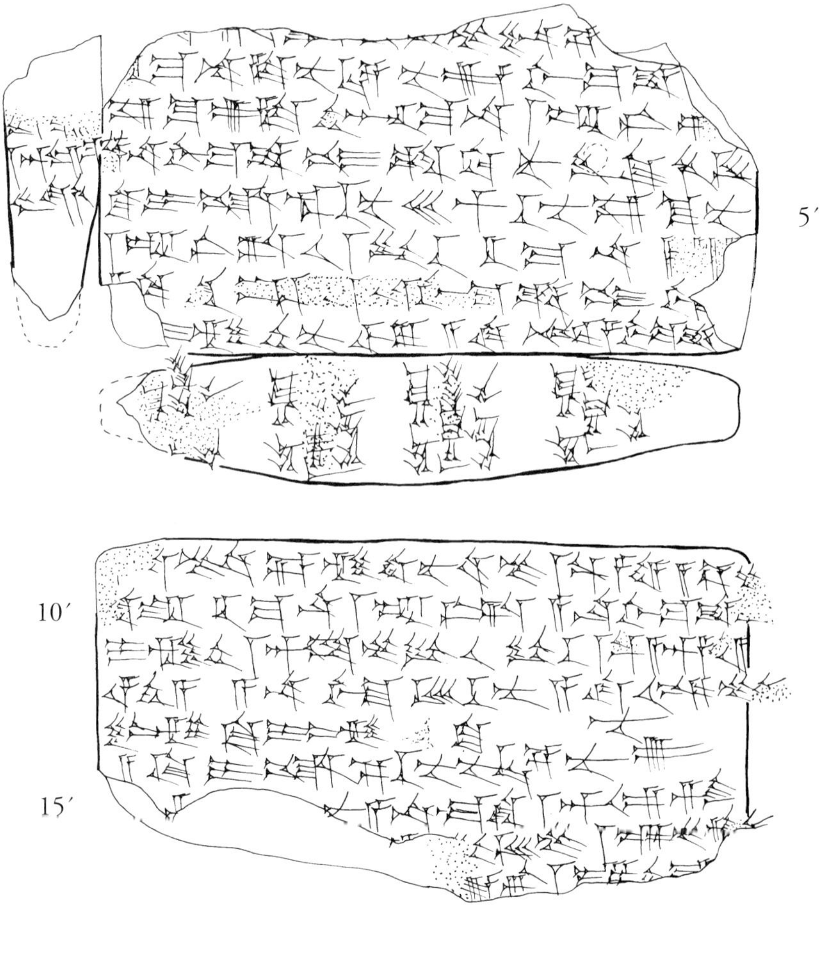

1′ [x (x)]-⸢x x *mār* x x x⸣-MU *pu-ut e-*[*ṭe-ri* …]
2′ [*šá*?] ⸢1/3⸣ *ma-na kaspu nu-dun-nu-ú šá* ^{f}*Ma-qar-*[*tu*$_4$]
3′ *iš-šu-ú kaspu a*ʾ 1/3 *ma-na* ^{md}*Bēl-īpuš*$^{u[š]}$
4′ *a-na* ^{f}*Ma-qar-tu*$_4$ *id-di-nu* ^{lú}*dajjānū*^{meš}
5′ *ki-i rik-si-šú-nu purussē*(EŠ.BAR)*-šú-nu iš-ku-nu*
6′ ^{md}*Bēl-īpuš*^{uš} *u* $^{\{m\}}$*aḫū-šú* 1/3 *ma-na* ⸢*šiqil kaspu*⸣
7′ [*a*]-⸢*di ḫubullī-šú a-na*⸣ ^{f}*Ma-qar-tu*$_4$ *aḫ*[*ātī-šú-nu*]
8′ *i-nam-din-nu ù a-di* {*ina*} *muḫḫi šá* ^{f}*Ma-qar-*[*tu*$_4$]
Rs 9′ [*a-n*]*a mu-tú tan-nam-di*(über DIN)*-nu u*$_4$*-mu* 1 silà *akalu*$^{ḫi.a}$ *a-*⸢*ki*?!*-i*?!⸣′
10′ *ḫubul* 1/3 *ma-na* ^{md}*Bēl-īpuš*^{uš} *a-na* ^{f}*Ma-qar-*[*tu*$_4$]
11′ *i-nam-din* ^{md}*Marduk-šuma-uṣur u aḫū-šú* 1 silà.àm *akalu*$^{⸢ḫi⸣.a}$
12′ *kurummatu*$^{ḫi.a}$ *a-na aḫḫātī*(NIN)^{meš}*-šú-nu a-di muḫḫi* <*a-na*> ⸢*mu-tú*⸣
13′ *in-nam-di-*<*na*> *i-*{x}*-nam-di-nu*
14′ *a-ki-i rik-si-šú-nu nu-dun-nu-ú*
15′ [*i*]*-n*[*am-di*]-⸢*nu*⸣ *a-na ma*!*-ḫar* ^{md}*Nergal-ušallim*
16′ [^{md}*Nergal-ba-nu-nu* ^{md}*Nabû-aḫ*]*ḫē*^{meš}*-iddin* ^{md}*Nabû-šuma-ukīn*
17′ [*Bēl-aḫḫē*^{meš}*-iddin* ^{md}*Bēl-ēṭ*]*ir*^{ir} ^{md}*Nabû-balāṭ-s*[*u-iq-bi*]
Schreibernamen, Ausstellungsort und Datum weggebrochen

Siegelbeischriften

lRd oben	[^{na_4}*kunuk* ^{md}*Nergal-ušallim* ^{lú}*dajjānu*]	R1 laut Richterliste
lRd unten	^{na_4}*kunuk* ‖ ^{md}*Nergal-ba-nu-nu* ‖ ^{lú}*dajjānu*	R2
uRd links	[^{na_4}*kunuk* ‖ ^{md}*Nabû-aḫḫē*]^{meš}*-iddin* ‖ ^{lú}*dajjānu*	R3
uRd Mitte	^{na_4}*kunuk* ‖ ^{md}*Nabû-šuma-ukīn* ‖ ^{lú}*dajjānu*	R4
	^{na_4}*kunuk* ‖ ^{md}*Bēl-*<*aḫḫē*>^{meš}*-iddin* ‖ ^{lú}*dajjānu*	R5
uRd rechts	^{na_4}*kunuk* ‖ ^{md}*Bēl-ēṭir*$_2$ ‖ ^{lú}*dajjānu*	R6
wohl oRd	[^{na_4}*kunuk* ^{md}*Nabû-balāssu-iqbi* ^{lú}*dajjānu*]	R7 laut Richterliste

Es handelt sich um die Abschrift einer ursprünglich von Richtern gesiegelten Tafel. Auf den Rändern wurden die Beischriften kopiert, aber keine Siegel abgerollt. Der rechte Rand trug wahrscheinlich keine Siegel. Der obere Rand ist weggebrochen, wodurch auf Vorder- und Rückseite mindestens zwei bis drei Zeilen fehlen. Fehler beim Abschreiben des Textes und die recht unsorgfältige Schrift lassen vermuten, daß es sich nicht um eine offizielle Abschrift, sondern um eine spätere Archivkopie handelt, die vielleicht durch einen Schüler angefertigt wurde.

Z. 1′ Es scheint sich um einen Personennamen mit voller Filiation zu handeln, von dem der Vaters- und Ahnherrenname in Spuren erhalten ist, vielleicht ⸢ŠEŠ^{meš}⸣-MU = Aḫḫē-iddin. Keinesfalls ist zu Bēl-īpuš oder Marduk-šuma-uṣur (den weiter unten genannten Protagonisten) zu ergänzen.

Z. 2′ Maqartu von (*w*)*aqru* „lieb, teuer".

Z. 6′ Es ist sicher „sein Bruder", nicht der Personenname Ahūšu, gemeint. Hier wie in Z. 11′ dürfte jeweils der älteste Bruder stellvertretend für die Erbengemeinschaft genannt sein. Im übrigen ist der Ersatzname Aḫūšu gegenüber Aḫūni und Aḫūšunu ungebräuchlich, vgl. K. Tallqvist, *NN*, S. 4f.

Z. 9′ Am Ende steht eindeutig A E, gefolgt von einem Zeichen, das einem beschädigten KAM ähnlich sieht. Das zu erwartende *ku-um* kann nicht da stehen, für *a-ki*/*di-i* müßte kräftig emendiert werden, aber auch {A} *e-*⸢*lat*⸣! überzeugt nicht ganz. Dies ist für die Interpretation der Verfügung sehr mißlich, weil man gern wüßte, ob die täglichen Rationen *als* (*kūm*, *akī*) Zins des Mitgiftsilbers oder *zusätzlich* (*adi*, *elat*) zu leisten sind. Bei einem Kur Gerste (à 180 Silà) zu einem Šekel und 20% Zins ergäben sich 2 Silà Gerste pro Tag als Zinsäquivalent. Für das Mahlen muß ein Faktor um 0,6 angesetzt werden, wenn also statt der Gerste Brot geliefert wird, läge der Wert der Rationen in etwa beim Zinsertrag des Silbers.

Z. 12′f. Die angebotene Ergänzung orientiert sich an der Bestimmung zugunsten von fMaqartu in Z. 8′f., kommt aber nicht ohne heftige Emendation aus. Besonders in Z. 13′ scheint der (Ab)schreiber Probleme gehabt zu haben. Eine Lesung als {*in-nam*} *ki-i i*!*-nam-di-nu* ... mit Subjunktion *kī* vor dem Verb ist aber angesichts der Parallele zuvor und des nachfolgenden Satzes sehr unwahrscheinlich; ... *innamdinā inamdinū* wäre zu erwarten.

Datum Obwohl Ausstellungsort und Datum nicht erhalten geblieben sind, kann die Urkunde aufgrund der Zusammensetzung des Richterkollegiums in die Zeit zwischen dem 9. und 12. Regierungsjahr Nabonids eingeordnet werden, vgl. C. Wunsch, *Fs Oelsner*, Tabelle S. 571. Sie stammt aus Babylon. Wir haben die „Richter des Königs" vor uns, eine kleine, klar definierte Gruppe von Angehörigen der babylonischen Oberschicht, die durch ihr Siegel ausgewiesen werden. Die Zusammensetzung dieser Richterkollegien ist stabil, die Reihenfolge der Richter liegt fest, und die von ihnen ausgefertigten Dokumente stammen aus verschiedenen Archiven.

Übersetzung

[(Was) die Urkunde (betrifft), laut der ... und PN] Zahlbürgschaft (Z. 2′) [für] 20 š Silber, die Mitgift der fMaqartu, (Z. 3′) geleistet hat, (und) diese 20 š Silber Bēl-īpuš (Z. 4′) (damit) an fMaqartu ausgezahlt hat: Die Richter (Z. 5′) haben entsprechend ihren Verträgen ihre Entscheidung gefällt.

(Z. 6′) Bēl-īpuš und sein Bruder werden 20 š Silber (Z. 7′) samt Zins an fMaqartu, [ihre] Schw[ester], (Z. 8′) zahlen. Und bis fMaqartu (Z. 9′) an einen Ehemann gegeben wird, wird täglich 1 Silà Brot als(?) (Z. 10′) Zins der 20 š Silber Bēl-īpuš an fMaqartu (Z. 11′) geben.

Marduk-šuma-uṣur und sein Bruder werden je 1 Silà Brot (Z. 12′) (täglich als) Verpflegung an ihre Schwestern, bis sie einem Ehemann (Z. 13′) gegeben werden(!), geben. Entsprechend ihren Verträgen haben sie die Mitgift (Z. 14′) [(damit) übergeben].

Vor Nergal-ušallim, (Z. 15′) [Nergal-bānûnu, Nabû-aḫ]ḫē-iddin, Nabû-šuma-ukīn, (Z. 17′) [Bēl-aḫḫē-iddin, Bēl-ēṭ]ir, Nabû-balāssu-[iqbi ist die Urkunde geschrieben worden ...].

Schreibername, Ausstellungsort und Datum sind nicht erhalten.
(Babylon, zwischen 9 und 12 Nbn, 547–543 v. Chr.)

Kommentar

Es handelt sich um die richterliche Absegnung einer außergerichtlichen Einigung der Parteien durch die Richter des Königs. Sie behandelt die Unterhaltsansprüche unverheirateter, aber mit Mitgiften ausgestatteter Schwestern gegenüber ihren Brüdern und ist daher von großem Interesse für vermögens- und erbrechtliche Fragestellungen.

Einerseits geht es um die Versorgungsansprüche der fMaqartu gegenüber Bēl-īpuš und dessen Bruder, andererseits um die Schwestern des Marduk-šuma-uṣur und seines Bruders. Dies läßt vermuten, daß Bēl-īpuš und Marduk-šuma-uṣur miteinander verwandt waren und das vorliegende Dokument im Zuge von Erbschaftsangelegenheiten ausgestellt worden ist. Da der Anfang der Urkunde nicht erhalten geblieben ist, wissen wir nicht, aus welchen

Familien die Protagonisten kommen. Sie kommen aus Babylon, da die Inventarnummer des Textes (Ankauf 81–8–30) auf eine Verbindung zum Archiv der Familie Šangû-Ninurta[1] und den zugehörigen Textgruppen hinweist. Individuen namens Bēl-īpuš und Marduk-šuma-uṣur, die aus éiner Familie und derselben Zeitperiode stammen, lassen sich am Rande des Šangû-Ninurta-Komplexes leider nicht finden.

Den Frauen wird je ein Silà Brot als tägliche Unterhaltsration von den Brüdern zugesichert, bis sie verheiratet werden (*nadānu* N)—dann obliegt diese Pflicht dem Ehemann. Des weiteren wird ᶠMaqartu eine Mitgift von 20 š Silber vertraglich garantiert, für deren Zahlung (an den Ehemann, wie wir nach den babylonischen Gepflogenheiten annehmen müssen) eine dritte Person bürgt. Die Quittungsklausel in Z. 3′f. gesagt, das Silber sei (damit) an ᶠMaqartu gegeben worden, wenngleich dies eine Fiktion ist, da offensichtlich ein separater Verpflichtungsschein über diesen Betrag ausgestellt worden ist. Dies erinnert an die Praxis bei Grundstückskaufverträgen, die eine Quittung über die vollständige Zahlung des Kaufpreises an den Verkäufer als obligatorisches Element enthalten müssen. Gleichwohl sind auch in solchen Fällen Forderungen über Teil- und Restbeträge in separaten Verpflichtungsscheinen überliefert.[2]

Diese Urkunde belegt, daß nach babylonischem Verständnis die Mitgift ein Recht auf Unterhalt gegenüber demjenigen, in dessen Besitz sie sich befindet, begründet.[3] In diesem Fall sind es die Brüder als Erben des Vaters, solange kein Eheman gefunden ist. Da der älteste Bruder gegenüber der Schwester als *pater familias* auftritt, bekommt sie lediglich die Alimentation, nicht jedoch die Mitgift selbst in ihre Hände.

---

1 Zu Herkunft dieser Textgruppe vgl. den Kommentar zu Nr. 2.
2 Z.B. die Urkundengruppe BM 32152, Cyr 320, 346//323, 334 (CM 20 149–152).
3 Vgl. dazu die Ausführungen im Zusammenhang mit der Scheidungsurkunde Nr. 8.

Nr. 12: Mitgiftbestellung
Inventarnummer: BM 40566 (81–4–28,108)

1 ⸢2⸣ gur ^{še}*zēru*[...]
2 *šiddu el*[*û* ...]
3 *šiddu šaplû* [...]
4 *pūtu*$_2$ *elī*[*tu* ...]
5 *pūtu*$_2$ ⸢*šaplītu*⸣ ^{i}[^{m}...]

---

6 *napḫar*$_3$ 2 gur ^{še}*zēru* [...]
7 *šá* ^{m}*Tab-né-e-a* [...]
8 *mārū*^{meš} *šá* ^{md}*Nergal-uballiṭ*[^{iṭ} ... *it-ti* ^{f}*E-tel-li-tu*$_4$]
9 *a-ḫa-ti-šú-nu a-na nu-*⸢*dun-ni-e*⸣ [*a-na* ^{md}*Na-ṣi-ru*]
10 *mār* ^{m}*Na-bu-un-na-a-a ik-nu-ku-m*[*a iddinū*]
11 ^{m}*Na-ṣi-ru u* ^{f}*E-tel-li-ti* [*aššassu ina ḫūd libbīšunu*]
12 1 gur ^{še}*zēru ba-ab-ti* 2 gur *šá* [...]
13 ^{md}*Nergal-ēṭir*^{ir} *mār* ^{m}*Na-bu-un-na-a-*⸢*a*⸣ [...]
14 *it-ti* ^{f}*Bu-sa-sa mārti ša*$^{(sic)}$ ^{f}*E-tel-l*[*i-ti*]
15 *a-na nu-dun-né-e ik-nu-uk-ma a-na* ^{md}*Šamaš-ēṭir*^{ir} *mār* [... *iddinū*]

Rs 16 [*šá dabāba an*]-*na-a in-*[*nu-ú*]
17 [^{d}*Marduk*] *u* [^{d}*Zarpanītu*] *ḫalāq*(ḪA.A)-*šú li-iq-*[*bu-ú*]

---

18 [IGI ^{m}...]-*napšāti*^{meš} *mār*$_2$-*šú šá* ^{m}*Ri-*[...]
19 ^{md}*Marduk-šarra-a-ni mār*$_2$-*šú šá* ^{m}⸢*Šá-*^{d}*Nabû-šu*⸣-[*ú* ...]
20 ^{m}*Ib-na-a mār*$_2$-*šú šá* [^{m}...]
21 ^{m}*Mu-še-zib-*^{d}*Marduk mār*$_2$-*š*[*ú šá* ^{m}...]
22 ^{md}*Nabû-ēṭir*^{ir}-*napšā*[*ti*^{meš} ...]
23 ^{m}*Bu-na-an-n*[*u* ...]
24 ^{md}*Bēl-ib-*[*ni* ...]
25 *ù* ^{md}*Nergal-*⸢x⸣-[...]
26 *Bābili*(KÁ.DINGIR.RA)^{ki} [...]

Z. 8–10 Hier wird auf eine Mitgiftbestellung in einem Relativsatz Bezug genommen. Üblicherweise heißt es bei Mitgiften, die Objekte würden mit der Braut an den Bräutigam gegeben (*itti* PNf *ana nuddunnê ana* PN *iddin*). Die ausführliche Formulierung *iknuk-ma* ... *ana* PN *iddin* bezieht sich dagegen auf Schenkungen und wird parallel zu *iknuk-ma* ... *pāni* PN *ušadgil* verwendet, vgl. San-Nicolò und Ungnad, NRV, S. 17f. zu „Schenkungen und Verfügungen von Todes wegen". Auch bei Mitgiftbestellungen ist dieses Formular gelegentlich anzutreffen (vgl. BM 46618: 17–19: *iknuk-ma itti* PNf *aḫātīšu ana nudunnê ana* PN *iddin*, ebenso im gegenständlichen Dokument in Z. 14f. zu ergänzen). Im vorliegenden Fall hat der Schreiber offenbar das *iknukū-ma* zunächst (ganz richtig) weggelassen und dann doch nach dem Namen in Z. 10 noch eingefügt. Unmittelbar danach oder jedenfalls auf derselben Zeile muß *iddinū* gestanden haben, denn die dann folgenden Namen des Ehepaares sind in diesem Satzzusammenhang nicht mehr unterzubringen, da die Vertreter der Braut, die Braut selbst und der Empfänger der Mitgift bereits vorher

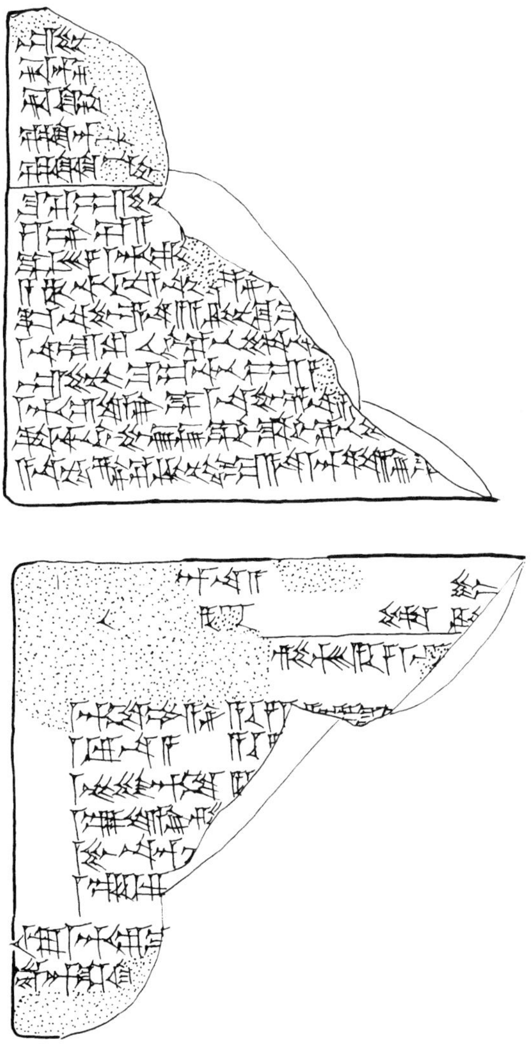

Übersetzung

(Was) 2 Kur Anbaufläche [...], (Z. 2) obere Längsseite [neben ...], (Z. 3) untere Längsseite [neben ...], (Z. 4) obere Stirnseite [neben ...], (Z. 5) untere Stirnseite im ...en [neben ...] (betrifft):

(Z. 6) Insgesamt 2 Kur Anbaufläche [...], (Z. 7) die Tabnêa [und PN (...)], (Z. 8) die Söhne des Nergal-uballiṭ, [(...) mit ^{f}Etellītu], (Z. 9) ihrer Schwester, als Mitgift [an Nāṣir] (Z. 10) aus der Familie Nabunnaja unter Ausstellung einer offiziellen Urkunde [(mit)-gegeben haben]:

(Z. 11) Nāṣir und ^{f}Etellītu, [seine Ehefrau, haben aus freiem Entschluß] (Z. 12) 1 Kur Anbaufläche, den Rest jener 2 Kur, die [an Nāṣir], den Sohn des (Z. 13) Nergal-ēṭir aus der Familie Nabunnaja, [gegeben war], (Z. 14) mit ^{f}Busasa, der Tochter der ^{f}Etellītu, (Z. 15) als Mitgift unter Ausstellung einer offiziellen Urkunde an Šamaš-ēṭir, den Sohn [des ..., (mit)gegeben.

(Z. 16) Wer] diese [Abmachung] ändert, (Z. 17) dessen Untergang mögen [Marduk und Zarpanītu] befehlen.

---

genannt sind. Normalerweise wird die Braut auch nicht als Empfänger der Mitgift ausgewiesen. Es könnte vor *iddinū* noch *ana ūmī ṣâti* „auf ewige Zeiten" eingefügt worden sein (die Lücke ist groß genug dafür), aber auch dies gehört eigentlich nicht zum Formularbestand bei Mitgiftübertragungen. Da der Schreiber aber offenbar an das Formular einer Vermögensübertragung gedacht hat, wäre auch dieser Fehler denkbar.

Z. 11 Nāṣir und ^{f}Etellītu dürften Subjekt des Satzes sein, die angegebene Ergänzung paßt gut.

Z. 12f. Keinesfalls ist eine Ergänzung zu „2 Kur, die [^{f}Etellītu aus dem Hause des PN, ihres Vaters, des Sohnes des] Nergal-ēṭir aus der Familie Nabunnaja, mitgebracht hat" möglich: Es gibt nicht genug Platz, und nicht der Vater, sondern die Brüder der E. haben sie mit der Mitgift ausgestattet—man hätte also anders formulieren müssen. Daher haben wir wohl am Beginn von Z. 13 die Filiation des Ehemannes vor uns.

Zeugen	[...]-napšāti/Ri[...]
	Marduk-šarrani/Ša-Nabû-šū/[...]
	Ibnaja/[...]
	Mušēzib-Marduk/[...]
	Nabû-ēṭir-napšāti/[...]
	Bunanu/[...]
	Bēl-ib[ni/...]
Schreiber	Nergal-[...]
Ausstellungsort	Babylon
Datum	weggebrochen

Kommentar

Das vorliegende, nur fragmentarisch erhaltene Dokument beinhaltet eine Mitgiftbestellung zu Gunsten von ᶠBusasa, der Ehefrau des Šamaš-ēṭir. Es geht um 1 Kur, die zu einem ursprünglich 2 Kur großen Mitgiftgrundstück ihrer Mutter ᶠEtellītu gehört hatten. Die Mutter war von ihren Brüdern mit einer Mitgift ausgestattet und verheiratet worden.

Das Grundstück wird als *bābtu* „Rest" jener 2 Kur bezeichnet (im Gegensatz zur Angabe *ina libbi* „von", die man normalerweise findet), und eine ausführliche Beschreibung des Gesamtareals mit Angabe aller Nachbarn steht am Anfang des Vertragstextes—eine unübliche Verfahrensweise. Es bieten sich zwei Interpretationsmöglichen an:

(1) Das Mitgiftgrundstück der Mutter wurde zu gleichen Teilen an zwei Töchter als Mitgift vergeben, einen der beiden Verträge hätten wir vor uns. Er beschreibt das Gesamtgrundstück. Ein solches Arrangement könnte z.B. BM 59618 (Nr. 39) zugrunde liegen, wo zwei Schwestern später ihr Erbe teilen.

(2) Das Areal von 1 Kur könnte eine nachträgliche Gabe sein, um die die Mitgift der Tochter aufgestockt wurde, damit sie das gesamte ursprüngliche Grundstück umfaßt. Zu dieser Vermutung paßt, daß weder Silber, Sklaven noch Hausrat erwähnt werden, die üblicherweise Bestandteil von Mitgiften neben Grundstücken darstellen. Damit erscheint auch das von Vermögensübertragungen beeinflußte Formular in einem anderen Licht.

Nr. 13: Vermögensübertragung im Zusammenhang mit einer Mitgiftbestellung

Inventarnummer: BM 40523 (81–04–28,64)

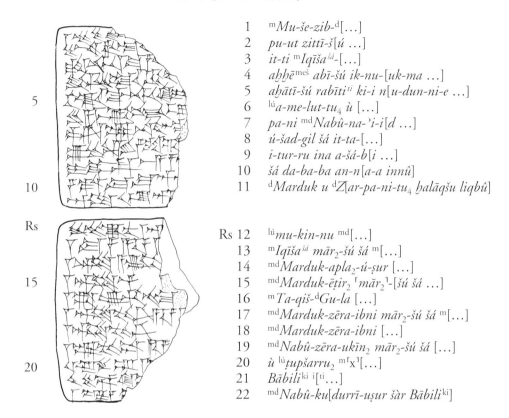

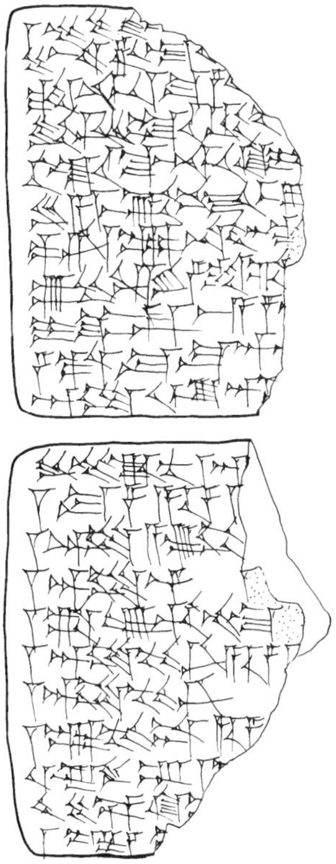

1 ^{m}*Mu-še-zib-*^{d}[...]
2 *pu-ut zittī-š*[*ú* ...]
3 *it-ti* ^{m}*Iqīša*^{šá}-[...]
4 *aḫḫē*^{meš} *abī-šú ik-nu-*[*uk-ma* ...]
5 *aḫātī-šú rabīti*^{ti} *ki-i n*[*u-dun-ni-e* ...]
6 ^{lú}*a-me-lut-tu*$_4$ *ù* [...]
7 *pa-ni* ^{md}*Nabû-na-ʾi-i*[*d* ...]
8 *ú-šad-gil šá it-ta-*[...]
9 *i-tur-ru ina a-šá-b*[*i* ...]
10 *šá da-ba-ba an-n*[*a-a innû*]
11 ^{d}*Marduk u* ^{d}*Z*[*ar-pa-ni-tu*$_4$ *ḫalāqšu liqbû*]

Rs 12 ^{lú}*mu-kin-nu* ^{md}[...]
13 ^{m}*Iqīša*^{šá} *mār*$_2$*-šú šá* ^{m}[...]
14 ^{md}*Marduk-apla*$_2$*-ú-ṣur* [...]
15 ^{md}*Marduk-ēṭir*$_2$ ⌜*mār*$_2$⌝-[*šú šá* ...]
16 ^{m}*Ta-qiš-*^{d}*Gu-la* [...]
17 ^{md}*Marduk-zēra-ibni mār*$_2$*-šú šá* ^{m}[...]
18 ^{md}*Marduk-zēra-ibni* [...]
19 ^{md}*Nabû-zēra-ukīn*$_2$ *mār*$_2$*-šú šá* [...]
20 *ù* ^{lú}*ṭupšarru*$_2$ ^{m}⌜x⌝[...]
21 *Bābili*^{ki} ^{i}[^{ti}...]
22 ^{md}*Nabû-ku*[*durrī-uṣur šàr Bābili*^{ki}]

Nur etwa ein Drittel der Tafelbreite ist erhalten, Ergänzungen sind—wenn man vom gängigen Formular absieht—mit Unsicherheiten behaftet.

Z. 5 Steht hier *kī* statt *kūm*? Es scheint, als ob Mitgiftobjekte (Grundstück, Sklaven, Hausrat) durch etwas anderes (wahrscheinlich einen Anteil an einem ungeteilten Grundstück) ersetzt werden.

Z. 8f. Der Inhalt dieser Klausel ist unklar, *târu* läßt zunächst an Klageverzicht denken. Die Verneinung wäre aber eigentlich am Beginn von Z. 9 direkt vor dem Verb zu erwarten. Welcher positive Sachverhalt sonst mit *târu* ausgedrückt sein könnte, bleibt unklar. Wenn man *it-ta-*... zu *ittabalkit* ergänzt, könnte sich eine Bestimmung gegen Vertragsbruch anschließen. Aber auch in diesem Falle wäre die Bedeutung von *târu* nicht klar.

Übersetzung

Mušēzib-[...] (Z. 2) seinen Anteil [(an ...), den er ...] (Z. 3) mit Iqīša[... und ...], (Z. 4) den Brüdern seines Vaters, (gemeinsam besitzt), unter Ausstellung einer offiziellen [Urkunde mit PNf], (Z. 5) seiner ältesten Schwester, für [...], (Z. 6) Sklaven und [...] (Z. 7) an

Nabû-nāʾid […] (Z. 8) (als Eigentum) übertragen. Was er […] hat, [… darauf] (Z. 9) werden sie [nicht] zurückkommen(?) In Anwesenheit [von …] (Z. 10) Wer diese Abmachung [ändert, (Z. 11) dessen Untergang mögen] Marduk und Zarpanītu [befehlen].

Zeugen	Name des ersten Zeugen nicht erhalten
	Iqīšaja/[…]
	Marduk-apla-uṣur/[…]
	Marduk-ēṭir/[…]
	Taqīš-Gula/[…]
	Marduk-zēra-ibni/[…]
	Marduk-zēra-ibni/[…]
	Nabû-zēra-ukīn/[…]
Schreiber	[…]
Ausstellungsort	Babylon
Datum	Regierungszeit Nebukadnezars II.

Nr. 14: Vermögensübertragung
Inventarnummer: BM 41933 (81–6–25,554)

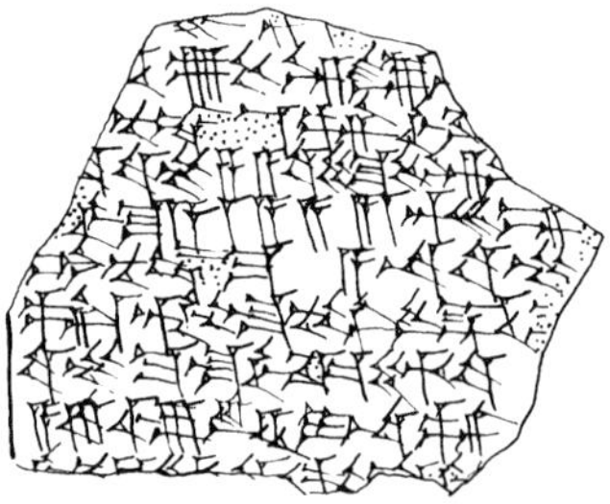

1′ [x x (x)] ⸢x x x⸣ […]
2′ [x (x x)]-*šú ú-šad-gil-lu* ⸢x⸣ […]
3′ [*tak*]-*nu-uk-ma pa-ni* ^{f}*K*[*a-ṣir-tu* …]
4′ [*a-n*]*a u*$_4$*-mu ṣa-a-tú tu-šad-gil-*[*lu* ^{f}*Ka-ṣir-tú*]
5′ [*mār*]*at-su šá* ^{m}*Apla*$_2$*-a mār*$_2$ ^{md}*Sîn-tab-ni* […]
6′ *tak-nu-uk-ma a-na u*$_4$*-mu* [*ṣâti*]
7′ *pa-ni* ^{md}*Gu-la-zēra-ibni* ^{lú}*mārī-šú ra*[*bî*^{i} …]
8′ *u*$_4$*-mu ma-la* ^{f}*Ka-ṣir-tú* [*balṭat*]
9′ *eqlu ù ebūru*(BURU$_{14}$) *i-na pa-ni-*[*šú* …]
10′ ⸢^{f}*Ka-ṣir-tú*⸣ *ul* ⸢*ta-šal*⸣*-l*[*aṭ*]

Rest der Vorderseite weggebrochen

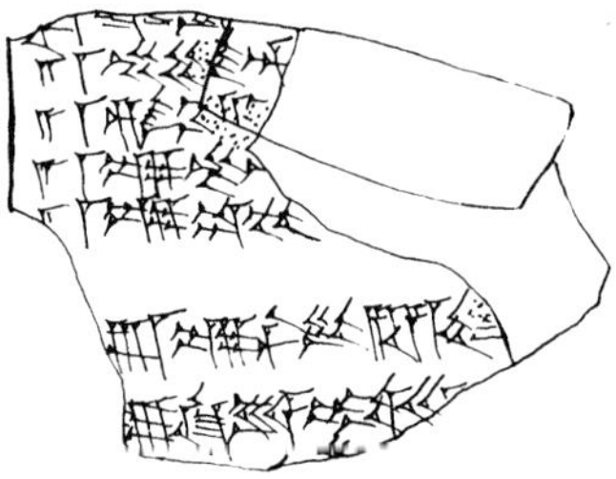

Rs 1′ ⸢IGI ^{md}*Nabû*-ŠEŠ⸣-[…]
2′ MIN ^{m}*Mu-še-zib-*^{d}[…]
3′ MIN ^{m}*Gi-*⸢*mil-lu*⸣ […]
4′ MIN ^{md}*Nabû-šuma-*[…]
5′ MIN ^{md}*Nabû-mukīn*$_2$*-zēri* […]
zwei Zeilen frei
6′ [^{lú}*ṭu*]*pšarru*$_2$ ^{md}*Nabû-bāni-aḫi mār*$_2$*-šú šá* ^{m}*Balāṭ-s*[*u* …]
7′ [*Bár-s*]*ipa*^{ki} ^{iti}*kislīmu ūmi* 21+[x.kam …]
8′ […] ⸢x x⸣ […]

Z. 6′ Der Name des Schreibers könnte auch Nabû-tabni-uṣur gelesen werden.
Z. 7′ Das Zeichen nach DUMU-*šú* ist sicher GAL; keinesfalls kann zu *tardinnu* ergänzt werden.

Übersetzung

[Die Anbaufläche (Lagebeschreibung), die PN an PNf], (Z. 2′) seine [Ehefrau(?)] (als Eigentum) übertragen hatte, [... und die (Z. 3′) sie] unter Ausstellung einer offiziellen Urkunde an ^{f}K[āṣirtu, ihre Tochter(?)] (Z. 4′) auf ewige Zeiten (als Eigentum) übertragen hatte, hat [^{f}Kāṣirtu], (Z. 5′) die Tochter des Aplaja aus der Familie Sîn-tabni, [...] (Z. 6′) unter Ausstellung einer offiziellen Urkunde auf [ewige] Zeiten (Z. 7′) an Gula-zēra-ibni, ihren äl[testen(?)] Sohn, [(als Eigentum) übertragen]. (Z. 8′) Solange ^{f}Kāṣirtu [lebt], (Z. 9′) stehen [ihr] Feld und Ernte zur Verfügung. [(...)] (Z. 10′) ^{f}Kāṣirtu wird nicht (anderweitig) darüber verfügen.

Zeugen	Nabû-[...]
	Mušēzib-[...]
	Gimillu/[...]
	Nabû-šuma-[...]
	Nabû-mukīn-zēri/[...]
Schreiber	Nabû-bāni-aḫi/Balāssu/[...]
Ausstellungsort	[Borsi]ppa
Datum	21.9.[x KN]

Kommentar

Die vorliegende Urkunde betrifft ein Grundstück, das bereits zum dritten Mal Gegenstand einer Verfügung innerhalb derselben Familie geworden ist: Ein männliches Familienmitglied hatte es zunächst an seine Verwandte überschrieben (*ušadgil* ist erhalten), diese dann an ihre Tochter ^{f}Kāṣirtu (*tušadgil*). Im nächstliegenden Fall wären in diesen Personen Vater und Mutter der ^{f}Kāṣirtu zu vermuten, aber auch Großvater (mütterlicherseits) und Mutter oder aber Vater und Tante (väterlicherseits) wären mögliche Kombinationen. ^{f}Kāṣirtu ihrerseits bestimmt es ihrem ältesten Sohn. Sie behält sich den Nießbrauch auf Lebenszeit vor, ein Verfügungsverbot (wenn richtig ergänzt) grenzt jedoch ihren Handlungsspielraum ein. Die üblichen Auflagen bestehen darin, das Grundstück weder zu verkaufen, zu verschenken oder zu verpfänden.

Nr. 15: Vermögensübertragung von Mitgiftgut
Inventarnummer: BM 21975 (96–4–9, 80)

1 ^{f}*A-ḫa-ti mārat-su šá* ^{md}*Nabû-šuma-iškun*^{un}
2 *mār*$_2$ ^{m}*Ba-si-ia alti* ^{md}*Nabû-ēṭir-napšāti*^{meš}
3 *mār*$_2$*-šú* ⌜*šá*⌝ ^{m}*Na-di-nu mār*$_2$ ^{m}*Ba-si-ia ina ḫu-ud lìb-bi-šú*
4 ⌜^{še}*zēru*⌝ *bīt* ^{giš}*gišimmarē*^{meš} *ù bīt mi-re-šú*
5 *šá* [x x (x) *-r*]*a-aḫ-ti ma-la ba-šu-ú*
6 [(*bīt*) *nu-du*]*n-ni-šú* ^{f}*Man-nu-i-da-as-su-i-di*
7 [*ù*] *mārē*^{meš}*-šú gab-bi* ^{f}*Ina-pān-*^{d}*Na-na-a-da-gal*
8 *ḫe-pí* *ù* ^{m}*Kal-ba-a napḫar*$_2$ 10 *a-me-lut-ta-šú*
9 *ḫe-pí* *u ṣēri ma-la ba-šu-ú*
10 *ḫe-pí* *-nu-uk-ma pa-ni* ^{m}*Ri-mut-*^{d}*Nabû*
11 *ḫe-pí* *-tu*$_4$ *tu-šad-gil u*$_4$*-mu ma-la*
12 [*ḫe*]*-pí* *-ṭa-ta kurummātu*$^{ḫi.a}$ *ina ebūr eqli*
13 [...] *-tu*$_4$ *i-na a-*⌜*me*⌝*-*⌜x⌝ [...]
14 [...] ⌜EGIR$^{?}$⌝ *u*$_4$^{meš} [...]
Rest der Vorderseite und Anfang der Rückseite weggebrochen

Rs 1′ [...] ⌜*ul*⌝ [...]
2′ [*šá da-ba-ba a*]*n-na-a innû*⌜^{ú}⌝ [^{d}*Marduk*]
3′ [*u* ^{d}*Zarpanītu*(...]⌜U$_8$⌝.A) *ḫalāq-šú liq-bu-ú* ^{d}*N*[*abû*]
4′ ⌜*ṭup*⌝*-šar É-sag-íl ūmī*^{meš}*-šú ár-ku-*[*ti*]
5′ *li-kar-ri*

6′ *ina ka-nak* ^{im}*ṭuppi šuāti*(MU)^{meš}

7′ IGI ^{md}*Nabû-ēṭir-napšāti*^{meš} *mār*$_2$*-šú šá* ^{m}*Na-din mār*$_2$ ^{m}*Ba-si-ia*
8′ IGI ^{md}*Nabû-aḫḫē*^{meš}*-šul-lim mār*$_2$*-šú šá* ^{md}*Nabû-šuma-im-bi mār*$_2$ ^{md}*Ea-ibni*
9′ IGI ^{md}*Nabû-mušētiq-uddê mār*$_2$*-šú šá* ^{m}*Zēr-Bābili*^{ki} *mār*$_2$ ^{m}*Ilu-ta-bani*
10′ IGI ^{m}*Na-din mār*$_2$*-šú šá* ^{m}*Lūṣi-*<*ana*>*-nūr-*^{d}*Marduk mār*$_2$ ^{m}*Ilu-bani*
11′ IGI ^{m}*Iddin*$^{!}$(ŠEŠ.NA)*-aḫu mār*$_2$*-šú šá* ^{m}*Šu-la-a mār*$_2$ ^{m}*Ilu-bani*
12′ *ina a-šá-ba šá* ^{f}*Ṣi-ra-a mārat-su*
13′ *ḫe-pí -ēṭir-napšāti*^{meš} *mār*$_2$ ^{m}*Ba-si-iá* ^{lú}*ṭupšarru*
14′ *ḫe-pí -šuma-iddin*$_2$ *mār*$_2$*-šú šá* ^{m}*Iddin*$_2$*-aḫu*
15′ *ḫe-pí -na-*^{d}*Pap-sukkal Bár-sipa*^{ki} ^{iti}*addāru ūmi* 10.kam
16′ ⌜*šanat*⌝ 9.kam ^{md}*Nabû-na'id šàr Bābili*^{ki}

Z. 5 R. Zadok, AfO 44/45, S. 299 schlägt vor, zu ⌜*šá* I$_7$ *A-ra*⌝*-aḫ-ti* ... „am (Euphratarm) Araḫtu" zu ergänzen. In Borsippa-Texten kommt jedoch auch eine „Feldflur" Araḫtu vor (Hinweis von C. Waerzeggers), somit wäre ⌜*šá* GARIM *A-ra*⌝*-aḫ-ti* wahrscheinlicher.

Z. 9 Am Anfang stand ganz offensichtlich *mimmušu ša āli u ṣēri* ...

Z. 11f Wahrscheinlich ist [*mārīšu ana ūmī sa-a*]*-tu*$_4$ zu ergänzen (vgl. z.B. BM 41933: 3′f., dort in derselben Reihenfolge). Danach folgt *ūm mala* ^{f}*Aḫātī balṭatu* ...

Rs 3′ In der Fluchformel sind Marduk und Zarpanītu zu erwarten, letztere wird hier wohl [^{d}E$_4$.(RU$_6$).U]$_8$.A geschrieben.

Übersetzung

^{f}Aḫātī, die Tochter des Nabû-šuma-iškun (Z. 2) aus der Familie Basija, die Ehefrau des Nabû-ēṭir-napšāti, (Z. 3) des Sohnes des Nādinu aus der Familie Basija, hat aus freiem Entschluß (wörtlich: in der Freude ihres Herzens) (Z. 4) ein Grundstück, ein (mit) Dattelpalmen (bepflanztes) und (für Getreideanbau) erschlossenes Areal, (Z. 5) das am [(Euphratarm) Ar]aḫti (liegt), soviel vorhanden ist, (Z. 6) ihr [Mit]-gift(grundstück), (die Sklavin) ^{f}Mannu-idassu-īde (Z. 7) [und] alle ihre Kinder, (die Sklavin) ^{f}Ina-pān-Nanaja-adaggal, (Z. 8) <<Bruch>>, und (den Sklaven) Kalbaja: insgesamt zehn Sklaven, (Z. 9) <<Bruch (ihre ganze Habe in Stadt)>> und Land, soviel vorhanden ist, (Z. 10) <<Bruch (unter Ausstellung einer gesie-)>>gelten Urkunde an Rīmūt-Nabû, (Z. 11) <<Bruch (ihren Sohn, auf ewige Zei-)>>ten (als Eigentum) übertragen. Solange (Z. 12) <<Bruch (^{f}Aḫātī le-)>>bt, wird er(?) Verpflegung von der Ernte des Feldes (Z. 13) [ihr geben(?) …] von den Skla[ven(?) …] (Z. 14) […] künftigen Zeiten […] ((große Lücke)) (Rs 1′) […] nicht […] (Rs 2′a) [Wer] diese [Abmachnung] ändert, (Rs 3′) dessen Untergang mögen (Rs 2′) [Marduk (Rs 3′a) und Zarpanītu] befehlen. Na[bû], (Rs 4′) der Schreiber von Esagil, soll seine langen Tage (Rs 5′) verkürzen.

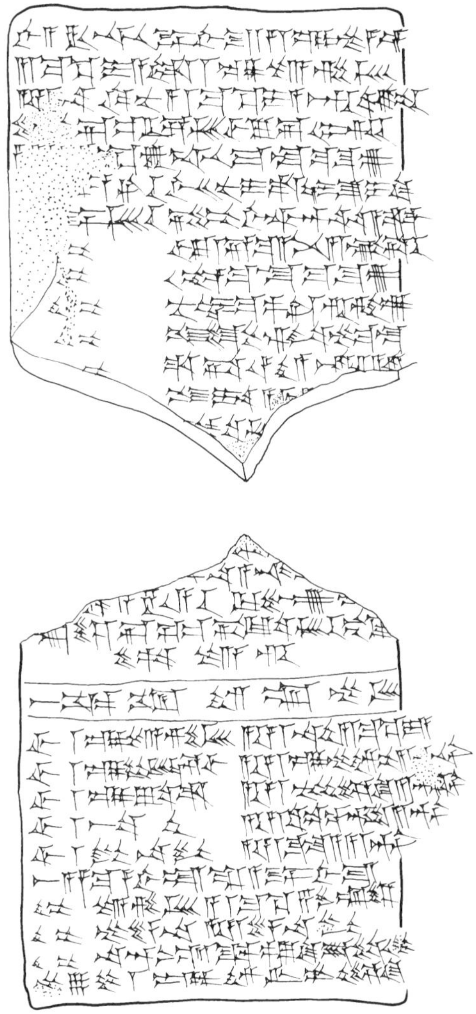

Zeugen	Nabû-ēṭir-napšāti/Nādin/Basija (Ehemann der ^{f}Aḫātī)
	Nabû-aḫḫē-šullim/Nabû-šuma-imbi/Ea-ibni
	Nabû-mušētiq-uddê/Zēr-Bābili/Ilūta-bani
	Nādin/Lūṣi-<ana>-nūr-Marduk/Ilu-bani
	Iddin-aḫu/Šulaja/Ilu-bani
ina-ašābi-Zeugin	^{f}Ṣirā/[Nabû]-ēṭir-napšāti/Basija (Tochter der ^{f}Aḫātī)
Schreiber	[…]-šuma-iddin/Iddin-aḫu/[Idd]in-Papsukkal
Ausstellungsort	Borsippa
Datum	10.12.9 Nbn (1.3.546 v. Chr.)

Kommentar

Die vorliegende Urkunde wurde als Abschrift einer bereits beschädigten Originaltafel überliefert. Der Schreiber kennzeichnete die entsprechenden Stellen mit *ḫe-pí*, ohne sie zu ergänzen—was ihm angesichts des gut bezeugten Formulars noch leichter als einem heutigen Bearbeiter gefallen wäre. Anders als bei im weitesten Sinne literarischen Texten, in deren Kolophonen ein künftiger Kopist gelegentlich aufgefordert wird, Abgebrochenes zu ergänzen, hielt man sich bei Urkunden offensichtlich an die Regel, keinen Keil wegzulassen und keinen hinzuzutun.[1]

Zu den antiken Beschädigungen kommen moderne: Der untere Rand und beide untere Ecken der Tafel sind verloren. Zwar kann der Inhalt der vorliegenden Urkunde zweifelsfrei als Verfügung einer Frau ᶠAḫātī über ihre Mitgift (ein Grundstück und zehn Sklaven) nach dem gängigen Formular einer Vermögensübertragung bestimmt werden, aber die Angabe des Verwandtschaftsverhältnisses zum Begünstigten ist weggebrochen. Die Lücke reicht nicht für die Ergänzung einer Filiation, so daß wir in der männlichen Person einen engen Verwandten zu vermuten haben. Der Ehemann Nabû-ēṭir-napšāti scheidet aus, da er selbst als Zeuge erscheint. Er ist aus Urkunden des Archivkomplexes um die Familie Ea-ilūta-bani aus Borsippa bezeugt, ebenso wie sein Sohn Rīmūt-Nabû.[2] Damit steht fest, daß ᶠAḫātī ihren Sohn bedenkt.[3]

Stammbaum der Familien Basija

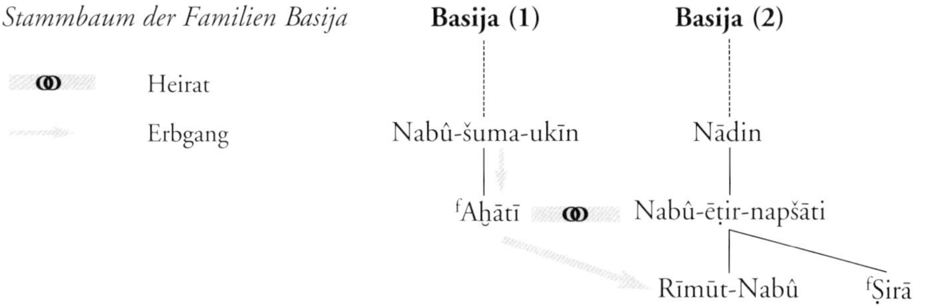

Die Tatsache, daß diese Transaktion zu Lebzeiten des Ehemannes stattfindet—dem zu diesem Zeitpunkt ja das Recht zusteht, die Mitgift seiner Frau zu verwalten und zu nutzen, und der sich damit gleichzeitig verpflichtet, sie zu versorgen—macht den Fall interessant und ungewöhnlich. Im Grunde gibt der Ehemann ein Recht auf (den Nießbrauch an der

1 H. Hunger, *Kolophone*, Nr. 498: 3: *ḫe-pa-a li-šal-lim* „Zerbrochenes soll er wiederherstellen"; Nr. 383: 3 und 384: 3: MU BE.A *li-*[*š*]*al-lim*/GI „… soll eine … [wohl: abgebrochene—Anm. H. Hunger ebenda] Zeile wiederherstellen"; BM 50313+: 57–61 (M. Weszeli in *Fs Walker*, S. 349): *gab-bi gi-gur*!*-ru* ⸢*šá*!⸣ *ṭup-pi ki-i i-tir-ri al-ta-ṭar-ra ki-i gi-gur*!*-ru-šú ma-ṭu-ú a-na muḫ-ḫi ru-ud-di-ma šu-ṭur* „Wenn die Winkelhaken der Tafel zu viele sind, habe ich sie (getreu) abgeschrieben. Wenn ihre Winkelhaken zu wenige sind, so füge sie hinzu und schreibe sie hin!"

2 F. Joannès, *Archives de Borsippa*, Index. Neber dieser grundlegenden Arbeit zu diesem Urkundenkomplex vgl. auch P.-A. Beaulieu, *Catalogue Yale* 1 (Nachträge) und die Rezensionen von G. van Driel, BiOr 49 und E. von Dassow, AuOr 12.

3 Die Annahme, Rīmūt-Nabû sei ihr Stiefsohn, scheidet als unwahrscheinlich aus, da dann auf diesen Sachverhalt ausdrücklich hingewiesen werden müßte. In einem solchen Falle wäre auch eher der Ehemann als Begünstigter zu erwarten.

Mitgift) und entledigt sich einer Verpflichtung (der Versorgung der Ehefrau). Da ihm die Mitgift aber nicht gehört, kann er diese Verfügung nicht selbst treffen, sondern akzeptiert ihren Inhalt mit seiner Anwesenheit als Zeuge.

Die Versorgung der ^{f}Aḫātī wird in Z. 11f. ausdrücklich behandelt, jedoch ist die Passage beschädigt. Zwei Szenarien sind denkbar: Entweder behält sie sich auf Lebzeiten den Nießbrauch (der eigentlich dem Ehemann zustünde) vor, oder der Begünstigte verpflichtet sich, sie zu versorgen. Im erstgenannten Fall wäre etwas wie: *ūm mala balṭat eqlu ina pānīšu* „solange sie lebt, steht ihr das Feld zur Verfügung" oder … *ebūr eqli* (oder: *akalu/kurummāti ina ebūr eqli*) *takkal* „… genießt sie den Ertrag (oder: Brot/Rationen vom Ertrag) des Feldes" zu erwarten. Die letztgenannte Variante könnte zutreffen. Allerdings käme auch eine andere, ähnlich formulierte Phrase in Betracht, durch die der Begünstigte verpflichtet wird, seine Mutter bis zu deren Tod zu versorgen.

Der Inhalt der nachfolgenden Klausel(n) kann nicht mehr erschlossen werden. Die Fluchformeln, mit denen der Vertragstext schließt, folgen dem üblichen Formular.

Diese Transaktion könnte verschiedene Ziele verfolgen: die Versorgung der Mutter, die Ausstattung eines Sohnes, damit er vom Vater wirtschaftlich unabhängig ist, oder man wollte die künftige Aufteilung der Mitgift festlegen, um Erbstreitigkeiten vorzubeugen und Präferenzen zu verfolgen. Da eine Tochter dem Vorgang als Zeugin beiwohnt (also auf Rechte an den hier vergebenen Objekten verzichtet), können wir annehmen, daß sie im Gegenzug (und in einer anderen Urkunde dokumentiert) ebenfalls einen Anteil am mütterlichen Vermögen erhalten hat—vermutlich im Rahmen einer Mitgiftbestellung.

Die Urkunde weist, wie bereits erwähnt, eine Verbindungen zum Archivkomplex um die Familie Ea-ilūta-bani auf. Angehörige der Familie Basija erscheinen dort am Rande, zumeist als Zeugen, wie auch Vertreter der Familien (Ea)-ilūta-bani und Ilu-bani im vorliegenden Dokument anzutreffen sind.[4] Besondere Erwähnung verdient die Tatsache, daß der hier begünstigte Rīmūt-Nabû ein Dokument geschrieben hat, in dem ^{f}Ḫubbuṣītu, die Schwester des Nādin (hier: vierter Zeuge) eine Verfügung über ihre Mitgift trifft. Die enge personelle Verzahnung des Borsippa-Materials, auf die bereits G. van Driel hingewiesen hat,[5] wird hier aufs Neue deutlich.

Der Text stammt aus dem Ankauf 96–4–9 des Britischen Museums, der weitere neubabylonische Urkunden aus Borsippa enthält.[6] Keiner der bisher bekannten Ea-ilūta-bani-Texte kommt jedoch aus dortigen Sammlungsbeständen, dies wäre der erste Text mit einem unmittelbaren Bezug. Auch R. Zadok hat bei seiner Durchsicht des einschlägigen unpublizierten Borsippa-Materials zwar viele Berührungspunkte, aber keine Urkunden der Zentralfiguren ausfindig machen können.[7] Allerdings ist die Materialaufnahme, speziell in den hohen BM-Nummern, noch nicht abgeschlossen.

4 Nādin/Lūṣi-<ana>-nūr-Marduk/Ilu-bani ist eine der Zentralfiguren; Nabû-mušētiq-uddê/Zēr-Bābili/Ilūta-bani (aus einem nicht unmittelbar verbundenen Seitenzweig) ist durch einen Verpflichtungsschein bekannt (TuM 2/3 116).

5 BiOr 49, Spalte 50 spricht er von „convergence of all Borsippa evidence".

6 Dazu R. Zadok, AfO 44/45, besonders S. 299f.

7 So R. Zadok, IOS 18 (*Fs Rainey*), S. 250; er erwähnt die vorliegende Urkunde in AfO 44/45, S. 299f., interpretiert ihren Inhalt aber anders.

Nr. 16: Vermögensübertragung

Inventarnummer: BM 32153 + 32185 (alter Join) + 32194 (eigener Join) (76–11–17,1880+1912+1921)

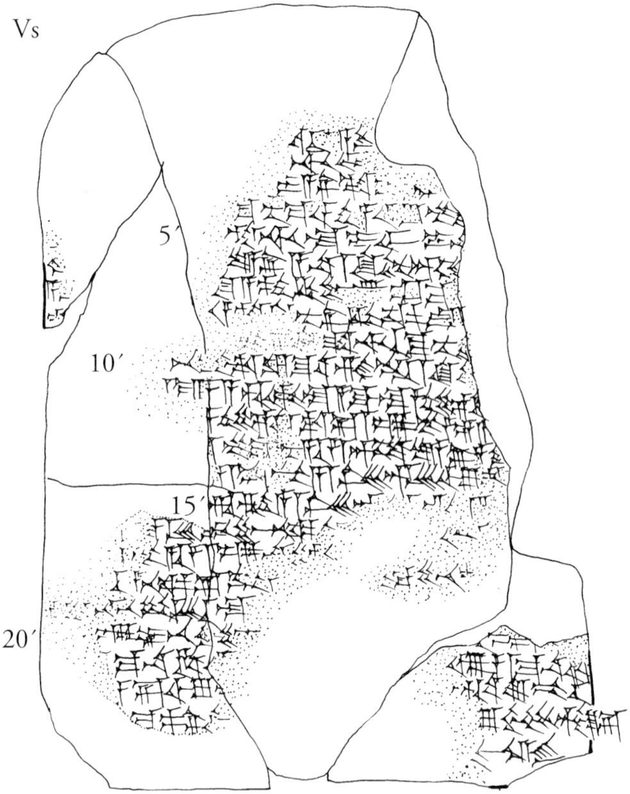

ca. vier bis fünf Zeilen am Anfang nicht erhalten.

1′ […]-⌜x x⌝ *mār*$_2$ ^{lú}[…]

2′ […]-*ti* ⌜x⌝[…]

3′ […]-*ia ni-it*$^?$-*t*[*a*$^?$ …]

4′ […]-*šu*$^?$-*nu-ma kurummatu*$^{ḫi.a}$ ⌜*ù*⌝ *mu-ṣi*[*p-tú* …]

5′ […]⌜x⌝-*it-ti la i-ši i-n*[*a* …]

6′ ^{l}[$^{ú?}$x x x x ^{md}x (x)]-*ēṭir*^{ir} *a-na* ^{m}*Ki-din-nu-*^{d}*Mard*[*uk mār*$_2$-*šú šá* ^{m}…]

7′ *mār*$_2$ ^{l}[^{ú}…] *ki-a-am iq-bu-*⌜*ú um*⌝-*ma* […]

8′ ⌜x⌝-[…]-⌜x⌝ *šá* ⌜*id-di*⌝-*nu-ni-ik-ka* ⌜*ra*⌝-[…]

9′ [… *ri-i*]*k*-⌜*sa-tú*(?)⌝ *it-ti-šú ku-nu-u*[*k-ma pa-ni*]

10′ [^{f}*É-sag-íl*]-*be-*⌜*let*⌝ *aššatī-*⌜*ka*⌝ *šu-ud-gi-il* ^{m}*Ki-d*[*in-nu-*^{d}*Marduk* …]

11′ [*ina ḫūd libbīšu bī*]*t-su šá a-ḫu-ul-la-a qal-la šá Bābili*^{k}[^{i} …]

12′ [… *šá qé re*]*b*$^?$ *Bābili*^{ki} *ṭāḫ bīt* ^{md}*Nabû-šuma-iškun*^{un} ⌜*mār*$_2$⌝-[*šú šá* ^{m}…]

13′ […] ^{m}*Mu-*⌜*ra*$^?$-*nu*$^?$⌝ *mār*$_2$-*šú šá* ^{md}*Marduk-ēṭir*^{ir} *mār*$_2$ ^{lú}[…]

14′ [… *mār*]-*šú šá* ^{m}*Mukīn*$_2$-*zēri mār*$_2$ ^{m}*Eppeš*^{eš}-*ilī*^{meš} *ù* ⌜*ṭāḫ*⌝[…]

15′ [… ^{m}]*Ri-mut mār*$_2$ ^{m}*Eppeš*^{eš}*-ilī*$^{[(meš)]}$ ⸢x x x⸣ […]
16′ [(x gur) ^{še}*zēru* ^{giš}*gišim*]*marē*^{meš} *zaq-pu ina muḫ-*⸢*ḫi*⸣ […]
17′ [^{m}…]-⸢MU⸣ *mār*$_2$*-šú šá* ^{md}*Nabû-na-ṣir* […]
18′ […]-⸢*šú*?⸣ *šá ina muḫḫi bit-qu šá* [x x (x)]-⸢*e*⸣ *še-pít* ⸢x⸣[…]
19′ [*šá it-t*]*i aḫḫē*^{meš}*-šú la* […]

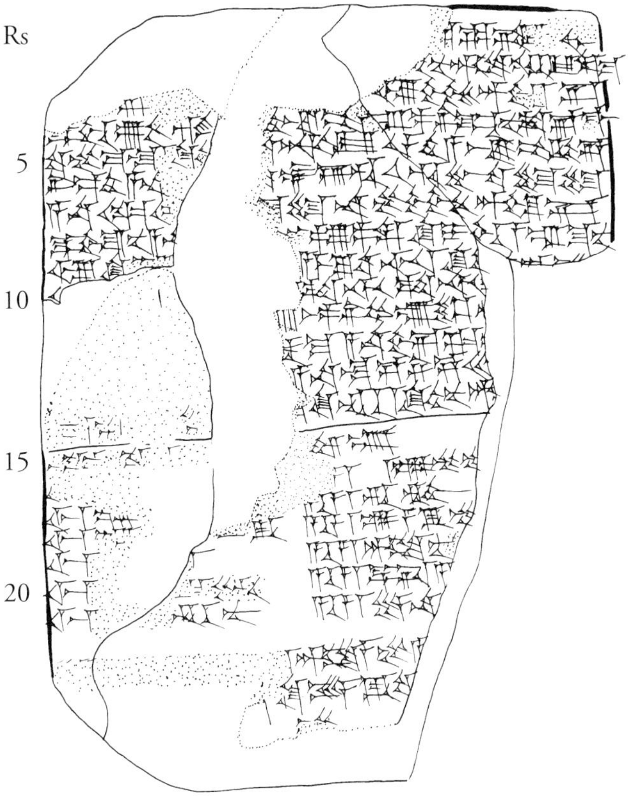

20′ [^{m}*Šēpet*]-^{d}*Nabû-aṣ-bat* ^{f}⸢*Bu*⸣-[…] ⸢x x x⸣ [x x (x)]
21′ [… x] *ma-na kaspi* [x x x x x (x x)] *ù šá* 1 *ma-na kaspi*
22′ [x (x)] ⸢x⸣ *bīti ù* [x x x x (x x) *ina ḫ*]*u-ud lìb-bi-šú*
23′ [*ik-nu-uk*]*-ma pa-ni* ^{f}[*É-sag-íl-be-let altīšu*] ⸢*ù*⸣ ^{f}*Amat-*^{d}⸢*Nin-líl*⸣
24′ [*mārtīšu* (…) *ú-ša*]*d-gil*
Rs 1 [… ^{f}*É*]*-sag-íl-*⸢*be-let*⸣
2 [… ^{m}*Ki*]*-din-nu-*^{d}*Marduk il-ṭu-ru-ma*
3 [*pa-ni* ^{f}]*É-*[*sag-íl-be-let altī-šú*] *ù* ^{f}*Amat-*^{d}*Nin-líl*
4 *mārtī-šú ú-*⸢*šad-gil*⸣ [*re-ḫ*]*i ina lìb-bi* [*nik*]*kassi pa-ni mārī-šú-nu id-dag-gal*
5 *u*$_4$*-mu ma-la* ^{m}*Ki-di*[*n-nu-*^{d}*Mardu*]*k bal-ṭu kurummatu*$^{hi.a}$ *ina lìb-bi ik-kal*
6 *ni-is-ḫi a-na* [*muḫḫi ul i-n*]*a-as-sa-ḫu u ḫu-bu-ut-tu-tu*
7 *a-na muḫḫi u*[*l i-ḫab-b*]*a*?*-tu ina u*$_4$*-mu* ^{f}*Amat-*^{d}*Nin-líl*
8 *mārat-su-nu a-n*[*a* x x]⸢x *i*⸣*-šap-pa-ru ki-i šal-šú nikkassī-šú-nu*
9 *ù ki-*⸢*i* 2⸣ [ ] *a-me-lu-ut-ti* ^{m}*Ki-d*[*i-n*]*u-*^{d}*Mar*[*duk*]
10 *u* [ ] *it-ti it-ti* [ ]

11 [ ] ⸢x⸣ *ina pa-ni* ^{lú}*tupšarrē*^{m}[^{eš}]
12 [ ]-*kát-ma a-na* ^{f}*É-sag-*[*íl-be-let* …]
13 [ ] *a-na la e-né-e niš i*[*lī*^{meš}]
14 ⸢*ù* ^{md}*Nabû-kudurrī*⸣-[*uṣur šàr Bābili*]^{ki} *bēlī-šú* ^{m}*Ki-din-nu-*^{d}*M*[*arduk izkur*]

---

15 ⸢*ina ka-nak*⸣-[*ku*$^{?}$] ^{im}*ṭuppi* [*šuāti*]
16 I[GI ^{m}… *mār*$_2$*-šú*] *šá* $^{\{m\}}$ ^{md}*Nabû-šuma-iddin* […]
17 IGI ^{md}*N*[*abû-*…] *mār*$_2$*-šú šá* ^{m}*Ri-mut*
18 IGI ^{md}⸢*Nabû/Bēl*⸣-[x]-*ú-kin mār*$_2$*-šú šá* ^{md}*Nabû-šá-kin-šumi* […]
19 IGI ^{m}[…] *mār*$_2$*-šú šá* ^{md}*Marduk-zēra-*[…]
20 IGI ^{m}[…]-⸢*ka-ṣir*⸣ *mār*$_2$*-šú šá* ^{m}*Apla-a* […]
21 IGI ^{m}[^{d}…]*-bēl-šú-nu mār*$_2$*-šú šá* ^{m}*Iddin*$_2$-[…]
eine halbe Zeile frei
22 [^{lú}*ṭupšarru* ^{m}… *mār*$_2$*-šú šá*] ^{md}*Marduk-šākin-šumi mār*$_2$ […]
23 […]^{ki} ^{iti}*ulūli ūmi* […]
24 […] ⸢*šàr*⸣ [*Bābili*^{ki}]

Teile des Seitenrandes und die rechte untere Ecke sind erhalten geblieben. Sie sind leer; die Tafel war demnach weder gesiegelt noch mit Nagelmarken versehen.

Z. 1′ bis 3′ sind zu fragmentarisch für eine Übersetzung.

Z. 4′ Es geht offenbar um Unterhaltsleistungen, Speise und Kleidung.

Z. 5′ Am Ende vielleicht eine Jahresangabe, in diesem Falle könnte *šàr Bābili*^{ki} am Anfang der nächsten Zeile gestanden haben.

Z. 6′ […]-ēṭir vertritt die Rechte der Ehefrau des Kidin-Marduk, dürfte also ihr nächster lebender männlicher Verwandter sein. Da ihr Vater Nabû-mukīn-apli hieß (vgl. Nbn 147, s.u. im Kommentar), handelt es sich sicher um ihren Bruder. Dazu paßt, daß sich in der folgenden Zeile ein Verb in der 3. Person Plural findet, das sich auf eine frühere Verfügung durch die Eltern der Ehefrau beziehen dürfte.

Z. 10′f. Am Zeilenübergang könnte *ina ḫūd libbīšu* gestanden haben, wenngleich es in Z. 22′ wiederholt wird. Eine Flächenangabe beim Haus ist nicht erforderlich, solange die Verfügung das ganze oder halbe Objekt betrifft.

Z. 16′ Am Ende wären die Lesungen *ina muḫḫi ḫ*[*ar-ri šá* …] oder *ina muḫ-ḫ*[*i nār* …] möglich. In jedem Falle dürfte ein Wasserlauf zur Lagebestimmung angegeben sein.

Z. 18′f. Es könnte sich um ein zweites Grundstück ([^{še}*zēr*]*-šú* oder [*zitti*]*-šú* <*ina* ^{še}*zēri*>) handeln, das sich ungeteilt in der Hand der Erbengemeinschaft befindet.

Z. 20′ Der Silberbetrag stellt die durch die zuvor genannten Objekte zu kompensierende Größe dar, vermutlich wird ein weiteres veräußertes Mitgiftobjekt am Ende der Zeile auf 1 m Silber geschätzt. Spuren, die zum erwarteten *nudunnû* passen würden, sind allerdings auf diesen Zeilen nicht auszumachen.

Rs 4 Subordinativ *ú-šad-gil-*[*lu*] analog zu Rs 2 Ende? Danach kommt als Ergänzung [*re*]-*ḫi* „Rest" oder [*a*]-*ḫi* „Hälfte" in Betracht. Wegen des später erwähnten Drittelanteils (*šal-šú* in Rs 8) mag vielleicht eher der restliche Anteil gemeint sein.

Rs 7 Das mit *ḫubutta/utu* verwendete Verb dürfte nicht *leqû* sein, sondern die ansonsten aB bezeugte denominale Ableitung *ḫabātu* „leihen".

Rs 8 Wohin die Eltern ihre Tochter schicken wollen, ist wegen der Lücke nicht klar. An ein *bīt mār banê* wäre zu denken, und in der Tat könnten die Spuren vorm Verb zu DÙ passen. M.T. Roth hat in RA 82 (1988), 131–138 Belege dafür zusammengestellt und als Institution verstanden, die u.a. zum Schutz und Unterhalt von Frauen dient, die keine männlichen Verwandten mehr haben; dagegen spricht sich G. van Driel, *Care of the Elderly*, S. 174–178 aus. „Zum Haus eines *mār banê* gehen (bzw. schicken)" kann auch eine Ehe oder eheähnliche Beziehung implizieren. Im vorliegenden Fall ist erstens die Lesung nicht gesichert und zweitens wegen der nachfolgenden Beschädigungen unklar, welche Konsequenzen sich aus diesem Schritt für Amat-Ninlil ergeben würden, daher kann unsere Stelle zur Klärung der Frage nach Wesen und Funktion eines *bīt mār banê* nichts beitragen.

Übersetzung

[…] (Z. 4′) … und Verpflegung und Kleidung […] (Z. 5′) habe ich (oder: hat er/sie) nicht. Im […] (Z. 6′) […]-ēṭir zu Kidin-Marduk […] (Z. 7′) … folgendermaßen gesprochen hat/haben: […](Z. 8′)[…] was sie dir gegeben haben, (Z. 9′)… [eine Vertrag] stelle ihr aus [und (Z. 10′) an ^{f}Esagil]-bēlet, deine Ehefrau (als Eigentum) übertrage!

Kidin-[Marduk (Z. 11′) hat aus freiem Entschluß] sein Haus auf der Kleinseite von Babylon […] (Z. 12′) [… inner]halb von Babylon, neben dem Haus des Nabû-šuma-iškun […] (Z. 13′) [… und] Mūrānu, dem Sohn des Marduk-ēṭir aus der Familie […] (Z. 14′) [PN], dem Sohn des Mukīn-zēri aus der Familie Eppeš-ilī und neben (Z. 15′) [PN$_2$, dem Sohn], des Rīmūt aus der Familie Eppeš-ilī, neben […]; (Z. 16′) [x Kur] mit Dattelpalmen bepflanzte [Anbaufläche] am […] (Z. 17′) [des PN$_3$,] des Sohnes der Nabû-nāṣir, […] (Z. 18′) seine […] am […]-Graben unterhalb […, die er (Z. 19′) mit] seinen Brüdern noch nicht [geteilt hat, …] (Z. 20′) (den Sklaven) Šēpet-Nabû-aṣbat, ^{f}Bu[…, (…) (Z. 21′) (als Gegenleistung) für x] m Silber […] und von 1 m Silber (Z. 22′) […] Haus und [… hat er aus] freiem Entschluß (wörtlich: in der Freude seines Herzens) (Z. 23′) [unter Ausstellung einer offiziellen Urkunde] an ^{f}[Esagil-bēlet, seine Ehefrau], und ^{f}Amat-Ninlil, (Z. 24′) [ihre/seine Tochter, (auf ewige Zeiten als Eigentum) über]tragen.

(Rs 1) [… ^{f}]Esagil-[bēlet] (Rs 2) […, was] Kidin-Marduk geschrieben und (Rs 3) [an ^{f}]E[sagil-bēlet, seine Ehefrau,] und Amat-Ninlil, (Rs 4) ihre/seine Tochter, (als Eigentum) übertragen hat: [Die Hälfte/der Rest] von seinem Vermögen wird ihrem (Pl.) Sohn gehören.

(Rs 5) Solange Kidin-Marduk lebt, wird er Nießbrauch daran haben (wörtlich: Verpflegung davon essen). (Rs 6) Er wird da[von nichts ab]heben und keine (zinslosen) *ḫubuttutu*-Darlehen (Rs 7) darauf [aufnehmen].

Wenn er (oder: sie, Pl.) Amat-Ninlil, (Rs 8) ihre Tochter, zu […] schickt (oder: schicken), daß ein Drittel ihres (Pl.) Vermögens (Rs 9) und daß 2 […] Sklaven Kidin-Marduk (Rs 10) und […] … (Rs 11) […] vor den Schreibern [des Königs(?)] (Rs 12) […] …en und an ^{f}Esagil-[bēlet …] (Rs 13) […]

Damit [diese Abmachung] nicht geändert werde, hat Kidin-Marduk einen Eid bei […, seinen Göttern], (Rs 14) [und Nebukadnezar, König von Babylon], seinem Herrn, [geschworen].

Zeugen	[…]/Nabû-šuma-iddin/[…]
	Nabû-[…]/Rīmūt/[…]
	Nabû/Bēl-[…]-ukīn/Nabû-šākin-šumi/[…]
	[…]/Marduk-zēra-[…]/[…]
	[…]-kāṣir/Aplaja/[…]
	Bēlšunu/Iddin-[…]/[…]
Schreiber	[…]/Marduk-šākin-šumi/[…]
Ausstellungsort	weggebrochen
Datum	[x].6.[x Nbk] (vor 561 v. Chr.)

Kommentar

Die vorliegende Urkunde beinhaltet eine Vermögensübertragung des Kidin-Marduk zu Gunsten von zwei Frauen, seiner Ehefrau und seiner Tochter. Sie stammt, wie man aus ihrer Ankaufsnummer 76–11–17 entnehmen kann, aus jenem Fundkomplex, der als Archiv der Familie Egibi aus Babylon bekannt ist, und muß als Retroakte dort aufbewahrt worden sein. In der Tat gibt es einen Anhaltspunkt, der das Interesse der Egibis an diesem Dokument erklärt: Der Sklave Šēpet-Nabû-aṣbat (hier in Z. 20′ genannt) wurde laut Nbn 147 im Jahre 4 Nbn für 50 š Silber von beiden Frauen an Nabû-aḫḫē-iddin, das Familienoberhaupt der Egibis in der zweiten Generation, verkauft.[1] Vermutlich wurde bei dieser Gelegenheit das Original der vorliegende Urkunde, die das Verkaufsrecht der Frauen legitimiert, im Auftrag der Egibis kopiert. Nbn 147 beweist damit indirekt die Rechtskraft der vorliegenden Verfügung.

Aus Nbn 147 erfahren wir zumindest, daß (Ina)-Esagil-bēlet die Tochter des Nabû-mukīn-apli aus der Familie Aškāpu ist. Aus welcher Familie Kidin-Marduk stammt, bleibt nach wie vor unklar, da die Filiation der Tochter nicht angegeben wird. Weitere zugehörige Urkunden, die Aufschluß darüber geben könnten, sind bei einer solchen Retroakte kaum zu erwarten.

Es bedurfte offensichtlich einigen Drucks von außen, um Kidin-Marduk zur Vermögensübertragung an seine Frau zu bewegen — die Aufforderung wird zitiert. Der Umfang der ursprünglichen Mitgift und der Wert der Kompensationsobjekte lassen sich schwer abschätzen, aber ᶠEsagil-bēlet war ohne Zweifel eine gute Partie gewesen. Stadthaus, Dattelgarten und Sklaven könnten sie zu einer vermögenden Witwe machen.

Die Urkunde regelt auch die Versorgung der Tochter. Sie wird zusammen mit ihrer Mutter — nicht als Nacherbin — bedacht (Z. 23′f.), teilt sich also schon zu deren Lebzeiten den Besitz. Damit stimmt überein, daß später beide Frauen gemeinsam den Sklaven verkaufen. Eine Mitgift scheint für ᶠAmat-Ninlil nicht vorgesehen zu sein. Wenn sich die Bestimmung für den Fall, daß sie irgendwohin geschickt wird (Rs 7f.), auf ihre Verheiratung beziehen sollte, wird man durch das nachfolgend erwähnte „Drittel ihres Vermögens" an die Regelung zugunsten der ᶠNuptaja aus der Familie Nūr-Sîn erinnert: Diese hatte neben der Mitgift ein Drittel des väterlichen Vermögens geerbt.[2] Allerdings ist die vorliegende Urkunde gerade an dieser Stelle schwer beschädigt, so daß ihre wohl interessanteste Passage nicht gedeutet werden kann.

Das Ehepaar hatte auch einen Sohn, der den Rest (oder: die Hälfte, je nachdem, wie in Rs 4 zu ergänzen ist) des Vermögens erben sollte. Die nachfolgende Klausel, die dem Vater den Nießbrauch auf Lebenszeit einräumt, aber gleichzeitig sein Verfügungsrecht einschränkt, muß sich wieder auf die den Frauen übertragenen Objekte beziehen: Bezüglich des für den Sohn bestimmten Nachlasses würde eine solche Regelung keinen Sinn ergeben. Möglicherweise wird daher der Sohn in Rs 4 als Nacherbe nach Mutter oder Schwester eingesetzt.

---

1 Der Sklave wird später noch erwähnt. Gemeinsam mit einem Sklaven des Markuk-šāpik-zēri aus der Familie Nādin-šeʾi führt er *ḫarrānu*-Geschäfte im Auftrag beider Herren aus: Nbn 451 und 572 (10/11 Nbn).

2 Dazu C. Wunsch, CM 3A, S. 78–81.

Nr. 17: Vermögensübertragung
Inventarnummer: BM 32463 (76–11–17, 2200)

Vs

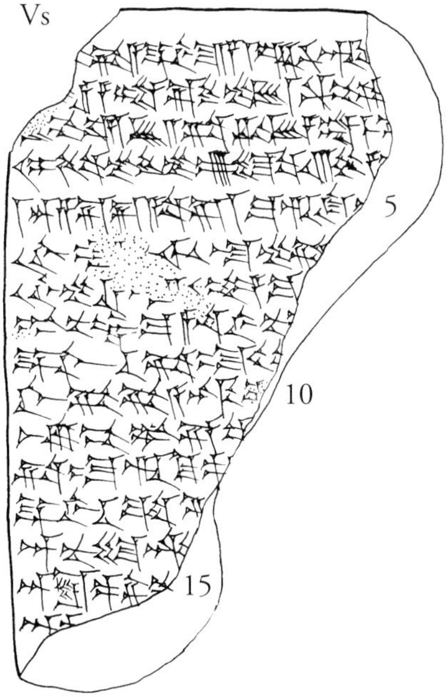

1 [^{f}*Ga*]-*ga-a mārat-su šá* ^{md}*Bēl-nāṣir*$_2$ *ina ḫu-u*[*d libbī-šú*]
2 [1 silà *akalu*$^{ḫ]i.a}$ *šá bāb bīt* ^{lú}*nuḫatimmē*^{meš} 1 silà *billatu*(KAS.SA[G) *šá bāb bīt*]
3 ⸢^{lú}⸣*sirāšê* (LUNGA)^{meš} 2-*ta dalāti*^{meš} *šá bāb me*-⸢x⸣[...]
4 *mi-šil u*$_4$-*mu* ^{lú}*nuḫatimmūti*$^{ú-tu}$ *ūmi* 13.kam *šá* [...]
5 ^{md}*Za-ba*$_4$-*ba*$_4$-*a-na-bītī*-<*šú*> ^{m}*Ba-ri-ki*-[*ìl* ...]
6 *u* ^{f}⸢x⸣-[(x)]-*ti la-mu-ta*-[*ni-šú*]
7 *u mim-mu-šú* ⸢*šá āli*⸣ *u ṣēri ma*-[*la bašû*]
8 *tak-nu-uk-ma a-na* ^{f}*Nu*-[*up-ta-a*]
9 *mārtī-šú ta-ad-din u*$_4$-[*mu mala*]
10 ^{f}*Ga-ga-a bal-ṭ*[*a-at akalē*$^{ḫi.a}$]
11 *ina lìb-bi tak-kal u*$_4$-[*mu ana šīmti*]
12 *ta-at-tal-ku p*[*a-ni* ^{f}*Nuptaja*]
13 *mārtī-šú id-da*[*g-gal ša dibbī*]
14 *an-nu-tu innû*[^{ú} ^{d}*Marduk u*]
15 ^{d}*Zar-pa-ni-t*[*u*$_4$ *ḫalāqšu liqbû*]
16 ^{d}*Nabû*(P[A]) [*ṭupšar Esagil*]
17 [*ūmīšu arkūti likarri*]

unterer Rand weggebrochen, aber sicher leer

Rs

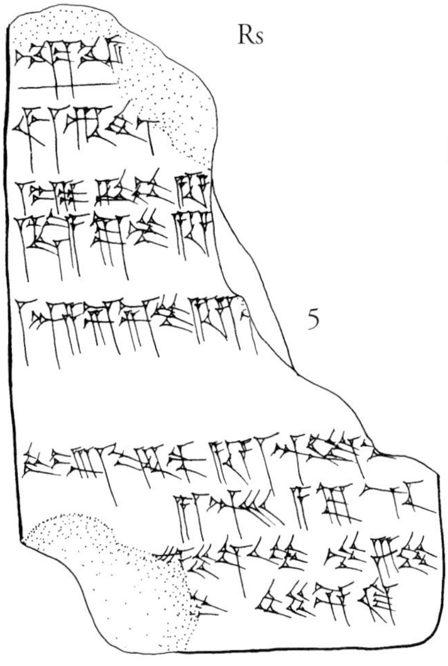

Rs 1 *ina ka-na*[*k* ^{im}*ṭuppi šuāti*]

---

2 IGI ^{m}*Re-ḫe*-⸢*e*⸣-[*tú* ...]
eine Zeile frei
3 ^{md}*Nabû-ik-ṣur mār*$_2$-*šú šá* [...]
4 ^{m}*Šul-lu-mu mār*$_2$-*šú šá* [...]
eine Zeile frei
5 ^{md}*Za-ba*$_4$-*ba*$_4$-*iddin mār*$_2$-*šú šá* ^{m}⸢x⸣[...]
ein bis zwei Zeilen frei
6 ^{lú}*ṭupšarru*$_2$ ^{md}*Bēl-kāṣir mār*$_2$-*šú šá* ^{md}*Marduk*-⸢MU⸣-[(x)]
7 (leer) *mār*$_2$ ^{md}*Sîn-a-lu-ḫu*
8 [...] ⸢^{iti}⸣*addāru ūmi* 10.kam *šanat* 4.kam
9 [^{md}*Nabû-na*ʾ*id š*]*àr Bābili*^{ki}

Z. 3 Das Zeichen am Ende beginnt wie E, SI, KAL o.ä. Ergänzungen zu *bāb mê* oder *bāb mēsiri* wären denkbar, die Tore sind allerdings m.W. nicht belegt.

Z. 4 Die Pfründe könnte entweder die Hälfte des 13. Tages eines bestimmten Monats (*ša* ^{iti}x...) oder des 13. Tages eines jeden Monats im Jahr (*arḫussu* / *ša kal šatti*) umfassen.

Z. 6 Wie der Name der Sklavin zu lesen ist, bleibt unklar; durch Parallelen kann er nicht belegt werden. Die Mutter des Bariki-il heißt in Nbn 408 ^{f}Aḫāt-abīšu, dieser Name liegt garantiert nicht vor. Das erste Zeichen könnte AD oder ṢI sein, kaum *ṣi*[*r*-... oder *tab-l*[*u*-... zu lesen.

Rs 1 Am Anfang der Rückseite dürfte kein Text fehlen.

Rs 9 Es gibt nur Platz für einen kurzen Herrschernamen, Amēl-Marduk und Neriglissar scheiden ohnehin aus, weil sie keine vier vollen Jahre regiert haben.

Übersetzung

^{f}Gagaja, die Tochter des Bēl-nāṣir, hat aus freiem Entschluß (wörtlich: in der Freude ihres Herzens) (Z. 2) [1 Silà Brot] vom Tor des Bäckerhauses, 1 Silà Bier [vom Tor des] (Z. 3) Brauer[hauses], zwei Türen von *bāb mē*[...], einen halben (Pfründen)-Tag der Bäcker(pfründe) am 13. Tag [...](Z. 5) Zababa-ana-bītī<šu>, Bariki-[il (...)](Z. 6) und ^{f}...ti, [ihre] Sklaven, (Z. 7) und alle ihre Habe in Stadt und Land, so[viel vorhanden ist], (Z. 8) unter Ausstellung einer offiziellen Urkunde an ^{f}N[uptaja], (Z. 9) ihre Tochter, gegeben. So[lange] (Z. 10) ^{f}Gagaja lebt, wird sie [Nießbrauch] (Z. 11) daran haben (wörtlich: Brot davon essen). We[nn sie gestorben (wörtlich: zum Schicksal] (Z. 12) gegangen) sein wird, [wird alles ^{f}Nuptaja], (Z. 13) ihrer Tochter, gehören. [Wer] (Z. 14) diese (Z. 13) [Abmachung] (Z. 14) ändert, (Z. 15) [dessen Untergang mögen (Z. 14) Marduk und] (Z. 15) Zarpanītu [befehlen]. (Z. 16) Nabû, [der Schreiber von Esagil, (Z. 17) soll seine langen Tage abkürzen].

Zeugen	Reḫētu/[...]
	Nabû-ikṣur/[...]
	Šullumu/[...]
	Zababa-iddin/[...]
Schreiber	Bēl-kāṣir/Marduk-[...]/Sîn-aluḫu
Ausstellungsort	weggebrochen
Datum	10.12.4 [Nbn] (26.3.551 v. Chr.)

Kommentar

Die vorliegende Urkunde wurde im Rahmen des Egibi-Archivs überliefert und gehört zu drei weiteren, bereits publizierten Texten: Nbk 346, Nbk 408 und Nbn 1113.[1] Sie waren für die Familie Egibi wegen eines Sklavenkaufs von Belang: Itti-Marduk-balāṭu hatte den Sklaven Bariki-il, der in der vorliegenden Vermögensübertragung in Z. 5 genannt

1 Es gibt noch einen weiteren Text, in dem eine ^{f}Gagaja ohne Filiation genannt ist: Nbk 379 (Bearbeitung: CM 3 39). Sie bürgt dort für einen gewissen Kalbaja, Sohn des Nergal-ušēzib. Diese Tafel stammt zwar aus dem stark Egibi-haltigen Ankauf 76–11–17, eine Verbingung zu den Vorgängen in den hier besprochenen Urkunden kann aber nicht hergestellt werden. Eine Identität der beiden Frauen gleichen Namens ist somit nicht abzuleiten.

wird, nach dem Tod von ᶠGagaja und ᶠNuptaja erworben, wahrscheinlich von deren Gläubigern.[2] Der Sklave hat zweimal versucht zu entfliehen, wurde wieder eingefangen und behauptete schließlich, er sei frei geboren. Diese Aussage mußte vor Gericht geprüft werden, und die Prozeßurkunde liegt als Nbn 1113 vor. Die beiden anderen Dokumente sind über 15 Jahre älter: In Nbk 346 (38 Nbk) verkaufen ᶠGagaja, ihr Ehemann und dessen Verwandter den Sklaven, ᶠGagaja muß ausdrücklich garantieren, daß er nicht flieht. Er scheint es getan zu haben, und der Kauf wurde wohl rückgängig gemacht; vier Jahre später wird Bariki-il dann laut Nbk 408 von denselben Personen verpfändet. Die vorliegende Vermögensübertragung aus dem Jahre 4 Nbn gibt keinen Hinweis auf eine noch andauernde Verpfändung. Beim Prozeß um seinen Status werden Urkunden beigebracht, die belegen, daß er „zwischen 35 Nbk und 7 Nbn für Silber verkauft, als Pfand eingesetzt und an ᶠNuptaja, die Tochter der ᶠGagaja, als Mitgift gegeben worden ist" (Nbn 1113: 9–12), offensichtlich in dieser zeitlichen Abfolge, die auch mit dem Befund der Retroakten übereinstimmt. Es heißt des weiteren, ᶠNuptaja habe ihn später (sicher nach dem Tod ihrer Mutter) zusammen mit Pfründe, Haus und (anderen) Sklaven ihrem Ehemann überschrieben (Z. 12–14). Es ist mithin, wenn man von dem Haus absieht, von den Objekten der vorliegenden Urkunde die Rede.

Beide Frauen, ᶠGagaja und ihre Tochter, müssen kurz nacheinander gestorben sein. Im Jahre 4 Nbn waren beide noch am Leben, schon im Jahre 7 oder 8 Nbn gehörte der Sklave den Egibis,[3] dem Verkauf war, wie wie aus Nbn 1113 wissen, der Tod beider Frauen vorausgegangen.

Die Informationen, die aus den vier Texten über die Angehörigen von ᶠGagaja und ᶠNuptaja und die beabsichtigte Erbfolge zu erfahren sind, lassen sich wie folgt darstellen:

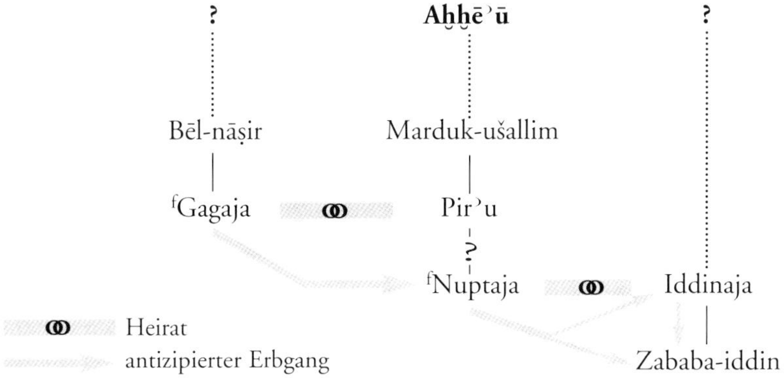

Bislang war nur von einem Sklaven die Rede. Das Vermögen, über das ᶠGagaja verfügt hat, war jedoch umfangreicher. Neben zwei weiteren Sklaven umfaßte es Pfründen. Damit erhebt sich die Frage, wie ᶠGagaja in deren Besitz gelangt war und auf welchem Wege sie das Verfügungsrecht erhalten hat.

---

2 Šamaš-udammiq/Nabû-nādin-aḫi und ᶠQudāšu/Aḫu-nūrī werden in Nbn 1113: 26f. als Verkäufer (*nādinānu*) bezeichnet, nicht die beiden Frauen.

3 In Nbn 299 vom 14.5.8 Nbn wird er als Sklave des Itti-Marduk-balāṭu bezeichnet und vermietet.

Tempelpfründen garantieren Einkommensrechte, setzten aber die Ausführung bestimmter Dienste voraus. Wer dies tun wollte, mußte hinsichtlich Abstammung und kultischer Reinheit von den Tempelbehörden als geeignet zugelassen sein. Frauen konnten diese Dienste nicht selbst ausführen, sondern bedurften in jedem Falle eines männlichen Vertreters. Entweder es fand sich ein Verwandter, der den Anforderungen genügte, oder die Pfründe konnte im Rahmen eines Werk- und Pachtvertrags an einen Außenstehenden zur Ausführung übertragen werden—gegen Entgelt. Dies erklärt, warum Pfründen äußerst selten Bestandteil von Mitgiften sind: In den von M.T. Roth gesammelten Belegen findet sich nur ein einziges Beispiel,[4] Braut und Bräutigam entstammen derselben Familie und sind Cousins. Nur wenn der Ehemann die erforderlichen Voraussetzungen erfüllte, konnte das Einkommensrecht ohne finanzielle Einbuße in Anspruch genommen und später unter denselben Bedingungen einem Sohn gegeben werden. Wenn ᶠGagaja die Pfründen als Mitgift erhalten hat, dann sicher nur, weil männliche Erben fehlten.

Ein Punkt fällt auf: In keiner der vier Urkunden ist ihr Ahnherrenname genannt, während der ihres Ehemannes Pirʾu, der aus der Familie Aḫḫēʾû stammte, immer angegeben ist. Sie gemeinsam mit ihrem Ehemann, aber ohne eigene Filiation in einem Dokument wie Nbk 346 und 408 anzuteffen muß nicht verwundern. In einer Vermögensübertragung wie der vorliegenden kommt man auch ohne Ahnherrennamen aus, da familieninterne Angelegenheiten geregelt werden, keine Beziehungen zu Außenstehenden. In der Prozeßurkunde Nbn 1113 wird sie nur am Rande erwähnt, auch dort war also eine volle Filiation entbehrlich.[5]

Es bliebe auch die Möglichkeit, daß ᶠGagaja aus derselben Familie wie ihr Ehemann stammte, die Pfründen von ihrer Seite kamen, aber durch ihren Mann bewirtschaftet werden konnten. In jedem Falle werden wir annehmen müssen, daß es keine nahen männlichen Verwandten gab, die die Pfründen hätten erwerben können oder wollen, so daß sie an die Tochter in dieser Form weitergegeben wurden.

---

4 AfO 36/37, S. 33. Es handelt sich um die Mitgift der ᶠTupqītu in VS 6 95 und VS 5 54//143 (NRV Nr. 3 und 23), die nach dem Tod des Vaters von der Mutter verheiratet wird. In diesem Fall sind keine männlichen Nachkommen vorhanden und der Vater hatte seinen Anteil am Einkommensrecht, das sich in ungeteiltem Familienbesitz befand, wohl schon zu seinen Lebzeiten der Tochter durch eine entsprechende Verfügung als Mitgift bestimmt, möglicherweise auch den Bräutigam benannt (man vergleiche CM 3 260, das Testament des Itti-Marduk-balāṭu aus der Familie Egibi, wo Bräutigam und Höhe der Mitgift für die älteste Tochter bereits festgelegt sind, einige Jahre bevor der Mitgiftvertrag selbst abgeschlossen worden ist).

5 Sie erscheint zweimal mit Vatersnamen, hier Z. 1 und Nbn 1113: 2, wo Reste, die zu [ᵐᵈ*Bēl-na-ṣi*]*r** passen könnten, erhalten sind. Aus der fehlenden Angabe des Familiennamens auf ihre Herkunft zu schließen erscheint problematisch. Es sei darauf verwiesen, daß in Nbk 129 eine Person mit Vatersnamen, aber ohne Ahnherrennamen, eine Pförtnerpfründe verpfändet. Die Annahme, er stamme nicht aus einer alteingesessenen Familie, verbietet sich hier von selbst. Sein Gläubiger stammt aus der Familie Atû, und dies dürfte wohl auch für den Schuldner und Eigentümer der Pfründe zutreffen, ohne daß dies angegeben ist.
Wenn ᶠGagaja wirklich nicht aus einer mit dem Tempel verbundenen Familie stammen sollte, dann kann sie die Pfründen nur von ihrem Mann auf dem Wege der Vermögensübertragung bekommen haben. Gleichzeitig müßte er ihr das Verfügungsrecht übertragen oder die Tochter zur Nacherbin eingesetzt haben, da sonst die Ansprüche seiner männlichen Verwandten, und seien sie auch noch so entfernt, Priorität gehabt hätten, die Pfründe also an die Aḫḫēʾû-Familie gefallen wäre. Ich halte dieses Szenario für wenig wahrscheinlich.

Auch die Filiation der Tochter ᶠNuptaja ist nicht bekannt, daher bestünde die Möglichkeit, daß sie nicht der Ehe mit Pirʾu, sondern einer anderen Verbindung entstammt. Ebensowenig kennen wir die Herkunft ihres Ehemannes Iddinaja. Auch hier wäre eine Heirat innerhalb desselben Familienclans in Verbindung mit dem Transfer der Einkommensrechte an einen geeigneten männlichen Verwandten denkbar.

Die Familie scheint aus Ḫursagkalamma bzw. Kiš zu stammen. Die frühen Urkunden über den Verkauf bzw. die Verpfändung des Sklaven Bariki-il wurden in Kiš und Ḫursagkalamma ausgestellt. Sowohl ᶠNuptajas Sohn, als auch einer der Sklaven tragen Namen, die mit dem theophoren Element Zababa gebildet sind. Der Ausstellungsort des vorliegenden Dokuments ist nicht erhalten; aus Platzgründen scheidet Ḫursagkalamma aus, Kiš wäre möglich. Daß Nbn 1113 anderswo, nahe Babylon in Bīt-šar-Bābili ausgefertigt wurde, muß nicht verwundern, geht es doch um einen Streitfall, der vor Gericht ausgetragen wurde. Die Egibis, die das Gericht bemühten, waren in Babylon ansässig. Sie hatten aber Verbindungen nach Kiš und besaßen dort u.a. ein Haus,[6] somit muß es nicht überraschen, wenn sie einen Sklaven von einer Familie aus Kiš auf Umwegen erworben haben.

Man wird daher auch annehmen können, daß die Pfründen zu Tempeln in Ḫursagkalamma oder Kiš gehörten. Pförtnerpfründen sind selten belegt.[7] Brot und Bier als Einkommen für Wachdienste am Back- und Brauhaus zu finden, muß nicht verwundern. Weniger klar ist die Bedeutung der zwei „Türen" eines bestimmten „Tores". Es sei darauf verwiesen, daß in Nbk 129: 4f. 1+*et* ^gišdaltu šá ^lúatû-ú-tu šá bāb sa-li-mu* für eine Forderung über eine Mine Silber verpfändet wird.[8] Zwar sagt dies nichts über die Art des Einkommen aus, und auch der Wert muß relativiert werden, da obendrein ein Generalpfand bestellt ist, aber zumindest handelt es sich um eine parallele Formulierung (allerdings nur eine Tür betreffend), die zugleich den Terminus *atûtu* nennt. Daneben verfügt ᶠGagaja auch über eine Bäckerpfründe.

---

6 Ein Hausgrundstück wurde im Jahre 5 Nbn laut BM 32195+ erworben (die Retroakte über den Erwerb durch den späteren Verkäufer liegt als CT 51 43 (1 AM) vor, eine separate Kaufpreis(teil)quittung als BM 34190); ein angrenzendes Areal folgte noch vor 13 Nbn laut BM 35114+, im Jahre 6 Camb wurde ein weiteres Haus auf dem Tauschwege erworben: Camb 349. In der Erbteilungsurkunde Dar 379 (14 Dar) werden Häuser in Ḫursagkalamma zwar erwähnt, aber zunächst von der Teilung ausgenommen.

7 Das im Kommentar zu Nr. 33 bezüglich der spärlichen Bezeugung von *nârūtu*-Pfründen angeführte Argument gilt auch hier.

8 Zitiert in CAD D 56, *s.v. daltu* 3.

Nr. 18: Vermögensübertragung zur Sicherstellung der Mitgift
Inventarnummer: BM 47552 (81–11–3, 257)

1 ^{m}*Na-di-nu māru šá* ^{md}*Ad-da-ra-*⸢*am-ma*$^{?}$⸣
2 *i-na ḫu-<ud> lìb-bi-šú* 3 gi^{meš}
3 ⸢*bītu la*⸣*-bi-ir erṣeti*^{tì} ⸢*Kul-la*⸣*-bi*^{ki}
4 *šá qé-reb Bāb-ilī*$^{meš.ki}$
5 *šiddu elû* ⸢im⸣*iltānu ṭ[āḫ bīt]* ⸢md*Nabû-it-tan-nu*⸣
6 (leer) *mār* m⸢d⸣*Adad-*⸢*zēra*$^{?}$⸣-[(x x)]
7 *šiddu šaplû* ^{im}*šūtu ṭāḫ sūqi rap-[š]u*
8 *pūtu elītu* ^{im}*amu[rru ṭāḫ] bīt* ^{md}[x (x)]-*ēreš*
9 *pūtu šaplītu* ^{im}*šadû ṭāḫ bīt* [^{md}*Ad*]*ad-na-tan-nu*
10 *napḫar*$_3$ 3 gi^{meš} *bītu šu-a-tì*
11 *ik-nu-uk-ma pa-ni* ^{f}*Be-le[t] altī-šú*
12 *mārat-su šá* ^{md}*Nabû-apla*$_2$*-iddin ku-um* ⸢5/6⸣ [*m*]*a-na kaspi*
13 *nu-dun-nu-ú šá* ^{f}*Be-let mārti šá* md⸢*Nabû-apla*$_2$⸣*-iddin šá* ^{md}*Nabû-apla*$_2$*-iddin*
14 *a-na nu-dun-nu-e it-ti* ^{f}[*Be-let*] *mārtī-šú*
15 *a-na* ^{m}*Na-di-nu id-di-nu pa-ni* ^{f}*Be-let*
16 *altī-šú mārat-su šá* [^{md}*Nabû-apla*$_2$*-iddin*] *a-na u*$_4$*-mu*
17 ⸢*ṣa*⸣*-a-ti* [*ú-šad*]*-gil*

Rs 18 *i-na* ⸢*ka-nak*⸣ ^{im}*ṭuppi šu-a-tì*

---

19 IGI ^{md}*Nabû-aḫa-it-tan-nu māru šá* ^{m}*Id-di-na-*d⸢*Bēl/Nabû*⸣
20 ^{m}*Ni-din-ti māru šá* ^{md}*Nabû-mušētiq-uddê*
21 ^{md}*Bēl-iddin māru šá* ^{md}*Bēl-uballiṭ*^{iṭ}
22 ^{md}*Šamaš-balāṭ-su-iq-bi māru šá* ^{md}*Nabû-aḫḫē*^{meš}*-bul-liṭ*
23 ^{m}*Iddina*$_2$*-a māru šá* m⸢*Bēl*⸣*-eṭēri-*^{d}*Nabû*
24 ^{m}*Ka-ri-e-a māru šá* ^{m}*Ri-mu-ú-tu*

ein Drittel der Tafel frei

25 $^{[m]d}$*Bēl-na-din-apli*$^{!}$(A×A über Reste) *ṭupšarru mār* ^{md}*Nabû-*⸢*ēṭir*⸣^{ir}
26 *Bābili*^{ki} ^{iti}*araḫsamna ūmi* 22.kam *šanat* 28.kam
27 ^{m}*Da-a-ri-ia-*⸢*muš šàr*⸣ *Bābili*^{ki} *šàr mātāti*(KUR.KUR)

Die Urkunde hat das Format eines leicht gewölbten Ziegels und trägt ein Siegel ohne Beischrift auf linken Rand (vgl. Kommentar).

Z. 3 Kullab liegt auf dem östlichen Euphratufer, östlich der Prozessionsstraße, s. die Karte bei A George, OLA 40, S. 24.

Z. 12 Die Zahl ist beschädigt, links sind zwei senkrechte Köpfe untereinander zu erkennen, daru ein weiterer Keil, eher schräg als senkrecht. Daher handelt es sich wahrscheinlich um e Bruchzahl, nicht um die Zahl 8 oder 9. Bei letztgenannter Variante würde das Grundstück 3 Minen pro Gi Fläche bewertet. Vergleichsdaten aus dem Egibi-Archiv weisen Preisrelatio zwischen 5 und 75 Šekeln pro Gi auf (eine Studie von Verf. zu den Hauskäufen der Egibi in Vorbereitung). Auch dies spricht für 50 Šekel als Äquivalent für 3 Gi.

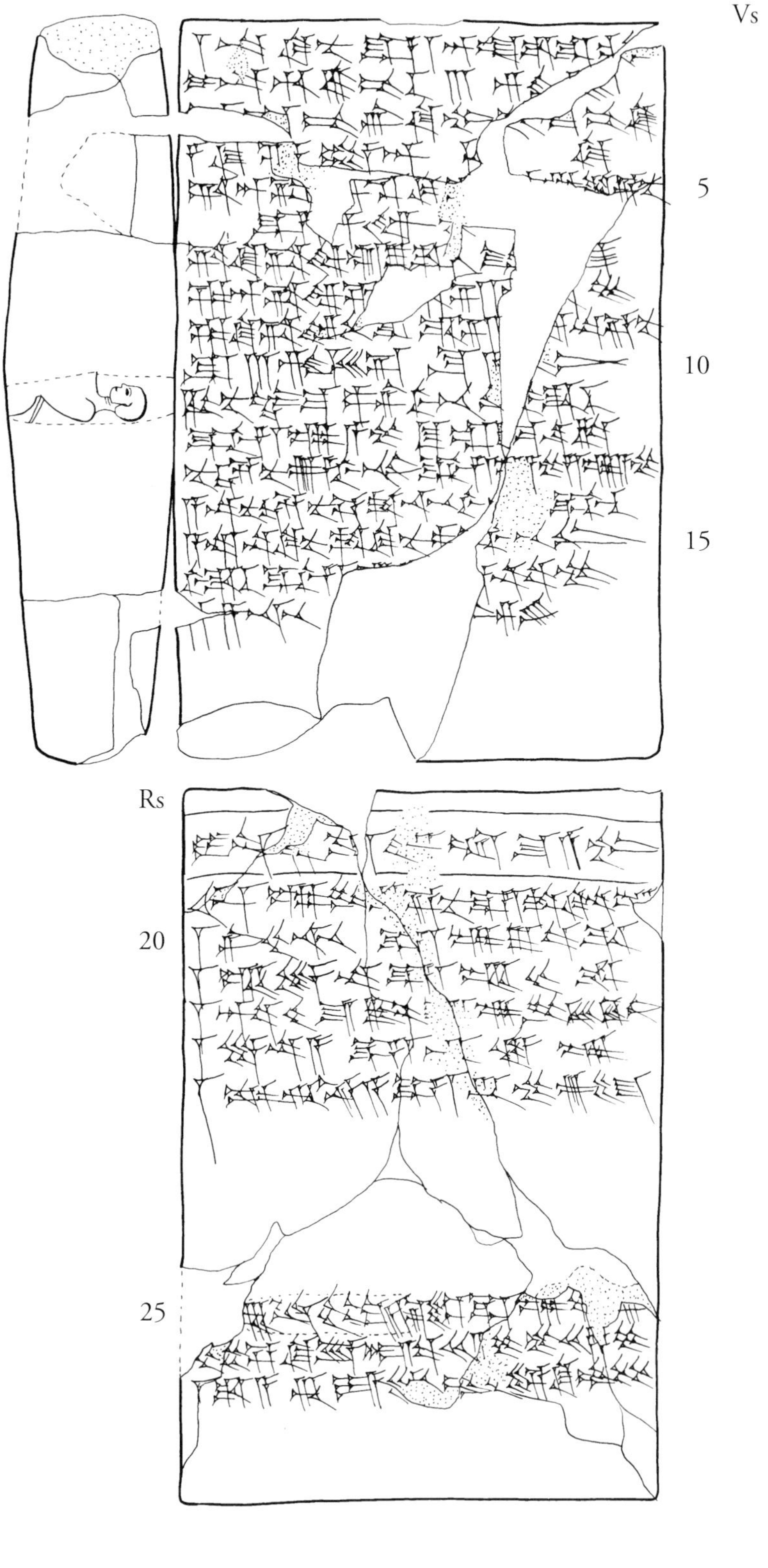
Vs
Rs

Übersetzung

Nādin, der Sohn des Adda-rām, hat (Z. 2) aus freiem Entschluß (wörtlich: in der Freude seines Herzens) (Z. 3) ⸢ein altes Haus⸣ (Z. 2a) von 3 Gi (Fläche) (Z. 3a) im Stadtteil Kullab (Z. 4) innerhalb von Babylon,

(Z. 5) obere Längsseite im Norden neben dem Haus des Nabû-ittannu, (Z. 6) dem Sohn des Adad-zē[ra-...], (Z. 7) untere Längsseite im Süden neben der breiten Straße, (Z. 8) obere Stirnseite im Westen neben dem Haus des [...]-ēreš, (Z. 9) untere Längsseite im Osten neben den Haus des Adad-natannu:

(Z. 10) Insgesamt diese 3 Gi Hausgrundstück (hat er) (Z. 11) unter Ausstellung einer offiziellen Urkunde an ^{f}Bēlet, seine Ehefrau, (Z. 12) die Tochter des Nabû-apla-iddin, (als Gegenwert) für ⸢5/6 Minen Silber, (Z. 13) die Mitgift der ^{f}Bēlet, der Tochter des Nabû-apla-iddin, die Nabû-apla-iddin (Z. 14) als Mitgift mit ^{f}Bēlet, seiner Tochter, (Z. 15) an Nādin gegeben hatte, an ^{f}Bēlet, (Z. 16) seine Ehefrau, die Tochter des [Nabû-apla-iddin], auf ewige (Z. 17) Zeiten (als Eigentum) übertragen.

Zeugen	Nabû-aḫa-ittannu/Iddin-Bēl(oder Nabû)
	Nidintu/Nabû-mušētiq-uddê
	Bēl-iddin/Bēl-uballiṭ
	Šamaš-balāssu-iqbi/Nabû-aḫḫē-bulliṭ
	Iddinaja/Bēl-eṭēri-Nabû
	Karêa/Rīmūt
Schreiber	Bēl-nādin-apli//Nabû-ēṭir
Ausstellungsort	Babylon
Datum	22.8.28 Dar (29.11.494 v. Chr.)

Kommentar

Die vorliegende Vermögensübertragung zur Sicherung der Mitgift bedient sich des üblichen Formulars, wirkt durch die Wiederholungen einzelner Versatzstücke aber recht umständlich. Die Protagonisten und Zeugen sind nicht mit Ahnherrennamen genannt, der Vatersname des Ehemannes weist auf westsemitische Herkunft.

Auffälligstes Merkmal dieser Urkunde ist das Siegel auf dem linken Rand. Eheverträge, Mitgiftbestellungen und Vermögensübertragungen sind in neubabylonischer und frühachämenidischer Zeit üblicherweise nicht gesiegelt, auch wenn sie meist *ina kanāk ṭuppi šuāti* als Einleitungsformel für die Zeugennamen benutzen. Das Verb *kanāku* ist in diesen Fällen nicht unbedingt wörtlich als „siegeln" oder „eine gesiegelte Urkunde ausstellen" zu verstehen, sondern eher mit „eine offizielle Urkunde ausstellen" wiederzugeben.

Interessanterweise weist sich der Siegelinhaber nicht durch eine Beischrift aus. Da in dieser Zeit überwiegend Notare und Richter Siegel gebrauchen[1] (Zeugen- und Parteiensiegel kommen erst im Laufe von Darius' Regierung in Gebrauch und sind meist kleiner im Format), dürfte es sich um das Siegel des Schreibers handeln. Dessen Name ist als Bēl-

1 Zu den Notaren s. H.D. Baker und C. Wunsch, *Notaries*; zur Siegelung von Grundstückskäufen vgl. C. Wunsch, CM 20A, S. 37f.; zu den königlichen Richtern und ihren Siegeln s. dies., *Fs Oelsner*.

nādin-apli aus der Familie Nabû-ēṭir angegeben, allerdings weist die Tafel an dieser Stelle Spuren einer Korrektur auf: Der Name war verschrieben worden.

Auf unserer Tafel ist nur ein kleines Segment des Siegel mit einer kahlköpfigen menschlichen Gestalt aufgedrückt, fast aufgestempelt. Die Armhaltung ist jedoch andeutungsweise zu erkennen und schließt den üblichen Betertypus aus. Damit erinnert es an das Siegel des Notars Bēl-nādin-apli aus der Familie Ēṭiru, das auf dem Grundstückskaufvertrag BM 47455 aus dem Jahre 20 Dar überliefert ist.[2] Dort befindet es sich, ordentlich bezeichnet und großflächig abgerollt, auf beiden Seitenrändern. Das Hauptmotiv kann angesichts der vielen bärtigen oder kahlen Gestalten in Anbetungspose vor Göttersymbolen, wie sie auf neubabylonischen Siegeln *en masse* zu finden sind, schon extravagant genannt werden: Eine nach links gerichtete kahlköpfige Person faßt die Hörner eines Buckelrindes[3] und scheint dessen Kopf nach unten zu drücken, links von dieser Szene steht ein Symbolsockel mit Mondsichel, dahinter wohl ein Löwenstab; links über der Figur schwebt eine zweite Mondsichel.

Ob die beiden Schreiber, die ein Siegel mit ähnlichem und zudem außergewöhnlichem Motiv zur selben Zeit in Babylon benutzten, trotz der Differenz beim Ahnherrennamen (Nabû-ēṭir gegenüber Ēṭiru) identisch sind, läßt sich vorläufig nicht feststellen.[4] Unabhängig davon steht aber zu vermuten, daß ein Notar, der Grundstückstransaktionen zu beurkunden und siegeln berechtigt war, die vorliegende Vermögensübertragung geschrieben und mit seinem Siegel versehen hat. Allerdings nur mit einem Hauch von Siegel und ohne Beischrift—vielleicht, weil er sich bewußt war, daß das Amtssiegel eines Notars eigentlich nicht auf diese Art von Urkunden gehört?

---

2 Für weitere Belege zu dieser Person vgl. den Kommentar zu Nr. 4 in diesem Buch.

3 Zur lexikalischen und bildlichen Bezeugung von Buckelrindern im 1. Jahrtausend v. Chr. vgl. M. Weszeli, NABU 1999/107. Ein weiteres Buckelrind findet sich auf dem Siegel des Notars Kabti-ilī-Marduk aus der Familie Suḫaja, allerdings nicht in solch lebendiger Darstellung: H.D. Baker und C. Wunsch, *Notaries*, S. 205, seal 1.

4 Die in Babylon geläufigen Familiennamen Bēl-ēṭir(u) und Ēṭiru werden klar voneinander geschieden, Nabû-ēṭir kommt demgegenüber selten vor (nur vier Belege bei K.N. Tallqvist, *NN*, *s.v.*). Wovon Ēṭiru abzuleiten ist (etwa GN-ēṭir oder Bēl-eṭēri-GN) und ob Nabû-ēṭir als zugehörige Vollform anzusehen ist, bleibt zu untersuchen.

Nr. 19: Vermögensübertragung
Inventarnummer: BM 38215 (80–11–12,97)

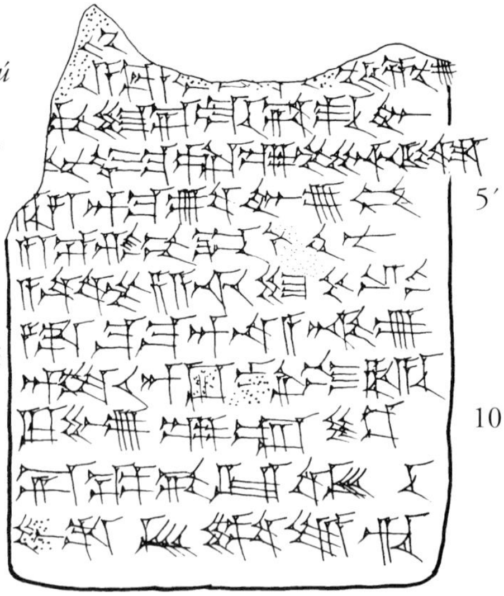

1′ [x (x)] ^{še}*zē*[*ru* …]
2′ [*ina muḫ-ḫ*]*i nāri šá* ⌈^{lú}x x (x) *nu*⌉*-dun-nu-ú*
3′ [*šá u*]*l-tu bīt abī-šú ta-áš-šú-u*ʾ
4′ [*ta*]*k-nu-uk-ma pa-ni* ^{md}*Nabû-mu-še-ti-iq-uddê*
5′ *mār*$_2$*-šú šá* ^{md}*Ba-ba*$_6$*-pir-*ʾ*u-ú-ṣur*
6′ *mār*$_2$ ^{m}*E-gi-bi mārī-šú* ⌈*tar-din-nu*⌉
7′ *a-na u*$_4$*-mu ṣa-a-ti tu-šad-gil*
8′ *šá da-ba-ba an-na-a innû*^{ú}
9′ ^{d}*Marduk u* ^{d}⌈*Zar-pa*⌉*-ni-tu*$_4$ *ḫalāq*(ḪA.A)*-šú*
10′ *liq-bu-ú* ^{d}*Nabû ṭupšar*
11′ *É-sag-íl ūmē*^{meš}*-šú*
12′ *arkūti*(GÍD.DA)^{meš} *li-kar-ri*

Rs 13′ *i-na ka-nak* ^{na_4}*ṭuppi šuāti*(MU)^{meš}

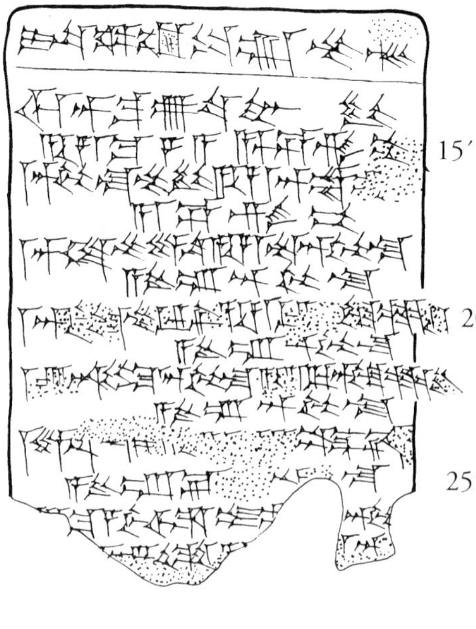

14′ IGI ^{md}*Ba-ba*$_6$*-pir-*ʾ*u-uṣur*
15′ *mār*$_2$*-šú šá* ^{m}*Iqīša*^{šá}*-a mār*$_2$ $^{m!}$*E-gi-bi*
16′ ^{md}*Gu-la-šuma-uṣur mār*$_2$*-šú šá* ^{md}*Bāba-p*[*ir*ʾ*u*(NUNUZ)*-uṣur*]
17′ *mār*$_2$ ^{m}*E-gi-bi*
18′ ^{md}*Marduk-šuma-iddin*$_2$ *mār*$_2$*-šú šá* ^{m}*Arad-*^{d}*Gu-la*
19′ *mār*$_2$ ^{lú}*Šangû-*^{d}*Gu-la*
20′ ^{md}⌈*Gu-la-šuma-ib-ni*⌉ *mār*$_2$*-šú šá* ^{m}*Ur-*$^{[d]}$*Bēlet*(NIN)*-Dēri*$^{!}$(BÀD)⌈^{ki}⌉
21′ *mār*$_2$ ^{lú}*Šangû-*^{d}*Gu-la*
22′ ^{m}⌈*Ú*⌉*-bal-liṭ-su-*^{d}*Gu-la* ⌈*mār*$_2$*-šú šá*⌉ ^{m}*Ur-*^{d}*Bēlet*(NIN)*-Dēri*$^{!}$(BÀD)⌈^{ki}⌉
23′ *mār*$_2$ ^{lú}*Šangû-*^{d}*Gu-la*
24′ ^{m}*Iddin*$_2$*-*^{d}⌈*Nabû mār*$_2$*-šú šá* ^{md}*Nabû*$^{?}$⌉*-mukīn*$_2$*-apli*
25′ *mār*$_2$ ^{lú}*Šangû-É-*[*nam*]*-*⌈*ti*⌉*-la*
26′ [*ina*] ⌈*a-šá*⌉*-ba šá* ^{f}*Ši-da-tu*$_4$ *a*[*l*$^{?}$*-ti* ^{m}]^{d}*Gu-*[*la-šuma-uṣur*]
27′ [*u* ^{lú}*ṭupšarru*] ⌈^{md}*Nabû*⌉*-uballiṭ*^{iṭ} *m*[*ār*$_2$*-šú šá* ^{m}[x (x x)]-^{d}[…]
Rest weggebrochen

Z. 20′ und 22′: Vermutlich ist Bēlet-Dēri gemeint, wenngleich statt Dēr (BÀD.AN)^{ki} vielmehr Dūr (BÀD)^{ki} geschrieben ist (trotz der Beschädigung deutlich erkennbar).

Übersetzung

[PNf hat aus freiem Entschluß ...] (Z. 1′) Anbau[fläche ... am (Z. 2′) ...]-Kanal, die Mitgift, (Z. 3′) [die] sie aus dem Hause ihres Vaters mitgebracht hat, (Z. 4′) unter Ausstellung einer offiziellen Urkunde an Nabû-mušētiq-uddê, (Z. 5′) den Sohn des Bāba-pirʾa-uṣur (Z. 6′) aus der Familie Egibi, ihren jüngeren Sohn, (Z. 7′) auf ewige Zeiten (als Eigentum) übertragen. (Z. 8′) Wer diese Abmachung ändert, (Z. 9′) dessen Untergang mögen Marduk und Zarpanītu (Z. 10′) befehlen. Nabû, der Schreiber (Z. 11′) von Esagil, (Z. 12′) möge seine langen (Z. 11′) Tage (Z. 12′) verkürzen.

Zeugen	Baba-pirʾa-uṣur/Iqīšaja/Egibi (Vater des Begünstigten, Ehemann der Mutter)
	Gula-šuma-uṣur/Baba-pirʾa-uṣur/Egibi (Bruder des Begünstigten)
	Marduk-šuma-iddin/Arad-Gula/Šangû-Gula
	Gula-šuma-ibni/Ur-Bēlet-Dēri/Šangû-Gula
	Uballissu-Gula/Ur-Bēlet-Dēri/Šangû-Gula
	Iddin-Nabû/Nabû(?)-mukīn-apli/Šangû-Enamtila
ina-ašābi-Zeugin	Šidatu, Eh[efrau des] Gula-[šuma-uṣur] (Schwägerin des Begünstigten)
Schreiber	Nabû-uballiṭ/[...]

Ausstellungsort und Datum weggebrochen

Kommentar

In der vorliegenden Urkunde überschreibt eine Mutter, deren Namen und Abstammung wir wegen der Beschädigung am Anfang des Textes nicht kennen, ihre Mitgift (ein Grundstück) dem jüngeren Sohn, ohne den Älteren zu bedenken. Dies ist an sich schon ein außergewöhnlicher Vorgang (wenngleich nicht von *nudunnû gabbi*, der „gesamten Mitgift", die Rede ist und daher noch etwas für den Älteren übrig geblieben sein könnte). Besonders überraschend ist jedoch die Anwesenheit ihres Ehemanns und Vaters ihrer Söhne: Der Vorgang fand somit zu dessen Lebzeiten statt, als ihm eigentlich das Nutzrecht an der Mitgift zugestanden hätte. Da Bruder und Schwägerin des Begünstigten ebenfalls als Zeugen erscheinen und damit ihre Zustimmung zur Aufgabe eines Rechts bekunden, könnte vielleicht tatsächlich die ganze Mitgift vorab dem jüngeren Bruder bestimmt worden sein. Dies könnte z.B. im Zusammenhang mit einer speziellen Erbregelung für den väterlichen Nachlaß gestanden haben; davon verlautet jedoch nichts.

Interessant ist außerdem, daß keine Versorgungsverpflichtungen mit der Vermögensübertragung verbunden sind und sich die Mutter auch keinen Nießbrauch auf Lebzeiten vorbehält. Denkbar wäre zum Beispiel, daß der jüngere Sohn mit diesem vorab zugeteilten Erbe von mütterlicher Seite wirtschaftlich unabhängig werden sollte, während der Ältere die Familiengeschäfte vom Vater übernehmen und die Eltern versorgen sollte.

Über das Grundstück wird ausgesagt, die Mutter habe es als Mitgift „aus dem Hause ihres Vaters mitgebracht". Dies bedeutet, daß keine der sonst üblichen Mitgiftumwandlungen stattgefunden hat. Diese betreffen freilich in erster Linie Silberbeträge, die besonders schnell aus dem Familienvermögen „evaporieren" könnten.

Nr. 20:	Vermögensübertragung an einen Außenstehenden
Inventarnummer:	BM 37603 + 37620 (80–06–17,1360+1377)

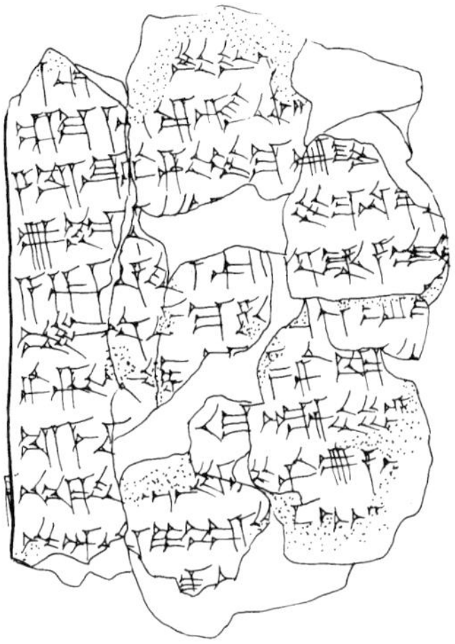

1′ [x] ^{m}⸢DI?⸣-[x (x)] ŠEŠ ^{lú}⸢x⸣[...]
2′ *um-ma* ^{md}*Nergal-ušallim u* ^{f}⸢d⸣[...]
3′ *šá iš-šu-ni-ik-kam-ma ú-rab-[bi-ka šīmtu]*
4′ *ú-bil-šú-*⸢*nu*⸣-[*ti al*]-*kam-ma na-áš-pa*[*r-ti-ni* (...)]
5′ *a-lik kurummāti*$^{ḫi.a}$ *ip-*⸢*ri*⸣ *piš-šá-tu*$_4$ *u l*[*u-bu-uš-tu*]
6′ *bi-in-na-ši-ma* ⸢*zittu ina nikkassī-i*⸣-[*ni* ...]
7′ *ni-ik-*⸢*nu*⸣*-uk-m*[*a p*]*a-ni-ka* ⸢*nu*⸣*-š*[*ad-gil* ...]
8′ *iš-me-š*[*ú-nu-t*]*i-ma ina puḫur*(UKKIN) *Bābil*[*i*^{ki} ...]
9′ *ana* {*ina*} *muḫ-ḫi* ^{md}*Marduk-šuma-ibni ú-šá-*⸢x⸣[...]
10′ *šattussu*$_2$ 8 gur ⸢*uṭṭatu* 4 gur⸣ [x x] [...]
11′ [...] ⸢x x⸣ [...]

Lücke, unterer Rand nicht erhalten

Rs

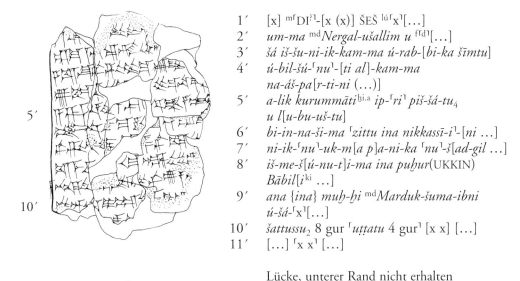

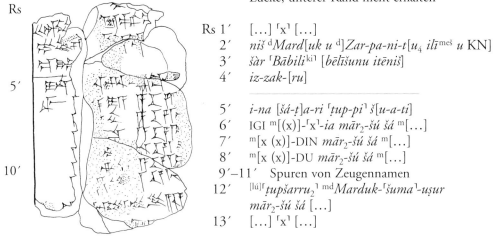

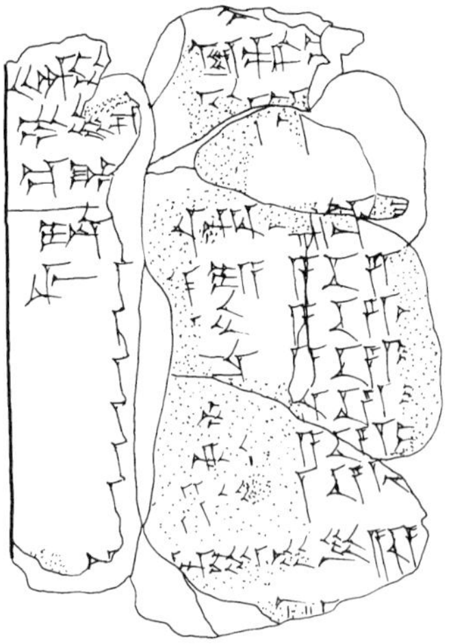

Rs 1′ [...] ⸢x⸣ [...]
2′ *niš* ^{d}*Mard*[*uk u* ^{d}]*Zar-pa-ni-t*[*u*$_4$ *ilī*^{meš} *u* KN]
3′ *šàr* ⸢*Bābili*^{ki}⸣ [*bēlīšunu itēniš*]
4′ *iz-zak-*[*ru*]

5′ *i-na* [*šá-ṭ*]*a-ri* ⸢*ṭup-pi*⸣ *š*[*u-a-ti*]
6′ IGI ^{m}[(x)]-⸢x⸣-*ia mār*$_2$*-šú šá* ^{m}[...]
7′ ^{m}[x (x)]-DIN *mār*$_2$*-šú šá* ^{m}[...]
8′ ^{m}[x (x)]-DU *mār*$_2$*-šú šá* ^{m}[...]
9′–11′ Spuren von Zeugennamen
12′ $^{[lú]}$⸢*ṭupšarru*$_2$⸣ ^{md}*Marduk-*⸢*šuma*⸣*-uṣur mār*$_2$*-šú šá* [...]
13′ [...] ⸢x⸣ [...]

Von dieser Tafel sind Anfang, Ende und rechter Rand nicht erhalten, sie läßt sich nicht datieren. Der linke Rand weist eine rechtwinklige Kante auf, der erhaltene Teil ist leer. Somit war die Tafel, wie zu erwarten, ungesiegelt.

Z. 1′ Die Zeichenspuren passen nicht zum Namen des Bedachten. Eventuell könnte der Name eines Richters oder eines anderen Beamten (*sartennu, sukkallu, šākin ṭēmi*) oder eines Schreibers, dem das Ehepaar sein Begehren vorträgt, mit Titel an dieser Stelle gestanden haben. Möglicherweise gehören die Zeichenreste vor ^{lú} zu dessen Ahnherrennamen. Diese Ergänzung bleibt jedoch fragwürdig.

Z. 7′ Das Präteritum der 1. Pl. steht im Neubabylonischen für den Kohortativ.

Z. 9′ Am Anfang ist etwas wie ein Senkrechter vor *ina muḫ-ḫi* zu erkennen, vielleicht bloß ein Kratzer. Es könnte um eine Festlegung bezüglich, wegen (*ana muḫḫi,* dann wäre das überflüssige *ina* zu tilgen) oder zu Lasten (*ina muḫḫi,* dann ohne den Senkrechten) des Marduk-šuma-ibni gehen.

Übersetzung

[...] folgendermaßen: „Nergal-ušallim und PNf [...], (Z. 3′) die dich aufnahmen und groß[zogen, ... hat das Geschick] (Z. 4′) geholt. [Ko]mm und (Z. 5′) kümmere (Z. 4′) dich [um uns! (...)] (Z. 5′) Verpflegung, Speise, Salböl und [Kleidung] (Z. 6′) gib uns, und wir wollen einen Anteil an [unserem] Vermögen [(...)] (Z. 7′) dir unter Ausstellung einer offiziellen Urkunde (als Eigentum) über[tragen!" PN] (Z. 8′) erhörte sie, und in der Versammlung (der Bürger) Babylons [...] (Z. 9′) bezüglich Marduk-šuma-ibni [legten sie fest (?)]: (Z. 10′) Jährlich 8 Kur Gerste, 4 Kur [...] (Lücke) (Rs 2′) Einen Eid bei Mard[uk und] Zarpanītu, [ihren Göttern, und [...], (Rs 3′) dem König von Babylon, [ihrem Herrn], (Rs 4′) schworen sie (Rs 3′) [gemeinsam].

Reste von Zeugennamen

Schreiber	Marduk-šuma-uṣur/[...]
Ausstellungsort	weggebrochen, sicher Babylon
Datum	weggebrochen

Kommentar

Es handelt sich um eine Vermögensübertragung, deren Ausstellung eine offizielle Anhörung in der „Versammlung der Bürger von Babylon" vorangegangen ist. Dies war offenbar nötig, weil die Vergebenden (wohl ein Ehepaar) und der Begünstigte nicht verwandt waren und die Vergabe des Vermögensanteils mit Versorgungsleistungen an die Vergebenden verknüpft war.

Einerseits wurden damit die Rechte des Begünstigten (die gewissermaßen seinen Lohn für die Unterhaltsleistungen darstellen) unanfechtbar gemacht, insbesondere gegenüber Seitenverwandten. Da nur über einen Teil des Vermögens verfügt wird, kann man annehmen, daß es erbberechtigte Familienangehörige (etwa Nachkommen der Geschwister oder sogar Kinder) gab, die aber das Ehepaar nicht versorgen konnten oder wollten. Andererseits haben die pflegebedürftigen Alten mit der offiziellen Tafel ein Druckmittel, um die Leistungen, die offensichtlich in ihrer Höhe fixiert wurden, vom Begünstigten einzufordern.

Die Urkunde beschreibt auch die Vorgeschichte. Der Begünstigte ist laut Z. 3′ von Zieheltern aufgenommen und großgezogen worden. Diese sind mittlerweile verstorben, aber offenbar ohne ihrem Zögling etwas Nennenswertes zu vermachen. Entweder gab es kein Vermögen, oder sie hatten versäumt, eine entsprechende Regelung schriftlich zu fixieren und damit unanfechtbar zu machen. Vor diesem Hintergrund erscheint es umso plausibler, daß beide Seiten nun an einer ordnungsgemäßen Beurkundung interessiert waren.

Der ungewöhnlichen Situation wird durch das Zwiegesprächsformular Rechnung getragen, das sich verschiedener Versatzstücke bedient. Das Angebot ist aus Sicht des pflegebedürftigen Ehepaars formuliert: Es tritt an den Mann (vgl. *išmēšunūti* Z. 8′, sein Name ist wohl Marduk-šuma-ibni, wenn in Z. 9′ der Begünstigte gemeint ist) heran, begehrt Unterhalt (in babylonischer Weise als Speise, Salböl und Kleidung definiert) und bietet den Erbanteil als Gegenleistung und künftigen Lohn. Sie kannten das Schicksal des Mannes und waren sich sicher, er würde sie zuverlässig versorgen, denn vermutlich hatte er auch seine Zieheltern bis zu deren Tod gepflegt. Diesmal sollte er nicht leer ausgehen.

Die nachfolgende, beschädigte Passage beschreibt die Details, die nach Anhörung in der Versammlung festgelegt wurden. Mindestens acht Kur Gerste und vier Kur eines anderen Nahrungsmittels (wahrscheinlich Datteln) müssen jährlich abgeliefert werden. Vermutlich ist auch der Erbanteil nachfolgend genau beschrieben, aber der Text ist nicht erhalten. Man sollte annehmen, daß das Ehepaar ein Grundstück dem Begünstigten überschreibt und ihm das Nutzrecht bereits zu Lebzeiten überläßt—auf irgendeine Weise muß er ja die Naturalien erwirtschaften.

Nr. 21: Vermögensübertragung (?)
Inventarnummer: BM 36463 (80–6–17,190)

Vs

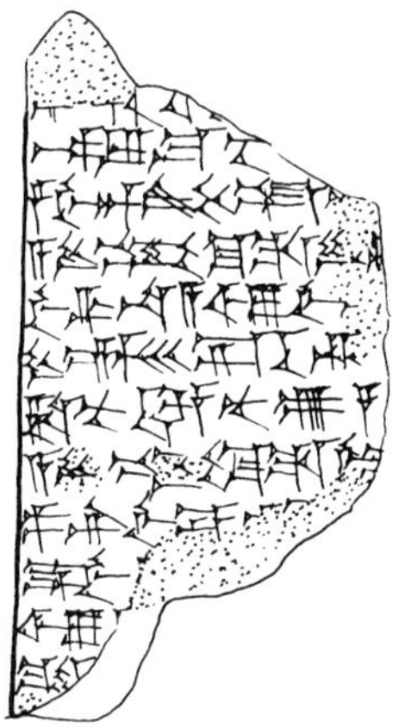

Anfang weggebrochen

1′ ⸢*ina ḫu-ud*⸣ [*libbīšu* …]
2′ *ina šap-la*$^{!}$*-nu* […]
3′ *šá* ^{fd}*Balīḫī*(KASKAL+KUR)-*tu*$_4$ ⸢*šá*⸣ [*itti*(?) ^{m}…]
4′ *mār*$_2$ ^{lú}*Kassidakku*(GAZ.ŠÈ.DA) *áḫ u*[*mmi*(?) …]
5′ ^{f}*Tuq-na-a ù* ^{f}⸢x⸣-[…]
6′ ^{lú}*nišī*(UN)^{meš} *bītī-šú i*[*k-nu-uk-ma kūm* …]
7′ *kaspi nu-dun-nu-ú šá* […]
8′ *mār*$_2$ ^{lú}*Kassidakku*(GAZ.ŠÈ.DA) *ašša*[*tī-šú* …]
9′ *pa-ni* ^{f}*E-r*[*e-*…]
10′ *mārtī-*[…]
11′ *ù* […]
12′ *id*/*t-*[…]

Rs

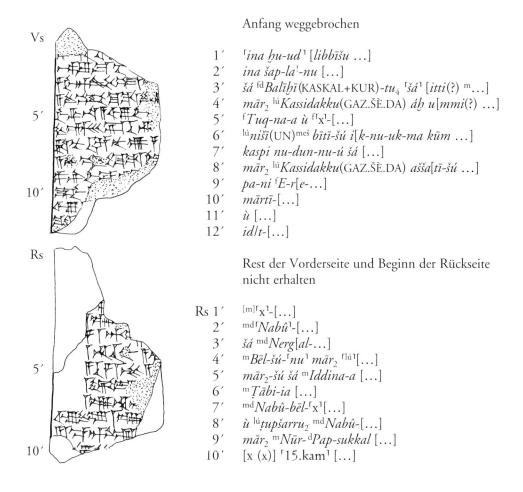

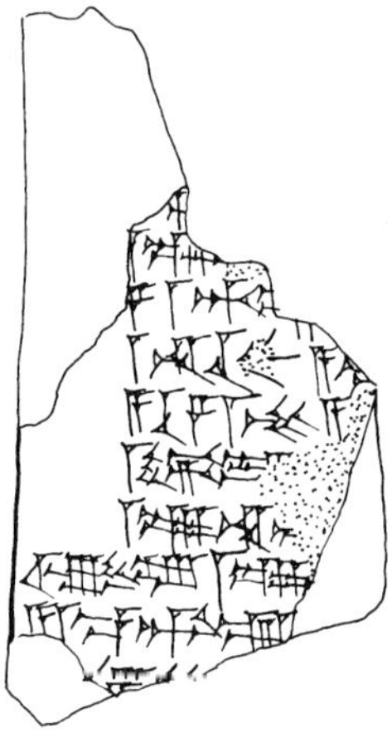

Rest der Vorderseite und Beginn der Rückseite nicht erhalten

Rs 1′ $^{\mathrm{[m]}}$⸢x⸣-[…]
2′ ^{md}⸢*Nabû*⸣-[…]
3′ *šá* ^{md}*Nerg*[*al-*…]
4′ ^{m}*Bēl-šú-*⸢*nu*⸣ *mār*$_2$ ⸢^{lú}⸣[…]
5′ *mār*$_2$*-šú šá* ^{m}*Iddina-a* […]
6′ ^{m}*Ṭābi-ia* […]
7′ ^{md}*Nabû-bēl-*⸢x⸣[…]
8′ *ù* ^{lú}*ṭupšarru*$_2$ ^{md}*Nabû-*[…]
9′ *mār*$_2$ ^{m}*Nūr-*^{d}*Pap-sukkal* […]
10′ [x (x)] ⸢15.kam⸣ […]

Z. 3′ Zum Namen vgl. PNA 1/II, S. 259f.

Z. 4′ Die Ergänzung am Ende ist tentativ, aber die Zeichenspuren sprechen nicht dagegen. Ausgeschlossen ist *aḫi zitti*, das dies nicht mit ŠEŠ geschrieben würde.

Z. 10′ Nach DUMU.SAL kommt höchstwahrscheinlich kein *-su* (also keine Filiation), sondern eher *-šú*, es sei denn, der Schreiber hätte sehr viel Platz gelassen.

Übersetzung

... aus freiem [Entschluß das Grundstück (...)] (Z. 2′)[oberhalb von ...] (Z. 3′) der ᶠBālīḫītu, das [sie/er mit(?) PN] (Z. 4′) aus der Familie Kassidakku, dem Bruder [ihrer/seiner] Mu[tter(?) (gemeinsam besitzt)(?), sowie] (Z. 6′) ihre/seine im Hause geborenen Sklavinnen (Z. 5′) ᶠTuqnaja und [PNf ...] (Z. 6′) unter Aus[stellung einer offiziellen Urkunde anstelle von x] (Z. 7′) Silber, der Mitgift der [PNf] (Z. 8′) aus der Familie Kassidakku, [seiner] Ehe[frau, ...] (Z. 9′) an ᶠEri[...], (Z. 10′) [ihre/seine] Tochter [(als Eigentum) übertragen ...] (Z. 11′) und [...]

Zeugen	Nabû-[...]
	[...]/Nerg[al-...]
	[...]/Bēlšunu/ˡᵘ́[...]
	[...]/Iddinaja/[...]
	Ṭābija/[...]
	Nabû-bēl-[...]
Schreiber	Nabû-[...]//Nūr-Papsukkal
Datum	[x.x].15 [KN]

Kommentar

Die Urkunde könnte einen Vermögenstransfer zur Sicherstellung der Mitgift darstellen (*iknuk-ma kūm* x *kaspi nudunnê šá* PNf *pāni* PNf *ušadgil*), bzw. auf einen solchen Bezug nehmen (etwa wenn die Begünstigte später die Objekte an eine andere Person überschreibt). In letzteren Falle wären zunächst Verben im Subjunktiv zu erwarten. Da außer *ik-* nichts davon erhalten ist, bleibt die Frage offen.

Es wäre denkbar, daß die Mutter ein Grundstück und Sklaven, die ihr anstelle von Mitgiftsilber übertragen worden waren, an ihre Tochter Eri[štu(?)] überschreibt. Das Grundstück befindet sich offenbar in ungeteiltem Gemeinschaftsbesitz mit Verwandten.

Nr. 22: Fragment einer Vermögensübertragung o. ä.
Inventarnummer: BM 31721 (76–11–17, 1448)

Vs

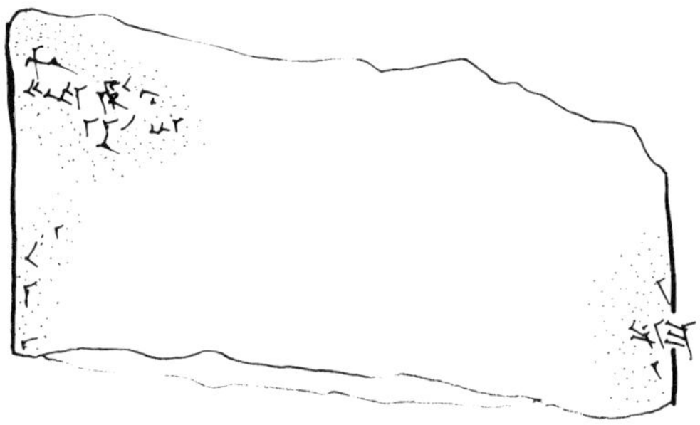

Rs

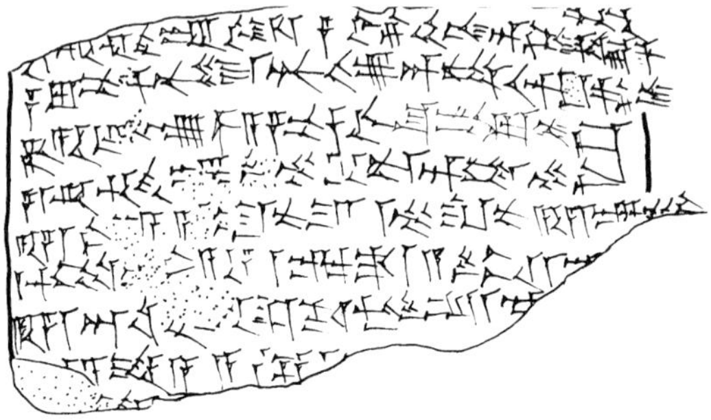

1′ ⸢x x⸣ [...]
2′ *pu-ut zitti* [...]
danach nur Spuren einzelner Zeichen auf der Vorderseite erkennbar

Rs 1′ [ ] *mārtī-šú*
2′ *u* ^{m}*Ri-mut-*^{d}*Bēl muti*(DAM) *šá* ^{f}*Ni-din-tu*$_4$*-*^{d}*Bānī-tu*$_4$ *id-dag-gal*
3′ *šá dib-bi an-nu-tu innû*(BAL$^{!}$)^{ú} ^{d}*Marduk u* ^{d}*Zar-pa-ni-tu*$_4$
4′ *ḫalāq*(ḪA.A)*-šú liq-*⸢*bu*⸣*-ú ina a-šá-bi šá* ^{f}*Šu-*⸢x-x⸣*-tu*$_4^{?}$ ⸢*ummi*⸣
5′ *šá* ^{m}*Ri-mut-*^{d}⸢*Nabû*⸣ ^{lú}*mu-kin-nu* ^{md}*Marduk-šuma-ibni*
6′ *mār*$_2$*-šú šá* ^{m}*Bani-*⸢*ia*⸣ *mār*$_2$ ^{m}*Abī-úl-īde* ^{m}*Mu-ra-nu mār*$_2$*-šú šá* ^{md}*Nabû-zēra-ibni*
7′ ^{md}*Marduk-*⸢*zēra-ibni*⸣ *mār*$_2$*-šú šá* ^{md}*Nabû-le*ʾ*i*$_2$ *mār*$_2$ ^{lú}*Itinnu*$^{?}$ $^{md+}$[...]
8′ *mār*$_2$*-šú šá* ^{md}*Šamaš-*⸢*uballiṭ*^{iṭ}⸣ *mār*$_2$ ^{m}*Da-bi*$^{?}$-<*bi*>$^{?}$ ^{lú}*ṭupšarru*$_2$ $^{md+}$[...]
9′ ⸤*mār*$_2$*-šú šá*⸥ ^{m}*A-qar-a mār*$_2$ ^{m}*E-g*[*ì bi* ...]
10′ $^{[iti]}$*abu*(NE) [...]

Z. 4′ Der Name ist nicht sicher zu lesen. Nach ŠU folgt etwas wie GAB oder TAG, dann LU (oder vielleicht IB). Der Name endet wohl auf *-tu*$_4$ (oder vielleicht *-nu*).

Z. 5′ Hier ist wohl Rīmūt-Nabû zu lesen, nicht Rīmūt-Bēl, wie in Z. 2′. Auch inhaltlich ist kaum der Name des Bräutigams zu erwarten, da dessen Mutter keine Rechte aufgibt, wenn Verwandte ihrer Schwiegertochter eine Verfügung zu deren Gunsten machen, ᶠŠu…tu dürfte vielmehr eine Verwandte der Braut sein, vielleicht die Großmutter. Bräutigam und Schwiegervater hätten dann einen ähnlichen klingenden (oder gleichlautenden) Namen, je nachdem, wie die stark abgeriebenen Zeichen zu lesen sind.

Z. 7′ Der Familienname ist nicht völlig klar. Die Zeichenform ähnelt zwar DÍM, sieht aber eher wie UŠ aus. Daher wäre auch an ˡᵘ́UŠ.<BAR> zu denken, zumal in der nächsten Zeile ebenfalls ein Zeichen ausgefallen zu sein scheint.

Übersetzung

[…] (Z. 2′) Anteil […] ((große Lücke)) wird (es) [ᶠ…], (Rs 1′) seiner/ihrer Tochter, (Rs 2′) und Rīmūt-Bēl, dem Ehemann der ᶠNidinti-Bānītu, gehören. (Rs 3′) Wer diese Abmachung ändert, (Rs 4′) dessen Untergang mögen (Rs 3′) Marduk und Zarpanītu (Rs 4′) befehlen. In Anwesenheit von ᶠŠu…tu, der Mutter (Rs 5′) des Rīmūt-Nabû.

Zeugen	Marduk-šuma-ibni/Banija/Abī-ul-īde
	Mūrānu/Nabû-zēra-ibni
	Marduk-zēra-ibni/Nabû-le'i/Itinnu
	[…]/Šamaš-uballiṭ/Dābi<bī>(?)
ina-ašābi-Zeugin	Šu…lutu, Mutter des Rīmūt-Nabû
Schreiber	[…]/Aqarâ/Eg[ibi?]
Ausstellungsort	weggebrochen
Datum	[x].5.[x KN]

Kommentar

Es handelt sich um eine Vermögensübertragung durch Vater oder Mutter zugunsten der Tochter ᶠNidinti-Bānītu und deren Ehemann, vermutlich im Rahmen oder zusätzlich zu einer Mitgiftbestellung. Nur die letzte Klausel vor der Fluchformel ist erhalten. Wahrscheinlich sagt sie aus, daß ein bestimmtes Objekt erst nach dem Tod des Erblassers oder einer anderen bedachten Person (etwa der Ehefrau bzw. Mutter) Tochter und Schwiegersohn gehören soll.

Die kurze Fluchformel folgt dem üblichen Formular.

Die Anwesenheit der ᶠŠu…tu als *ina-ašābi*-Zeugin müßte nicht verwundern, wäre sie die Großmutter der ᶠNidinti-Bānītu. Einige der hier betroffenen Objekte könnten ursprünglich zu ihrer Mitgift gehört haben.

Nr. 23: Vermögensübertragung zur Kompensation von Mitgiftbestandteilen (?)

Inventarnummer: BM 41869 (81–6–25,489)

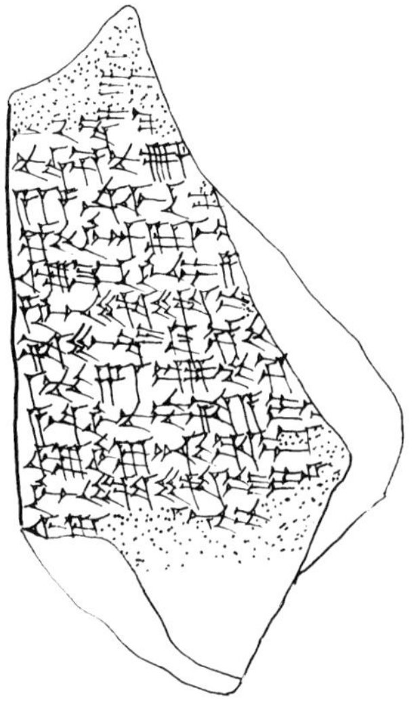

1′ [x x (x)] i [...]
2′ ⸢*ik-nu*⸣*-uk-ma* [...]
3′ *nu-dun-nu-ú šá* [...]
4′ *mār*$_2$ ^{m}*Šá-na-ši-šú* ⸢*ú*⸣ [...]
5′ *e-lat* ^{fd}*Taš-me-t*[*u*$_4$*-*...]
6′ *ù mārī-šú* ^{f}*Mi-ṣa-*[*tu* ...]
7′ *šá* ^{f}*Be-li-li-t*[*u*$_4$ ...]
8′ *ta-bu-uk-ku e-lat* [...]
9′ ^{m}*Zēri-iá* ^{md}*Nabû-šumu-līš*[*ir* ...]
10′ *a-na* ^{f}*Nu-up-ta-a i-*⸢x⸣-[...]
11′ *ù* ^{f}*Lu-bal-ṭa-at* [...]
12′ ^{f}*Be-li-li-tu*$_4$ *i-na*[*m-din* ...]
13′ *ù* [*nikkassu*(?) *g*]*a-bi* [...]

Rest der Vorderseite und Beginn der Rückseite nicht erhalten

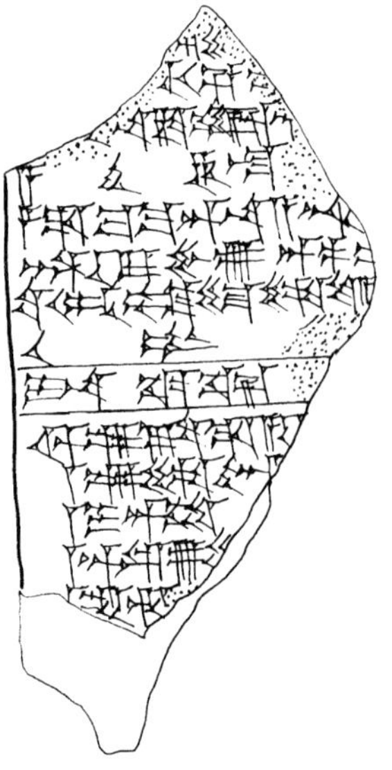

Rs 1′ [x x x (x)] ⸢x x⸣ [...]
2′ [x x x (x)]*-šú*? *u e-*⸢x⸣-[...]
3′ [x x x]*-na kaspu šīm* ^{md}[...]
4′ *a-ḫi zitti* [...]
5′ *šá da-ba-ba an-na-a innû*[^{ú} ^{d}*Marduk u* ^{d}*Zarpanītu*]
6′ *ḫal-qa-šú liq-bu-ú* ^{d}*Nabû*(PA) *ṭ*[*upšar Esagila*]
7′ *u*$_4$*-mi-šú ár-ku-tu li-kar-*[*ri nīš ilī*]
8′ *u šarri* [...]

9′ *i-na ka-nak* [^{im}*ṭuppi šuāti*]

10′ IGI ^{md}*Nabû-mušētiq-uddê mār*$_2$*-šú š*[*á* ...]
11′ ^{md}*Nabû-le-ʾi mā*[*r*$_2$*-šú šá* ...]
12′ ^{m}*Naʾid*$_2$*-*^{d}*Marduk* [...]
13′ ^{md}*Nergal-ú-š*[*e-zib* ...]
14′ ^{md}*Bēl-ri-*[...]

Rest der Zeugen- und Schreibernamen, Ausstellungsort und Datum weggebrochen

Z. 8′ *abāku* wird u.a. verwendet, wenn es um das „Wegführen" als Pfand durch den Gläubiger geht.

Übersetzung

[PN hat ...] (Z. 2′) unter Ausstellung einer offiziellen Urkunde [... (als Gegenwert) für die] (Z. 3′) Mitgift der [PNf ...] (Z. 4′) aus der Familie Ša-nāšīšu (als Eigentum) [übertragen(?)] (Z. 5′) Abgesehen von (der Sklavin) Tašmētu[...] (Z. 6′) und ihrem Kind, Mīṣatu [...] (Z. 7′) die Bēlilītu [...] (Z. 8′) weggführt hat. Abgesehen von [...] (Z. 9′) Zērija (und) Nabû-zēru-līšir [...] (Z. 10′) an Nuptaja (Z. 11′) [...] und Lū-balṭat [... an] (Z. 12′) Bēlilītu geben. [...] (Z. 13′) und das gesamte [Vermögen (?)] ((große Lücke)) (Rs 3′) [... x] m Silber (als) Kaufpreis (des Sklaven) [PN ...] (Rs 4′) halben Anteil [...].

(Rs 5′) Wer diese Abmachung ändert, (Rs 6′) dessen Untergang mögen (Rs 5′) [Marduk und Zarpanītu] (Rs 6′) befehlen. Nabû, der Sch[reiber von Esagil], (Rs 7′) möge seine langen Tage abkürzen. [Einen Eid bei Göttern] (Rs 8′) und König [... geschworen].

Zeugen Nabû-mušētiq-uddê/[...]
Nabû-lē᾿i/[...]
Na᾿id-Marduk/[...]
Nergal-ušē[zib/...]
Bēl-ri[...]

Rest der Zeugennamen, Ausstellungsort und Datum weggebrochen

Kommentar

Wenn das Formular richtig ergänzt ist, so dürfte es um die Kompensation von Mitgiftbestandteilen (wohl Silber und/oder Sklaven) gehen, die der Ehemann verkauft oder verpfändet hat.

Nr. 24: Vermögensübertragung
Inventarnummer: BM 35675 (Sp 3, 193)

Vs

5′

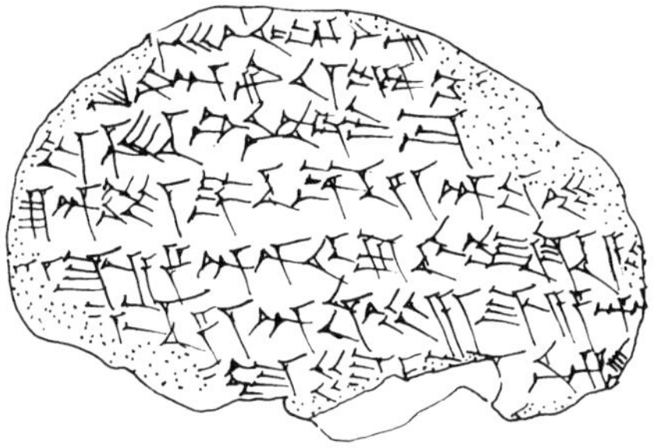

Rs

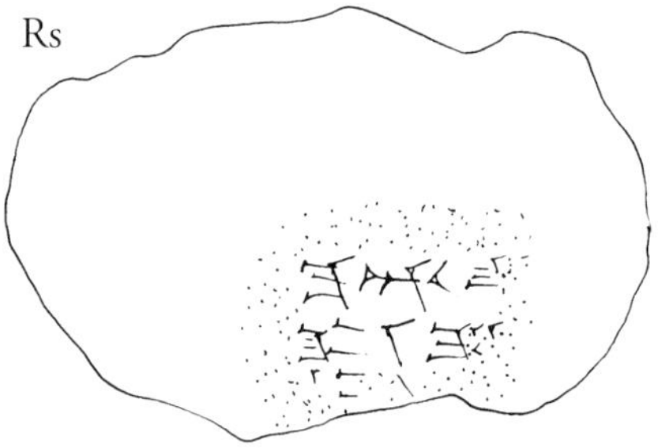

1′ [...]-$^{\ulcorner d\urcorner}$*Sîn ina mi-*⸢*gi-ir*⸣ [*libbīšu* ...]
2′ [^{md}...-*b*]*ul-liṭ-an-ni u* ^{md}*Nabû-*⸢x⸣-[...]
3′ $^{[lú]\ulcorner}$*ardī*$^{\urcorner meš}$*-šú tak-nu-uk-ma* [*pāni*]
4′ [^{m}*Er*]*ība-*^{d}*Marduk mārī-šú mār-šú šá* ^{md}*Šamaš-iddin* [o]
5′ ⸢*mār* $^{m\urcorner}$*Rabâ*^{a}*-šá-*^{d}*Ninurta*$_{2}$ *ù* ^{f}*Dum-qí-šú-a-m*[*ur*]
6′ [*mārtīšú*] *mār-šú*$^{(sic!)}$ *šá* ^{md}*Šamaš-iddin mār*$_{2}$ ^{m}*Rabâ*^{a}*-šá-*$^{d\ulcorner}$*Ninurta*$_{2}$⸣
7′ [*ana ūmī ṣ*]*a-at tu-*⸢*šá-ad*⸣*-gi*[*l* o]

Rest des Vertragstextes bis auf einzelne Zeichen völlig zerstört

Z. 6′ Statt *mār-šú šá* wäre *mārassu šá* zu erwarten, wenn es sich um die Filiation der Dumqīšu-āmur handelt. Die Ehefrau des Erība-Marduk (und dessen Filiation) würde man an dieser Stelle nicht erwarten, zumal der Platz dann nicht reichte.

Übersetzung

[PNf aus der Familie ...]-Sîn hat aus freiem [Entschluß (wörtlich: bei Zustimmung [ihres Herzens]) (Z. 2′) ...]-bulliṭanni und Nabû-[...], (Z. 3′) ihre Sklaven, unter Ausstellung einer offiziellen Urkunde [an] (Z. 4′) Erība-Marduk, den Sohn des Šamaš-iddin (Z. 5′) aus der Familie Rabâ-ša-Ninurta, und Dumqīšu-ā[mur, (Z. 6′) ihre ...], die Tochter(!) des Šamaš-iddin aus der Familie Rabâ-ša-Ninurta, (Z. 7′) [auf ewige] Zeiten (als) Eigentum übertragen. [...]

Kommentar

Es liegt eine Vermögensübertragung durch die Mutter zu Gunsten von Sohn und Tochter vor. Sie betrifft zwei Sklaven.

Nr. 25: Fragment einer Vermögensübertragung
Inventarnummer: BM 37722 (80–06–17,1479)

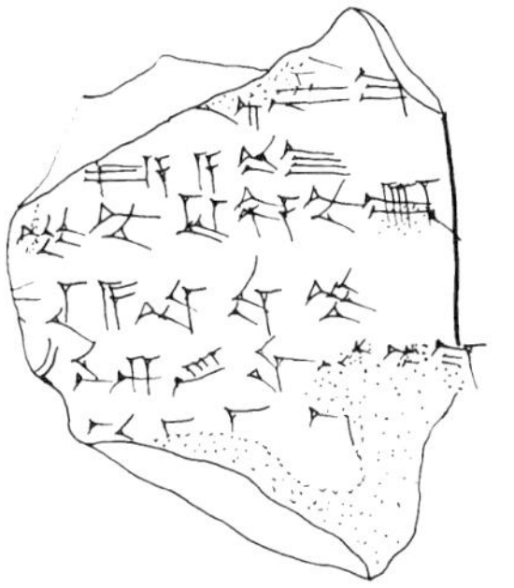

1′ [… -*n*]*u-uk-ma*
2′ […] *ia-a-tu*$_4$
3′ [… *ku*]*-mu nu-dun-nu-ú-šú*
4′ [… *id*/*tad-di-n*]*u-šú a-na u*$_4$*-mu*
5′ [*ṣâti* (…) (*t*)*u-ša*]*d-gil u*$_4^?$-⸢*mu*$^?$ *ma*$^?$*-la*⸣
6′ […] ⸢x x x⸣

große Lücke

Rs

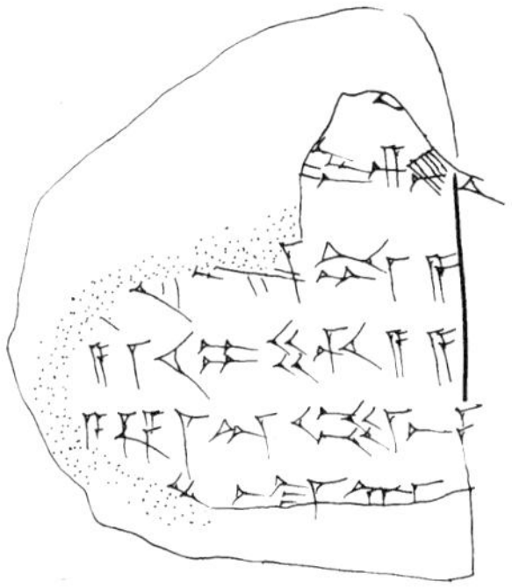

Rs 1′ […] ⸢x⸣-gi-⸢x⸣
2′ [… *mār*$_2$]-⸢*šú šá* ^{md}*Nabû*⸣*-mukīn*$_2$*-apli*$_2$
3′ […] *mār*$_2$ ^{m}*Mi-ṣir-a-a*
4′ […] *mār*$_2$*-šú šá* ^{md}*Marduk-ēṭir*$_2$
5′ […] ⸢^{lú}*Atkuppu*⸣

Z. 2′ Vielleicht *ana iâtu* „an mich" (subjektive Stilisierung) oder lies *áš-šá*$^{?!}$*-a-tu*$_4$ (normalerweise aber keine Pleneschreibung)? Vielleicht handelt es sich auch um den Vaters- oder Ahnherrennamen der oder des Begünstigten.
Z. 4′ Die Spuren am Anfang könnten zu SAL oder *ti* passen, daher ist beides, DUMU.SAL-*šú* oder *áš-šá-ti-šú* möglich.
Z. 5′ Oder *mim-mu ma-la*? Jedenfalls wohl nicht ^{f}… als Frauenname zu lesen.
Rs 1′ Wohl ein Zeugenname, die Lesung ^{m}*Nar-gi-ia*/*iá* scheint aber unmöglich.

Kommentar

Der Brösel ist zu fragmentarisch für eine Übersetzung. Die Schlüsselwörter für eine Vermögensübertragung, *iknuk*(*taknuk*)*-ma* … (*t*)*ušadgil*, sind erhalten. Wegen *kūm nudunnê* könnte es um eine Kompensation von Mitgiftobjekten gehen.

Nr. 26: Fragment einer Vermögensübertragung (?)
Inventarnummer: BM 38428 (80–11–12,311)

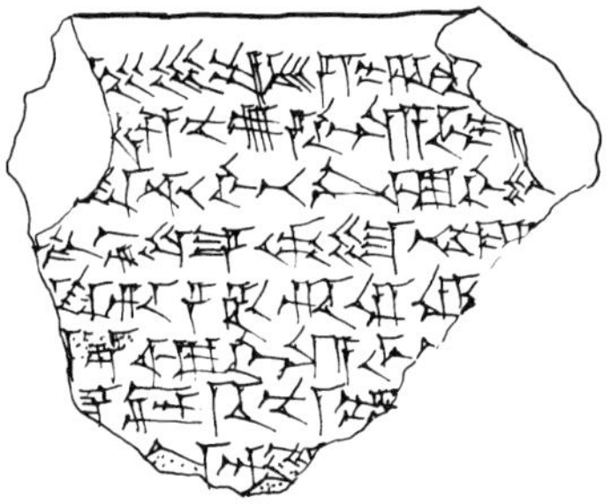

Rs

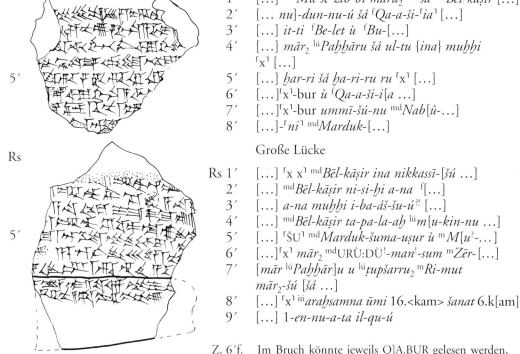

1′ [...] ⸢^{m}⸣*Mu-še-zib-bi mārū*$_2$^{meš} *šá* ^{md}*Bēl-kāṣir* [...]
2′ [... *nu*]*-dun-nu-ú šá* ^{f}*Qa-a-ši-*⸢*ia*⸣ [...]
3′ [...] *it-ti* ^{f}*Be-let ù* ^{f}*Bu-*[...]
4′ [...] *mār*$_2$ ^{lú}*Paḫḫāru šá ul-tu* {*ina*} *muḫḫi* ⸢x⸣ [...]
5′ [...] *ḫar-ri šá ḫa-ri-ru ru* ⸢x⸣ [...]
6′ [...]⸢x⸣-bur *ù* ^{f}*Qa-a-ši-i*[*a* ...]
7′ [...]⸢x⸣-bur *ummī-šú-nu* ^{md}*Nab*[*û-*...]
8′ [...]-⸢*ni*⸣ ^{md}*Marduk-*[...]

Große Lücke

Rs 1′ [...] ⸢x x⸣ ^{md}*Bēl-kāṣir ina nikkassī-*[*šú* ...]
2′ [...] ^{md}*Bēl-kāṣir ni-si-ḫi a-na* ^{f}[...]
3′ [...] *a-na muḫḫi i-ba-áš-šu-ú*$^{?!}$ [...]
4′ [...] ^{md}*Bēl-kāṣir ta-pa-la-aḫ* ^{lú}*m*[*u-kin-nu* ...]
5′ [...] ⸢ŠU⸣ ^{md}*Marduk-šuma-uṣur ù* ^{m}*M*[*u*$^{?}$-...]
6′ [...]⸢x⸣ *mār*$_2$ ^{md}URÙ:DÙ$^{!}$-*man*$^{!}$-*sum* ^{m}*Zēr-*[...]
7′ [*mār* ^{lú}*Paḫḫār*]*u u* ^{lú}*ṭupšarru*$_2$ ^{m}*Ri-mut mār*$_2$*-šú* [*šá* ...]
8′ [...] ⸢x⸣ ^{iti}*araḫsamna ūmi* 16.<kam> *šanat* 6.k[am]
9′ [...] 1*-en-nu-a-ta il-qu-ú*

Z. 6′f. Im Bruch könnte jeweils Q]A.BUR gelesen werden, somit käme der Familienname Paḫḫāru als Ergänzung in Betracht. Falls es sich jedoch um eine Auflistung von Sklaven handelt, dann wäre in Z. 6′ an etwas wie *-líl-bur* zu denken.
Rs 8′: Der Ausstellungsort endet nicht mit dem Determinativ ^{ki}.

Übersetzung

[PN und] Mušēzib, die Söhne des Bēl-kāṣir [aus der Familie ...] (Z. 2′) [...] Mitgift der ^{f}Qâšija [...] (Z. 3′) [...] mit ^{f}Bēltu und ^{f}Bu[...] (Z. 4′) [...] aus der Familie Paḫḫāru, das von [...] (Z. 5′) [...] bis zum ...-Graben (reicht), [...] (Z. 6′) [...] und Qâšija [...] (Z. 7′) [...] ihre(r) Mutter, Nabû-[...] (große Lücke) (Rs 1′) [...] Bēl-kāṣir von seinem (oder: ihrem) Vermögen [...] (Rs 2′) Bēl-kāṣir einen Abzug an [PNf ...] (Rs 3′) [...] auf seine Rechnung vorhanden ist, (Rs 4′) [... PNf] wird Bēl-kāṣir (als Herrn) respektieren.

Zeugen	[...]šu, Marduk-šuma-uṣur und M[u...]/[...]/URÙ.DÙ-mansum Zēr[...]/[...]/Paḫḫāru
Schreiber	Rīmūt/[...]/[...]
Ausstellungsort	weggebrochen
Datum	16.8.6 [KN] (wegen der Platzverhältnisse wohl eher nB)

Kommentar

Wegen der starken Beschädigungen und der fehlenden Hintergrundinformation bleibt der hier dokumentierte Vorgang unklar.

Die Urkunden der [f]*Šikkuttu aus der Familie* URÙ.DÙ-*mansum (Nr. 27 bis 32)*

Die Zentralfigur des folgenden kleinen Dossiers ist [f]Šikkuttu aus der Familie URÙ.DÙ-mansum. Sie war die Tochter des königlichen Richters Marduk-šākin-šumi, der aus Prozeßurkunden aus der Zeit von Neriglissar und Nabonid bekannt ist.[1] Die sieben Urkunden, in denen [f]Šikkuttu genannt wird, stammen aus Babylon und gehören zum Umfeld des Šangû-Ninurta-Archivs.[2] Eine ihrer Töchter hat einen mit der Familie Šangû-Ninurta verschwägerten Mann geheiratet.[3] Das hier vorgestellte Dossier betrifft die Mitgift und eventuell weitere Zuwendungen, die [f]Šikkuttu erhalten, bewirtschaftet und ihren Töchtern vermacht hat.

[f]Šikkuttu begegnet erstmals im Jahre 2 Ngl in BM 46646 (Nr. 27) als Gläubigerin eines Silberbetrags. Demnach war sie zu diesem Zeitpunkt bereits erwachsen und geschäftsfähig, vermutlich auch schon mit Ea-šuma-uṣur[4] aus der Familie Ēṭiru verheiratet. Ihr Vater war damals in das Amt eines königlichen Richters aufgerückt und sollte es nicht mehr lange bleiben; wahrscheinlich ist er um 0 Nbn gestorben.[5]

Während der Regierungszeit des Nabonid kam es zu einer gerichtlichen Auseinandersetzung oder außergerichtlichen Einigung vor den königlichen Richtern zwischen [f]Šikkuttu und dem Sohn eines gewissen Ea-aḫḫē-iddin, dessen Name auf zwei Winkelhaken oder Schrägkeile übereinander endet, wie aus dem kleinen Fragment BM 48562[6] zu entnehmen ist. Zudem wird ein Bēl-ikṣur genannt, dessen Filiation abgebrochen ist. Von einem Verpflichtungsschein (bzw. einer Forderung oder Urkunde im allgemeinen) und von Mitgift ist die Rede, und hinter dem Namen Ea-MU-[...] in Z. 10 könnte sich Šikkuttus Ehemann verbergen.

Wenn es um eine Mitgiftangelegenheit geht, dann sind grundsätzlich zwei Szenarien denkbar: Auseinandersetzungen mit Gläubigern, d.h. Außenstehenden, die Anspruch auf Mitgiftobjekte erheben, oder Forderungen gegenüber dem Ehemann oder seinen Verwandten bezüglich der Mitgift. Wenn letzteres zuträfe, dann bestünden gute Chancen, daß der Kontrahent Bēl-ikṣur der Schwiegervater oder Schwager der [f]Šikkuttu ist. Mindestens einer der beiden Männer sollte dann ein Sohn des Ea-aḫḫē-iddin sein, epigraphisch passen beide Namen zu den erhaltenen Zeichenspuren. BM 46938, eine Quittung aus der Regierungszeit des Nabonid, nennt in der Tat einen Ea-šuma-uṣur, Sohn des Ea-aḫḫē-iddin, dessen Familienname mit E beginnen könnte, mithin den Ehemann der [f]Šikkuttu. Auch ein Beleg für Bēl-ikṣur mit derselben unvollständigen Filiation läßt sich finden, zudem wird [f]Šikkuttu im selben Dokument genannt: BM 46721 (Nr. 31). Letzte Zweifel an der Rekonstruk-

1 Belege bei C. Wunsch, *Fs Oelsner*, S. 578 und Übersichtstabelle S. 570.
2 Vgl. dazu den Kommentar zu Nr. 2 in diesem Buch.
3 Dazu ausführlich im Kommentar zu Nr. 4 in diesem Buch.
4 Der Name des Ehemannes läßt sich aus der Filiation der Töchter ableiten, vgl. den Kommentar zu Nr. 4 in diesem Buch
5 Mit dem Beginn von Nabonids Regierung ändert sich die Zusammensetzung des Richterkollegiums, Marduk-šākin-šumi erscheint nicht mehr, wohl aber noch zwei seiner früheren Kollegen. Um in das Amt eines königlichen Richters aufzurücken, war neben einer entsprechenden Schreiberausbildung und -praxis auch Erfahrung vonnöten. Die Amtszeiten waren nicht sehr lang und man kann annehmen, daß die Männer erst im vorgerückten Alter berufen wurden, vgl. C. Wunsch, *Fs Oelsner*, besonders S. 567–574.
6 Alte Inventarnummer 81-11-3,1273; publiziert in C. Wunsch, AfO 44/45 als Nr. 28.

tion des Stammbaums beseitigt schließlich die Tatsache, daß ein Sohn des Bēl-ikṣur aus der Familie Ēṭiru etwa zwanzig Jahre später ein Haus an fŠikkuttu verkauft (BM 47795+, Nr. 29). Seine Person war bereits an anderer Stelle erwähnt.[7]

Die Beziehungen zwischen den Familien URÙ.DÙ-mansum, Ēṭiru, Bēl-apla-uṣur und Šangû-Ninurta lassen sich (unter Weglassung der hierfür unbedeutenden Familienmitglieder) demnach folgendermaßen darstellen:

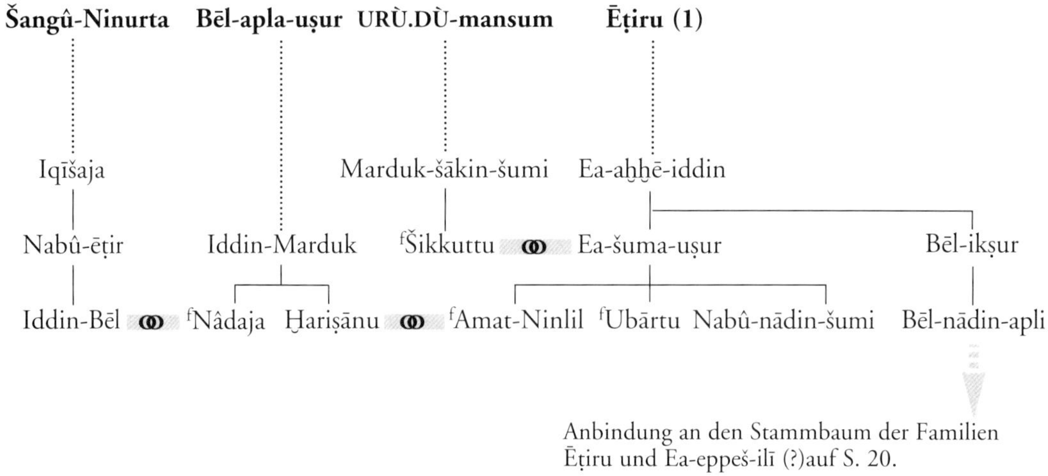

Von Anlaß und Ergebnis der gerichtlichen Auseinandersetzung zwischen fŠikkuttu und ihrem Schwager Bēl-ikṣur läßt BM 46721 (Nr. 31) aus dem Jahre 16 Nbn etwas erahnen. Es handelt sich um einen Verpflichtungsschein über Pachteinkommen zu Lasten eines Sklaven des Bēl-ikṣur. Wir können daraus schließen, daß der Sklave ein Grundstück als Pächter bewirtschaftete. Die Datteln werden als Versorgungsleistungen bezeichnet, die fŠikkuttu und ihren Töchtern zustehen. Dergleichen Ansprüche resultieren normalerweise aus Mitgiften, die entweder noch nicht aus dem väterlichen Vermögen herausgelöst, oder ins Vermögen der Familie des Ehemanns inkorporiert sind, also nicht vom Ehemann selbst verwaltet werden.

fŠikkuttus Mitgift hatte sicher ihr Schwiegervater erhalten; wenn nach dessen Tod Bēl-ikṣur die Leitung der Familiengeschäfte übernommen hatte (weil er der ältere der Brüder war oder Ea-šuma-uṣur ebenfalls verstorben war), dann bewirtschaftete er zunächst auch ihre Mitgift. Man wird also nicht fehlgehen, wenn man annimmt, daß die Richter über die Herausgabe bzw. Kompensation von fŠikkuttus Mitgift zu befinden hatten, sei es im Zusammenhang mit einer Erbteilung zwischen Bēl-ikṣur und Ea-šuma-uṣur, oder an fŠikkuttu als Witwe. Ein plausibles Szenario wäre die Zuweisung eines Grundstücks bzw. Grundstücksanteils als Gegenwert für Mitgiftsilber oder andere Objekte.

Im Jahre 8 Cyr trifft fŠikkuttu eine Verfügung über jene Vermögenswerte, die sie von ihrem Vater erhalten hatte (BM 46838, Nr. 28), wobei der fragmentarischen Urkunde nicht entnommen werden kann, ob diese ursprünglich zur Mitgift gehört hatten oder

7 Vgl. den Kommentar zu Nr. 4 in diesem Buch.

darüber hinaus durch eine gesonderte Vermögensübertragung in ihren Besitz gelangt waren. Sie überschreibt ihren Töchtern zu gleichen Teilen insgesamt elf Sklaven, allerdings sollen sie ihr weiterhin dienen und zur Verfügung stehen, solange sie lebt. Es werden außerdem noch zwei Minen Silber und „ihr (fem. Pl.) Bruder" erwähnt—darauf wird noch zurückzukommen sein. In jedem Falle ist klar, daß neben den Töchtern ein männlicher Nachkomme vorhanden war.

Eine weitere, fragmentarische Bestimmung, daß eine männliche Person irgend etwas bezüglich der Mitgift und eines Hauses nicht nehmen kann oder darf, entzieht sich einer schlüssigen Interpretation. Insgesamt ist so viel Text zerstört, daß noch mit weiteren Klauseln zu rechnen ist.

Etwa zehn Jahre später erwirbt ᶠŠikkuttu von ihrem Neffen Bēl-nādin-apli, dem Sohn des Bēl-ikṣur, nach Ausweis von BM 47795+ (Nr. 29) einen Teil von dessen Hausgrundstück in der Neustadt von Babylon, der etwa 144 m^2 mißt und mit einer Rohrhütte (d.h. in Leichtbauweise im Gegensatz zum massiven Lehmziegelbau) bebaut ist. Der fragmentarische Kaufvertrag überliefert weder Preis noch Datum, kann aber durch die Schreibernamen und -siegel in die Übergangszeit von Cambyses auf Darius datiert werden. ᶠŠikkuttu muß demnach über entsprechende Ressourcen zum Kauf in ihrem eigenen Namen verfügt haben. Keinesfalls können die Mittel aus dem Erbe ihres Ehemannes stammen, denn dies stand ihrem Sohn zu. Zwar wäre die Möglichkeit zu erwägen, daß ihr Ehemann, sollte er noch am Leben gewesen sein, sie als Strohmann benutzt haben könnte, aber ein solches Vorgehen „lohnt" sich nur bei einer ungeteilten Erbengemeinschaft, wenn Gewinne, die mit gemeinschaftlichem Kapital erwirtschaftet wurden, gewissermaßen „privat" abgezweigt werden sollen.[8] Die oben geschilderten Vorgänge zu Nabonids Zeiten machen dies wenig wahrscheinlich.

Zu einem späteren Zeitpunkt ließ ᶠŠikkuttu eine neue Vermögensübertragung zu Gunsten ihrer Kinder ausstellen, die dieses Hausgrundstück mit berücksichtigt: BM 46581 (Nr. 30). Daneben werden auch andere Güter erwähnt, was eine vorsichtige Schätzung ihres Vermögens ermöglicht.

Neben dem Haus gehörte ihr ein landwirtschaftliches Grundstück, das sicher, wie üblich, aus einem ufernahen Dattelgarten mit dahinterliegendem Getreidefeld bestand. Der Dattelgarten wurde im Jahre 8 Dar nach Ausweis von BM 46830 (Nr. 32) von eigenen Sklaven als Pächtern bewirtschaftet. Das Einkommen an Datteln betrug 58 Kur (etwa 10440 Liter), dürfte also eine Anbaufläche von zwei bis drei PI (5400 bis 8100 m^2) Gartenland voraussetzen.[9]

Fünf Sklaven werden in der Vermögensübertragung BM 46581 (Nr. 30) ebenfalls genannt, da aber die Textpassage über den Anteil der älteren Tochter nicht erhalten ist, kann man acht als Minimum voraussetzen, vermutlich waren es eher mehr. In der früheren Urkunde BM 46838 (Nr. 28) war von elf Sklaven die Rede. Wenn einige davon vermietet

---

8 Diese Strategie ist z.B. von Marduk-nāṣir-apli aus der Familie Egibi zunächst erfolgreich angewendet worden, bis dann seine Brüder bei der Erbteilung darauf gedrungen haben, auch alle im Namen von Marduk-nāṣir-aplis Ehefrau erworbenen Grundstücke in die Teilung einzubeziehen (Dar 379: 55f.).

9 Dies ist eine grobe Schätzung unter der Voraussetzung, daß bei einer guten Ernte ein Baum um 1 Kur Datteln liefern kann und eine Fläche von mindestens 9×9 m beansprucht.

waren oder gegen Sklavenabgabe (*mandattu*) eigenverantwortlich arbeiteten, dann garantierte dies ein hübsches Einkommen.

Besonderes Interesse verdient aber die Erwähnung eines Verpflichtungsscheines über mindestens fünf Minen Silber zu Lasten eines nicht identifizierbaren Schuldners, den die jüngere Tochter erben soll. Da die Töchter zu gleichen Teilen bedacht werden, ist ein ähnlich hoher Betrag (als Forderung oder in anderen Vermögenswerten) auch für die ältere Tochter vorauszusetzen. fŠikkuttu hatte also mindestens zehn Minen Silber *ina sūqi* „am Markt“ und könnte damit bei der üblichen Zinsrate von 20% jährlich zwei Minen Silber verdient haben. Der Hauskauf könnte also durchaus mit Erträgen ihres Vermögens finanziert worden sein. Es scheint, als habe sie es verstanden, in den Jahren seit der ersten Verfügung ihr Vermögen kräftig zu vermehren. Nunmehr legt sie fest, wer was nach ihrem Tod erhalten soll—bis dahin behält sie sich das Nutzrecht vor.

Offensichtlich weist sie den Töchtern mehr zu als dem Sohn, der ja ohnehin das väterliche Vermögen übernommen hat oder übernehmen wird. Das Hausgrundstück wird allerdings gedrittelt und allen dreien zu gleichen Teilen bestimmt. Wenn es heißt, die Schwestern sollen den Bruder seinen Anteil nehmen lassen (Rs 7f.), dann klingt dies fast, als müsse der kleine Bruder gegenüber seinen habgierigen Schwestern geschützt werden. Vermutlich soll der Vermerk aber etwas anderes zum Ausdruck bringen, etwa daß der Bruder seinen Anteil zuerst wählen kann. In das landwirtschaftliche Grundstück teilen sich nur die Schwestern, auch Sklaven und die Forderungen über Silberbeträge werden wohl nur ihnen zugewiesen, allerdings mit einer Ausnahme: Jene zwei Minen Silber, die schon in der früheren Urkunde in fragmentarischem Kontext im Zusammenhang mit „ihrem Bruder“ erwähnt wurden, werden nun durch zwei Sklaven ersetzt. Alles in allem scheint es, als habe fŠikkuttu das frühere Dokument auf den neuesten Stand gebracht, d.h. ihren verbesserten Vermögensverhältnissen angepaßt.

Bemerkenswert ist ein weiteres Detail: fŠikkuttu benutzt das Formular der Vermögensübertragung (*taknuk-ma pāni … tušadgil*) für die Zuwendungen an ihre Töchter, deklariert sie also nicht als zusätzliche Mitgift. Damit erhalten die Töchter selbst das Nutz- und Verfügungsrecht, nicht deren Ehemänner. fŠikkuttu, die als Tochter eines königlichen Richters mit umfangreichem Startkapital versehen war und mindestens 44 Jahre lang selbständig Geschäfte betrieben hat, sichert damit ihren Töchtern eine ähnlich eigenständige Position.

Nr. 27: Verpflichtungsschein mit Verfallspfand
Inventarnummer: BM 46646 (81–8–30,112)

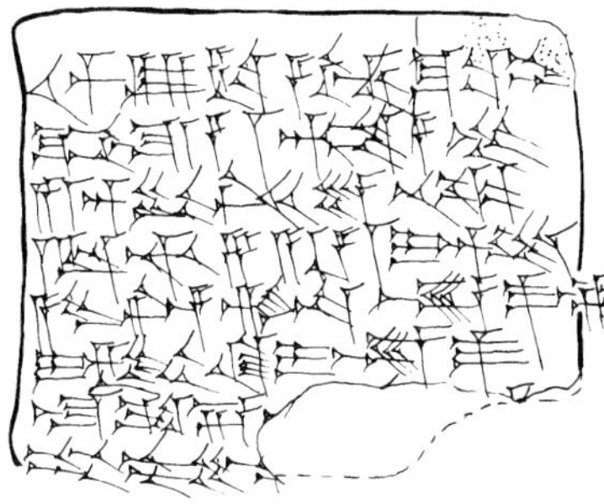

1 10½ *šiqil kaspu šá* ^{f}*Šik-ku-ut-tu*$_4$
2 *mārat-su šá* ^{md}*Marduk-šākin-šumi*
3 *mār*$_2$ ^{md}URÙ.DÙ-*man-sum ina muḫḫi*
4 ^{m}*Kab-ti-ia mār*$_2$-*šú šá* ^{m}*Na'id*$_2$-^{d}*Marduk*
5 *mār*$_2$ ^{lú}*Ṣāḫit-ginê*(GI.NA) *ina* ^{iti}*šabāṭi*
ina qaqqadī-šú
6 *i-nam-din ki-i ina* ^{iti}*šabāṭi*
7 *la it-tan-nu* [...]
8 *qu-up-pu* ⌜x⌝ [...]
Rs 9 *šá ina pa-ni* ^{f}*Šik-ku-*[*ut-tú* ...]
10 *maš-ka-nu šá-ak-nu pa-ni* [^{f}*Šik-ku-ut-tu*$_4$]
11 [*a*]-*ki-i šīmi ḫa-ri-iṣ* [*id-dag*]-*gal*
12 $^{[lú]}$*mu-kin-nu* $^{md+}$[...]
13 *mār*$_2$ ^{md}*Nanna-u-t*[*u*] $^{m⌜}$*Ri*⌝-*mut*-^{d}*Bēl*
14 [*mār*$_2$-*š*]*ú* [*šá*] ^{m}*Na-di-nu mār*$_2$
$^{[m]d}$*Sîn-šá-du-nu*
15 ^{lú}*ṭupšarru* ^{md}*Nabû-šuma-ukīn*$_2$
mār$_2$-*šú šá* ^{m}*Na'id*$_2$-^{d}*Marduk*
16 *mār*$_2$ ^{lú}*Šá-ṭābtī*$^{ḫi.a}$-*šú Bābili*^{ki}
^{iti}*araḫsamna*
17 *ūmi* 5.kam *šanat* 2.kam
^{md}*Nergal-šarra-u*[*ṣur*]
18 *šàr Bābili*$^{k[i]}$
lRd ⌜*ú*⌝-*ìl-tì* ⌜*maḫ*⌝-*ri-tu*$_4$
2 *šá* 5½ *šiqil kaspi ḫi-pa-a-tú*

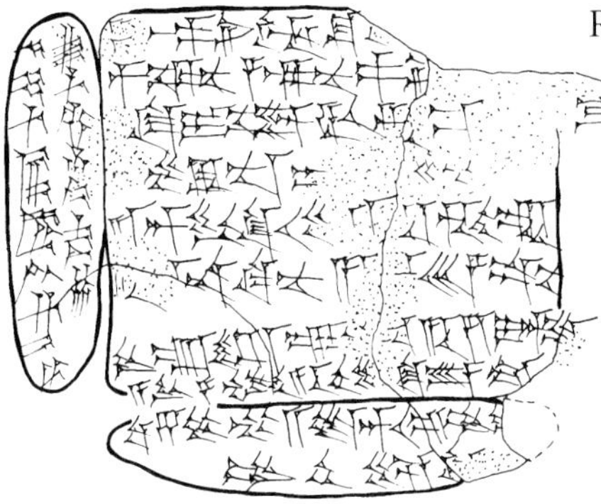

Z. 8 Der Begriff *quppu* „Kasten" assoziiert zunächst die Schatulle der Ehefrau, jenen Teil der Mitgift, über den sie frei verfügen kann (dazu M. T. Roth, AfO 36/37, S. 6–9). Daß das verliehene Silber aus dieser Quelle stammt, mag zwar zutreffen, ist aber hier offensichtlich nicht gemeint. Es geht vielmehr um ein verpfändetes Objekt in oder mit Kiste, Korb oder Käfig (auch Vögel werden in einem *quppu* gehalten), *qubūru* „Grab" wird wohl nicht gemeint sein. Wenn die zinslose Forderung innerhalb von drei Monaten nicht beglichen ist, gehört das Objekt der Gläubigerin. Ob die Verfallsvereinbarung tatsächlich zum Tragen kam, läßt sich nicht beweisen, wenn ja, dann hätte die vorliegende Urkunde als Erwerbsnachweis dienen können.

Übersetzung

10½ š Silber, (Forderung) der ^{f}Šikkuttu, (Z. 2) der Tochter des Marduk-šākin-šumi (Z. 3) aus der Familie URÙ.DÙ-mansum, zu Lasten von (Z. 4) Kabtija, dem Sohn des Na'id-Marduk (Z. 5) aus der Familie Ṣāḫit-ginê. Im 11. Monat wird er (es) in seinem Kapitalbetrag (Z. 6) zahlen. Wenn er (es) im 11. Monat (Z. 7) nicht zahlt, wird ... (Z. 8) ein Kasten, ... (Z. 9) der an Šikkuttu [(...)] (Z. 10) (als) Pfand bestellt ist, der [^{f}Šikkuttu] (Z. 11) zum *ḫariṣ*-Kaufpreis [(als Eigentum) gehören]. (IRd) Ein früherer Verpflichtungsschein (IRd 2) über 5½ š Silber ist zerbrochen (= ungültig).

Zeugen	[...]//Nanna-utu
	Rīmūt-Bēl/Nādinu/Sîn-šadûnu
Schreiber	Nabû-šuma-ukīn/Na'id-Marduk/Ša-ṭābtīšu
Ausstellungsort	Babylon
Datum	5.8.2 Ngl (31:10.558 v. Chr.)

Nr. 28: Vermögensübertragung von der Mutter an die Töchter
Inventarnummer: BM 46838 (81–8–30,304)

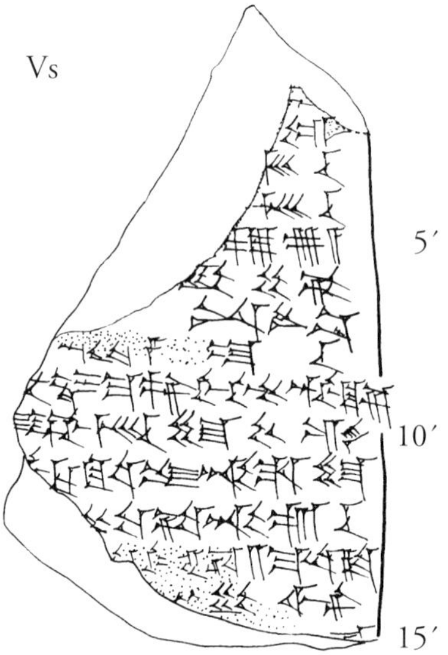

1′ [...] ⌜x⌝
2′ [...]-*lam*
3′ [... *mārē*]^{meš}-*šú*
4′ [... *mārē*]^{meš}-*šú*
5′ [...]-*rē'û-ú-a*
6′ [...-*kar*]*ābi*(SISKUR)-*išme*(ŠE.GA)
7′ [...] *napḫar*$_{2}$ 11 *amēlu-tú*
8′ [... ^{m}]^{d}*Marduk-šākin-*[*šumi*] *abī-šú*
9′ [... *tak*]-*nu-uk-ma pa-ni* ^{f}*Amat-*^{d}*Nin-líl*
10′ [*ù* ^{f}*Ú-bar-tu*$_{4}$] *mārāti*^{meš}-*šú tu-šad-gil*
11′ [... *ūm mala*] ^{f}*Šik-ku-ut-tu*$_{4}$ *bal-ṭa-tu*
12′ [...] *amēlu-tú ta-pal-làḫ-šú*
13′ [...]-⌜x x x⌝ 2 *ma-na kaspu*
14′ [...] *aḫū-ši-*⌜*ni*⌝
15′ [...]-⌜x⌝
Lücke

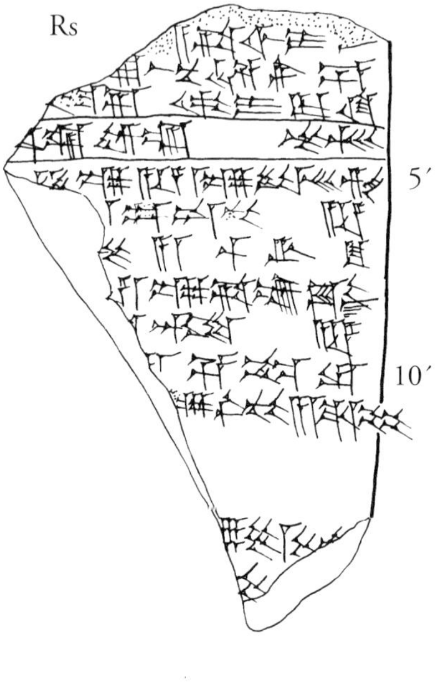

Rs 1′ [... *a-ḫa*]-*a-ta ši-i-ni*
2′ [...] ⌜x⌝ *ina nu-dun-né-e*
3′ [...] ⌜*ù*⌝ *bīti ul i-leq-qé*

4′ [*ina k*]*a-nak* ^{im}*ṭuppi šuāti*(MU)^{meš}

5′ [IGI ^{m}*Ri*]-⌜*mut*⌝-^{d}*Nabû mār*$_{2}$-*šú šá* ^{md}*Nabû-aḫḫē*^{meš}-*šullim*
6′ [...] ^{md}*Nabû-mukīn*$_{2}$-*zēri mār*$_{2}$-*šú šá*
7′ [...]-MU *mār*$_{2}$ ^{m}*Maš-tuk-ku*
8′ [... *mār*$_{2}$-*š*]*ú šá* ^{md}*Nabû-ta-qiš-bul-liṭ*
9′ [...] ⌜x⌝-^{d}*Marduk mār*$_{2}$-*šú šá*
10′ [... *mā*]*r*$_{2}$ ^{m}*E-ṭè-ru*
11′ [... ^{md}*N*]*abû-bāni-zēri mār*$_{2}$ ^{m}*Da-bi-bi*
zwei Zeilen frei
12′ [...] 8.kam ^{m}*Kur-r*[*aš*]
13′ [*šàr Bābili*^{ki} *šàr mātāti*(KUR].KUR)

Z. 1′-6′ Es sind Sklavennamen zu ergänzen.

Z. 8′f. Als Ergänzung kommt (Sklaven) [*nudunnû ša ina bīt*] M. *abīšu* [*taššû*] „... die Mitgift, die sie aus dem Hause ihres Vaters mitgebracht hatte" in Betracht. Die Platzverhältnisse sprechen eher gegen (Sklaven) *ša* M. *abūšu iknukū-ma pānīšu ušadgilu* „... die M. ihr unter Ausstellung einer offiziellen Urkunde (als Eigentum) übertragen hat". Danach muß in jedem Falle *taknuk-ma* folgen, weil es die Femininform in Z. 10′ erfordert.

Z. 12′ Der Kollektivbegriff *amēlūtu* wird als fem. Sg. behandelt.

Übersetzung

[... (Namen)] (Z. 7′) insgesamt 11 Sklaven, (Z. 8′) [...] Marduk-šākin-šumi, ihr(es) Vater(s), (Z. 9′) [...], hat [fŠikkuttu] unter Ausstellung einer offiziellen Urkunde an fAmat-Ninlil (Z. 10′) [und fUbārtu], ihre Töchter, (als Eigentum) übertragen. (Z. 11′) [(...) Solange] fŠikkuttu lebt, (Z. 12′) [(...)] werden die Sklaven sie (als Herrin) respektieren. (Z. 13′) [...] Zwei Minen Silber (Z. 14′) [...] ihr Bruder (große Lücke) (Rs 1′) [... haben] sie gleichen Anteil. (Rs 2′) [...] und von der Mitgift (Rs 3′) [...] und des Hauses wird er nicht nehmen.

Zeugen	[...]/Nabû-aḫḫē-ušallim/[...]
	Nabû-mukīn-zēri/[...]-MU/Maštuk
	[...]/Nabû-taqīš-bulliṭ/[...]
	[...]-Marduk/[...]/Ēṭiru
Schreiber (?)	[...]/Nabû-bāni-zēri/Dābibī
Ausstellungsort	weggebrochen
Datum	[x.x].8 C[yr] (531/530 v. Chr.)

Nr. 29: Hauskauf
Inventarnummer: BM 47795 (+) BM 48712 (81–11–3,501 (+) 81–11–3,1423)

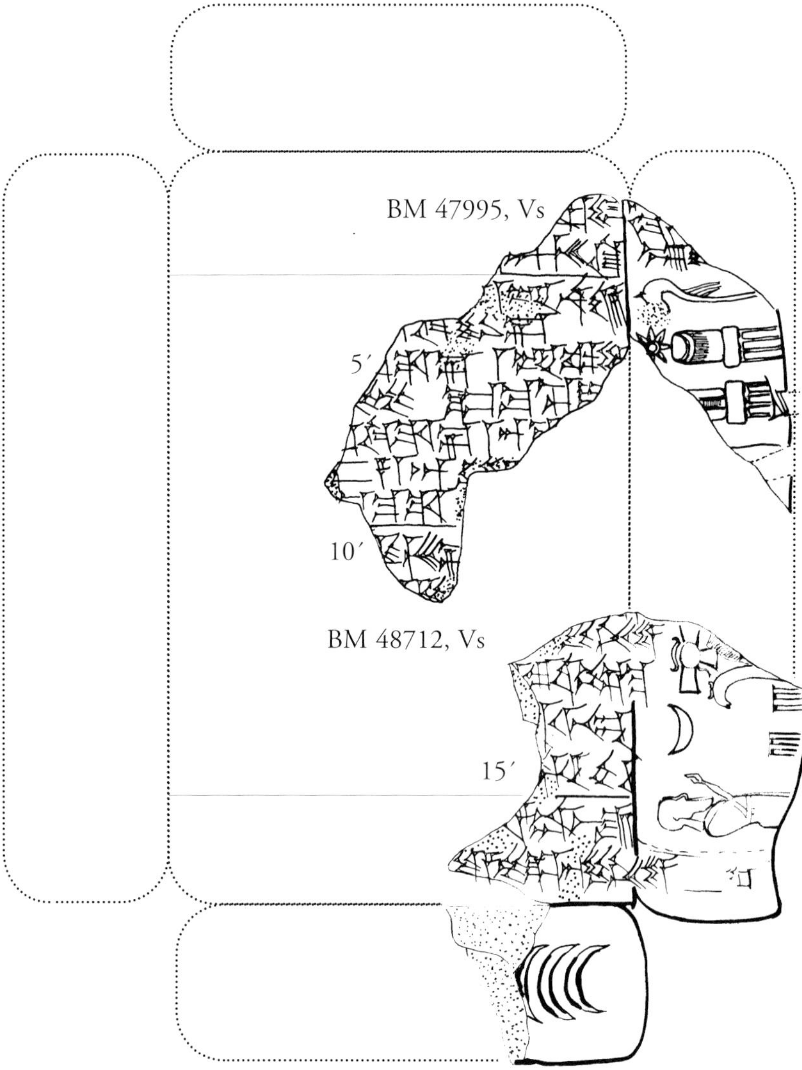

1′ [...]-*ru-tu*
2′ [... *Bābili*(KÁ].DINGIR^{meš})^{ki}

3′ [... *šiddu elû* ^{im}*amurru ṭāḫ bīt*] ^{md}*Bēl-na-din-apli*(AxA)
4′ [*mār-šú šá* ^{md}*Bēl-ikṣur mār* ^{m}*Ēṭiru na*]-*di-in bīti*
5′ [... *šiddu šaplû* ^{im}*šad*] *û ṭāḫ bīt* ^{md}*Bēl-ka-ṣir*
6′ [*mār-šú šá* ^{md}...]-⌜*šuma*⌝-*iddin mār* ^{m}*Ba-si-ia*
7′ [... *pūtu elītu* ^{im}*il*]*tānu ṭāḫ bīt* ^{md}⌜*Ba*⌝-[...]
8′ [... *mā*]*ru šá* ^{md}*M*[*arduk* ...]
9′ [... *pūtu šaplītu* ^{im}*šūt*]*u*! *ṭāḫ* [...]

10′ [*napḫar* 12 g]i^{meš} *bītu* [*šuāti itti*]
11′ [^{md}*Bēl-nādin-apli mār-šú šá* ^{md}*Bē*]*l-ik-*[*ṣur mār* ^{m}*Ēṭiru*]

BM 48712 Vs

12′ [^{f}*Šikkuttu mārassu šá* ^{md}*Marduk-šākin-šumi mār* ^{md}]URÙ.DÙ-*man-sum*
13′ [(Preisrelation) *ma*]*ḫīra tam-bé-e-ma*
14′ [(Preis) *tašām a-n*]*a ši-mi-šú*
15′ [*gamrūti ù* x *šiqil kaspu kī pī atri*] *tad-din-šú*

16′ [*napḫar* x *mana* x *šiqil kaspu ši*]*birtu ina qātē*^{II}
17′ [^{f}*Šikkuttu mārassu šá* ^{md}*Mar*]*duk-šākin-šumi mār* ^{md}URÙ.DÙ-*man-sum*

Rs 18′ [^{md}*Bēl-nādin-apli mār-šú šá* ^{md}*Bēl-ikṣur mā*]*r* ^{m}*E-ṭi-ru*
19′ [*šīm bītīšu kasap gamirti maḫir*] ⌜*a*⌝-*pil*
20′ [*rugummâ ul īši ul i-tur-r*]*u-ma a-ḫa-meš*
21′ [*ul iraggumū mātima ina aḫḫē*^{meš} *mārē*^{meš} *bīt*] *mār* ^{m}*E-ṭi-ru*
22′ [*illâmma umma bītu šuāti*] *ul na-din-ma*
23′ [*kaspu ul maḫir* ^{lú}*pāqirānu kasap i*]*m-ḫu-ru*
24′ [*adi* 12-ta-àm *i-ta-na*]-⌜*ap-pal*⌝

BM 47795 Rs

25′ [*ina kanāk*] ^{im}[*ṭuppi šuāti*]

26′ [... ^{md}]*Sîn-ke-šìr mār* ^{m}[...]
27′ [...]-*mukīn*$_{2}$-*apli*(AxA) *mār* ^{m}*Bu-r*[*a-qu*]
28′ [... ^{md}]*Marduk-šuma-uṣur mār* ^{m}*E-gì-bi*
29′ [...]-*ke-šìr mār* ^{m}*Rīš*(SUD)-*ana-É-sag-g*[*il*]
30′ [^{m}*Mušēzib-*^{d}*Marduk ṭupš*]*arru mār* ^{lú}*Atkuppu*
31′ [^{md}*Nabû-ušallim ṭupš*]*arru mār* ^{m}*Mi-ṣir-a-a*
32′ [^{m}*Iqīša*^{šá}-^{d}*Marduk ṭupšarr*]*u mār* ^{m}*Bēl-e-ṭi-ru*
33′ [^{md}*Nabû-mukīn-apli ṭupšarru mā*]*r* ^{lú}*Pa-ḫa-ru*

Ausstellungsort und Datum weggebrochen

lRd Beischriften und Siegel nicht erhalten
rRd oben ^{n}[^{a4}*kunuk*] || ^{m}*Iqīša*^{š}[^{á}-^{d}*Marduk*] || *ṭupša*]*rru*, mit Siegel
rRd unten [Beischrift weggebrochen], mit Siegel des Nabû-mukīn-apli

BM 48712, Rs

BM 47995, Rs

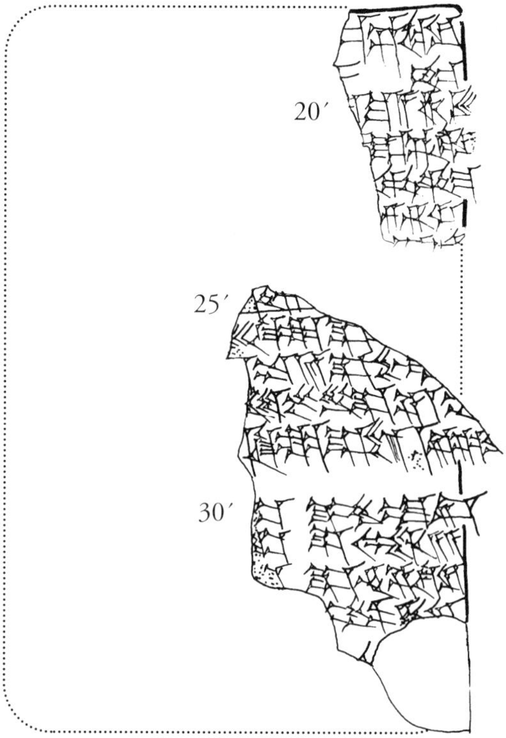

Von der vorliegenden Kaufurkunde konnten bisher nur zwei Fragmente des rechten Randes identifiziert werden, die nicht physisch anschließen. Aufgrund des starren Formulars für den Immobiliarkauf (H. Petschow, *Kaufformulare*, S. 7) kann der Vertragstext, wenn man von Maßangaben, Preis und Details zu den beteiligten Personen absieht, vollständig rekonstruiert werden. Auf Vorder- und Rückseite scheinen zwischen den Bruchstücken keine Zeilen zu fehlen, da das Formular auf dem jeweils anderen Fragment weiterläuft.

Z. 1′ Am Anfang fehlt höchstens eine Zeile. Nach Auskunft von BM 46581 (folgende Nummer) handelt es sich um 12 gi (ca. 144 m^2) im Stadtteil *ālu eššu* „Neustadt" im Nordosten der Stadt, s. A.R. George, OLA 40, Übersichtskarte S. 24. Das Haus wird dort als *bīt ḫuṣṣi* „Rohrhütte" (d.h. von leichter Bauweise im Gegensatz zu festen Lehmziegelbauten) beschrieben.

Z. 5′ Der Sohn dieses Nachbarn erscheint in BM 46787 (Nr. 4), dem Ehevertrag der Enkelin des Verkäufers Bēl-nādin-apli//Ēṭiru, als dritter Zeuge.

Rs 30′ Aus der Familie Atkuppu sind Kabti-ilī-Marduk und Mušēzib-Marduk als Notare belegt, ersterer ist bis 4 Cyr nachweisbar (Cyr 161), letzterer zwischen 4 und 12 Dar (die Eckdaten liefern Dar 152 bzw. 323).

Rs 31′ Nabû-ušallim ist zwischen 4 Cyr und 19 Dar nachweisbar (Cyr 161 bzw. Liv 33)

Rs 32′ Aus der Familie Bēl-ēṭiru sind Marduk-šuma-uṣur und Iqīša-Marduk als Notare belegt, ersterer bis 7 Cyr (OrAn 14, S. 13), letzter ist ab 6 Camb (Camb 305, dort noch als normaler Schreiber) bis 4 Dar (Dar 152) nachweisbar. Er kann sowohl über die Beischrift als auch das Siegel identifiziert werden.

Rs 33′ Nabû-mukīn-apli//Paḫḫāru begegnet in Dar 152 (4 Dar) mit demselben Siegel, ebenso in BM 38410+ (x Dar).

Datum Aufgrund der Zusammensetzung des Schreiberkollegiums (vgl. H.D. Baker und C. Wunsch, *Notaries*, Tabelle S. 211) kann die Urkunde zeitlich grob eingeordnet werden; der Beginn von Darius' Regierung ist wahrscheinlich, eventuell könnte sie auch aus den letzten Jahren des Cambyses stammen.

Übersetzung

[...] (Z. 2′) in Babylon: (Z. 3′) [... obere Längsseite im Westen neben dem Haus des] Bēl-nādin-apli, (Z. 4′) [dem Sohn des Bēl-ikṣur aus des Familie Ēṭiru, dem Ver]käufer des Hauses, (Z. 5′) [... untere Längsseite im Osten] neben dem Haus des Bēl-kāṣir, (Z. 6′) [dem Sohn des ...]-iddin aus der Familie Basija, (Z. 7′) [... obere Stirnseite im] Norden neben dem Haus des ..., (Z. 8′) dem Sohn des Marduk-[...], (Z. 9′) [...] untere Stirnseite im Süden] neben [...]

(Z. 10′) [Insgesamt 12] Gi, [dieses] Haus[grundstück hat von (Z. 11′) [Bēl-nādin-apli, dem Sohn des Bēl]-ik[ṣur aus des Familie Ēṭiru], (Z. 12′) [fŠikkuttu, die Tochter des Marduk-šākin-šumi aus der Familie] URÙ.DÙ-mansum, (Z. 13′) [für x GAR zu x š Silber] zu kaufen erklärt und (Z. 14′) [für x m Silber gekauft zu] seinem (Z. 15′) [vollen] (Z. 14′) Kaufpreis, (Z. 15′) [und x š Silber als Zugabe] hat sie ihm gegeben. (Z. 16′) [Insgesamt x m x š Silber in] Stücken hat von (Z. 17′) [fŠikkuttu, der Tochter des] Marduk-šākin-šumi aus der Familie URÙ.DÙ-mansum, (Z. 18′) [Bēl-nādin-apli, der Sohn des Bēl-ikṣur aus der Familie] Ēṭiru, (Z. 19′) [als Kaufpreis seines Hauses vollständig erhalten]. Er ist befriedigt, (Z. 20′) [Klage(anspruch) hat er nicht. Sie werden darauf nicht zurück]kommen und gegeneinander (Z. 21′) [nicht klagen. Wann immer einer von den Brüdern, Söhnen <oder der ganzen Verwandtschaft> der] Familie Ēṭiru (Z. 22′) [auftritt und folgendermaßen: „Dieses Haus] ist nicht gegeben, (Z. 23′) [das Silber nicht empfangen“ spricht, muß der Vindikant das] empfangene [Silber (Z. 24′) 12fach er]statten.

Zeugen	[...]/Sîn-kēšir/[...]
	[...]/[...]mukīn-apli/Bur[aqu]
	[...]/Marduk-šuma-uṣur/Egibi
	[...]/[...]-kēšir/Rīš-ana-Esag[il]
Schreiber	[Mušēzib-Marduk]//Atkuppu [Siegel]
	[Nabû-ušallim]//Miṣiraja [Siegel]
	[Iqīša-Marduk]//Bēl-ēṭiru (mit Siegel)
	[Nabû-mukīn-apli]//Paḫḫāru (mit Siegel)
Ausstellungsort	weggebrochen (sicher Babylon)
Datum	weggebrochen (etwa zu Beginn von Darius' Regierung, um 521 v. Chr.)

Nr. 30: Vermögensübertragung
Inventarnummer: BM 46581 (81–8–30,47)

Vs

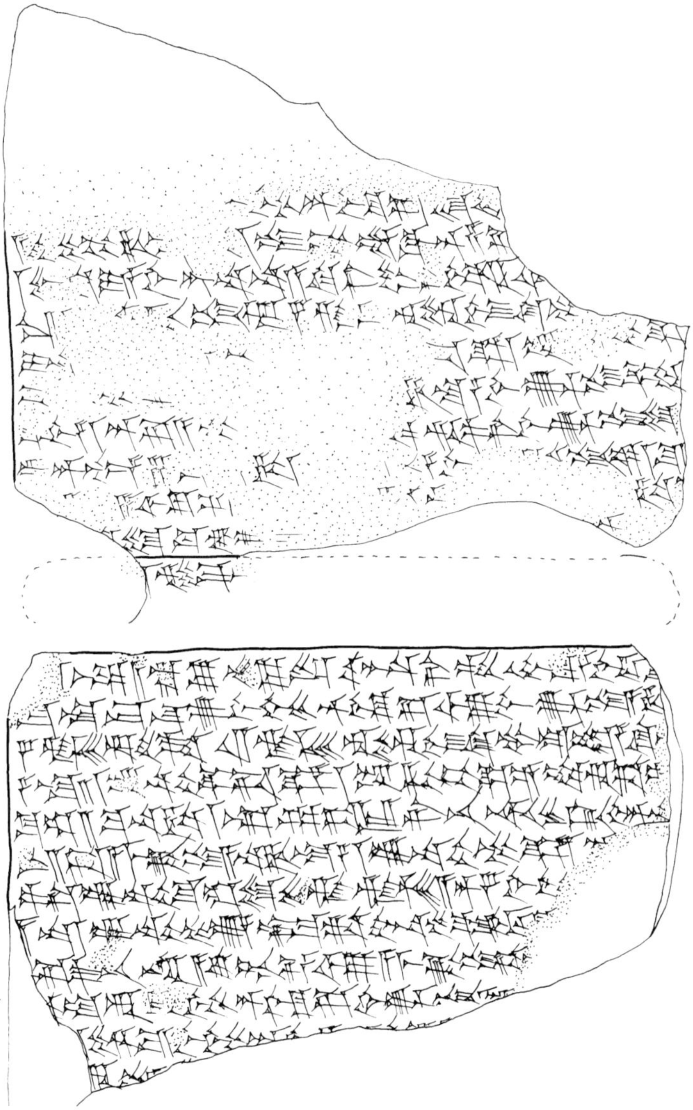

Rs

1′ [… *pa-ni*] ⸢^{f}⸣*Amat-*^{d}*Nin-líl tu-*⸢*šad*⸣*-*[*gil* …]
2′ *a-ḫi* ^{še}*zēri* ⸢*zittu*⸣ [x]-⸢x⸣-*tu*$_{4}$ ⸢*meḫrat*⸣ *abul* ^{d}*Za-b*[*a*$_{4}$*-ba*$_{4}$ …]
3′ ^{m}*Bu-*⸢*di*⸣*-ia* ^{fd}*Na-na-a-di-ni-in-*⸢*ni*⸣ *alti-šú* ⸢*ù*⸣ […]
4′ *napḫar*$_{2}$ ⸢3$^{?}$⸣[*-ta a-me-lu*]*t-tu*$_{4}$ *ù* 4 gi⸢^{meš}⸣ *ḫu-uṣ-ṣu erṣeti*^{tì} [*āli eššši ša qereb Bābili*^{ki} *šá*]
5′ *i-n*[*a qātē*^{II} ^{md}*Bēl-na-din-ap*]*li māri šá* ^{md}*Bēl-*⸢*ik-ṣur mār* ^{m}⸣[*E-ṭè-ri*]
6′ ⸢*ta*⸣*-*[*šá*]*-*⸢*mu-ú*⸣ [(…) *a-na*] *zitti šá* ^{f}*Ú-bar-tu*$_{4}$ *mārtī-šú* [o]
7′ *mārtu šá* ^{md}*É-a-*⸢*šuma*⸣*-*[*uṣur mār* ^{m}*E-ṭ*]*i-ri pa-ni* ^{f}*Ú-bar-tu*$_{4}$ *tu-*[*šad-gil*]
8′ *ú-ìl-tì šá* ⸢5$^{?}$⸣ *m*[*a-na*] *kaspi* [x x x] ⸢*šá* ^{f}*Šik-ku-ut-tu*$_{4}$⸣ *eli* ^{m}SU-[…]
9′ [x x (x)]*-iá ù* ⸢*bītu*⸣[ ] *kaspu*
10′ [x x]⸢x⸣ tu ma$^{?}$ aḫ$^{?}$ ⸢x⸣[…]
11′ [x x]⸢x⸣ nam ma ⸢x⸣[…]

uRd erreicht, es fehlt wohl keine Zeile

Rs 1 [x (x)] *ina ka-a-ri* ⸢lu$^{?}$ mu$^{?}$ ku$^{?}$⸣ *amēlu-ut*$^{!}$*-tú ḫal-qa-ni-am u mim-*⸢*ma šá*⸣ ^{f}*Šik-k*[*u-ut-tu*$_{4}$]
2 [*m*]*a-la ba-šu-ú* ^{f}*Amat-*^{d}*Nin-líl ù* ^{f}*Ú-bar-tu*$_{4}$ *a-ḫa-*[*ta ši-na*]
3 4 gi^{meš} *re-ḫi-it* 12 gi^{meš} *ḫu-uṣ-ṣu erṣeti*^{tì} *āli eššši*(GIBIL) *šá qé-*[*reb Bābili*^{ki}]
4 *šá ina qātē*^{II} ^{md}⸢*Bēl*⸣*-na-din-apli māri šá* ^{md}*Bēl-ik-ṣur mār* ^{m}*E-ṭè-ri ta-š*[*a-mu*]
5 *ku-um 2 ma-na kaspi* ^{m}*Ina-É-sag-íl-ni-mit-ti* ^{lú}*aškāpu u* ^{fd}*Na-*[…]
6 *napḫar*$_{2}$ *2-ta a-me-lut-tu*$_{4}$ *a-na zitti šá* ^{md}*Nabû-na-din-šumi māri šá* ^{md}[*Ea-šuma-uṣur*]
7 *pa-ni* ^{md}*Nabû-na-din-šu-um tu-šad-*[*g*]*il qanâti*^{meš} *a*$_{4}$ 4 ^{f}*Ama*[*t-*^{d}*Nin-líl u* ^{f}*Ú-bar-tu*$_{4}$]
8 *a-na* ^{md}*Nabû-na-din-šumi ú-šá-aṣ-ba-ta-aʾ u*$_{4}$*-mu ma-la* ^{f}*Šik-k*[*u-ut-tu*$_{4}$ *balṭat*]
9 [*ina*] *bīti áš-bat ebūr eqli tak-kal ù a-me-lut-tu*$_{4}$ *ta-*[*pal-laḫ-šú ūm ana šimti*]
10 [*t*]*a-at-tal-*⸢*ku* ^{f}⸣*Amat-*^{d}*Nin-líl* ^{f}*Ú-bar-tu*$_{4}$ *u* ^{md}*N*[*abû-na-din-šumi arkassu*]
11 [*i-z*]*u-uz-zu* ^{f}*Amat-*⸢^{d}*Nin-líl* ^{f}*Ú*⸣*-*[*bar-tu*$_{4}$ …]
12 [x x] ⸢ri$^{?}$ il$^{?}$⸣ […]

Rest des Vertragstextes, Zeugen- und Schreibernamen, Ausstellungsort und Datum nicht erhalten.

Z. 1′ Hier endet die Beschreibung des Anteils der ^{f}Amat-Ninlil. Da beide Töchter nach Ausweis von BM 46838 (Nr. 28): Rs 1′ zu gleichen Teilen erben sollten, dürfte ihr Anteil dem nachfolgend beschriebenen entsprechen.

Z. 2′ Über das Grundstück sind keine Retroakten bekannt. Möglicherweise handelt es sich um ein Areal, das Bēl-ikṣur nach gerichtlicher Auseinandersetzung der ^{f}Šikkuttu als Kompensation für Mitgiftgut übereignet hat und von dem sie gemeinsam mit ihren Töchtern laut BM 46721 (Nr. 31) Naturalien bezogen hat. Nicht zu klären ist die Frage, ob das Grundstück mit jenem identisch ist, von dem sie im Jahre 8 Dar laut BM 46830 (Nr. 32) Pachtauflage erhält. Der Ausstellungsort ist beschädigt, scheint aber mit Kār-… zu beginnen (vgl. auch den Kommentar zu Rs 1). ^{f}Ubārtu soll wohl jene Hälfte bekommen, die als *zittu …tu* (vielleicht SAG.KI für *šaplītu* „unterer Anteil") bezeichnet ist. Dies läßt vermuten, daß es Retroakten mit Vermessungsdetails gab.

Z. 3′ Das Sklavenpaar wird in BM 46830 (Nr. 32) Ina-Esagil-būdija und ^{f}Dīninni genannt, beide arbeiten als Pächter für ^{f}Šikkuttu. Am Zeilenende sind vermutlich ihre Kinder gemeint.

Z. 7′ Die Filiation der ^{f}Ubārtu an dieser Stelle erweist die Identität von ^{f}Šikkuttus Ehemann.

Z. 8′ Daß langfristige bzw. zeitlich nicht terminierte Forderungen als Teil der Erbmasse galten und entsprechend behandelt wurden, geht z.B. aus VS 5 47 (NRV 21) und Nbn 65 hervor. Im Gegensatz zu kurzfristigen Außenständen können sie einem Erben direkt zugewiesen werden.

Z. 9′–11′ Der Inhalt dieser Zeilen kann nicht erschlossen werden.

Rs 1f. Hier werden jene Vermögensobjekte genannt, die sich nicht vorab teilen lassen und deshalb beiden Töchtern zur ideellen Hälfte gehören sollen. Dergleichen Bestimmungen über geflohene Sklaven und Außenstände und Schulden gehören zum Standardformular bei größeren Erb- und Geschäftsteilungen (z.B. Dar 379: 57f.). Probleme bereitet allerdings der Anfang der Zeile: *ina ka-a-ri* scheint recht sicher, die drei folgenden Zeichen sind mysteriös. Ginge es um *karû* „Gemeinschaftsbesitz" wäre etwas wie (Objekte) *ina karêšunu* „die Objekte bleiben ihr Gemeinschaftsbesitz" zu erwarten. Dies trifft aber nicht zu. Wenn *ina ka-a-ri* Teil einer Ortsbeschreibung Kār-... sein sollte, wäre an das in Z. 2′ und BM 46830 (Nr. 32) genannte Areal zu denken, allerdings könnte davor nicht ^{še}*zēru* gestanden haben, bestenfalls *eqlu*. Der Inhalt dieser Klausel bleibt unklar.

Rs 3ff. Ein Drittel des Hausgrundstücks weist ^{f}Šikkuttu ihrem Sohn zu und verpflichtet die Töchter in Rs 7f. dazu, es ihm herauszugeben. Die Bestimmung über die zwei Sklaven bzw. 2 Minen Silber ist syntaktisch nicht eindeutig. Es sei aber an BM 46838 (Nr. 28):13′f. erinnert, wo von 2 Minen Silber und „ihrem Bruder" die Rede war. Vermutlich hatte ^{f}Šikkuttu in ihrer früheren Verfügung dem Sohn 2 Minen Silber zugestanden, die aber nun durch zwei Sklaven ersetzt werden.

Rs 8f. ^{f}Šikkuttu behält sich das Nutzrecht an allen Objekten vor, erst nach ihrem Tod teilen sich die Kinder in den Nachlaß. Am Ende des Vertragstextes könnte sich noch ein Verfügungsverbot angeschlossen haben.

Datum Den (freilich ungenauen) *terminus post quem* liefert BM 47795+ (Nr. 29), der Erwerb des hier genannten Grundstücks, der etwa zu Beginn von Darius' Regierung stattgefunden haben könnte. Mindestens bis 8 Dar war ^{f}Šikkuttu noch am Leben und wirtschaftlich aktiv, wie aus BM 46830 (Nr. 32) hervorgeht.

Übersetzung

[...] hat sie [an] ^{f}Amat-Ninlil (als Eigentum) übertragen.

(Z. 2′) Das halbe Grundstück, den [...]-Anteil gegenüber dem Zababa-Tor, (Z. 3′) (die Sklaven) Budija (und) ^{f}Nanaja-dīninni, seine Ehefrau, und [...], (Z. 4′) insgesamt $3^{?}$ Sklaven und 4 Gi Hausgrundstück, Rohrhütte, im Bezirk [Neustadt in Babylon], (Z. 5′) die sie von [Bēl-nādin-apli, dem Sohn des] Bēl-ikṣur aus der Familie [Ēṭiru] (Z. 6′) [gekauft hat, hat sie als] Anteil der ^{f}Ubātu, ihrer Tochter, (Z. 7′) der Tochter des Ea-šuma-uṣur, an ^{f}Ubārtu (als Eigentum) übertragen.

(Z. 8′) Der Verpflichtungsschein über $5^{?}$ m Silber [..., (Forderung)] der ^{f}Šikkuttu zu Lasten von [PN...] (nur Spuren, Lücke)

(Rs 1) [...] An den geflohenen Sklaven (Rs 2) (und) allem, was (Rs 1) ^{f}Šikkuttu gehört, (Rs 2) haben ^{f}Amat-Ninlil und ^{f}Ubārtu gleichen [Anteil]. (Rs 3) 4 Gi Hausgrundstück, der Rest jener 12 Gi Rohrhütte im Bezirk Neustadt innerhalb [von Babylon], die sie von Bēl-nādin-apli, dem Sohn des Bēl-ikṣur aus der Familie Ēṭiru ge[kauft hat], (Rs 5) (und als Gegenwert) für 2 m Silber (den Sklaven) Ina-Esagil-nimittī, den Lederarbeiter, und (die Sklavin) ^{f}Na[...], (Rs 6) insgesamt 2 Sklaven, hat sie als Anteil des Nabû-nādin-šumi, <ihres Sohnes,> des Sohnes des [...] (Rs 7) an Nabû-nādin-šumi (als Eigentum) übertragen.

Diese 4 Gi Grundstück werden ^{f}Amat-Ninlil und ^{f}Ubārtu (Rs 8) den Nabû-nādin-šumi in Besitz nehmen lassen.

Solange ^{f}Šikkuttu [lebt], (Rs 9) wird sie im Haus wohnen, die Ernte des Feldes genießen, und die Sklaven werden sie (als Herrin) re[spektieren. Wenn sie zum Schicksal] (Rs 10) gegangen (= gestorben) sein wird, werden ^{f}Amat-Ninlil, ^{f}Ubārtu und Nabû-nādin-šumi den Nachlaß (Rs 11) tei]len. ^{f}Amat-Ninlil, ^{f}Ubārtu [...]

Nr. 31: *imittu*-Verpflichtungsschein
Inventarnummer: BM 46721 (81–8–30,187)

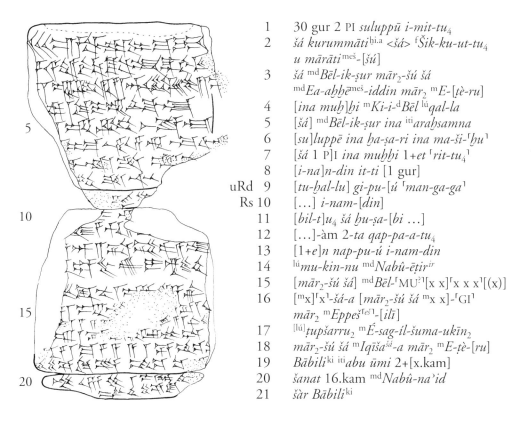

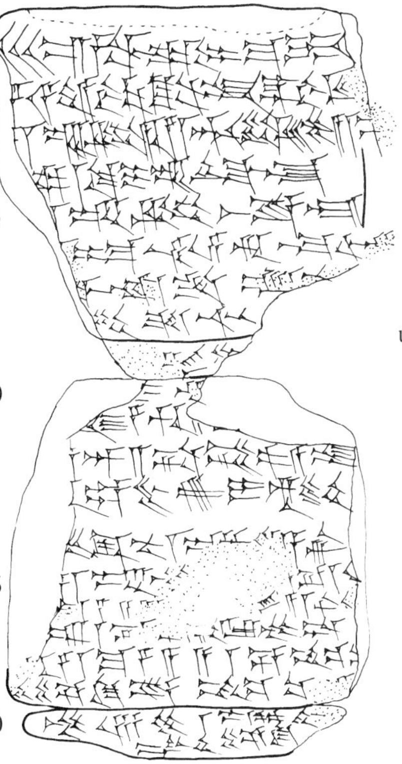

1 30 gur 2 PI *suluppū i-mit-tu*$_4$
2 *šá kurummāti*$^{hi.a}$ <*šá*> ^{f}*Šik-ku-ut-tu*$_4$
u mārāti^{meš}-[*šú*]
3 *šá* ^{md}*Bēl-ik-ṣur mār*$_2$*-šú šá*
^{md}*Ea-aḫḫē*^{meš}*-iddin mār*$_2$ ^{m}*E*-[*ṭè-ru*]
4 [*ina muḫ*]*ḫi* ^{m}*Ki-i-*^{d}*Bēl* ^{lú}*qal-la*
5 [*šá*] ^{md}*Bēl-ik-ṣur ina* ^{iti}*araḫsamna*
6 [*su*]*luppē ina ḫa-ṣa-ri ina ma-ši-*⌈*ḫu*⌉
7 [*šá* 1 P]I *ina muḫḫi* 1+*et* ⌈*rit-tu*$_4$⌉
8 [*i-na*]*n-din it-ti* [1 gur]
uRd 9 [*tu-ḫal-lu*] *gi-pu-*[*ú* ⌈*man-ga-ga*⌉
Rs 10 [...] *i-nam-*[*din*]
11 [*bil-t*]*u*$_4$ *šá ḫu-ṣa-*[*bi* ...]
12 [...]-àm 2-*ta qap-pa-a-tu*$_4$
13 [1+*e*]*n nap-pu-ú i-nam-din*
14 ^{lú}*mu-kin-nu* ^{md}*Nabû-ēṭir*^{ir}
15 [*mār*$_2$*-šú šá*] ^{md}*Bēl-*⌈MU$^{?}$⌉[x x]⌈x x x⌉[(x)]
16 [^{m}x]⌈x⌉*-šá-a* [*mār*$_2$*-šú šá* ^{m}x x]-⌈GI⌉
mār$_2$ ^{m}*Eppeš*⌈^{eš}⌉-[*ilī*]
17 $^{[lú]}$*ṭupšarru*$_2$ ^{m}*É-sag-íl-šuma-ukīn*$_2$
18 *mār*$_2$*-šú šá* ^{m}*Iqīša*^{šá}*-a mār*$_2$ ^{m}*E-ṭè-*[*ru*]
19 *Bābili*^{ki} ^{iti}*abu ūmi* 2+[x.kam]
20 *šanat* 16.kam ^{md}*Nabû-na'id*
21 *šàr Bābili*^{ki}

Übersetzung

30.2 Kur Datteln, *imittu*-Pachtauflage (Z. 2) der Versorgungsleistungen von ^{f}Šikkuttu und [ihren] Töchtern, (Z. 3) (Forderung) des Bēl-ikṣur, des Sohnes des Ea-aḫḫē-iddin aus der Familie Ēṭiru, (Z. 4) [zu Last]en von Kī-Bēl, (Z. 5) dem Sklaven des Bēl-ikṣur. Im Araḫsamna (8. Monat) wird er (Z. 6) die Datteln auf dem Stapelplatz im Maß (Z. 7) von 1 PI auf ein Mal (Z. 8) abliefern. Pro [Kur (Datteln)] wird er (Z. 9) [*tuḫallu*-Matten] (und) *gipû*-Körbe, [Palmbast] (Z. 10) [...] liefern. (Z. 11) [Traglasten] von (Feuer)holz, (Z. 12) [...] je 2 *qappatu*-Körbe (Z. 13) [(und) ein] Sieb wird er liefern.

Zeugen	Nabû-ēṭir/Bēl-MU-[...] [...]šaja/[...]-GI/Eppeš-ilī
Schreiber	Esagil-šuma-ukīn/Iqīšaja/Ēṭiru
Ausstellungsort	Babylon
Datum	2+x.5.16 Nbn (August/September 540 v. Chr.)

Nr. 32: *imittu*-Verpflichtungsschein
Inventarnummer: BM 46830 (81–8–30,296)

Vs

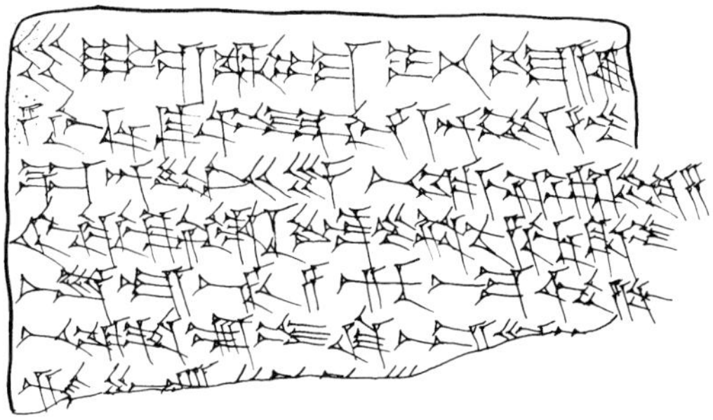

Rs

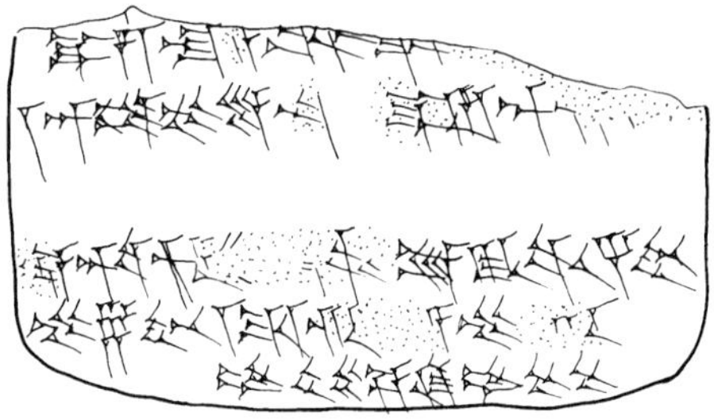

Z. 3f. Die Sklaven werden in BM 46581 (Nr. 30): 3′ genannt.

Rs 3′ Vom Ausstellungsort ist nur der Anfang lesbar, falls dies nicht als Ahnherrenname des Schreibers und mithin als Mušēzib-Šamaš aufzufassen ist (dann wären aber A und der Personenkeil ausgefallen). Die nachfolgenden Zeichen sind verdrückt bzw. radiert, durch Salzausblühungen ist die Oberfläche zudem beschädigt.

1 58 gur *suluppū i-mit-tu*$_4$ *eqli*
2 *šá* ^{f}*Šik-ku-ut-tu*$_4$ *mārat-su šá* ^{md}*Marduk-šākin-šumi*
3 *mār* ^{md}URÙ.DÙ-*man-sum ina muḫḫi* ^{m}*Ina-É-sag-gíl-bu-di-iá*
4 *u* ^{f}*Di-nin-ni altī-šú* ^{lú}*la-mu-ta-nu šá* ^{f}*Šik-ku-ut-tu*$_4$
5 *ina* ^{iti}*araḫsamna ina ḫa-ṣa-ri ina ma-ši-ḫi šá* 1 PI
6 *ina muḫḫi* 1+*et rit-tu*$_4$ *itti* 1 gur *tu-ḫal-*[*lu*]
7 *gi-pu-ú* ⸢*man-ga-ga lìb*⸣-[*lìb-bi* …]

Lücke von mehreren Zeilen

Rs 1′ *māru šá* ^{m}*La-a-ba-ši m*[*ār* …]
2′ ^{md}*Marduk-šuma-iddin*$_2$ *mār-šú šá* ^{md}[…]
3′ ⸢*Kār*⸣-^{d}*Šamaš* ⸢x x x (x) x⸣ ^{iti}*ulūli ūmi* 14.kam
4′ *šanat* 8.kam ^{m}*Da-ri-ia-mu-uš*
5′ *šàr Bābili*^{ki} *šàr mātāti*(KUR.KUR)

Übersetzung

58 Kur Datteln, *imittu*-Pachtauflage der Anbaufläche (Z. 2) der ^{f}Šikkuttu, der Tochter des Marduk-šākin-šumi (Z. 3) aus der Familie URÙ.DÙ-mansum, zu Lasten von Ina-Esagil-būdija (Z. 4) und ^{f}Dīninni, seiner Ehefrau, den Sklaven der ^{f}Šikkuttu. (Z. 5) Im Araḫsamna (8. Monat) [werden sie] (die Datteln) auf dem Stapelplatz im Maß von 1 PI (Z. 6) auf ein Mal (und) pro Kur (Datteln) *tuḫallu-* (Z. 7) (und) *gipû*-Körbe, Palmbast, Palm[blätter … abliefern].

Zeugen	[…]/Lâbāši/[…]
Schreiber(?)	Marduk-šuma-iddin/[…]
Ausstellungsort	Kār-Šamaš …
Datum	14.6.8 Dar (4.9.514 v. Chr.)

Nr. 33: Vermögensübertragung über einen zusätzlichen Erbteil
Inventarnummer: BM 30515 (76–11–17, 242)
Kopie: Bertin 665 (unpubliziert)

Vs

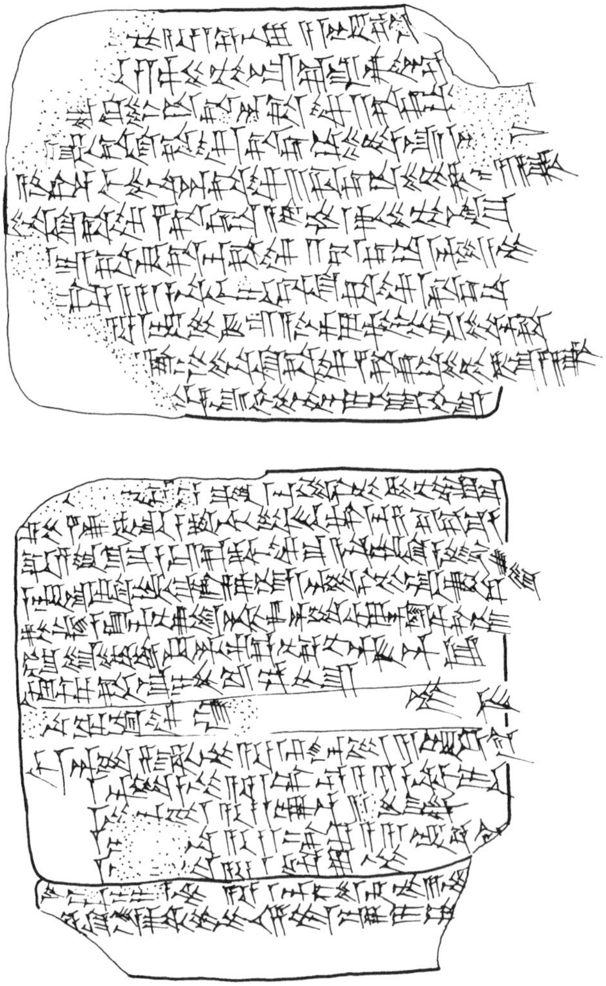

Rs

1 [^{md}*Marduk-bā*]*ni-zēri mār*$_2$*-šú šá* ^{m}*E-tel-lu mār*$_2$^{md}*Bēl-e-ṭ*[*ir* (x x)]
2 [*ina ḫu-ud lìb-b*]*i-šú* 3(PI) 2(bán) ^{še}*zēru ina* ^{uru}*Bīt-ra-aḫ-*ʾ*e-e* [(x x)]
3 [*meḫret*(?)] ⌜*bāb*⌝ *di-in-du šiddu elû* ^{im}2 *ṭāḫ*$_2$ ^{š}[^{e}*zēri zitt*]*i*
4 [*šá* ^{m}*Z*]*a-kir šiddu šaplû* ^{im}1 *ṭāḫ*$_2$ ^{še}*zēri šá ina qātē*^{II} $^{\text{m⌜d⌝}}$[x]-PAP
5 *mār*$_2$ ^{lú}*Ṣāḫitu*(Ì.SUR) *maḫru pu-ut elītu* ^{im}3 *ṭāḫ*$_2$ ^{še}*zēri* ⌜*zitti*⌝ *šá* ^{m}*Za-kir*
6 *pu ut šaplītu* ^{im}4 *ṭāḫ*$_2$ *eqel šarri* 1(PI) 4(bán) ^{še}*zēru ina ḫar-ba*
7 [x] ⌜x⌝*-ia-ta-ri šiddu elû* ^{im}2 *ṭāḫ*$_2$ ^{md}*Marduk-šākin-šumi*

8 [*mār*$_2$*-šú šá* ^{m}] *Tab-né-e-a mār*$_2$ ^{m}*Šá-na-ši-*⌜*i*⌝*-šú šiddu šaplû* ^{im}1 *ṭāḫ*$_2$
9 [^{m}x x (x x)] *mār*$_2$*-šú šá* ^{md}*Bēl-aḫḫē*^{meš}*-eri-*<*ba*> *mār*$_2$ ^{lú}*Rē'i-sīsî pu-ut elītu*
10 [^{im}3 *ṭāḫ*$_2$] *eqel šarri pu-ut šaplītu* ^{im}4 *ṭāḫ*$_2$ ^{še}*zēri zitti šá* <^{m}>*Za-kir*
11 [x (x x) *zaq*]*-pi šá ina qātē*^{II} ^{f}*Bu-'i-i-tu*$_4$ *mārat-su*
Rs 12 [*šá* ^{m}x x (x) *mār*$_2$ ^{m}]⌜^{d}*Bēl-e-ṭir*⌝ *ma-ḫar* ^{md}*Marduk-bāni-zēri ik-nu-uk-ku-ma*
13 *e-lat* 4*-ú zittī-šú šá it-ti aḫḫē*^{meš}*-šú pa-ni* ^{md}*Za-ba*$_4$*-ba*$_4$*-iqīša*^{šá}
14 *mārī-šu ṣa-ḫar ku-ma šá ip-qid-áš-ši-im-ma a-na il-ki šá* ^{lú}*nâru*(NAR)*-ú-tu*
15 *šá* ^{d}*Bēl la ib-ṭi-il u ma-aṣ-ṣa-áš-tu*$_4$ *šá* ^{md}*Marduk-bāni-zēri abī-šú ú-ṣur-ru*
16 *ú-šad-gil šá ṭuppa an-nu-ú-tu innû*^{ú} ^{d}*Marduk ù* ^{d}*Zar-pa-ni-tu*$_4$
<*ḫalāqšu liqbû* ^{d}*Nabû ṭupšar Esagil ūmēšu*>
17 *ár-ku-tu li-kar-ri* ^{d}*Nergal dan-nu dan-nu ilī*^{meš} *ina šib-ṭu*
18 *ù šag-ga-šú la i-gam-mil nap-šat-su*

---

19 [*i*]*-na ka-nak* ^{im}*ṭuppi šuāti*(MU)^{meš}

---

20 IGI ^{md}*Marduk-za-kir-šumi mār*$_2$*-šú šá* ^{m}*Mušallim-*^{d}*Marduk mār*$_2$ ^{md}*Bēl-e-ṭir*
21 ^{md}*Marduk-šākin-šumi mār*$_2$*-šú šá* ^{m}*Tab-ni-e-a mār*$_2$ ^{m}*Šá-na-ši-i-šú*
22 ^{m}⌜*Iddin*⌝*-*^{d}*Marduk mār*$_2$*-šú šá* ^{md}*Nabû-ēṭir*$_2$ *mār*$_2$ ^{lú}*Nappāḫu*
23 $^{md+}$[…].NA *mār*$_2$*-šú šá* ^{m}*Tab-ni-e-a mār*$_2$ ^{md}*Bēl-e-ṭir*
24 ^{m}[…].⌜NA$^{?}$⌝ *mār*$_2$*-šú šá* ^{m}*Šul-lu-mu*
oRd 25 ^{lú}⌜*ṭupšarru*$_2$⌝ ^{md}*Nabû-apla*$_2$*-iddin mār*$_2$*-šú šá* ^{md}*Marduk-bēl-zēri mār*$_2$ ^{m}⌜MU⌝-
[…]
26 [*Bābi*]*li*^{ki} ^{iti}*šabāṭu ūmi* 10.kam *šanat* 15.kam ^{md}*Nabû-na'id*$_2$ *šàr* [*Bābili*^{ki}]

Z. 2 Die Ortschaft Bīt-Raḫē dürfte in der Nähe von Babylon gelegen haben, vgl. RGTC 8, S. 101. Die dort zitierte Urkunde Cyr 240 weist eine Verbindung zum vorliegenden Text auf: Zwei Söhne des Marduk-bāni-zēri schulden 10 š Silber, als Zeuge erscheint Zākir.

Z. 3 Die Ortsangabe *bāb dindi* „Turm-Tor" ist m.W. sonst nicht bezeugt. Am Ende der Zeile ist sicher analog zu Z. 5 und 10 ^{še}*zēri zitti* zu ergänzen.

Z. 4 Am Ende ist vermutlich zu Ea-nāṣir zu ergänzen; die Platzverhältnisse lassen kaum etwas anderes zu.

Z. 6 Der Terminus *ḫarbu* „Ödland" erscheint selten in neubabylonischen Texten, vgl. M. Jursa, *Bēl-rēmanni*, S. 257.

Z. 16f. Bei der Fluchformel wurde eine Zeile ausgelassen. Die Verbindung von Marduk und Zarpanītu mit dem Auftag, die langen Tage zu verkürzen (hier zudem verstümmelt), wäre völlig untypisch. Dies weist die Tafel klar als eine Abschrift aus. Nergal wird in den Fluchformeln weniger häufig angerufen; eine fast identische Formulierung findet sich in VS 6 61 (= NRV 2, BMA 8), einer Eheurkunde aus dem Jahr 0 Nbn.

Übersetzung

[Marduk-bāni]-zēri, der Sohn des Etellu aus der Familie Bēl-ēṭir hat $^{(Z.\ 2)}$ [aus freiem Ent]schluß 0.3.2 Kur Anbaufläche in Bīt-Raḫê [(…)] $^{(Z.\ 3)}$ [gegenüber (?)] dem Turm-Tor, obere Längsseite im Norden neben [dem Grundstücksanteil $^{(Z.\ 4)}$ des] Zākir, untere Längsseite im Süden neben dem Grundstück, das von [Ea(?)]-nāṣir $^{(Z.\ 5)}$ aus der Familie Ṣāḫitu empfangen (= abgekauft) wurde, obere Stirnseite im Westen neben dem Grundstücksanteil des Zākir, (Z. 6) untere Stirnseite im Osten: Königsland, (sowie) 0.1.4 Kur Anbaufläche im (Z. 7) [...]*iatari*-(Z. 6)Ödland(?), (Z. 7) obere Längsseite im Norden neben Marduk-šākin-šumi, (Z. 8) [Sohn des] Tabnêa aus der Familie Ša-nāšīšu, untere Längsseite im Süden neben (Z. 9) [...], dem Sohn des Bēl-aḫḫē-erība aus der Familie Rēʾi-sīsî, obere Stirnseite (Z. 10) [im Westen neben] Königsland, untere Stirnseite im Osten neben den Grundstücksanteil des Zākir: (Z. 11) [... bepflanz]te [Anbaufläche], die von ^{f}Buʾītu, der Tochter (Rs 12) [des ... aus der Familie] Bēl-ēṭir empfangen (= abgekauft) wurde, (dies alles) hat Marduk-bāni-zēri unter Ausstellung einer offiziellen Urkunde, (Rs 13) abgesehen von seinem (d.h. dem Z. ohnehin zustehenden) Viertelanteil, den er mit seinen Brüdern gemeinsam (erben wird), dem Zababa-iqīša, (Rs 14) seinem jüngsten Sohn, damit er ihn versorge, die Verpflichtungen der Sänger-(Pfründe) (Rs 15) des Bēl nicht unterbreche und die Dienstschicht des Marduk-bāni-zēri, seines Vaters, verrichte, (Rs 16) (als Eigentum) übertragen. Wer diese Tafel ändert, <dessen Untergang mögen> Marduk und Zarpanītu <befehlen; Nabû, der Schreiber von Esagil,> (Rs 17) möge <seine> langen <Tage> abkürzen. Nergal, der hochmächtige der Götter, soll mit Seuche (Rs 18) und Mord sein Leben nicht verschonen.

Zeugen	Marduk-zākir-šumi/Mušallim-Marduk/Bēl-ēṭir (= Zākir)
	Marduk-šākin-šumi/Tabnêa/Ša-nāšīšu (Nachbar laut Z. 7f.)
	Iddin-Marduk/Nabû-ēṭir/Nappāḫu
	[...].NA/Tabnêa/Bēl-ēṭir
	[...].NA/Šullumu
Schreiber	Nabû-apla-iddina/Marduk-bēl-zēri/MU[...]
Ausstellungsort	Babylon
Datum	10.11.15 Nbn (26.1.540 v. Chr.)

Kommentar

Die vorliegende Urkunde dokumentiert die Zuweisung von zwei Grundstücken als zusätzlichen Erbanteil—über das ihm zustehende Viertel, wie ausdrücklich erwähnt wird, hinaus—an den jüngsten Sohn des Marduk-bāni-zēri aus der Familie Bēl-ēṭiru. Der Vater verfügt auf solche Weise, weil er Gegenleistungen erwartet: Zababa-iqīša soll die mit der Durchführung der Sänger-Pfründe des Bēl verbundenen Pflichten zu Lebzeiten des Vaters übernehmen. Die Formulierung ähnelt den Klauseln in Werkverträgen, mit denen sich der den Pfründendienst Ausführende für eine ordnungsgemäße Durchführung verbürgt, wenngleich hier formal keine derartige Verpflichtung vorliegt. Die vom Vater ausgesprochene Erwartung impliziert aber, daß Nichterfüllung der Dienstpflichten zu einer Neuregelung über die Grundstücke führen könnte.

Die Urkunde ist eindeutig als Abschrift zu identifizieren. Sie wurde im Rahmen des Egibi-Archivs überliefert.[1] Ein älterer Bruder des hier bedachten Zababa-iqīša, Itti-Nabû-balāṭu, war mit der Tochter des Itti-Marduk-balāṭu aus der Familie Egibi, dem Familienoberhaupt der dritten Generation, verheiratet. Ein vages Interesse der Egibis an der hier behandelten Affäre ist damit erklärt, wenngleich dieser Familienzweig keinerlei Rechte aus

1 S. 66[1].

der Vereinbarung ableiten kann. Im Gegenteil: Die Urkunde beweist, daß der zukünftige Erbanteil des Itti-Nabû-balāṭu etwas kleiner ausfallen wird, da die Grundstücke nicht auf Zababa-iqīšas Viertelanteil angerechnet werden dürfen. Über die Grundstücke können nunmehr auch keine weiteren Verfügungen getroffen werden; insbesondere Vermögensübertragungen zugunsten der Schwiegertöchter (zur Sicherung von deren Mitgiften) wären unmöglich bzw. nicht gültig. Die Egibis waren daher gut beraten, für alle Fälle eine Abschrift aufzubewahren. Die Existenz dieser Tafel zeigt an, daß im Kontext von Familienarchiven auch Dokumente erhalten bleiben konnten, die eigentlich bei anderen Familienzweigen zu erwarten wären (und dort wahrscheinlich auch im Original aufbewahrt wurden), sei es als echte Duplikate oder spätere Abschriften.

Pfründen der Sänger (*isiq nârūti*) sind bisher nicht allzu oft belegt, wenngleich der Sängerdienst eine bedeutende Rolle im Kult spielte. Die Spärlichkeit der Quellen liegt — ebenso wie bei den Tempelbetreter- und Pförtnerpfründen — daran, daß die Ausführung keine Rohstoffe erforderte, über die Buch zu führen gewesen wäre.[2]

Es fällt auf, daß sowohl in Babylon als auch in Sippar Angehörige der Familie Bēl-ēṭiru (wenngleich keine nahen Verwandten des Marduk-bāni-zēri) im Zusammenhang mit Sängerpfründen bezeugt sind.[3] Möglicherweise gab es eine besondere Verbindung dieser Familie zum Sängerkult.

Der jüngste Sohn übernimmt die Dienste seines Vaters und erhält dafür einen zusätzlichen Erbteil zugewiesen. Dies verwundert, da gemeinhin angenommen wird, die mit einer Pfründe verbundenen Einkünfte seien Anreiz genug, eine solche zu erwerben, zu behalten und gegebenenfalls zur Ausführung an andere zu verpachten. Die beiden Grundstücke scheinen auch nicht als Versorgungsland mit dem Pfründenbesitz verbunden gewesen zu sein (wie etwa die Gärten der Tempelbetreter), da es explizit heißt, sie seien erworben worden. Selbst wenn wir annehmen, der Vater habe sich zu Lebzeiten das Pfründeneinkommen selbst vorbehalten und den Sohn postum bezahlen wollen, bleiben Bedenken. Es scheint, als sei der Sängerdienst keine ersprießliche oder zumindest keine sehr einträgliche Tätigkeit. Immerhin nennt der Vater den Dienst ausdrücklich *ilku*, ein Terminus, der sonst meist für militärische und zivile Dienstpflichten gegenüber dem König

2 So sinngemäß M. Jursa, *Bēl-rēmanni*, S. 53 zur Tempelbetreterpfründe.

3 Babylon: Marduk-rēmanni/Kidinnu/Bēl-ēṭiru verkauft seine *nârūtu*-Pfründe vor Išḫara an Šellibi aus der Familie Nappāḫu (J. MacGinnis, AfO 38/39, Nr. 5 auf Basis von Dar 463, dazu BV 96, 123 und die Quittung BV 98). Das Einkommen besteht in einem Ochsen- und Hammelkopf sowie einem weiteren Fleischstück. Als Preis werden in BV 123 16 š Silber angegeben, dazu 2 š Zugabe laut BV 97. Unklar ist, ob sich die Angabe „vom 8. Nisan" auf den Pfründendienst oder die Remuneration bezieht. In Dar 463: 3f. und BV 98 steht die Angabe jeweils nach der Aufzählung der Fleischstücke. Ob die Dienstschicht mit diesem Datum zusammenfällt oder schon früher beginnt, etwa die gesamten Neujahrszeremonien umfaßt, muß dahingestellt bleiben.
Sippar (Zusammenstellung bei A.C.V.M. Bongenaar, *Ebabbar*, S. 289): Gimillu/Erība-Marduk/Bēl-ēṭiru war ^{lú}*nâru*, sein Vater Tempelbetreter; ein Sänger Šuma-ukīn ohne Filiation ist außerdem bekannt. Ob der von J. MacGinnis, AfO 38/39, Nr. 3 publizierte Text eine *nârūtu*-Pfründe betrifft, muß angezweifelt werden. In Z. 8′ ist eindeutig *mārūtu* zu lesen (es handelt sich um eine Adoption, keinen Kauf) und es geht wohl um eine Tempelbetreterpfründe allein).
Akkad (ebenfalls bei Bongenaar a.a.O. gebucht): VS 6 169 (NRV 611), ein *ēpišānūtu*-Vertrag zur Ausführung der Schlächter- und Sänger-Pfründe am Eulmaš (in Akkad abzuleisten). Die Protagonisten entstammen der Familie Šangû-Akkad.

verwendet wird.[4] Zweifelsohne wird die Ausführung zeitintensiv gewesen sein,[5] als Lohn gab es u.a. Hammel- und Ochsenköpfe (vgl. Dar 463). Mit umfangreicher Geschäftstätigkeit, wie sie etwa der ältere Bruder Itti-Nabû-balāṭu betrieb, der erst die älteste, dann die zweite Egibi-Tochter geheiratet hatte und enge Geschäftsbeziehungen mit seinem Schwiegervater unterhielt, ließ sich der Sängerdienst wohl schon terminlich schwer vereinbaren. Gemessen an den Gewinnaussichten des älteren Bruders, mußte sich der Sänger zum Wohl und Ruhme der Familie in Verzicht üben, insofern erscheint der extra Erbteil nicht unangemessen.

In Z. 13 ist von Zababa-iqīšas Viertelanteil am väterlichen Erbe die Rede. Diese Angabe stellt ein Problem dar, wenn wir davon ausgehen, daß in dieser Familie, wie allgemein üblich, dem Ältesten ein doppelter Anteil zukommt, also drei Söhne erbberechtigt waren: Es sind nämlich aus Urkunden, die im Rahmen des Egibi-Archivs überliefert wurden, vier[6] Söhne des Marduk-bāni-zēri bekannt. Die Familienverhältnisse lassen sich folgendermaßen darstellen:

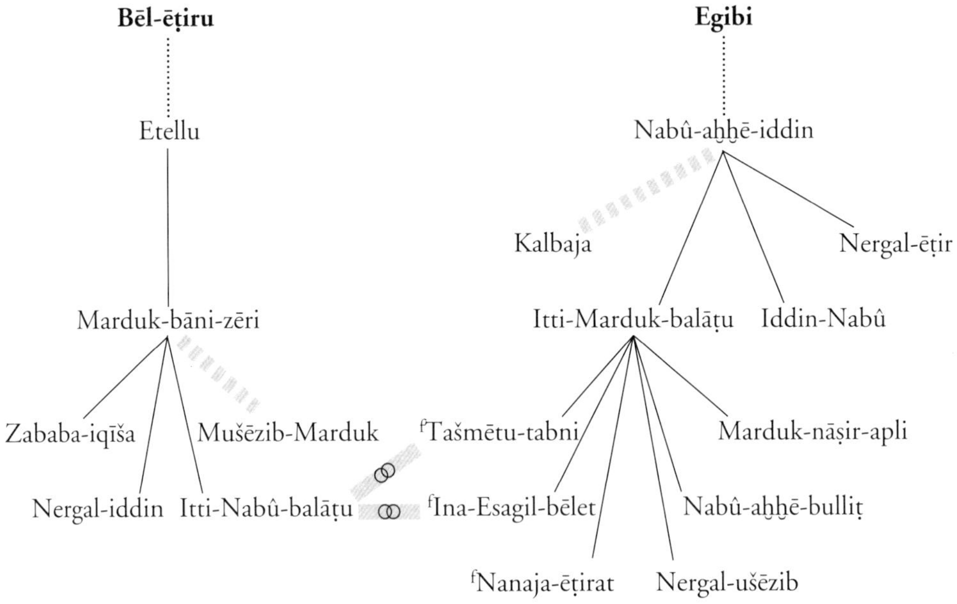

Als Erben treffen wir die Söhne des Marduk-bāni-zēri in Camb 110 aus dem Jahre 2 Camb an, wie sie nach dem Tod ihres Vaters dessen ausstehenden Verpflichtungen nachkommen. Es geht um eine Dattellieferung von beträchtlichem Umfang, der beschädigten

4 G. van Driel, *Elusive Silver*, Kapitel III.

5 Vgl. die Rolle des ^{lú}*nâru* im Kislīmu-Ritual (G. Çağirgan und W.G. Lambert, JCS 43–45 (1991–1993), S. 94: 18, 95: 49 [zitiert bei A.C.V.M. Bongenaar, *Ebabbar*, S. 289]), bei dem er u.a. das *enūma eliš* vor Bēl singt.

6 Die Belege sind bei K.N. Tallqvist, *NN* zu finden. Dort sind noch zwei weitere Söhne des Marduk-bāni-zēri aufgelistet, diese Einträge sind jedoch zu streichen: Bei Itti-Šamaš-balāṭu in Camb 118 handelt es sich in Wirklichkeit um Itti-Nabû-balāṭu, und statt Nabû-apla-iddin ist in Cyr 228 Nergal-iddin zu lesen (beides kollationiert).

Zahl zufolge von mindestens 126 Kur (22680 l), möglicherweise von mehreren hundert Kur. Es sind jedoch nur drei Söhne genannt, Itti-Nabû-balāṭu (der Egibi-Schwiegersohn), Nergal-iddin und Zababa-iqīša (der Sänger). Sie haben *mala zittīšunu* „entsprechend ihrem (Erb)anteil" geliefert. Der vierte, Mušēzib-Marduk, bleibt unerwähnt.

Mušēzib-Marduk erscheint aber in den älteren Dokumenten Cyr 237 und 240 als Schuldner des Itti-Marduk-balāṭu aus der Familie Egibi, in letztgenanntem Dokument mit Nergal-iddin zusammen; der in der vorliegenden Urkunde als Nachbar und Zeuge genannte Zākir ist Zeuge. Wie ist die Existenz dieses vierten Bruders mit dem Befund der vorliegenden Urkunde und Camb 110 in Einklang zu bringen?

Wenn man von vier Brüdern ausgeht und annimmt, daß Mušēzib-Marduk noch vor seinem Vater und ohne eigene männliche Nachkommen verstorben ist,[7] dann gäbe es—abgesehen von dem Fehler bei der Größe des Erbanteils im gegenständlichen Dokument—keinen evidenten Widerspruch.

Es käme jedoch noch eine andere Erklärung in Betracht, für die sich eine Parallele aus der dritten Generation der Familie Egibi als Modell anbietet: Nabû-aḫḫē-iddin hatte drei eigene Söhne, aber er adoptierte darüber hinaus Kalbaja, den Sohn seiner Schwester.[8] Dieser Kalbaja wird immer als „Sohn des Nabû-aḫḫē-iddin aus der Familie Egibi" in Urkunden bezeichnet, hatte aber keinen Erbanspruch. Wo immer es um den Nachlaß des Nabû-aḫḫē-iddin geht, werden nur Itti-Marduk-balāṭu, Iddin-Nabû und Nergal-ēṭir als Erben genannt. Kalbaja betrieb eine Reihe von Geschäften, u.a. auch gemeinsam mit den Söhnen des Itti-Marduk-balāṭu. Wo Geschäftsinventar geteilt wird, hat auch er seinen Anteil.

Wenn Mušēzib-Marduk ein Adoptivsohn des Marduk-bāni-zēri ohne Erbanspruch gewesen wäre, ließen sich alle Dokumente ohne Widerspruch in Einklang bringen. Allerdings ist diese Annahme nicht beweisbar.

---

7 So von H.D. Baker, *Fs Walker*, S. 18 vorgeschlagen. Sie geht u.a. davon aus, daß bei der Wahl von Namen für die Söhne beim theophoren Element die Abfolge Marduk—Nabû—Nergal beachtet worden ist. In unserem Fall stimmt jedoch eines bedenklich: Im Akzessionsjahr des Cyrus (zwei Jahre, nachdem das vorliegende Dokument ausgestellt worden ist) bestimmt Itti-Marduk-balāṭu//Egibi in seinem Testament Itti-Nabû-balāṭu zum künftigen Ehemann seiner Tochter (CM 3 260). Es hat ihm offensichtlich sehr an dieser Verbindung gelegen. Hätte er einen Zweitgeborenen mit entsprechend kleinem Erbe, der die (Haupt)geschäfte seines Vaters nicht übernehmen würde, zum Schwiegersohn gemacht?

8 Vgl. dazu den Kommentar von E. von Dassow zu CTMMA 3 53 (S. 110).

Nr. 34: Testament
Inventarnummer: BM 32619 (76–11–17,2364)

1 ^{m}*Iddin*$_2$-^{d}*Marduk mār*$_2$*-šú šá* ^{md}*Nabû-mukīn*$_2$*-apli*$_2$ ⸢*mār*$_2$⸣ ^{m}*E-*⸢*gi*⸣*-bi*
2 *ina kišād tam-tì šaplīti mur-ṣu kab-tu i-šìr-šu-*⸢*ma*⸣
3 *re-eš nikkassī*^{meš}*-šú iš-ši-ma zittu a-na mārī*^{meš}*-šú*
4 *a-na za-a-zu* ⸢*ù*⸣ *ni-din-it-ti a-na áš-šá-ti-šú*
5 *a-na na-da-nu ár-kát-su a-na pa-ra-*⸢*su*⸣
6 *lìb-ba-šú ub-lam-ma bīt-su šá ṭāḫ sūqi* [*qa-at*]*-nu*
7 *a-ṣu-ú u ṭāḫ bīt* ^{md}*Nabû-balāṭ-su-iq-b*[*i mār*$_2$*-šú šá*]
8 ^{md}*Nergal-ú-še-zib mār*$_2$ ^{md}*Sîn-da-ma-qu*
9 [*šá* ^{m}*Id*]*din*$_2$-^{d}*Marduk ina lìb-bi a-šá-ab pa-ni*
10 [^{md}]*Nabû-balāṭ-su-iqbi mārī-šú rabî*^{i} *ú-šad-gil*
11 [^{še}*z*]*ēr-šú šá ina* ^{uru}*Bīt-Da-ku-ru šá muḫḫi ḫar-ri* ⸢*šá*⸣
12 [x (x)] *il*$^{?}$*-ta-qab ù* ^{še}*zēr-šú* ⸢x⸣ [...]
13 [x x (x)] *u* ^{m}*Ri-mut* ^{md}[...]
14 [x x (x)]*-meš zittī*$^{!}$*-šú* ⸢x⸣ [...]

Rest der Vorderseite weggebrochen, Anfang der Rückseite verklebt

Rs 1′ [...]⸢x⸣*-šú*$^{?}$ ⸢x⸣[...]
2′ [x x] ⸢*kaspu*⸣ *ina ka-re-e-*[*šú-nu* ...]
3′ [*a*]-⸢*ḫa*⸣*-ti-šú-nu* ⸢*i*⸣*-nam-di-*[*nu* ...]
4′ *ina lìb-bi a-na* ^{d}*Nin-líl* [...]
5′ *ūmē*^{meš} *ma-la* ^{m}*Iddin*$_2$-^{d}*Marduk ba*[*l-ṭu nikkassašu*]
6′ *ina pa-ni-šú qát-su ina lìb-bi* ⸢x⸣ [...]

7′ *i-na šá-ṭa-ri* ^{i}[^{m}*ṭuppi*] *šu-a-t*[*i*]

8′ IGI ^{m}*It-ti-*^{d}*Nabû-balāṭu* ⸢*mār*$_2$*-šú šá*⸣ ^{md}*Marduk-šuma-uṣur mār*$_2$ ^{lú}*Nappāḫu*
9′ ^{m}*Mu-še-zib-*^{d}*Marduk mār*$_2$*-šú šá* ^{md}*Nabû-bar-ḫi-ilī*^{meš} *mār*$_2$ ^{lú}*Naggāru*
10′ ^{md}*Nabû-mu-še-ti-iq-uddê mār*$_2$*-šú šá* ^{md}*Nabû-zēra-iddin*
eine Zeile frei
11′ ^{m}*Iddin*$_2$-^{d}*Bēl* ^{lú}*ṭupšarru*$_2$ *mār*$_2$*-šú šá* ^{m}*A-na-*^{d}*Bēl-ú-pa-qu*
12′ *mār*$_2$ ^{lú}*Šangû-*^{d}*Za-ri-qu* ^{uru}*taḫ-ú-*⸢*ka*$^{?ki}$⸣
13′ ^{iti}*šabātu ūmi* {UD} 10.kam *šanat* 8.kam ^{m}*K*[*u-raš*]
14′ *šàr Bābili*^{ki} *šàr mātāti* (KUR.KUR)

Z. 2 Das Verb *ešēru* in der Bedeutung „in Ordnung sein/kommen“ kann hier nicht gemeint sein; unter *ešēru* bietet CAD E 353, *s.v.* 1 a „to go straight toward, to charge (an enemy)“ und zitiert den *Izbu* Commentar IV 152f.: *šumma sinništu* [Ù.T]U-*ma murṣu i-ši-ir-ši* „if a sickness befalls a woman as soon as she has given birth“. Diese Bedeutungsnuance von *ešēru* kommt in medizinischen Texten des öfteren vor (Hinweis von I. L. Finkel) und dürfte auch hier zutreffen. Als alternative Lesung wäre an *esēru* „jemanden einschließen, gefangenhalten, festsetzen“ zu denken, aber dafür fehlen Belege in Verbindung mit einer Krankheit.

Vs

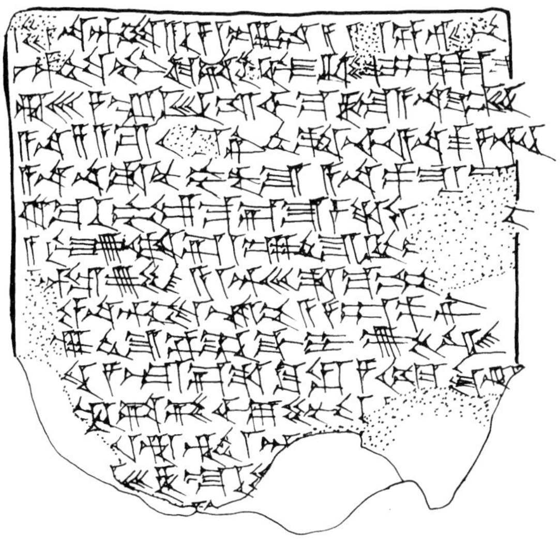

Rs

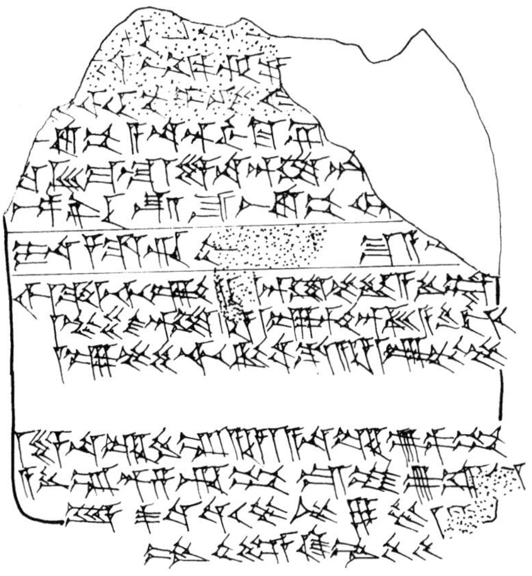

Z. 3 CAD N/2 107 *s.v. našû* A 6 *rēšu* a: „to check …"

Z. 4 Die Schreibung *ni-din-it-ti* für *nidintu* könnte einen Sproßvokal wiedergeben, falls kein Schreibfehler vorliegt.

Rs 4′ Möglicherweise wurde das Personendeterminativ vor ^{d}*Nin-líl* ausgelassen, andernfalls bliebe unklar, welche Art von Verfügung zugunsten einer Gottheit oder eines Tempels hier getroffen wurde. Der Name einer Schwester wäre eher zu erwarten.

Rs 6′ Es ist nicht klar, wie hier zu ergänzen ist. Das Zeichen sieht wie MI aus, aber eine Parallele gibt es m.W. nicht. Falls es sich um ein UL handeln sollte, wäre an *qât-su ina lìb-bi u*[*l telli*] „er wird dessen nicht verlustig gehen" zu denken. Diese Formel findet sich, allerdings positiv formuliert, z.B. in EvM 13: 13 (zitiert in CAD E 125 *s.v. elû* 3b 3′) und BM 36466 (Nr. 37): Rs 10′.

Rs 12′: Der Ausstellungsort ist in dieser Schreibweise singulär. Es fragt sich, ob er mit Taḫ(u)makka (RGTC 8, S. 302) aus Cyr 29: 12 (*Taḫ-ma-ak-ka*^{ki}) und BM 31411:

13′ (*Taḫ-ú-ma-˹ak-ku*˺^{ki}) in Verbindung zu bringen ist, vielleicht in der Form ^{uru}*Taḫ-ú-<ma-ak>-ka*^{ki} (auch etwas wie ^{uru}*Taḫ-ú-nak-ki* zu lesen wäre nicht undenkbar). Durch diesen Ort kommt Itti-Marduk-balāṭu//Egibi auf seiner Reise durch Persien im Jahre 1 Cyr.

Übersetzung

Den Iddin-Marduk, Sohn des Nabû-mukīn-apli aus der Familie Egibi, (Z. 2) hat am Ufer des unteren Meeres eine schwere Krankheit ereilt, und (Z. 3) sein Vermögen hat er überprüft und (Z. 6) sich entschlossen, (Z. 3a) einen Anteil für seine Söhne (Z. 4) abzuteilen und ein Geschenk für seine Ehefrau (Z. 5) zu geben, um über seinen Nachlaß zu entscheiden.

(Z. 6) Und das Haus an der schmalen Gasse (Z. 7) mit Ausgang und neben dem Haus des Nabû-balāssu-iqbi aus der Familie Sîn-damāqu, (Z. 9) in dem Iddin-Marduk wohnt, hat er (Z. 10) Nabû-balāssu-iqbi, seinem ältesten Sohn, (als Eigentum) übertragen. (Z. 11) Seine Anbaufläche in Bīt-Dakkūru am (Z. 12) [...]-iltaqqab-(Z. 11)Kanal (Z. 12) und seine Anbaufläche in [...] (Z. 13) [...] Rīmūt (und) [PN ...] ... seinen Anteil ((große Lücke)) (Rs 2′) [...] aus ihrem Gemeinschaftsbesitz [...] ihrer Schwester, geben. [...] (Rs 4′) davon an Ninlil [...]. (Rs 5′) Solange Iddin-Marduk lebt, steht [sein Vermögen] (Rs 6′) zu seiner Verfügung. Er (wörtlich: seine Hand) wird dessen nicht [verlustig gehen(?)].

Zeugen	Itti-Nabû-balāṭu/Marduk-šuma-uṣur/Nappāḫu
	Mušēzib-Marduk/Nabû-barḫi-ilī/Naggāru
	Nabû-mušētiq-uddê/Nabû-zēra-iddin
Schreiber	Iddin-Bēl/Ana-Bēl-upāqu/Šangû-Zāriqu
Ausstellungsort	^{uru}Taḫ-ú-ka(?)^{ki}
Datum	10.11.8 Cyr (3.2.530 v. Chr.)

Kommentar

Die vorliegende Urkunde stellt ein echtes Testament dar, das der Erblasser angesichts einer schweren Erkrankung, die ihn am Ufer des Persischen Golfs ereilt hat, auf Reisen ausstellen ließ. Derartige Dokumente haben großen Seltenheitswert, die einzige echte Parallele, die aus der Regierungszeit Artaxerxes' stammt, wurde erst kürzlich von M.W. Stolper publiziert.[1] Die Ähnlichkeiten in der Formulierung am Anfang beider Dokumente sind frappierend, und es fragt sich, ob die Versatzstücke bei der Schreiberausbildung gelehrt worden sind. Die magere Zahl der Belege muß nicht dagegen sprechen.

Beide Dokumente beginnen mit der Aussage, den Erblasser habe „in Babylon" bzw. „am Ufer des unteren Meeres" (erwähnenswert, weil jeweils fern der Heimat) eine Krankheit befallen. M.W. Stolper hat in BM 16562+ zu *i*[*ṣ-ba-tú-šu*] ergänzt, aber auch das in der vorliegenden Urkunde bezeugte *ešēru* käme dort in Frage. In beiden Fällen hat sich der Erblasser entschieden (*libbašu ūbil*), über seinen Nachlaß zu verfügen, also von der normalen Erbfolge abzuweichen[2] bzw. die Art der Aufteilung zu beeinflussen. Iddin-Marduk will

1 BM 16562+16806, in *Fs Veenhof*, S. 467–473.

2 In BM 16562+ bestimmt der Erblasser die Hälfte des Vermögens seiner Ehefrau, die andere Hälfte den vier Kindern (darunter eine Tochter). Die der Ehefrau zugedachte Hälfte allein

ausdrücklich die Anteile der Söhne bestimmen (*zittu ana zâzi*) und auch der Ehefrau ein Geschenk machen (*nidintu ana nadāni*). In Rs 3′ könnte sich zudem noch eine Festlegung über die Ausstattung der Tochter mit einer Mitgift befinden.

Wegen der Beschädigungen ist nur der Beginn der ausführlichen Bestimmungen erhalten geblieben. Der älteste Sohn soll das Wohnhaus des Iddin-Marduk erben, außerdem wird ein landwirtschaftliches Grundstück erwähnt. Der Wert der einzelnen Erbanteile bleibt ebenso unbekannt wie der Umfang des Geschenks an die Ehefrau. Über den Erblasser ist auch nichts weiter in Erfahrung zu bringen. Er gehört zur Familie Egibi, aber diese ist in Babylonien weit verzweigt. Zur Hauptlinie aus Babylon, die das größte neubabylonische Privatarchiv hinterlassen hat, gehört er jedenfalls nicht. Andererseits liegt die Ankaufsnummer unseres Textes in genau jenem 76–11–17-Bereich, der die größte Dichte an (Hauptlinien)-Egibi-Texten aufzuweisen hat. Damit liegt die Vermutung nahe, die Tafel könne im Rahmen dieses Egibi-Archivs, etwa als Retroakte, auf uns gekommen sein.

Ein Iddin-Marduk, Sohn des Aplaja (eine Kurzform für alle Namen, die *aplu* als Element enthalten) ohne Ahnherrennamen wird in Nbk 235 (31 Nbk) gemeinsam mit Nabû-aḫḫē-iddin//Egibi als Gläubiger genannt, beide scheinen Geschäftspartner zu sein. Ein gewisser Nabû-balāssu-iqbi, der der Filiation nach zu urteilen mit dem ältesten Sohn des Iddin-Marduk identisch sein könnte, erscheint als Zeuge in Nbk 265 (34 Nbk), wo es um eine Mitgiftangelegenheit in der mit den Egibis verschwägerten Familie Nūr-Sîn geht. In Nbn 501 erscheint ein Balāssu (ebenfalls eine Kurzform) mit derselben Filiation bei einer Transaktion mit Nabû-aḫḫē-iddin//Egibi. Beide Personen könnten mit den Protagonisten unserer Urkunde identisch sein; der zeitliche Rahmen (das vorliegende Testament wird etwa 13 Jahre nach dem Tod des Nabû-aḫḫē-iddin ausgestellt) spricht jedenfalls nicht dagegen. Wegen der großen Zahl von Personen mit dem Familiennamen Egibi ist jedoch Vorsicht angebracht; aus diesen vagen Hinweisen in Texten ohne sonstige Bezugspunkte kann eine Identität nicht sicher abgeleitet werden.

Es gibt jedoch einen weiteren inhaltlichen Bezug zu den Aktivitäten der Egibi-Hauptlinie: die Reisetätigkeit. Itti-Marduk-balāṭu, der Sohn des Nabû-aḫḫē-iddin, hat von Cyrus' Regierungsantritt an bis zum Ende seines Leben mehrere lange Reisen nach Persien unternommen und vorher ebenfalls sein Testament gemacht. In den wenigen erhaltenen Urkunden, die unterwegs ausgestellt wurden, finden sich zwar auch andere Egibis als Zeugen bzw. Schreiber, allerdings nicht unser Iddin-Marduk. Dennoch scheint die Vermutung nicht ganz abwegig, beide Männer könnten zusammen gereist sein und die Überlieferung der Urkunde im Egibi (Haupt)-Archiv habe etwas mit Itti-Marduk-balāṭus Rolle bei der Umsetzung dieses Testaments zu tun.

---

würde schon eine schriftliche Verfügung zwingend erforderlich machen. Der Erblasser wird im Dokument ohne Filiation genannt und als *ardu šá* ᵐ*Šuma-iddin* „Sklave (oder: Diener?) des Š." bezeichnet. M. Stolper fragt zu Recht, ob der Zweck des Dokuments darauf gerichtet ist, Ansprüche des Šuma-iddin auf den Nachlaß abzuwehren. Nach gängiger Lehrmeinung steht dem Eigentümer eines Sklaven dessen Nachlaß zu, und derartige Verfügungen seitens eines Sklaven dürften demnach von vornherein ungültig sein. Aber zum einen ist das genaue Verhältnis zwischen dem Erblasser und Šuma-iddin unbekannt (als Freigelassener könnte er sich z.B. mit dem Namen seines früheren Herrn ausweisen), und es könnten einvernehmliche Sonderregelungen vorab getroffen worden sein. Ohne zugehörige Dokumente, Archivkontext oder Parallelen ist diesem Problem nicht beizukommen.

Nr. 35: Testament
Inventarnummer: BM 55784 (82–7–14,142)
Bearbeitung: F.E. Peiser, BRL 4 (1898), S. 20 (T+Ü), Bertin 2692 (unpublizierte Kopie)

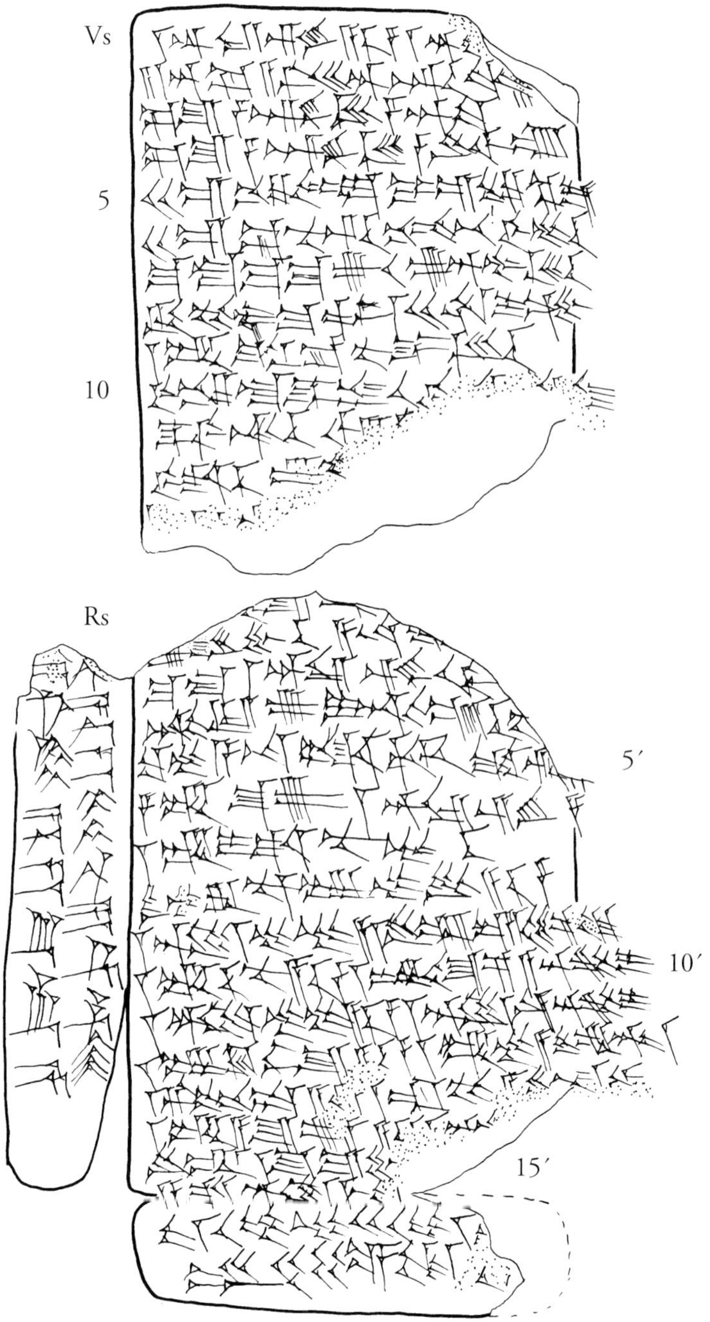

1 ^{md}*Nergal-ušallim mār*$_2$*-šú šá* ^{md}⸢x⸣[…]
2 *mār*$_2$ ^{md}*É-a-eppeš*^{eš}*-ilī ina ḫu-ud lì*[*b-bi-šú*]
3 *bīt-su šá ina qanâti*^{meš} *šá* ^{d}*Šamaš*
4 *bīt-su šá ina qanâti*^{meš} *šá* ^{lú}*mašenni*(AGRIG)
5 20 gur *suluppē*$^{!}$ 5 gur *ka-si-ia*
6 20 {gur} *dan-nu re-qu-*<*t*>*i mim-mu-šú*
7 *ma-la ba-šu-ú u u'ilēti*^{meš}*-šú*
8 *ik-nu-uk-ma pa-ni* ^{m}*Man-num*$^{!}$*-i-qa-bu*
9 ^{md}*Bēl-it-tan-nu mārē*^{meš}*-šú*
10 ^{f}*Ka-la-tur-tu*$_4$ *u* ^{f}⸢x x x (x)⸣*-tu*$_4$
11 *mārātī*$^{meš!}$*-šú* ⸢*ù* ^{f}⸣[…]
12 *altī-šú ú-š*[*ad-gil* …]
13 ⸢x x x⸣ […]

Rest der Vorderseite und Anfang der Rückseite weggebrochen

Rs 1′ [x x x (x)] ⸢x x⸣ […]
2′ ⸢*ú-rab*⸣*-bu-šú a-na* ^{d}*B*[*ēl uzakki ūmi*]
3′ *ma-la* ^{md}*Nergal-ušallim u* ^{f}[…]
4′ *bal-ṭu-ú i-pal-làḫ-šú-nu*
5′ *u*$_4$*-mu a-na šim-ti it-tal-*⸢*ku*⸣
6′ *šá* ^{d}*Bēl šu-ú* ^{md}*Nergal-ušallim šá*
7′ ^{md}*Bēl-i-da-nu šum*(MU)*-šú*
8′ ^{lú}*mu-kin-nu* ^{md}*Nabû-šuma-uṣur mār*$_2$*-šú šá*
9′ ^{md}*Marduk-šuma-iddin mār*$_2$ $^{m.lú}$*Šangû-*^{d}*Ištar-Bābili*^{ki}
10′ ^{md}*Bēl-šú-nu mār*$_2$*-šú šá* ^{md}*Nabû-balāṭ-su-iqbi mār*$_2$ $^{<m/lú>d}$*Balīḫī*^{i}
11′ ^{md}*Marduk-šuma-iddin mār*$_2$*-šú šá* ^{md}*Marduk-nāṣir*$_2$ *mār*$_2$ $^{<m/lú>d}$*Balīḫī*^{i}
12′ ^{md}*Nabû-bul-liṭ-su mār*$_2$*-šú šá* ^{md}*Bēl-iddin mār*$_2$ ^{lú}*Šangû-*^{d}*Šamaš*$^{!}$
13′ ^{m}*Ni-qu-du mār*$_2$*-šú šá* ^{m}*Šāpik-zēri mār*$_2$ ^{lú}⸢x x x⸣
14′ ^{md}*Bēl-a-su-ú-a* ⸢*mār*$_2$*-šú šá* ^{md}*Ea*⸣*-*[*iddin mār*$_2$ ^{lú}*Man-di-di*]
15′ ^{lú}*ṭupšarru*$_2$ ^{m}*Šu-zu-bu* [*mār*$_2$*-šú šá* ^{md}*Za-ba*$_4$*-ba*$_4$*-aḫa-iddin*]
16′ *mār*$_2$ $^{<m>}$*Ile''i*$_2$*-*^{d}*Marduk Sip-par*[$^{ki\ iti}$…]
oRd 17′ *ūmi* 10.kam *šanat* 30.kam ^{m}*D*[*a-ri-ia-muš*]
18′ *šàr Bābili*^{ki} *u* [*mātāti*]
lRd 1 [^{m}…]*-nu mār*$_2$*-šú šá* ^{m}*Šad-din-nu mār*$_2$ ^{m}*Nūr-*^{d}*Sîn*
2 [^{m}…]-⸢x⸣*-bāni-aḫi mār*$_2$*-šú šá* ^{m}*Šu-la-a*

Z. 1 Der Vatersname könnte mit dem theophoren Element Adad oder Iššar beginnen. Unser Protagonist ist nicht bei A.C.V.M. Bongenaar, *Ebabbar*, als Angehöriger des Tempelpersonals gebucht, auch nicht unter dem in Rs 7′ genannten Pseudonym. Mitglieder der Familie (Ea)-Eppeš-ilī sind in Sippar als Inhaber einer Brauerpfründe und wahrscheinlich als Goldschmiede bezeugt (*ibid.*, S. 225 und 366f.)

Z. 5 Zu *kasû* (*cuscuta*, „Filzkraut, Teufelszwirn", ein pflanzlicher Parasit, der als Zutat beim Bierbrauen verwendet wird) s. M. Stol, *Beer*, S. 175ff.

Z. 6 GUR wohl versehentlich wegen der darüberliegenden Zeile gesetzt, BE statt TI (d.h. nur die hintere Hälfte des Zeichens), wenn nicht *re-qu-*<*ti*> *labīrūti*(BE) gemeint war.

Rs 1′ Das fast ganz erhaltene Zeichen könnte ṢI oder SU sein, danach vielleicht TI.

Rs 8′f. Dieser Zeuge war Inhaber einer Brauerpfründe an Ebabbar und einer Pfründe am Gula-Tempel und ist seit 1 Camb bezeugt, A.C.V.M. Bongenaar, *Ebabbar*, S. 440.

Rs 10′ (Marduk)-bēlšunu hatte wahrscheinlich eine Brauerpfründe und ist zwischen 20 Dar und 2 Xer belegt; *ibid.*, S. 466.

Rs 11′ Dieser Zeuge ist aus zwei weiteren Texten bekannt (30–34 Dar), *ibid.*, S. 466.

Rs 12′ Dieser Zeuge erscheint in drei weiteren Texten (30–32 Dar), *ibid.*, S. 453. Am Ende der Zeile trifft der Senkrechte von UTU mit dem von Vs 5 kommenden IA zusammen; dadurch sieht es auf den ersten Blick so aus, als handele es sich um das Zeichen IM. In der Kopie sind die von der Vorderseite kommenden Zeichen nur dort kopiert.

Rs 13′ Der Zeuge ist wohl identisch mit Bēl-asûa/Ea-iddin/Mandidi, für den es vier Belege gibt (24–33 Dar), *ibid.*, S. 290.

Rs 15′ Der Schreiber ist oft belegt (5–35 Dar), *ibid.*, S. 499.

Übersetzung

Nergal-ušallim, der Sohn des [...] (Z. 2) aus der Familie Eppeš-ilī hat aus freiem Entschluß (wörtlich: in der Freude seines Herzens) (Z. 3) sein Haus auf dem Grundstück des Šamaš-(Tempels), (Z. 4) sein Haus auf dem Grundstück des Mašennu, (Z. 4) 20 Kur Datteln, 5 Kur *cuscuta*, (Z. 5) 20 leere Fässer, soviel an seinem Besitz (Z. 6) vorhanden ist, und seine Verpflichtungsscheine (Z. 7) unter Ausstellung einer offiziellen Urkunde an Mannu-iqabbu (Z. 8) (und) Bēl-ittannu, seine Söhne, (Z. 9) ^{f}Kalaturtu und ^{f}[...]tu, (Z. 10) seine Töchter, und PNf, (Z. 11) seine Ehefrau, (als Eigentum) über[tragen]. ((Lücke))

[... PN], (Rs 2′) den er aufgezogen hat, hat er dem B[ēl-(Tempel geweiht und) freigegeben. So](Rs 3′) lange Nergal-ušallim und [PNf (seine Ehefrau)] leben, (Rs 4′) wird er sie (als Herren) respektieren. (Rs 5′) Wenn sie gestorben (wörtlich: zum Schicksal gegangen) sein werden, (Rs 6′) gehört er dem Bēl-(Tempel). Nergal-ušallim, (Rs 7′) dessen (zweiter) Name Bēl-idānu ist.

Zeugen	Nabû-šuma-uṣur/Marduk-šuma-iddin/Šangû-Ištar-Bābili
	Bēlšunu/Nabû-balāssu-iqbi/Balīḫī
	Marduk-šuma-iddin/Marduk-nāṣir/Balīḫī
	Nabû-bullissu/Bēl-iddin/Šangû-Šamaš
	Niqūdu/Šāpik-zēri/^{lú}...
	Bēl-asûa/Ea-[iddin/Mandidi]
	[...]nu/Šaddinnu/Nūr-Sîn (lRd)
	[...]-bāni-aḫi/Šulaja (lRd)
Schreiber	Šūzubu/[Zababa-aḫa-iddin]/Ile''i-Marduk
Ausstellungsort	Sippar
Datum	10.[x].30 [Dar] (492/491 v. Chr.)

Kommentar

Das vorliegende Testament stammt aus Sippar, und mehrere Tempelangehörige und Pfrundeninhaber des Ebabbar erscheinen als Zeugen. Dies läßt vermuten, auch der Protagonist habe zu diesem Kreis gehört, selbst wenn er bislang nicht in Urkunden aus dem Tempelarchiv bezeugt ist. Zwei der Zeugen sind als Tempelbrauer bekannt, und auch ein

Angehöriger der Familie Eppeš-ilī war Brauer. Nergal-ušallim verfügt über Fässer und Zutaten für die Bierherstellung (Z. 5f.), dürfte also auch als Brauer tätig gewesen sein und könnte im Auftrag der Pfründner gearbeitet haben. Er selbst hat offensichtlich keine Pfründe besessen, die er hätte vererben können.

Sein Testament deutet auf eine eher bescheidene Existenz. Neben den Brauerutensilien ist von Verpflichtungsscheinen die Rede, d.h. Guthaben und Forderungen zu seinen Gunsten und Lasten, die an die Erben übergehen sollen. Näheres ist nicht angegeben, demnach dürfte es sich wohl nicht um langfristige, zinstragende Forderungen in bedeutender Höhe handeln (die man separat ausgewiesen hätte), sondern eher um kleinere Forderungen aus laufenden Geschäften.

In Z. 3f. werden zwei Häuser genannt, die sich auf dem Gelände des Šamaš-Tempels bzw. auf dem des *mašennu* (eines für die Bewässerung zuständigen Beamten) befinden. Die Formulierung *ina qanâti*^{meš} *ša* … ist sicher so zu verstehen, daß Nergal-ušallim zwar die Aufbauten gehört haben, aber nicht der Boden, und ihm Bau- und Wohnrecht zustanden. Über die Größe und Bauart ist nichts ausgesagt.

Das bescheidene Vermögen sollen sich zwei Söhne, zwei Töchter und die Ehefrau teilen. Über den Teilungsmodus sind keine Angaben enthalten, sie wären auf dem abgebrochenen unteren Viertel zu vermuten. Bis zu acht Zeilen könnten in der Lücke einschließlich Rand Platz finden.

Nergal-ušallim und seine Frau haben noch ein weiteres Kind (vielleicht ein Findelkind) großgezogen. Nergal-ušallim legt fest, daß es ihnen dienen soll, solange sie leben, und danach Bēl geweiht ist.[1] In einem Sippar-Text würde man eher eine Dedikation an Šamaš erwarten, aber auch Marduk und Zarpanītu wurden in Sippar verehrt und erhielten Opfer.[2] Möglicherweise hatte Nergal-ušallim besondere Bindungen zu einer der kleinen Kultstätten.

---

1 Die Aufnahme von Findelkindern und deren späteres Schicksal (häufig als Sklave) wird Verf. an anderer Stelle behandeln. Die Verpflichtung, die Zieh- bzw. Adoptiveletern bis zu deren Ableben zu pflegen, ist regelmäßiger Bestandteil in Adoptionsverträgen, zur Weihung „ausgedienter“ Sklaven an den Tempel vgl. G. van Driel, *Care of the Elderly*, S. 165.

2 A.C.V.M. Bongenaar, *Ebabbar*, S. 230 mit Anm. 204.

Nr. 36: Erbvertrag, als Vermögensübertragung stilisiert
Inventarnummer: BM 38205 (80–11–12,87)

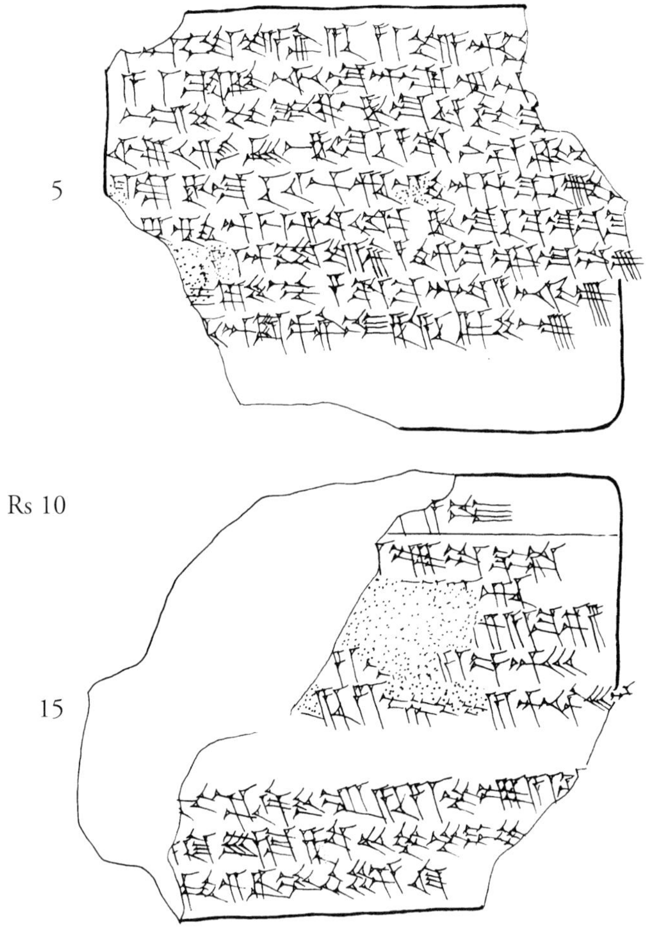

1 ⌜^{md}⌝*Marduk-ēṭir*^{ir} *mār*$_2$*-šú šá* ^{m}*Mušēzib-*^{d}*Mard*[*uk*]
2 *mār*$_2$ ^{m}*Ile*ʾʾ*i-bulluṭu*(TI.LA)-^{d}*Marduk*(ASAR.RI) *ina ḫ*[*u-ud libbīšu*]
3 1 gur ^{še}*zēru zaq-pi*$^{!}$ *ina zittī-šú šá gu-r*[*a-*…]
4 *ù* 10 gi^{meš} *ina zittī-šú šá ṭāḫ palgi*(PA$_5$) *ik-nu-*[*uk-ma*]
5 [*k*]*u-um zittī-šú pān* ^{m}*Ri-mut-*^{d}*Gula mārī-šú ú-šad-g*[*il*]
6 [^{m}*R*]*i-mut-*^{d}*Gula a-na muḫḫi zittī-šú ma-la ba-šu-*[*ú*]
7 [*itti mārī*] ⌜*šá*⌝ ^{md}*Marduk-ēṭir*^{ir} *šá im-ma-al-la-du-ú*
8 [*ul*] ⌜*i*⌝*-dab-bu-ub šá da-ba-*<*ba*> *an-na-a innû*^{u}
9 [^{d}*Mardu*]*k u* ^{d}*Zar-pa-ni-tu*$_4$ *halāq*(ḪA.A)*-šú liq-bu-ú*

Rs 10 [*ina kanāk ṭuppi š*]*u-a-tu*$_4$

---

11 [...] ^{md}*Nabû-mukīn*$_2$*-apli*
12 [...]-⸢x⸣-*ri*
13 [...] ⸢x⸣ *mār*$_2$ ^{m}*Ba-si-iá*
14 [... *mār*$_2$*-šú*] *šá* ^{m}[x x (x)] *mār*$_2$ ^{m}*Nūr-*^{d}*Sîn*
15 [...]⸢x⸣ *mār*$_2$*-šú šá* ^{md}⸢*Nabû-šuma-iddin*⸣ *mār*$_2$ ^{md}*Ea-eppeš*^{eš}*-ilī*
eine halbe Zeile frei
16 [^{md}...]-*zēru-līšir* ^{lú}*ṭupšarru*$_2$ *mār*$_2$*-šú šá* ^{m}*Iddin-*^{d}*Nabû mār*$_2$ ^{m}⸢*E*⸣-[...]
17 [*Bābili*]^{ki} ^{iti}*tašrītu*(DU$_6$.KÙ) *ūmi* 20!.kam *šanat* 5.kam
18 [^{md}*Nab*]*û-na'id šàr Bābili*^{ki}

Übersetzung

Marduk-ēṭir, der Sohn des Mušēzib-Marduk (Z. 2) aus der Familie Ile''i-bulluṭa-Marduk hat aus [freiem Entschluß] (Z. 3) 1 Kur (mit Dattelpalmen) bepflanzte Anbaufläche von seinem (eigenen) Anteil von Gura[...] (Z. 4) und 10 Gi Hausgrundstück von seinem Anteil am (Haus am) Graben unter Aus[stellung einer offiziellen Urkunde] (Z. 5) als seinen (Erb)anteil an Rīmūt-Gula, seinen Sohn, (als Eigentum) übertragen. (Z. 6) Rīmūt-Gula wird wegen seines Anteils, soviel er beträgt, (Z. 7) [gegen einen Sohn] des Marduk-ēṭir, der (künftig noch) geboren werden wird, (Z. 8) [nicht] klagen. Wer diese Abmachung ändert, (Z. 9) dessen Untergang mögen Marduk und Zarpanītu befehlen.

Zeugen	[...]/Nabû-mukīn-apli/[...]ri
	[...]//Basija
	[...]//Nūr-Sîn
	[...]/Nabû-šuma-iddin/Ea-eppeš-ilī
Schreiber	[...]-zēru-līšir/Iddin-Nabû/E[...]
Ausstellungsort	weggebrochen, sicher Babylon
Datum	20.7.5 Nbn (29.10.551 v. Chr.)

Kommentar

Der vorliegende Erbvertrag ist als Vermögensübertragung vom Vater (Marduk-ēṭir) auf den Sohn (Rīmūt-Gula) stilisiert. Dieser erhält einen Anteil von 1 Kur an einem Dattelgarten und ein Hausgrundstück von 10 Gi und wird damit für abgefunden erklärt. Den Hintergrund bildet offensichtlich eine zweite Ehe des Vaters, die weiteren Nachwuchs erwarten läßt. Der Rest des väterlichen Vermögens ist für die späteren Nachkommen aus dieser Ehe bestimmt. Dies schränkt allerdings Rīmūt-Gulas Rechte nicht ein, sollten wider Erwarten keine weiteren erbberechtigten Söhne geboren werden, denn der Verzicht wird nur gegenüber künftigen Söhnen des Vaters, nicht aber gegenüber männlichen Seitenverwandten geleistet.

Da sich der Vater kein Nutzrecht auf Lebenszeit vorbehält, können wir annehmen, daß Rīmūt-Gula die ihm zugewiesenen Objekte bereits in Besitz nehmen kann und damit seine wirtschaftliche Unabhängigkeit erlangt.

Nr. 37: Erbvertrag
Inventarnummer: BM 36466 (80–6–17,193)

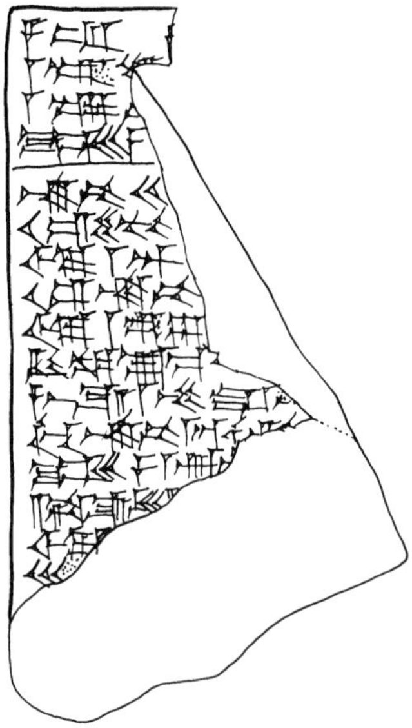

1 *nikkassu š[á …]*
2 ^{md}*Bēl-ēṭir-*[…]
3 ^{md}*Nabû-*⌜x⌝[…]
4 *mārū*^{meš} *šá* […]

5 *ina lìb-bi* 20+[…]
6 10 gur ^{še}*zēru* […]
7 *ù* ^{md}[…]
8 10 gur *ina lìb-bi* […]
9 *ù* ^{md}⌜*Bēl*⌝*-upaḫḫir*[^{ir} …]
10 *ik-ka-lu i*[*squ*(?) …]
11 *šá ina qātē*$^{\text{II m}}$*Mu-ra-*[…]
12 *šal-šú ina lìb-bi* ^{md}*Šamaš*-G[I$^{?}$-…]
13 *mārē*^{meš} *šá* ^{m}*Ṣil-l*[*a-a* …]
14 2*-ta qātāti*$^{\text{II.meš}}$ *š*[*á* …]
15 *ù* […]
16 30 […]

Rest der Vorderseite weggebrochen

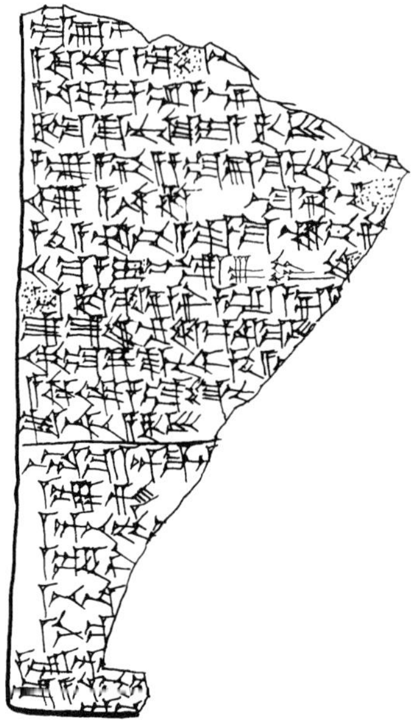

Rs 1′ *ad-dak-k*[*u-nu-ši* …]
2′ *a-di muḫḫi šá at-tu-nu* […]
3′ *a-na pi-i nikkassi šá ina bīti* […]
4′ *zitta-ku-nu ki-i a-ḫa-meš* […]
5′ *nikkassu a-ga-a šá ad-dak-ku-nu*$^{!}$*-ši uṣ-r*[*a* …]
6′ *ù a-na kaspi la ta-na*[*m-di-na-a* …]
7′ *akalē*$^{\text{ḫi.a}}$ *ina lìb-bi a-ku-la ina lìb-bi ni-*[…]
8′ *man-ma šá i-tak-lu-ú uq-te-*[…]
9′ [*a-n*]*a kaspi it-tan-ni nikkassi šá bīti* ⌜x⌝[…]
10′ *qāt*^{II}*-su te-el-li isqāti*^{meš} […]
11′ *ul ad-da-ku-nu-ši akalē*$^{\text{ḫi.a}}$ […]
12′ *a-di muḫḫi šá at-tu-nu* […]
13′ *it-ti a-ḫa-meš* […]

14′ *ina ušuzzu*(DU)^{zu} ^{md}GAL-⌜x⌝ […]
15′ ^{md}*Nabû-ušallim* […]
16′ ^{md}*Ea-zēra-*⌜x⌝ […]
17′ ^{md}*Bēl*-DÙ-[…]
18′ ^{m}BE-*na-*[…]
19′ ^{m}*Pap-pa-*[…]
20′ *nikkassi an-n*[*a*$^{!}$ …]
21′ ^{uru}*A-qa-bi-*⌜x⌝ […]
22′ ^{d}⌜GIŠ/AG⌝[…]

Rs 20′ Vielleicht eine Fluchformel.

Datum In der letzten Zeile steht der Herrschername ohne Personenkeil auf der Kante am unteren Rand, nur ein Zeichen nach DINGIR ist erhalten. Es ist nicht sicher, ob zu ^{d}GIŠ-NU$_{11}$-MU-GI.NA zu ergänzen ist, oder eher zu ^{d}AG-... (ohne Ligatur). Die Tafel weist äußere Merkmale auf, die für eine frühe Datierung sprechen: Die Tafelform, der gelbliche, feine Slip und die saubere Schrift sind z.B. für Kaufurkunden aus der Epoche von Šamaššumukin bis Anfang Nebukadnezar typisch.

Übersetzung

Das Vermögen des/das [...] (Z. 2) Bēl-ēṭir [...] (Z. 3) Nabû-aḫḫē-[...], (Z. 4) die Söhne des [... aufgeteilt hat:]

(Z. 5) Davon hat 20+[x Kur Anbaufläche ...], (Z. 6) 10 Kur Anbaufläche [...] (Z. 7) und PN [...]. (Z. 8) 10 Kur davon [... werden ...] (Z. 9) und Bēl-upaḫḫir [...] (Z. 10) genießen. Die Pfrü[nde(?) ...], (Z. 11) die von Mura[... gekauft(?) worden ist]: (Z. 12) ein Drittel davon [gehört(?)] Šamaš-[... und ...], (Z. 13) den Söhnen des Ṣillaja [...]. (Z. 14) Zwei Drittel [gehören(?) ...] (Z. 15) und [...] (Z. 16) 30 [...] (große Lücke)

(Rs 1′) ich [euch] gegeben habe, [...] (Rs 2′) Bis ihr [...] (Rs 3′) entsprechend dem Vermögen, das im Hause [... vorhanden ist(?)] (Rs 4′) euren Anteil, daß einander [...] (Rs 5′) jenen Anteil, den ich euch gegeben habe, bewahrt! [...] (Rs 6′) und für Silber dürft [ihr ihn] nicht weg[geben! ...] (Rs 7′) Brot eßt davon, davon [...] (Rs 8′) Wer immer (davon etwas) verbraucht, (es) auf[braucht,] (Rs 9′) für Silber weggibt, [geht (seines Anteils am)] Vermögen des Hauses [...] (Rs 10′) verlustig. Die Pfründen [...] (Rs 11′) habe ich euch nicht gegeben, Verpflegung [...], (Rs 12′) solange, bis ihr [...] (Rs 13′) miteinander [...]

sechs *ina-ušuzzu*-Zeugen

Ausstellungsort ^{uru}Aqabi-[...]

Datum Regierungszeit von Šamaš-šum-ukīn oder Nebukadnezar(?)

Kommentar

Die vorliegende Urkunde ist fragmentarisch und ihr Inhalt kaum zu erschließen. Offensichtlich trifft ein Vater eine Verfügung über sein Vermögen zugunsten der Söhne oder naher Verwandter. Es umfaßt landwirtschaftliche Flächen in beträchtlicher Größenordnung (10 Kur in Z. 6 und 8) sowie Pfründen (Rs 10′, vielleicht auch in Z. 10 erwähnt). Möglicherweise geht es ab Rs 10′ Mitte um die Versorgung des Vaters, wofür sich dieser zunächst Pfründeneinkommen vorbehält.

Die Besonderheit ist die subjektive Stilisierung des Vertrags mit der Verwendung der ersten Person und der direkten Anrede samt Imperativ. Erst ab Rs 8′ erfolgt ein kurzer Wechsel zur objektiven Stilisierung, wenn es um die Konsequenzen für denjenigen geht, der das übertragene Erbe vorzeitig aufbraucht oder verschwendet.

Nr. 38: Erbteilung
Inventarnummer: BM 103451 (1911–4–8, 141)

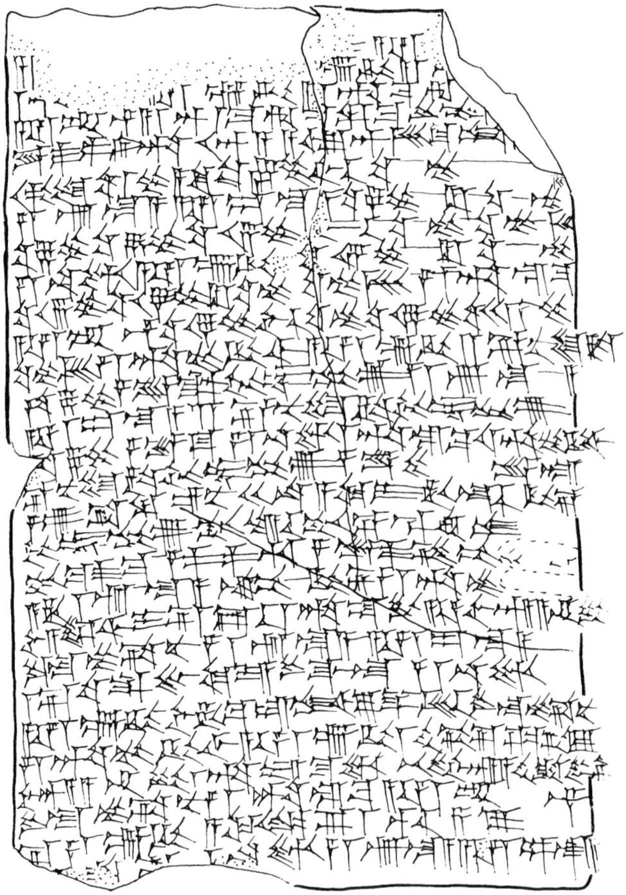

1 [^{m}*Ṣil-la-a*] *mār*$_2$*-šú šá* [^{m}*Ap-la-a*]
2 *mār*$_2$ ^{m}[^{d}*Šamaš-ba-ri* ^{m}*Na-ṣir mār*$_2$*-šú šá* ^{m}]*Etellu mār*$_2$ ^{md}[*Šamaš-ba-ri*]
3 ^{md}*Ša*[*maš-zēra-ušabši*^{ši}] *mār*$_2$*-šú šá* ^{m}*Etellu mār*$_2$ ^{md}*Šamaš-ba-ri* [*u* ^{md}*Šamaš-eri-ba*]
4 *mār*$_2$*-šú šá* ^{md}*Bēl-ēṭir*$_2$ *mār*$_2$ ^{md}*Šamaš-ba-ri isiq* ^{lú}*sirāšûti*(LU[NGA)$^{ú-tú}$]
5 ^{iti}*šabaṭi pa-ni* ^{d}*Šamaš u* ^{d}*A-a ù ilī*^{meš} *āšibūt*(KU)^{tu_4} *Larsa*(U[D.UNUG^{ki})]
6 *ul-tu ūmi* 1.kam *a-di ūmi* 7.kam *šal-šú* <*u*$_4$*-mu*> *u*$_4$*-mu*$^{⸢meš⸣}$
7 *šá* ^{m}*Ṣil-la-a mār*$_2$*-šú šá* ^{m}*Ap-la-a šá ūmi* 7.kam ⅔$^{!}$ *u*$_4$*-mu*
8 *ūmi* 8.kam *ūmi* 9.kam *ūmi* 15.kam *šal-šú u*$_4$*-mu u*$_4$*-mu*^{meš}
9 *šá* ^{m}*Na-ṣir mār*$_2$*-šú šá* ^{m}*Etellu ūmi* 15.kam ⅔$^{!}$ *u*$_4$*-mu*
10 *ūmi* 16.kam *ūmi* 17.kam ⅔$^{!}$ *u*$_4$*-mu u*$_4$*-mu*^{meš} *šá* ^{md}*Šamaš-eri-ba*

11 *mār$_2$-šú šá ^{md}Bēl-ēṭir$_2$ ūmi* 17.kam *šal-šú u$_4$-mu ūmi* 18.kam *ūmi* 20–1.kam
12 *u$_4$-mu^{meš} šá ^{md}Šamaš-zēra-ušabši^{ši} mār$_2$-šú šá ^{m}Etellu 2 dan-nu-tu kaspu*
13 *šá ūmi* 18.kam *šá ^{iti}nisanni gu-uq-qu-ú šá ^{m}Ṣil-la-a*
14 *mār$_2$-šú šá ^{m}Ap-la-a 2 dan-nu-tu kaspu gu-uq-qu-ú*
15 *šá ūmi* 18.kam *šá ^{iti}tašrīti šá ^{m}Na-ṣir ^{md}Šamaš-eri-ba u ^{md}Šamaš-zēra-ušabši^{ši}*
16 *dan-nu-tu kaspi gu-uq-qu-ú šá ^{iti}addāri ^{iti}araḫsamna*
17 *šá ú-ta-ru-un-nu man-na a-ki-i zittī-šú ik-kal*
18 *gu-uq-qu-ú ^{uzu}kar-šú ^{uzu}e-si-iḫ-tu$_4$*
19 *^{uzu}ba-áš-lu šá pa-pa-ḫu šá ^{iti}šabaṭi gab-bi* ((Rasur))
20 *a-ḫa ^{m}Ṣil-la-a ina lìb-bi ik-kal ^{md}Šamaš-iddin*
21 *^{f}A-šar-ši-i-bit ummi-šú ^{md}Šamaš-aba-uṣur mār$_2$-šú šá ^{fd}A-a-bēl-uṣrī*
22 *$^{lú.\{m\}}$la-mu-ta-nu šá ^{m}Ṣil-la-a mār$_2$-šú šá ^{m}Ap-la-a*
23 *^{m}É-babbar-ra-bu-di-ia ^{lú}qal-la šá ^{m}Na-ṣir*
24 *mār$_2$-šú šá ^{m}Etellu ^{f}Ḫa-ba-ṣi-tu$_4$ u mārē^{meš}-šú ^{lú}la-mu-ta-nu*
25 *šá ^{md}Šamaš-zēra-ušabši^{ši} mār$_2$-šú šá ^{m}Etellu ^{m}Ṭāb-É-sag-íl*
26 *^{fd}A-a-bēl-uṣrī ^{md}Šamaš-šēpē*(GÌR)^{II}*-šu-uz-ziz ^{fd}A-a-bulliṭ^{iṭ}-in-ni*
27 *^{lú}la-mu-ta-nu šá ^{md}Šamaš-eri-ba mār$_2$-šú šá ^{md}Bēl-ēṭir$_2$*
28 *bītu šá ^{m}Etellu a-di muḫḫi bīt ^{m}Ḫu-za-lu*
29 [*ù*] *ṭāḫ bīt ^{m}Na-ṣir šá ^{m}Ṣil-la-a mār$_2$-šú šá ^{m}Ap-la-a*
Rs 30 *qaq-qar ki-šub-ba-a pa-na-at* <…> *^{m}Na-ṣir mār$_2$-šú šá ^{m}Etellu*
31 30 *ina* DIŠ kùš *šiddu* 30 *ina* DIŠ kùš *pūtu*(SAG.KI) *ul-tu muḫḫi qaq-qar*
32 *šá ^{md}Nabû-lē'i$_2$ mār$_2$-šú šá ^{md}Nabû-ušallim u ^{md}Šamaš-ka-ṣir mār$_2$-šú šá*
^{md}Nabû-ú-sal-lu
33 *šá ^{md}Šamaš-eri-ba mār$_2$-šú šá ^{md}Bēl-ēṭir$_2$ bīt šu-tu-um-mu a-ki-i*
34 *i-qa-*DIB*-b/pu gab-bi-šú-nu dul-lu ina lìb-bi ip-pu-šu-u'*
35 *libnāti*(SIG$_4$)$^{ḫi.a}$ *^{giš}gušūrū^{meš} u qanâti^{meš} šá $^{m⌜d}$Šamaš-zēra⌝-ušabši^{ši} mār$_2$-šú šá ^{m}Etellu*
36 *$^{dug.\{nu\}}$dan-nu-tu ù ^{dug}ḫa-⌜aṣ-ba-at-tu$_4$⌝ \{šá\} gab-bi ù mim-ma*
37 *šá* <m>*Etellu šá el-la-a-an a-ḫa zitti šá ^{m}Ṣil-la-a*
38 *^{lú}ra-šu-ú-tu šá ina muḫ-ḫi ^{m}Etellu abī-šú-nu ⌜te-el-li-i'⌝*
39 *a-ḫa ina muḫ-ḫi ^{m}Ṣil-la-a*

---

40 *ina ka-nak ^{im}ṭuppi šuāti*(MU)^{meš}

---

41 *ina u$_4$-mu* MU*-ma ^{md}Šamaš-uballiṭ$^{[iṭ]}$ ^{lú}šangû Larsa^{ki} mār$_2$-šú šá ^{m}*M[U-x x]
42 *mār$_2$ ^{lú}Rē'i-alpi ^{m}Gimil-^{d}Šamaš mār$_2$-šú šá ^{md}Bēl-ibni mār$_2$ ^{lú}Naggāru*(N[AGAR$^?$])
43 *^{md}Šamaš-ta-lim-⌜uṣur⌝ mār$_2$-šú šá ^{m}Za-bi-da-a-a mār ^{lú}Rabi-⌜banê⌝*
44 *^{md}Šamaš-mukīn$_2$-apli$_2$ mār$_2$-šú šá ^{md}Šamaš-bāni-aḫi mār$_2$ ^{lú}Rabi-banê*
45 *^{m}É-zi-da-šá-du-nu mār$_2$-šú šá ^{md}Nabû-zēra-iddin mār$_2$ ^{m}Ba-di-lu*
46 *^{m}Na-din mār$_2$-šú šá ^{md}Šamaš-šuma-iddin mār$_2$ ^{lú}Naggāru*
47 *^{m}Ba-laṭ-su mār$_2$-šú šá ^{m}Mar-duk ^{lú}ṭupšarru$_2$ šá-ṭir ^{im}ṭuppi*
48 *^{md}Šamaš-aḫḫē^{meš}-erība mār$_2$-šú šá ^{md}Šamaš-mukīn$_2$-apli$_2$ mār$_2$ ^{lú}Naggāru Larsa^{ki}*
49 *^{iti}ṭebētu ūmi* 17.kam *šanat* 6.kam *^{md}Nabû-na'id šàr Bābili^{ki}*

Etwa ein Drittel der Rückseite ist frei geblieben
keine Beischriften, keine Siegel, keine Nagelmarken

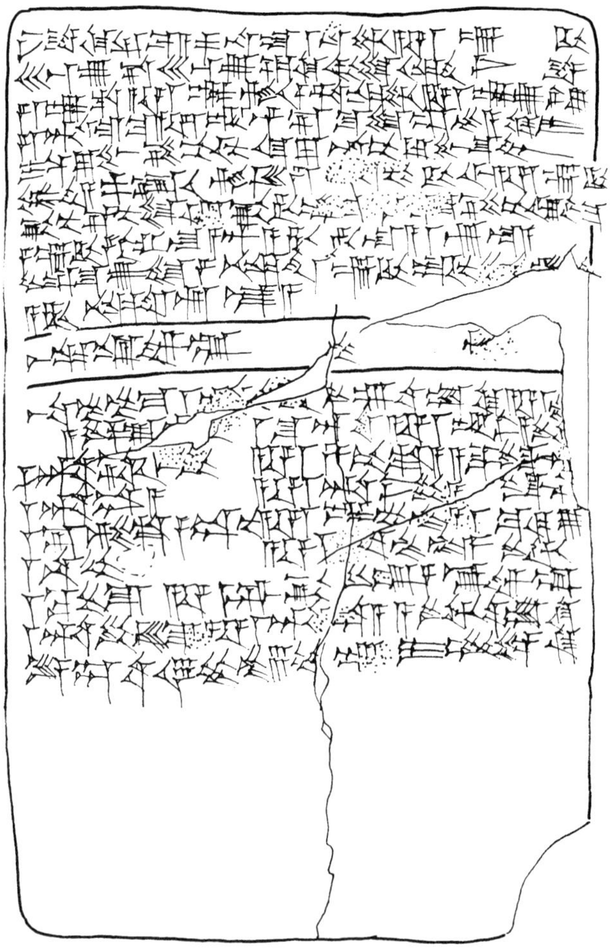

M. Jursa hat mir eine kommentierte Übersetzung dieser Urkunde (mit Diskussion der Verwandtschaftsverhältnisse und Literatur zum Kontext), die in *Texte aus der Umwelt des Alten Testamentes* erscheinen wird, vorab zur Verfügung gestellt. Dafür gebührt ihm mein Dank. Die hier gebotene Übersetzung orientiert sich an der seinen. Weitere Hinweise verdanke ich K. Kessler.

Die Urkunde ist sehr sorgfältig geformt und ausgesprochen schön geschrieben. Angesichts einiger (Kopier)-Fehler liegt die Vermutung nahe, daß es sich um eine Abschrift handelt. Es gibt keine Hinweise auf eine Siegelung des Originals.

Z. 7, 9f. Statt ⅔ steht jeweils ⅚ auf der Tafel. Es muß sich um einen Fehler des Schreibers oder (Tafel)-Kopisten handeln, da zuvor bzw. danach jeweils ein Drittel (zweifelsfrei zu lesen, da syllabisch *šal-šú* geschrieben) desselben Tages zur Verteilung kommt: Die Summe würde sonst nicht aufgehen.

Z. 12, 14, 16 Hier sind wohl Silberfässer als Kultinventar gemeint (Hinweis von K. Kessler)

Z. 18 ^{uzu}*elisiḫtu* kommt in vergleichbarem Kontext auch in AUWE 8 89: 15 zur Verteilung, dort als *karšu isiḫtu* „Magenfleisch der Zuweisung“ übersetzt.

Z. 28 Der Name Ḫuzalu kommt nicht oft vor, wohl aber als Zeuge in TBER Nr. 83 (AO 19641, Kopie s. D. Arnaud, RA 68): 29 (ein Sohn des Nabû-aḫḫē-iddin, keine Familie angegeben), gemeinsam mit drei von Etellus Söhnen. Daher dürfte er mit diesem Nachbarn identisch sein.

Z. 30 Mit M. Jursa ist anzunehmen, daß hier etwas fehlt: wahrscheinlich die gesamte Beschreibung von Nāṣirs Grundstücksanteil (dann wäre Z. 30–32 die Beschreibung von Šamaš-erības Anteil). Möglich wäre allerdings auch, daß letzterer 30×30 Ellen an einer Ecke von Nāṣirs Grundstück bekommen soll, dann fehlte aber trotzdem eine Angabe zur Lage von Nāṣirs Areal. Daß Nāṣir ein Grundstück zu einem früheren Zeitpunkt aus eigenen Mitteln erworben hat, das hier als angrenzend genannt ist, bei der Teilung aber gar keines erhält, wäre zwar etwas unwahrscheinlich, aber trotzdem nicht völlig unmöglich: Sein Bruder hat im Jahre 29 Nbk zwei Tage einer Pründe gekauft, offensichtlich aus eigenen Mitteln (TÉBR Nr. 83).

Z. 31 Die Maßangabe *ina* DIŠ kùš bedeutet, wie anderswo ausführlicher dargelegt werden soll, eine „Längen-Elle" im Gegensatz zu LAGAB kùš, der „Quadrat-Elle" (letztere in Dar 140 mit Duplikat, wo wider das übliche Verfahren mit Quadrat-Ellen, nicht mit Flächen-Ellen operiert wird). Die Unterscheidung ist nötig, weil bei Hausflächenberechnungen die Elle als Längenmaß und als Flächenmaß (von 1×7 Ellen Seitenlänge) zur Anwendung kommt, aber kleine Flächen gelegentlich zunächst in Quadrat-Ellen berechnet werden, bevor die Umwandlung in das GI-System (dazu M. Powell, *Maße und Gewichte*) erfolgt.

Z. 34 Von welchem Verb *i-qa*-DIB-*b/pu* abzuleiten ist, muß offen bleiben, und die Bedeutung ist nur aus den Kontext erschlossen, vgl. den Kommentar von M. Jursa in TUAT. Die Übersetzung folgt seinem Vorschlag. Eventuell wäre an einen Fehler für *iqabbû* „(ab)sprechen" zu denken. Diese Interpretation geht davon aus, daß alle Beteiligten den Speicher nutzen werden (um z.B. Materialien zur Ausführung der Pfründendienste zu lagern oder bestimmte Arbeitsschritte beim Bierbrauen durchzuführen) und Šamaš-zēra-ušabši bei der Teilung kein Grundstück, sondern lediglich Baumaterialien (bzw. das auf fremdem Grund—wohl Tempelland—befindliche Haus) erhält.

Z. 36 *šá* ist versehentlich zu früh gesetzt worden.

Z. 38 Trotz des Determinativs ^{lú} ist nicht „Gläubiger", sondern das Abstraktum „Forderungen" gemeint, wie die Verbform fem. Sg. deutlich macht.

Z. 41 Die ungewöhnliche Schreibung repräsentiert, M. Jursa zufolge, *ina ūmī-šu-ma/inūmī-šu* „zu dieser Zeit".

Übersetzung

[Tafel über die Anteile von Ṣillaja], dem Sohn des [Aplaja] aus der Familie $^{(Z.\ 2)}$ [Šamaš-bāri, Nāṣir, dem Sohn] des Etellu aus der Familie [Šamaš-bāri], $^{(Z.\ 3)}$ Ša[maš-zēra-ušabši], dem Sohn des Etellu aus der Familie Šamaš-bāri, [und Šamaš-erība], $^{(Z.\ 4)}$ dem Sohn des Bēl-ēṭir aus der Familie Šamaš-bāri:

(Was) die Brauer[pfründe] $^{(Z.\ 5)}$ im Šabāṭ (11. Monat) vor Šamaš und Aja und den Göttern von L[arsa] (betrifft): $^{(Z.\ 6)}$ (Die Tage) vom 1. bis 7. Tag, (letzterer ein) Drittel-<Tag> sind die Tage $^{(Z.\ 7)}$ des Ṣillaja, des Sohnes des Aplaja. Der 7. Tag, ein Zweidrittel$^{!}$-Tag, $^{(Z.\ 8)}$ der 8., 9. (und) 15. Tag, (letzterer ein) Drittel-Tag, sind die Tage $^{(Z.\ 9)}$ des Nāṣir, des Sohnes des Etellu. Der 15. Tag, ein Zweidrittel$^{!}$-Tag, $^{(Z.\ 10)}$ der 16. (und) 17. Tag, (letzterer ein) Zweidrittel$^{!}$-Tag, sind die Tage des Šamaš-erība, $^{(Z.\ 11)}$ des Sohnes des Bēl-ēṭir. Der 17. Tag, ein Drittel-Tag, der 18. (und) 19. Tag $^{(Z.\ 12)}$ sind die Tage des Šamaš-zēra-ušabši, des Sohnes des Etellu.

(Das Einkommen von) zwei Silberfässern $^{(Z.\ 13)}$ des 8. Nisan (1. Monat) (in Verbindung mit dem) *guqqû*-Opfer, gehört Ṣillaja, $^{(Z.\ 14)}$ dem Sohn des Aplaja. (Das Einkommen von) zwei Silberfässern (in Verbindung mit dem) *guqqû*-Opfer $^{(Z.\ 15)}$ des 8. Tašrīt (7. Monat) gehört Nāṣir, Šamaš-erība und Šamaš-zēra-ušabši.

(Z. 16) (Das Einkommen von) den Silberfässern (in Verbindung mit dem) *guqqû*-Opfer im Addār (und) Araḫsamna (12. und 8. Monat), (Z. 17) das sie einnehmen werden, genießt jeder entsprechend seinem Anteil.

(Z. 18) (Was) das *guqqû*-Opfer an Magenfleisch, *esiḫtu*-Fleisch, (und) Kochfleisch (Z. 19) aus dem Heiligtum im gesamten Šabāṭ (11. Monat) (betrifft): (Z. 20) Die Hälfte davon genießt Ṣillaja.

Šamaš-iddin, (Z. 21) fAšar-šī-bītu, seine Mutter, (und) Šamaš-aba-uṣur, der Sohn der fAja-bēla-uṣrī, (Z. 22) sind Sklaven des Ṣillaja, des Sohnes des Aplaja. (Z. 23) Ebabbar-būdija ist Sklave des Nāṣir, (Z. 24) des Sohnes des Etellu. fḪabaṣītu und ihre Kinder sind Sklaven (Z. 25) des Šamaš-zēra-ušabši, des Sohnes des Etellu. Ṭāb-Esagil, (Z. 26) fAja-bēla-uṣrī, Šamaš-šēpē-šuzziz (und) fAja-bulliṭinni (Z. 27) sind Sklaven des Šamaš-erība, des Sohnes des Bēl-ēṭir.

(Z. 28) Das Haus des Etellu bis zum Haus des Ḫuzalu (Z. 29) [und] neben dem Haus des Nāṣir gehört Ṣillaja, dem Sohn des Aplaja. (Z. 30) Das unbebaute Grundstück, die Front(seite) <neben(?) ... gehört(?)> Nāṣir, Sohn des Etellu; (Z. 31) 30×30 (Längen)-Ellen Längs- und Stirnseite, vom Grundstück (Z. 32) des Nabû-lēʾi, des Sohnes des Nabû-ušallim, und Šamaš-kāṣir, des Sohnes des Nabû-usallu (aus gemessen), (Z. 33) gehören Šamaš-erība, dem Sohn des Bēl-ēṭir.

(Was) den Speicher (betrifft), (Z. 34) so werden sie alle, wie sie (es) *vereinbaren*, darin/daran arbeiten. (Z. 35) Ziegel, Balken und Rohr gehören Šamaš-zēra-ušabši, dem Sohn des Etellu.

(Z. 36) (Was) alle Fässer und Bottiche (betrifft), und was an (Besitz) (Z. 37) des Etellu (sonst noch) auftaucht: Ṣillaja gehört die Hälfte. (Z. 38) (Was) die Guthaben (betrifft), die zu Lasten von Etellu, ihrem Vater, auftauchen: (Z. 39) Die Hälfte geht zu Lasten von Ṣillaja.

Zeugen	Šamaš-uballiṭ/MU-[...]/Rēʾi-a[lpī], *Šangû* von Larsa
	Gimil-Šamaš/Bēl-ibni/N[aggāru(?)]
	Šamaš-talīm-uṣur/Zabidaja/Rab-banê
	Šamaš-mukīn-apli/Šamaš-bāni-aḫi/Rab-banê
	Ezida-šadûnu/Nabû-zēra-iddin/Badi-ilu
	Nādin/Šamaš-šuma-iddin/Naggāru
	Balāssu/Marduk
Schreiber	Šamaš-aḫḫē-erība/Šamaš-mukīn-apli/Naggāru
Ausstellungsort	Larsa
Datum	17.10.6 Nbn (12.1.549 v. Chr.)

Kommentar

Es liegt eindeutig eine Teilungsurkunde vor, auch wenn der Terminus *ṭuppi zitti* nicht erhalten ist und das nach der Aufzählung der Personennamen zu erwartende *itti aḫāmeš izūzū* weggelassen wurde. Daß es um eine Erbteilung geht, legt neben dem gemeinsamen Familiennamen der Protagonisten auch die Natur der Objekte nahe: Bei einer (theoretisch ebenfalls möglichen) Teilung von Geschäftsinventar kämen keine Pfründen vor.

Zur Verteilung kommen 14 Tage der Brauerpfründe vor Šamaš und Aja in Larsa, sowie kleinere Pfründeneinkünfte, Sklaven und Häuser: ein Wohnhaus, ein Vorratshaus und ein unbebautes Grundstück. Von Feldern oder Gärten verlautet nichts. Wegen der Bedeutung des Pfründenbesitzes (es handelt sich um 1/24 der gesamten Pfründe) erscheint der Šangû von Larsa als erster Zeuge.

Die Urkunde gehört zu einer Gruppe von Texten aus Larsa, die wahrscheinlich im Eanna-Archiv in Uruk aufbewahrt wurden und als „Satellitenarchiv" überliefert sind.[1] Bislang sind nur kleine Teile davon publiziert.[2] Die vier Protagonisten stammen aus der Familie Šamaš-(a)bāri[3] und werden mit voller Filiation genannt. Ihr Verwandtschaftsverhältnis ist zwar nicht angegeben, kann aber erschlossen werden. Da laut Z. 28 ein „Haus des Etellu" zur Verteilung kommt und der Empfänger Ṣillaja kein Sohn desselben ist, werden wir in ihm einen Enkel vermuten dürfen—ein Bruder würde nicht erben, wenn Söhne vorhanden sind.[4] Da ihm an anderer Stelle (Z. 36–39) die Hälfte von Etellus übrigem Nachlaß zusteht und er im selben Maße für dessen Verbindlichkeiten aufkommen muß, würde man in ihm—den üblichen Teilungsmodus mit doppeltem Anteil für den ältesten Sohn vorausgesetzt—den einzigen Sohn des ältesten von drei Brüdern vermuten. Sein Vater und die beiden jüngeren Söhne des Etellu hätten unter dieser Voraussetzung im Verhältnis ½ : ¼ : ¼ geerbt.

---

1 So P.-A. Beaulieu, RA 87 (1993), S. 145, bezüglich TÉBR Nr. 83 und YOS 19 49 (Bearbeitung in RA 87, S. 144). In beiden Texten erscheinen Protagonisten des vorliegenden Dokuments.

2 Neben den in Anm. 1 genannten Urkunden weisen auch die 48 Texte um Itti-Šamaš-balāṭu/Lâbâši (Familie unbekannt), die P.-A. Beaulieu in *MOS Studies 2*, S. 43–72 vorgestellt hat, einen Bezug zu unserer Urkunde auf: Die Tochter des Šamaš-zēra-ušabši (eines der Protagonisten im vorliegenden Text) hat den Sohn des Itti-Šamaš-balāṭu geheiratet (*ibid.*, S. 45 erwähnt). K. Kessler und M. Jursa haben mir freundlicherweise mitgeteilt, daß ihnen noch eine Reihe von unpublizierten Urkunden um Šamaš-zēra-ušabši aus den Sammlungen in Yale und London bekannt sind; eine Archivedition bleibt somit abzuwarten.

3 Diese Familie ist in Babylon gut bezeugt (K.N. Tallqvist, *NN*, *s.v.*). Zwei Mitglieder, Bēl-ēṭir (in der zweiten Hälfte von Nebukadnezars Regierung) und Nabû-zēru-līšir (zur Zeit des Nabonid) sind in gehobener Position als Notare bekannt (H.D. Baker—C. Wunsch, *Notaries*, S. 211). Der hier mit teilende Šamaš-erība könnte theoretisch als Sohn eines Bēl-ēṭir ein Sohn des erstgenannten Notars sein (die zeitliche Verteilung der Belege spricht nicht dagegen), eine solche Verbindung ist jedoch durch nichts zu beweisen. Daß bestimmte Familien in andere Städte „abgezweigt" sind, kann am Beispiel der Ṣāḫit-ginês (von Babylon nach Sippar) verfolgt werden (C. Waerzeggers, *Marduk-rēmanni*, S. 50ff.). Auch die Egibis sind in Uruk (mit Bindungen an Eanna) und Babylon prominent vertreten. Bezüglich der Familie Šamaš-abāri ist zumindest zu notieren, daß sie in Sippar (A.C.V.M. Bongenaar, *Ebabbar*, Index) und dem Uruk-Hauptarchiv (H. Kümmel, *Familie*, Index) bislang nicht erscheinen. Solange das Urkundenmaterial aus Larsa nicht publiziert vorliegt, kann freilich über die Herkunft der Familie bloß spekuliert werden.

4 Ein Aplaja, Sohn des Etellu, erscheint ohne Ahnherrenname als Zeuge in TÉBR Nr. 83 (29 Nbk), ebenso Nāṣir/Etellu. Da es in der Urkunde um den Kauf von zwei weiteren Tagen dieser Brauer-Pfründe geht, die Šamaš-zēra-ušabši, der Sohn des Etellu, erwirbt, dürfte der Bezug zur vorliegenden Urkunde und das Bruderverhältnis von Aplaja, Nāṣir und Šamaš-zēra-ušabši außer Frage stehen. Der als erster Zeuge genannte Etellu/Rīmūt sollte ein Bruder des Verkäufers Šamaš-zēra-ušabši/Rīmūt sein (kein Ahnherrenname angegeben). Ob daraus abgeleitet werden kann, es handele sich gleichzeitig um den Vater des Käufers, muß offen bleiben. Immerhin könnte ein und dieselbe Familie mehr als die Hälfte eines Pfründenmonats innegehabt haben. Ein Verkauf vom Onkel an den Neffen erscheint denkbar. Allerding stimmt eine Namensgleichheit bei engen Verwandten bedenklich. Andererseits erklärte ein Verkauf innerhalb der Familie, warum die Ahnherrennamen weggelassen wurden.

Unklar bleibt jedoch die Stellung des Šamaš-erība, des Sohnes des Bēl-ēṭir.[5] Seine Position zwischen den beiden Söhnen des Etellu deutet darauf hin, daß er ein Enkel des Etellu war, wenn wir davon ausgehen, daß die Reihung der Rangfolge von Etellus Söhnen entspricht, wobei die Enkel ihre vorverstorbenen Väter ersetzen. Was die Pfründe angeht, so entspricht sein Anteil etwa dem der jüngeren Brüder, bei den Sklaven wird er jedoch deutlich besser ausgestattet, bei den Hausgrundstücken kann kein Wertvergleich angestellt werden. Wenn er wirklich ein Enkel des Etellu ist, dann müßten wir von vier Brüdern ausgehen und das Teilungsverhältnis betrüge—wiederum unter Berücksichtigung des Vorzugsanteils für den Erstgeborenen— ⅖ : ⅕ : ⅕ : ⅕. Die Teilung würde auch diesem Verhältnis ungefähr Rechnung tragen; Ṣillajas halber Anteil an Außenständen und Forderungen wäre dann als Näherungswert zu betrachten.

Wenn es in Z. 17 heißt, jeder genieße „entsprechend seinem Anteil" das Einkommen von den (nicht täglichen) *guqqû*-Opfern, dann muß man annehmen, Ṣillaja bekomme auch hier die eine Hälfte, die übrigen drei die andere Hälfte zu gleichen Teilen (letzteres ist allerdings nie explizit gesagt).

Die Familienverhältnisse und Erbanteile lassen sich dann—bei allen Vorbehalten und Unsicherheiten—folgendermaßen darstellen:

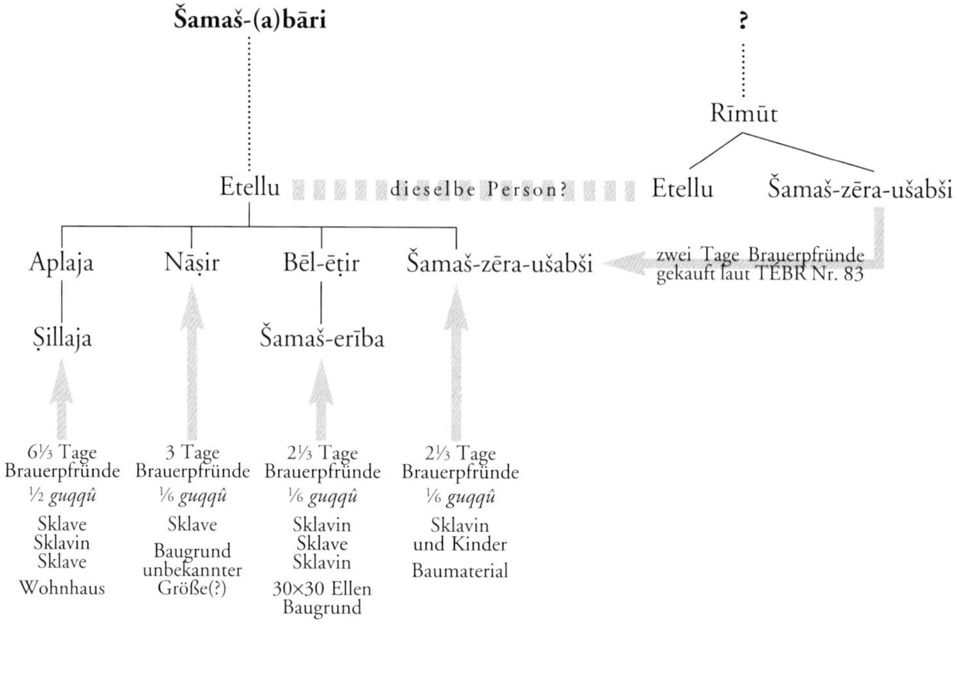

5 Er erscheint als Schreiber von YOS 19 49 (mit voller Filiation, 6 Nbn), Šamaš-zēra-ušabši/Etellu (ohne Ahnherrenname) ist Partei.

Man hätte die vierzehn Pfründentage durchaus so teilen können, daß drei gleich große „kleine" Anteile gegenüber der Hälfte bzw. den etwa zwei Fünfteln des Vorzugsanteils erzielt worden wären:

7 + 2⅓ + 2⅓ + 2⅓	Tage erreichte man, würde man mit der Hälfte und je einem Sechstel operieren, also wie bei den kleinen Posten; bei
6 + 2⅔ + 2⅔ + 2⅔	Tagen oder bei
5 + 3 + 3 + 3	Tagen käme man einem Verhältnis von ⅖ zu 3×⅕ näher.

Die Teilungsurkunde sagt etwas anderes: 6⅓ Tage gehen an Ṣillaja, 3 Tage an Nāṣir und je 2⅓ Tage an Šamaš-erība und Šamaš-zēra-ušabši. Daraus kann man wohl nur schließen, daß eine gleichmäßige Verteilung bei der Pfründe nicht angestrebt war, weil man Disproportionen beim Grundstücks- und Sklavenbesitz auszugleichen gedachte.

Etellu hat nur ein Wohnhaus hinterlassen, dazu ein unbebautes Grundstück und einen Speicher, der wahrscheinlich auf Tempelland stand. Weil das Wohnhaus den Löwenanteil bei den Grundstücken ausmacht, bekommt Ṣillaja nicht den doppelten Anteil an Sklaven, sondern nur einen einfachen. Weil man Sklavenfamilien ungern auseinanderreißt, bekommt Nāṣir nur einen, dafür ist sein Pfründenanteil aber größer als der der anderen „kleinen" Brüder, und des einen Bauland wird gegen des anderen Baumaterial aufgerechnet: Irgendwie hat man einen Konsens erzielt.

Das Ergebnis ist die Verteilung der Objekte, nicht die Zuweisung von Anteilen an gemeinsam bewirtschaftetem Besitz (wenn man von Kleinigkeiten absieht). Keiner muß einen Miteigentümer auszahlen oder gar ein ererbtes Objekt deswegen verkaufen. Man vermeidet auch irgendwelche Ausgleichszahlungen (*takpuštu*). Nichts weist darauf hin, daß die Erbengemeinschaft den Nachlaß längere Zeit gemeinsam verwaltet haben könnte, vielmehr scheint es, als habe die Teilung recht bald nach Etellus Tod stattgefunden.

Etellu hat ein hohes Alter erreicht. Schon 26 Jahre vor Ausstellung dieser Erbteilungsurkunde war sein vierter Sohn Šamaš-zēra-ušabši—wenn wir die Reihenfolge nach Alter akzeptieren—alt genug, um einen Pfründenkauf im eigenen Namen und mit offensichtlich selbst erwirtschafteten Mitteln zu tätigen.[6] Dies setzt nicht nur Geschäftsfähigkeit, sondern auch erfolgreiche Geschäftstätigkeit des Sohnes voraus. Etellu dürfte zu diesem Zeitpunkt also die Vierzig, wenn nicht Fünfzig, überschritten haben. Zwei seiner Söhne sind vor ihm gestorben, und auch Šamaš-zēra-ušabši hat den Vater höchstens um drei Jahre überlebt.[7]

6 TÉBR Nr. 83 (29 Nbk), siehe Anm. 4.

7 In YOS 6 124 (Regeste in P.-A. Beaulieu, *MOS Studies 2*, S. 69, Nr. 35) übergibt im Jahre 9 Nbn der Sohn des Šamaš-zēra-ušabši zusammen mit der Mutter einen Mitgiftsklaven an seine Schwester. Den Bruder der Braut samt Mutter in einer solchen Rolle zu sehen, deutet auf den Tod des vormaligen *pater familias*.

Nr. 39: Teilung eines Grundstücks

Inventarnummer: BM 59618 (82–7–14,4028)

Vs

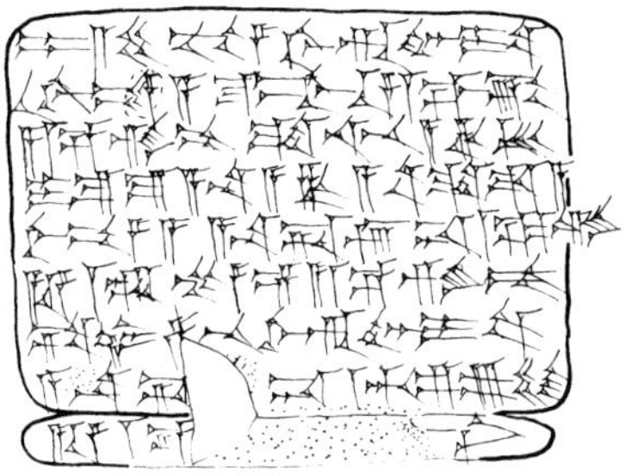

5

Rs 10

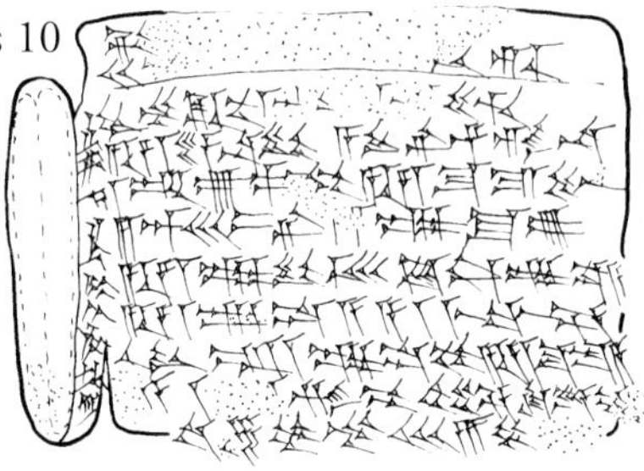

15

1 2 gur ^{še}*zēru šá* ^{f}*Re-ʾi-i-tú*

2 *u* ^{f}*Kaš-šá-a mārātī*$^{<meš>}$*-šú šá* ^{m}*Mar-duk*

3 *mār*$_2$ ^{m}*E-gi-bi it-ti a-ḫa-meš*

4 *i-zu-zu a-na a-ḫa-a-tú id-da-a*

5 ^{f}*Kaš-šá-a a-na ṭāḫ*$_2$ ^{m}*Sag-gil*

6 *mār*$_2$*-šú šá* ^{md}*Bēl-šuma-iškun*^{un} *mār*$_2$ ^{m}*E-gi-bi*

7 *ta-aṣ-ṣa-bat* ^{f}*Re-ʾi-i-tú*

8 *a-na ṭ[ā]ḫ*$_2$ ^{md}*Nergal-ú-še-zib*

9 *mār*$_2$*-šú šá* ^{m}*Kal-[ba-a mār*$_2$ $^{m/lú}$x]-⸢x⸣-DÙ

Rs 10 *t[a-aṣ-ṣa-bat]*

11 *man-n[u* x x x (x)]-⸢x⸣-*ri*

---

12 ^{lú}*mu-kin-nu* ^{md}⸢*Marduk-na*⸣*-ṣir*

13 *mār*$_2$*-šú šá* ^{m}*Iddin*$_2$*-aḫu mār*$_2$
^{lú}*Ṣāḫit-ginê*(GI.NA)

14 ^{md}*Bēl-ú-pa-*⸢*qu*⸣ *mār*$_2$*-šú šá* ^{m}*Šu-zu-bu*

15 *mār*$_2$ ^{md}*Sîn-tab-ni* ⸢^{m}*Šá*⸣-^{d}*Nabû-šu-ú*

16 *mār*$_2$*-šú šá* ^{md}*Nabû-aḫḫē*^{meš}*-bul-liṭ*
^{md}*Nabû-mukīn*$_2$*-apli*$_2$

17 *mār*$_2$*-šú šá* ^{md}⸢*Nabû*⸣*-mukīn*$_2$*-apli*$_2$ *mār*$_2$
^{m}*Sip-pe-e*

18 *u* ^{lú}*ṭupšarru*$_2$ ^{md}*Nabû-mukīn*$_2$*-zēri*
mār$_2$*-šú šá* ^{m}*Šu-la-a*

19 *mār*$_2$ ^{m}*[E]-gi-bi Bābili*^{ki} ^{iti}⸢*abu*$^{?}$⸣

20 *ūmi* 1$^{?}$8.kam *šanat* 36.kam

lRd ^{d}*Nabû-kudurrī-uṣur šàr Bābili*$_2^{ki}$
Rasur von zwei Zeilen

Auf diese Urkunde hat mich Caroline Waerzeggers dankenswerterweise aufmerksam gemacht.

Z. 4 Das Verb *nadû* „werfen, hinlegen" würde man hier, wo es um eine Teilung zu gleichen Teilen geht, nicht unbedingt erwarten. Es dürfte also ein idiomatischer Gebrauch, vielleicht in verkürzter Form, vorliegen. Angesichts der Praxis, Anteile per Los zuzuweisen, die auch bei Erb- oder Geschäftsteilungen bezeugt ist (Nbn 787: 7 *pūra maqātu* bzw. *isqa nadû* in altbabylonischen Texten, vgl. CAD I/J 198f. *s. v. isqu* 1) könnte auch im vorliegenden Fall eine halbe-halbe Teilung mit Zuweisung der Anteile durch das Los gemeint sein. Vermutlich wurde *zâzu* nicht wiederholt, weil es bereits im vorhergehenden Satz gesagt war.

Z. 9 Als Ergänzung kommen die Familiennamen Rab-banê oder Ilu-ibni/bani in Frage.

Z. 11 Man würde einen gegenseitigen Klageverzicht erwarten, aber Parallelen, nach denen hier ergänzt werden könnte, sind mir nicht gegenwärtig.

Übersetzung

2 Kur Anbaufläche, die fRēʾītu (Z. 2) und fKaššaja, die Töchter des Marduk (Z. 3) aus der Familie Egibi, miteinander (Z. 4) geteilt haben: Zu gleichen Teilen haben sie (es geteilt und das Los) geworfen. (Z. 5) fKaššaja hat (vom Anteil) neben Sagil, (Z. 6) dem Sohn des Bēl-šuma-iškun aus der Famile Egibi, (Z. 7) (Besitz) ergriffen, fRēʾītu hat (vom Anteil) (Z. 8) neben Nergal-ušēzib, (Z. 9) dem Sohn des Kal[baja aus der Familie ...] (Z. 10) (Besitz) er[griffen.] (Z. 11) Eine jede [...]

Zeugen	Marduk(?)-nāṣir/Iddin-aḫu/Ṣāḫit-ginê
	Bēl-upāqu/Šūzubu/Sîn-tabni
	Ša-Nabû-šū/Nabû-aḫḫē-bulliṭ
	Nabû-mukīn-apli/Nabû-mukīn-apli/Sippê
Schreiber	Nabû-mukīn-zēri/Šulaja/Egibi
Ausstellungsort	Babylon
Datum	18?.5?.36 Nbk (17.8.589 v. Chr.)

Kommentar

Zwei Schwestern teilen ein Grundstück. Weder ist von Mitgift die Rede, noch sind ihre Ehemänner oder sonstige männliche Verwandte erwähnt oder involviert:[1] Es könnte sich also durchaus um das Objekt einer Vermögensübertragung zugunsten dieser Frauen handeln, wie sie z.B. von fŠikkuttu für ihre Töchter bestimmt worden ist (Nr. 30).

Die Schwestern teilen zu gleichen Teilen. Dafür wurde das Grundstück, wie es üblich ist, längs geteilt (d.h. quer zum Wasserlauf, der sich normalerweise an einer der Stirnseiten befindet), um für beide den Zugang zur Bewässerung sicherzustellen. Von Interesse ist weder die Größe noch die Lage des Grundstücks, denn dafür gibt es Retroakten. Wichtig ist auch nur jeweils ein Nachbar: der an der Längsseite. Mithin geht es darum, wer welche der beiden Hälften bekommen soll. Diese Entscheidung ist offenbar per Los getroffen worden und in der vorliegenden Urkunde dokumentiert.

Die Schwestern stammen aus der Familie Egibi, sie lassen sich aber mit dem Hauptzweig nicht in Verbindung bringen. Die Urkunde, obschon sie in Babylon ausgestellt worden ist, stammt aus der Sippar-Sammlung und scheint isoliert zu sein. Zumindest gibt es im Umfeld keine zugehörigen Urkunden. Zwar gibt es einige versprengte Babylon-Texte in der Sippar-Sammlung, aber auch Privatarchive aus Sippar haben gelegentlich Verbindungen nach Babylon. Es könnte sich also auch um eine Retroakte innerhalb eines Sippar-Archivs handeln.

1 Anders z.B. in BM 45526 aus dem Šangû-Ninurta-Archiv, wo es heißt: še*zēru nudunnû ša* PNf *u* PNf2 *ša* PN *mutu ša* PNf *u* PNf2 *alti ša* PN2 *itti aḫāmeš izūzū* (erste Hälfte) PN *mutu ša* PNf *iṣṣabat* (zweite Hälfte) PNf2 *alti* PN2 *taṣṣabat*.

Nr. 40: Fragment einer Erbteilungsurkunde
Inventarnummer: BM 38943 (80–11–12,829)

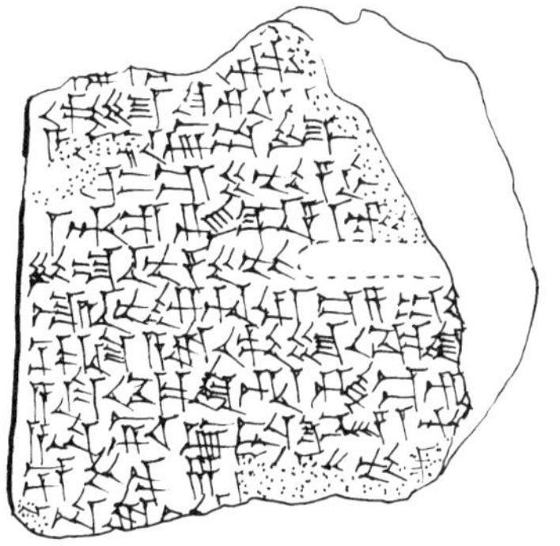

1′ [...] *pūtu*(SAG.KI) [...]
2′ *ul-tu ḫar-ri* [...]
3′ *a-di ṭāḫ*$_2$ ^{lú}*rabi-*[...]
4′ [*a*]-⌜*di*⌝ 2 gur ^{še}*zēru šá* ^{f}[...]
5′ ^{md}*Nergal-ušallim mār-šú šá* ^{md}⌜x⌝[...]
6′ *áḫ abī-šú-nu šá* ^{še}*zēru* ((Rasur)) [...]
7′ *ina qātē*^{II}*-šú-nu im-ḫu-ru iṣ-ṣa-ab-t*[*ú* ...]
8′ *pūt*(SAG.KI) *eqli ul-tu muḫḫi ḫar-*[*ri* ...]
9′ *a-di muḫḫi ḫar-ri gi-iš-ri* [...]
10′ *a-na ṭāḫ*$_2$ *mārē*^{meš} *šá* ^{md}[...]
11′ *e-lat* 2(bán) 6 GAR$^{\text{ḫi.a}}$ ^{še}*zēru* ⌜x⌝ [...]
12′ *i-na lìb-bi* [...]

Rest der Vorderseite und Beginn der Rückseite weggebrochen

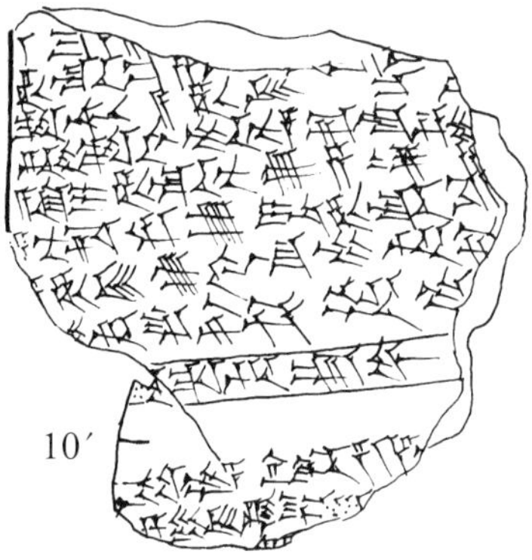

Rs 1′ ^{m}*Iqīša*^{šá}*-a* [...]
2′ *zittī-šú iṣ-ṣa-b*[*a-at* ...]
3′ *it-ti a-ḫa-meš iṣ-ba-*[*tu* ...]
4′ *re-ḫe-et mim-mu-šú-nu šá bīt abi e-l*[*i* ...]
5′ *a-ki-i zittī-šú-nu ú-za-az-za-*[...]
6′ ⌜*šá*⌝ *nu-uš-ru-ú i-na zittī-šú iš-*[*ta-ka-nu*]
7′ ⌜*a*⌝*-ḫa-meš ú-šal-la-mu* 1*-en-t*[*a*-àm]
8′ [*gaba*]*rāni*([GABA].RI)$^{\text{ra-né-e}}$ *il-te-*[*qu-ú*]

9′ [*ina š*]*a-ṭa-ri ṭup-pi* [*šuāti*]

10′ [IG]I$^{?}$ ((Rest der Zeile leer))
11′ $^{\text{[md]}}$*Marduk-šarra-a-ni mār-šú šá* ^{m}*Šá-*[...]
12′ [^{md}*Na*]*bû-aḫḫē*^{meš}*-šullim mār-*⌜*šú šá* ^{m}⌝ [...]
13′ [...] ⌜x⌝ [...]

Übersetzung

[...] Stirnseite [...] (Z. 2′) vom [...]-Kanal [...] (Z. 3′) bis neben den Rab-[...], (Z. 4′) einschließlich(?) 2 Kur Anbaufläche der [PNf ..., die] (Z. 5′) Nergal-ušallim, der Sohn des [... und PN(?)], (Z. 6′) der Bruder ihres Vaters, der die Anbaufläche [...] (Z. 7′) von ihnen erhalten hat, in Besitz genommen hat/haben [...].

(Z. 8′) Stirnseite der Anbaufläche vom [...]-Graben (Z. 9′) bis zum „Brücken"-Graben [...] (Z. 10′) neben den Söhnen des [...], (Z. 11′) abgesehen von 0.0.2.0.6 Kur Anbaufläche [...], (Z. 12′) davon [...] (große Lücke)

(Rs 1′) Iqīšaja [... als] (Rs 2′) seinen Anteil in Besitz genommen [...] (Rs 3′) gemeinsam in Besitz genommen [...]. (Rs 4′) Ihre restliche Habe des Vaterhauses zu La[sten von ...] (Rs 5′) werden sie entsprechend ihren Anteilen aufteilen; [wenn jemandem ein Gläubiger] (Rs 6′) einen Abzug von seinem Anteil [macht,] (Rs 7′) werden sie es gemeinsam begleichen. Je ein (Rs 8′) Duplikat (des Schriftstückes) haben sie an sich genommen.

Zeugen Marduk-šarrāni/Ša[...]
Nabû-aḫḫē-šullim/[...]

Rest der Zeugennamen, Schreibername, Ausstellungsort und Datum weggebrochen

Kommentar

Die Urkunde weist die für eine Teilung von Grundstücken üblichen Formularbestandteile auf, ohne daß näheres über die Familiensituation zu erfahren wäre. Die Söhne teilen das Erbe ihres Vaters (*bīt abīšunu*, Rs 4′). Auch mit dem Bruder ihres Vaters haben sie sich laut Z. 6′ bei dieser Gelegenheit oder bereits vorher einigen müssen. Mindestens ein Grundstück, wahrscheinlich mehrere, kommen zur Verteilung. Außenstände und Verbindlichkeiten sollen entsprechend den Erbanteilen beglichen werden, was der üblichen Verfahrensweise entspricht.

Nr. 41: Fragment einer Erbteilung (?)
Inventarnummer: BM 40030 (80–11–12,2159)

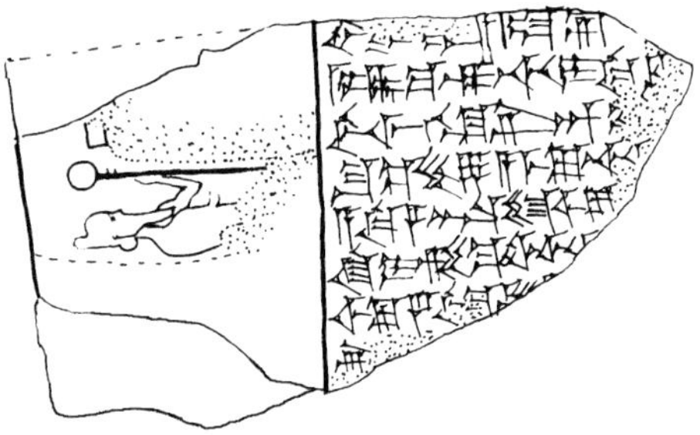

Vs$^{?}$ 1′ ^{f}*Bu*$^{?}$-*ra*$^{?}$-*a*$^{?}$ ^{m}*At-ka*[*l*-...]
2′ ^{md}*Nabû-ba-ak-ti-i-di*-⸢*ik*⸣-[...]
3′ ^{f}*Ši-min*$_{4}$-*ni*-^{d}*I*[*š-tar* ...]
4′ *napḫar*$_{3}$ 58 *a-me-lu-ti* [...]
5′ *a-di šá ḫal-qa-tu ù* [...]
6′ *ki-i zi-it-ti*-⸢*šú*⸣ [...]
7′ *ù* 4 *aḫḫāti*(NIN)^{meš}-*š*[*ú* ...]
8′ *ir*-[...]

große Lücke

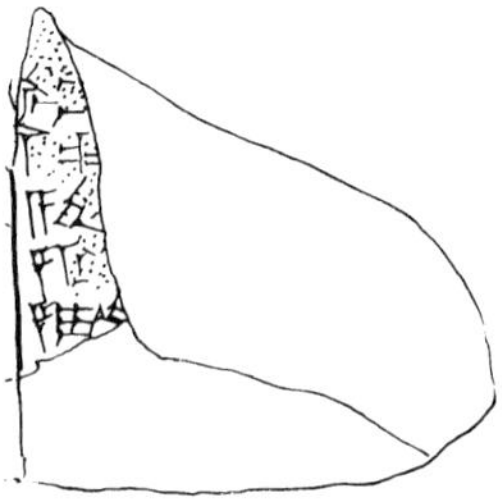

Rs$^{?}$ 1′ ^{f}[...]
2′ ^{m}⸢x⸣ [...]
3′ *a-ḫi* [...]
4′ *šá* ^{m}DÙ$^{?}$-[...]
5′ *šá i-n*[*a* ...]

Rest des Vertragstextes,
Zeugen- und Schreibernamen,
Ausstellungsort und Datum nicht erhalten.

Nur ein Fragment von der Mitte des linken Randes ist erhalten geblieben, die Urkunde ist gesiegelt. Das Siegel kann als das des Notars Kabti-ilī-Marduk//Suḫaja identifiziert werden (s. H.D. Baker und C. Wunsch, *Notaries*, S. 205, Siegel 2). Damit kann das Fragment in die Zeit zwischen 3 Ngl und 8 Nbn datiert werden.

Z. 2′ Vgl. die Schreibung des Namens als ^{md}AG-*ba-ak-ti-i-di-ik-ki* in BM 85682: 8 (1 Nbn), Hinweis von C. Waerzeggers.

Übersetzung

[...] ^{f}Buraja(?), Atkal-[...], (Vs 2′) Nabû-baktī-idikki [...], (Vs 3′) ^{f}Šiminni-I[štar...]: (Vs 4′) Insgesamt 58 Sklaven [...], (Vs 5′) einschließlich der entflohenen und [...] (Vs 6′) entsprechend dem Anteil [...] (Vs 7′) und seine/ihre(n) vier Schwestern [...]

Kommentar

Das vorliegende Fragment betrifft eine Erbteilung, allerdings bleibt unklar, in welcher Familie sie stattgefunden hat. Es müssen reiche Leute gewesen sein, denn die stolze Zahl von 58 Sklaven konnten sich nur wenige leisten. Bei der Erbteilung der Familie Egibi in der vierten Generation, die durch Dar 379 dokumentiert ist, teilen sich z.B. drei Brüder über hundert Sklaven, eine bestimmte Sklavenfamilie und die geflohenen Sklaven werden weiterhin als gemeinsames Eigentum betrachtet.

Die Archivzugehörigkeit des vorliegenden Textes ist unsicher. Zwar finden sich in 80–11–12 auch Egibi-Texte und man würde dieses Fragment gern mit der bislang nicht bekannten Erbteilungsurkunde der dritten Generation (nach Nabû-aḫḫē-iddins Tod) in Verbindung bringen, dem widerspricht aber die Datierung, die über das Siegel des Schreibers Kabti-ilī-Marduk aus der Familie Suḫaja zu gewinnen ist: Er hat es bis 8 Nbn benutzt, ab 9 Nbn ist sein Sohn als Notar belegt, der ein anderes Siegel gebraucht. Zudem wissen wir, daß der älteste Egibi-Sohn die Familiengeschäfte zunächst weiterführte und eine Teilung wohl nicht vor dem 3. Regierungsjahr des Cyrus erfolgte.[1] Damit scheiden die Egibis als Protagonisten aus.

Die Urkunde wurde von einem Notar gesiegelt, der üblicherweise Kauf- und Tauschgeschäfte beurkundete. Es sei darauf verwiesen, daß auch Dar 379 im Jahre 14 Dar von einem Notar ausgestellt und gesiegelt worden ist. Da solch große Vermögen viele Immobilien umfaßten, die u.U. schon zwei oder mehr Generationen in Familienbesitz waren und deren Erwerbsurkunden auf Familienmitglieder lauteten, die in der Filiation der Teilenden nicht mehr erschienen, dienten wohl die Teilungsurkunden in Verbindung mit diesen Retroakten als Nachweis über den legitimen Erwerb. Die Notare als hoch spezialisierte Schreiber hatte die notwendige Sachkenntnis, um solche Teilungen nach geltendem Recht vornehmen zu können und künftige Rechtsstreitigkeiten zu vermeiden.

1 Vgl. C. Wunsch, CM 20A, S. 16.

Nr. 42: Prozeßurkunde aus Anlaß von Erbstreitigkeiten
Inventarnummer: BM 35508 (+) BM 38259 (Sp 3,14 (+) 80–12–11,141)

1 [^{md}Marduk-šuma-ibni ^{md}Nabû-mu-še]-ti-iq-⸢uddê⸣ ù ^{md}Bēl-aḫḫē^{meš}-iddin$_2$ mārū^{meš} šá ^{md}Nabû-apla-id[din$_2$]
2 [mār …]-⸢x⸣ ù ^{md}Nabû-balāṭ-su-iq-bi áḫ abī-šú-nu a-na muḫḫi za-a-zu zi-it-ti
3 [… a]-ḫa a-ḫa im-taḫ-ṣu-ú-ma ir-šu-ú di-i-ni
4 [… a-na] ^{md}Bēl-re-e-ma-an-ni mār ^{lú}Man-di-di ^{lú}šākin ṭēm(KU) Bābili^{ki} ik-šu-du-ni-im-m
5 […] ^{lú}šākin ṭēm Bābili^{ki} ù ^{lú}šībūt(AB.BA) āli mārē^{meš} Bābili^{ki} a-ma-ti-šu-nu
6 […-n]u$^{?}$-ú ^{md}Marduk-šuma-ib-ni i-qab-bi um-ma ma-ḫi-ra-a-tú šá ^{md}Nabû-balāṭ-su-iq-b
7 [ša ina bāb]i šá ^{md}Bēl i-te-ep-pu-šu kaspu šá ma-ḫi-ra-a-ti i-na lìb-bi i-te-ep-pu-šu
8 [i-na ka]-⸢re-e bīt⸣ abi šu-ú al-la ši-iš-šu zi-it-ta-šu it-ti a-bi-ia ia-a-nu
9 [^{md}Nabû-balāssu-iqbi š]á-ni-ti i-pu-ul-šu um-ma ma-ḫi-ra-a-ti šá i-na bābi šá ^{d}Bēl
10 [e-te-ep-pu-šu i-n]a kaspi šá ra-ma-ni-ia e-te-pu-uš kaspu šá ka-re-e bīt abī-i-ni
11 [ina libbi ia-a-n]u ù ma-ḫi-ri šá ^{md}Nabû-apla-iddin a-bu-ú-ka i-na bābi šá ^{d}Bēl i-pu-šu-m
12 [ṭuppa ana ši-mi-š]ú ik-nu-ku al-la 10 šiqil kaspi šá ka-re-e bīt abī-i-ni i-na lìb-bi ia-a-n
13 […] a-na-ku ki-i ad-di-nu a-bu-ú-ka ^{im}ṭuppa a-na šu-mi-šú ik-ta-na-ak
14 [… m]a-ḫi-ra-a-ti an-na-a-ti ni-te-ep-pu-šu
15 [… ultu r]a-ma-ni-ia am-gu-ur-ma ^{md}Nabû-apla-iddin$_2$ ṭup-pa
16 […] um$^{?}$-ma ma-ḫi-ra-a-ti ma-la i-na bābi šá ^{d}Bēl ni-ip-pu-šu
17 [… zi-i]t-ti šá ^{m}Arad-^{d}Gu-la aḫī-ia šá a-na kaspi-ia am-ḫu-ru
18 […]⸢x⸣-ma i-na ṭup-pa ma-ḫi-ri-ia a-na ši-bu-tu a-ši-ib
19 [… a]-bu-ú-ka it-ti-ia ir-tak-ka-su [x x x-m]a$^{?}$
20 […] ^{še}zēru zi-it-ti za-zu$^{?!}$-⸢x⸣[…]
21 […] ⸢bu⸣ […]
Lücke von unbekannter Länge, dann folgt BM 38259 Vs
1′ […] ⸢x x⸣
2′ [… i]d-da-gal
3′ [… kas]pu at-ru
4′ [… mārū šá ^{md}Nabû-apl]a-iddin te-er-din-né-e
5′ […] iq-bu-ú
6′ […]-⸢iddin⸣ qí-ba-tu-šu
7′ [… ina bābi] ⸢šá⸣ ^{d}Bēl ir-tak-ka-su
8′ […] aḫu-ú-ni ra-ba-aʾ
9′ [… ^{md}Na]bû-balāṭ-su-iq-bi ir-tak-ka-su i-ni-ma
10′ […] e-li ^{md}Nabû-balāṭ-su-iq-bi pa-ar-sa-tu
11′ [… a]-bu-ú-ni it-ti-šú ir-tak-ka-su
12′ […] ^{lú}šākin ṭēm Bābili^{ki} ù ^{lú}šībūt(AB.BA)^{meš} āli
13′ […]⸢na$^{?}$⸣ ta$^{?}$-mi-ti i-na muḫḫi ^{md}Nabû-balāṭ-su-iq-bi iš-ṭu-ru
14′ […]-bi id-di-nu ši-iš-šu zi-it-ti šá ^{md}Nabû-balāṭ-su-iq-bi
15′ […]⸢x⸣ ù ši-iš-šu zi-it-ti šá ^{m}Arad-^{d}Gu-la
16′ [… iš-ṭu]-ru-ú-ma a-ḫi zitti šá ^{md}Nabû-apla-iddin$_2$ i-na lìb-bi iš-ku-nu
17′ […] bīt abi šá bābi šá ^{d}Bēl pa-ni ^{md}Nabû-balāṭ-su-iq-bi ú-šad-gi-lu
18′ […]i-na bābi šá ^{d}Bēl i-na qa-ti ^{m}Šul lu mu ù ^{md}Bēl-aḫḫē^{meš}-x (verdrückt)
19′ [… i]-⸢pu⸣-šu-ma ^{md}Nabû-apla-iddin$_2$ ^{im}ṭuppu a-na šu-mi-šú ik-nu-ku
20′ [… ^{md}Nabû-balāṭ-su]-iq-bi i-na bābi šá ^{d}Bēl i-na qa-ti ^{md}Nabû-šumu-līšir
21′ […] ^{m}Šu-la-a mār-šú šá ^{m}Bal-ti-ili mār ^{md}É-a-ṣal-mu-ili

35508 Vs

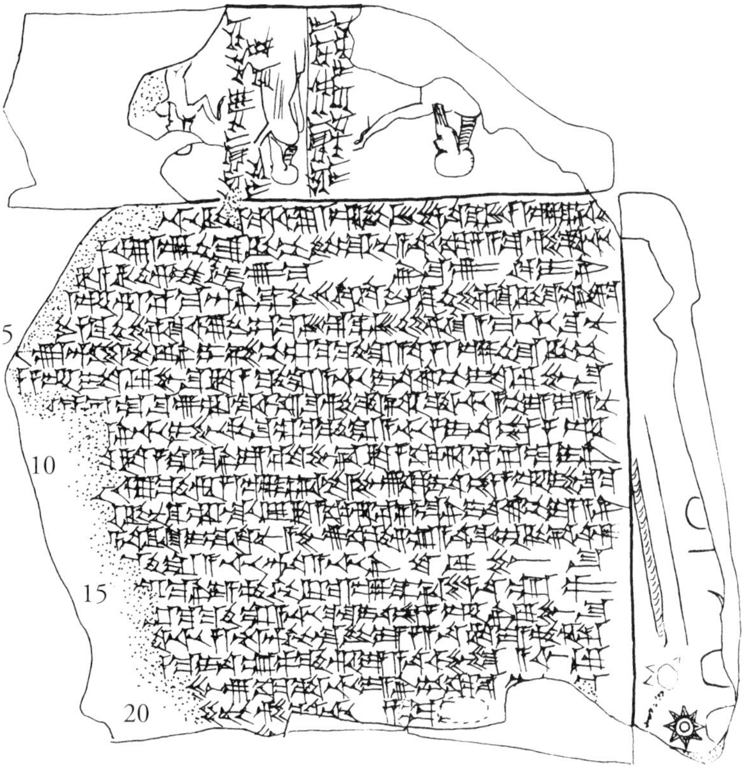

38259 Vs

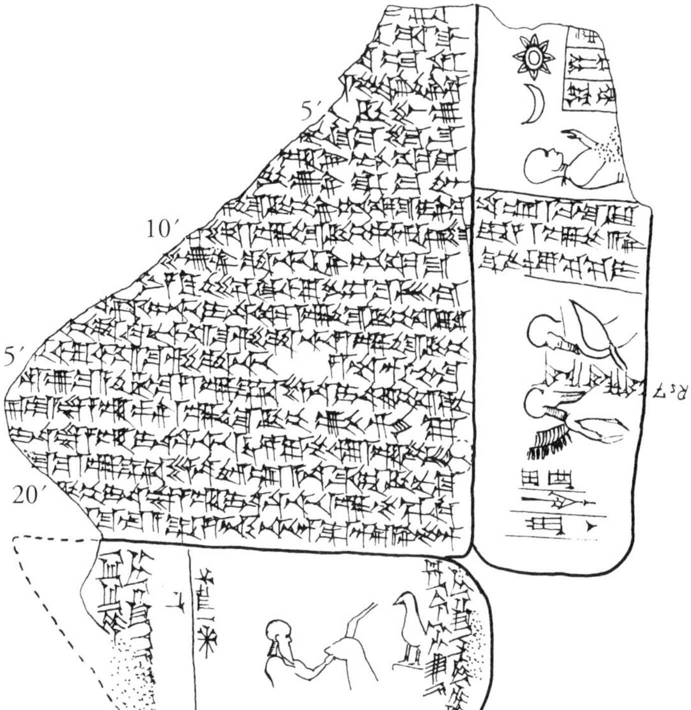

Rs 22′ [… *p*]*a-ni* (leer) ^{md}*Nabû-balāṭ-su-iq-bi*
23′ […*-n*]*a ú-šad-gi-lu ši-iš-šu i-na eqel bīt abi šá Bīt-*^{m}*Da-kur*
24′ […]*-šá-a šá āli ù ṣēri ma-la ba-šu-ú*
25′ […] ⸢*i*⸣*-na ṭup-pa maḫīri šá* ^{md}*Nabû-balāṭ-su-iq-bi ša-aṭ-ru*
26′ […] ^{md}*Nabû-zēra-iddin na-ad-nu u i-na la a-šá-bi*
27′ [… ^{md}*Nabû-balāṭ-su*]*-iq-bi ig-mu-ru napḫar*$_3$ *7 ma-na kaspu*
28′ […] *šá* ^{md}*Nabû-zēra-iddin šá* ^{md}*Nabû-balāṭ-su-iq-bi iš-šá-a zittu 2 ma-na kaspu a-na*
29′ [… *pān* ^{md}*Na*]*bû-balāṭ-su-iq-bi ku-um 5 ma-na kaspī-šú ú-šád-gi-lu*
30′ […] ⸢x x⸣^{meš} *šá ka-re-e i-ti-ru-ni*
31′ […]*-ú pa-ni* ^{md}*Nabû-balāṭ-su-iq-bi ú-šad-gi-lu*
32′ [… ^{m}*Bi*]-⸢*bi*⸣*-e-a mār* ^{md}*Bēl-e-ṭè-ru ma-aḫ-ru p*[*a*]*-ni*
33′ […]*-iddin*$_2$ ^{md}*Nabû-balāṭ-su-iq-bi*
34′ […]*-meš šu-nu-ti*
35′ […]*-ú* (leer) *-ma*
36′ […] ^{md}*Marduk-zēra-*[…]

Rest des Urkundentextes, Einleitungsformel und Beginn der Zeugenliste nicht erhalten. Es folgt BM 35508 Rs

1′′ […] *mār-šú šá* ^{md}*Ba-zu-*[*zu* …]
2′′ […] *mār-šú šá* ^{m}*Nad-na-a* […]
3′′ […] *mār-šú šá* ^{m}*Ṭābi-ia* […]
4′′ […] *mār-šú šá* ^{m}*Si-lim-*^{d}*Bēl* […]
5′′ […] *mār-šú šá* ^{md}*Bēl-iqīša*^{šá} […]
6′′ […] *mār-šú šá* ^{m}*Mu-šal-li-mu* […]
7′′ […]-⸢x⸣ *mār-šú šá* ^{md}*Bēl-eri-ba* […]
8′′ […]*-ni mār-šú šá* ^{m}*Pi-ir-ʾu* […]
9′′ […] *mār-šú šá* ^{md}*Šamaš-ú-bal-*[*liṭ* …]
10′′ […]*-ēṭir*^{ir} *mār-šú šá* ^{md}*Marduk-šuma-ú-*[*ṣur* …]
11′′ […]-A *mār-šú šá* ^{md}*Bēl-aḫḫē*^{meš}*-*[…]
12′′ […]*-ši mār-šú šá* ^{m}*Ṣil-la-a* […]
13′′ […]*-a-ni mār-šú šá* ^{m}*La-a-ba-š*[*i* …]
14′′ […]*-tú*$^{?}$ *mār-šú šá* ^{md}*Marduk-ú-*[…]
zwei Zeilen frei
15′′ […] *mār-šú šá* ^{md}*Nabû-apla-*[…]
16′′ […].kam ^{d}*Nabû-kudur*[*rī-uṣur šar Bābili*^{ki}]

Siegelbeischriften

rRd unteres Drittel: ^{na_4}*kunuk* ^{m}*Ba-la-ṭu* || *mār-šú šá* ^{md}*Nabû-ēṭir*^{ir} || *mār* ^{lú}*Rēʾî-sīsî*
uRd rechts (Schrift von links zu lesen): ^{na_4}*kunuk* ^{md}*Marduk-šuma-uṣur* || *mār* ^{m}*Ši-gu-ú-a*
uRd Mitte: ^{na_4}*kunuk* ^{m}*Apla*$_2$-⸢*a mār*$_2$*-šú šá*⸣ || ^{m}*Šu-zu-bu*
oRd Mitte: ^{na_4}*kunuk* ^{md}*Nabû-zera-ukīn*$_2$ || *mār*$_2$ ^{lú}*Bāʾiru*
oRd rechts ^{na_4}*kunuk* ^{m}*Tab-né-e-a* || *mār*$_2$ ^{md}*Šamaš-ba-a-ri*

38259 Rs

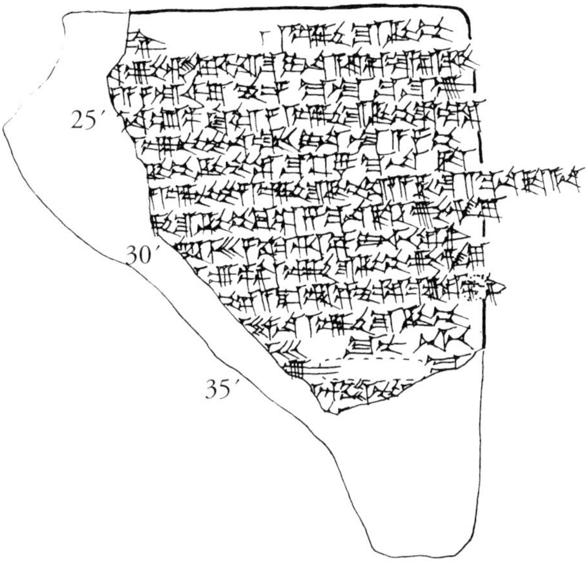

35508 Rs

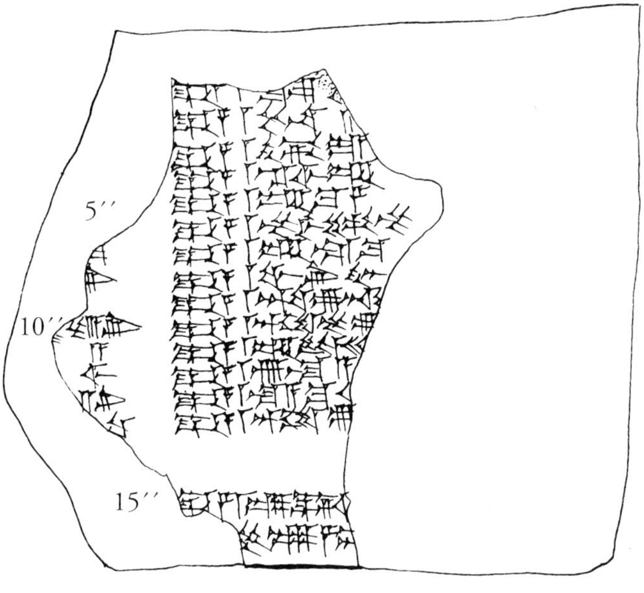

Die Prozeßurkunde ist auf zwei Bruchstücken erhalten, die nicht joinen. Beide sind gesiegelt. Es steht zu vermuten, daß sie ursprünglich zu éiner Tafel gehört haben, andernfalls stammen sie von zwei Exemplaren desselben Textes, denn ihre inhaltlichen Bezüge liegen auf der Hand.

Z. 1 Die Ergänzung des ersten Namens beruht auf Z. 6, wo der älteste der Brüder für alle spricht; *-mušētiq-uddê* wird in der Regel mit Nabû verbunden.

Z. 2 Der Familienname der Streitparteien könnte auf BAR enden (z.B. ^{lú}UŠ.BAṚ) oder auf ein Zeichen, das mit diesem Element schließt.

Z. 3 Vermutlich heißt es, daß sich die Brüder und ihr Onkel nicht einigen konnten (*ul imtagrū*), oder daß sie Streit anfingen (*ṣalta īpušū/igrû*), ehe sie einander verprügelten.

Z. 4 Ein weiterer Beleg für Bēl-rēmanni//Mandidi als *šākin ṭēmi* von Babylon findet sich in der unpublizierten Straßmaier-Kopie II 392/2f. (ursprünglich in der Sammlung A.J. Lewis, Tafel derzeit nicht identifiziert). Bei A.C.V.M. Bongenaar, *Ebabbar*, S. 8f. finden sich keine Belege für ihn.

Z. 6 Am Anfang wäre *išmû* zu erwarten, aber die Zeichenspuren suggerieren NU anstelle von MU; *maḫīru* hat einen Plural *maḫīrātu* im hier gebrauchten Sinn, s. CAD M/1 *s.v.*, *maḫīra epēšu* ist die übliche Formel für „einen Kauf tätigen".

Z. 4′ Vermutlich ist „der/die jüngeren Söhne des Nabû-apla-iddin" gemeint.

Z. 13′ Zusammenhang unklar. Es wäre an *ultu mi-<tu>-ti* ... „seit dem Tod ..." zu denken.

Z. 33′f. Die bezüglich gewisser Erbanteile hier zu erwartende Formel *aḫāta/aḫāmeš šunu* „gehört ihnen gemeinsam" kann nur bei Emendation zu *šu-nu-{ti}* ergänzt werden. Andererseits fragt es sich, welche Form sich sonst überhaupt hinter ...*meššunūti* verbergen könnte, da ein Verb mit Pronominalsuffix wegen der Assimilationsregeln ausscheidet.

Siegelbeischriften: Da der linke Rand fehlt, sind die dort zu erwartenden Siegel der Ranghöchsten (insbesondere des in Z. 4 genannten *šākin ṭēmi*) nicht überliefert. Keine der siegelnden Personen ist durch einen Titel ausgewiesen, daher wird es sich um die „Ältesten" handeln, die auch in der Zeugenliste an prominenter Stelle genannt sein werden. Da dort nur die Vatersnamen erhalten sind, die wiederum bei den Siegelbeischriften überwiegend fehlen, können die Siegel nicht zugeordnet werden.

Übersetzung

[Marduk-šuma-ibni, Nabû-muše]tiq-uddê und Bēl-aḫḫē-iddin, die Söhne des Nabû-apla-iddin (Z. 2) [aus der Familie ...], und Nabû-balāssu-iqbi, der Bruder ihres Vaters, [*konnten sich*] wegen der Teilung der (Erb)anteile (Z. 3) [*nicht einigen* und] haben einander verprügelt, und nun haben sie Rechtsstreit: (Z. 4) [... an] Bēl-rēmanni aus der Familie Mandidi, den Gouverneur von Babylon, haben sie sich gewandt, und (Z. 5) [...] der Gouverneur von Babylon und die Stadtältesten von Babylon haben ihre Sache (Z. 6) [*ange*]*hört.*

Marduk-šuma-ibni spricht folgendermaßen: (Was) die Kauftransaktionen (betrifft), die Nabû-balāssu-iqbi (Z. 7) [im] Bēl-[Tor] zu tätigen pflegte: Das Silber, mit dem er diese Kauftransaktionen laufend getätigt hat, (Z. 8) gehört [zum Gemeinschafts]vermögen des Vaterhauses! Mehr als seinen Sechstelanteil, (den er) mit meinem Vater (gemeinsam hat), gibt es (eigentlich für ihn) nicht!

(Z. 9) [Nabû-balāssu-iqbi] antwortete ihm daraufhin folgendermaßen: „(Was) die Kauftransaktionen (betrifft), die ich im Bēl-Tor (Z. 10) [getätigt habe: Mit] meinem eigenen Silber habe ich sie getätigt. Silber vom Gemeinschaftsbesitz unseres Vaterhauses (Z. 11) [war nicht dabei]. Und (was) den Kauf (betrifft), den Nabû-apla-iddin, dein Vater, im Bēl-Tor getätigt hat und (Z. 12) [eine Urkunde auf] seinen [Namen] ausgestellt hat: Mehr als 10 š Silber vom Gemeinschaftsbesitz unseres Vaterhauses gab es dabei nicht. (Z. 13) [Aber] als ich [...] gezahlt/verkauft habe, hat dein Vater die Tafel (auch) auf seinen Namen ausstellen lassen. (Z. 14) [...] wir diese Kauftransaktionen zu machen pflegten, (Z. 15) [...] habe ich freiwillig zugestimmt, und Nabû-apla-idin hat eine Tafel (Z. 16) [... ausstellen lassen], (die) folgendermaßen lautet: Was auch immer wir an Kauftransaktionen im Bēl-Tor machen, (Z. 17) [... An]teil des Arad-Gula, meines Bruders, den ich für mein (eigenes) Silber empfangen (= gekauft) habe, (Z. 18) [...], und bei (Ausstellung) meiner Kaufurkunde war er als Zeuge anwesend.

(Z. 19) [(Was) den Vertrag … (betrifft), den] dein Vater mit mir abgeschlossen hat, … und (Z. 20) […] die Anbaufläche (in) Anteile zu teilen […]

(große Lücke mit zusammenhangslosen Phrasen)

(Z. 7′) [… im] Bēl-[Tor] abzuschließen pflegte, (Z. 8′) […] unseren großen Bruder (Z. 9′) […, was] Nabû-balāssu-iqbi abzuschließen pflegte, geändert(?), und (Z. 10′) […] gegen Nabû-balāssu-iqbi entschieden ist, (Z. 11′) […] unser Vater(?) mit ihm abzuschließen pflegte, (Z. 12′) […]. Der Gouverneur von Babylon und die Stadtältesten [von Babylon …] (Z. 13′) … (was) … zu Lasten von Nabû-balāssu-iqbi geschrieben (Z. 14′) [und …] … [an Nabû-balāssu-iq]bi gegeben hat: Einen Sechstelanteil des Nabû-balāssu-iqbi (Z. 15′) […] und einen Sechstelanteil des Arad-Gula (Z. 16′) […] schrieben sie fest, und und einen halben Anteil des Nabû-apla-iddin setzten sie darin fest. (Z. 17′) […] des Vaterhauses vom Bēl-Tor haben sie an Nabû-balāssu-iqbi (als Eigentum) übertragen.

(Z. 18′) […] vom Bēl-Tor, das von Šullumu und Bēl-aḫ̮ḫ̮ē-… (Z.19′) [… gekauft worden ist(?)] und (wobei) Nabû-apla-iddin die Tafel auf seinen Namen gesiegelt hat, (Z. 20′) […, das Nabû-balāssu]-iqbi im Bēl-Tor von Nabû-šumu-līšir (Z. 21′) […] Šulaja, Sohn des Balti-ilī aus der Familie Ea-ṣalam-ilī (Rs 22′) [… gekauft hat, …] haben sie Nabû-balāssu-iqbi (Rs 23′) […] (als Eigentum) übertragen.

Ein Sechstel an der Anbaufläche ihres Vaterhauses von Bīt-Dakkūri (Rs 24′) […], soviel in Stadt und Land vorhanden ist, (Rs 25′) […] in der Kaufurkunde des Nabû-balāssu-iqbi geschrieben ist, (Rs 26′) [… an] Nabû-zēra-iddin gegeben ist (= verkauft wurde) und in Abwesenheit von (Rs 27′) […] Nabû-balāssu-iqbi ganz ausgegeben hat: Insgesamt 7 m Silber (Rs 28′) [vom …] des Nabû-zēra-iddin, das Nabû-balāssu-iqbi davongetragen hat: Einen Anteil von 2 m Silber für (Rs 29′) [… haben sie an] Nabû-balāssu-iqbi (als Gegenwert) für 5 m seines Silbers (als Eigentum) übertragen. (Rs 30′) [… die über die …] des Gemeinschaftsvermögens hinausgingen (Rs 31′) […] an Nabû-balāssu-iqbi (als Eigentum) übertragen. (Rs 32′) von PN] aus der Familie Bēl-ēṭiru empfangen wurde, haben sie an (Rs 33′) [PN (als Eigentum) übertragen, …]-iddin, Nabû-balāssu-iqbi (Rs 34′) […] sie/ihnen (Rs 35′) […] sie und (Rs 35′) […] Marduk-zēra-[…] (Lücke)

Zeugen	Anfang weggebrochen
	[…]/Bazu[zu]/
	[…]/Nadnaja/
	[…]/Ṭābija
	[…]/Silim-Bēl
	[…]/Bēl-iqīša
	[…]/Mušallim
	[…]/Bēl-erība
	[…]ni/Pir᾽u
	[…]/Šamaš-ubal[liṭ]
	[…]-ēṭir/Marduk-šuma-u[ṣur]
	[…]-A/Bēl-aḫ̮ḫ̮ē-[…]
	[…]ši/Ṣillaja
Schreiber	[…]/Nabû-apla-[…]
Ausstellungsort	weggebrochen, sicher Babylon
Datum	[x.x.x] Nbk (604–562 v. Chr.)

Kommentar

Diese Urkunde könnte einen der spannendsten Streitfälle zum Erbrecht darstellen, wenn ihr fragmentarischer Erhaltungszustand nicht so viele Wünsche offen ließe. Bis Z. 12 sind die Verluste am Anfang der Zeile gering genug, um den Text verstehen zu können. Danach wird es schwieriger, die Lücken zu füllen und mehr als nur Stichworte zu erhaschen.

Das Beispiel dieser Familie (deren Name uns leider nicht überliefert ist) illustriert die Nachteile einer in Babylonien häufig anzutreffenden Institution: einer ungeteilten bzw. unvollständig geteilten Erbengemeinschaft.

Nach dem Tod des Vaters, der mehrere Söhne hinterlassen hat, wurde die Aufteilung des Nachlasses zunächst verschoben. Dies ist sinnvoll und praktikabel, solange die jüngeren Brüder noch keine eigenen Geschäfte betreiben können oder wollen und das Familienvermögen zusammengehalten werden muß, um die kritische Masse zur Fortführung bestimmter Geschäfte zu garantieren. Ein Problem entsteht jedoch immer dann, wenn einer der Brüder Einzelgeschäfte auf seinen Namen führt, bei denen Geld aus der Familienkasse im Spiel ist, oder wenn der Älteste die Kontrolle über die Geschäfte ausübt und die jüngeren Brüder den Eindruck haben, dabei zu kurz zu kommen. Diese bestehen dann zu Recht darauf, an allen Gewinnen beteiligt zu werden, auch wenn z.B. der Älteste Vermögenswerte im Namen seiner Ehefrau erworben hat.[1]

Im vorliegenden Falle gibt es weitere Komplikationen, weil einer der Brüder inzwischen gestorben ist und seine drei Söhne sich mit einem Onkel auseinandersetzen müssen. Die Familienverhältnisse lassen sich folgendermaßen darstellen:

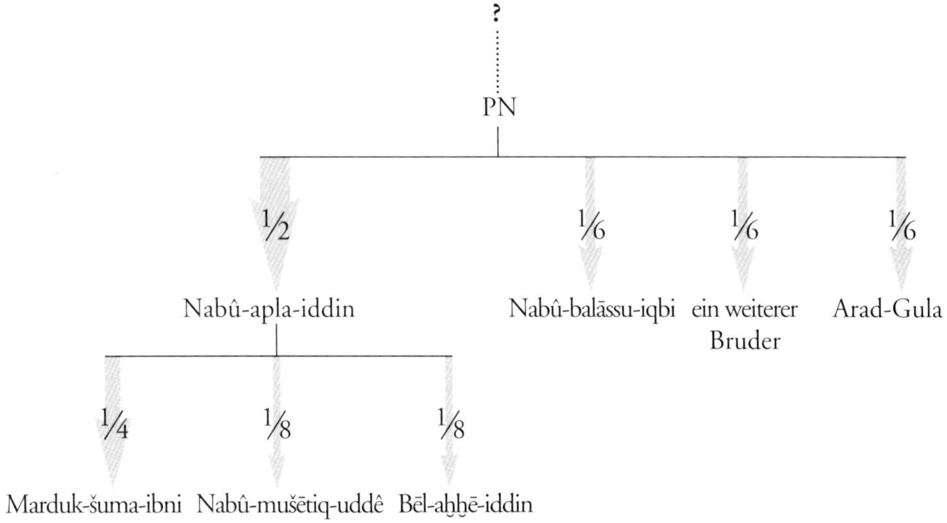

1 Dies lehrt ein Beispiel aus der Familie Egibi: In der Erbteilungsurkunde Dar 379 setzen die jüngeren Brüder eine Regelung durch, wonach der Älteste sie auch an allen Vermögenswerten beteiligen muß, die er in seinen Namen allein oder im Namen seiner Ehefrau gekauft hat. Eine Ausnahme bildet in diesem Falle lediglich das Mitgiftgut.

Sowohl Nabû-apla-iddin als auch Nabû-balāssu-iqbi hatten Geschäfte betrieben, bei denen gelegentlich auf die „Gemeinschaftskasse" zurückgegriffen worden war. Zudem haben sich einzelne Brüder bestimmte Erbanteile gegenseitig abgekauft (ob nur an bestimmten Objekten oder pauschal ist hier nicht zu ermitteln), wodurch die Verhältnisse völlig verworren wurden. Nach Nabû-apla-iddins Tod war es den Erben nicht leicht, ihre Ansprüche zu dokumentieren, und es war zu Handgreiflichkeiten gekommen: Onkel und Neffen hatten sich geprügelt, es bedurfte einer richterlichen Entscheidung.

Die Entscheidung der Richter ist ab Rs 12′ dokumentiert, wenngleich nur fragmentarisch. Sie geben zunächst den Schlüssel an, nach dem alles, was als gemeinsames Erbe zu betrachten ist, geteilt wird: Ein Sechstel bekommt Nabû-balāssu-iqbi, ein Sechstel geht an Arad-Gula, die Hälfte soll Nabû-apla-iddin, der Älteste, bekommen. Daraus ist zu schließen, daß es noch einen vierten Bruder gab, dem das verbleibende Sechstel gehören soll, und der wahrscheinlich am Anfang von Z. 15′ vor Arad-Gula genannt ist.

Die Verteilung bei vier Brüdern folgt somit auch hier (wie in Nr. 38) nicht dem Prinzip vom doppelten Anteil für den Erstgeborenen, das ⅖ : ⅕ : ⅕ : ⅕ ergeben würde, sondern gesteht dem Ältesten die Hälfte zu, während die übrigen zu gleichen Teilen bedacht werden. Dieses Verfahren ist bei sexagasimaler Berechnung sicher leichter anzuwenden als eine Division durch Fünf, aber andererseits sind babylonische Notare durchaus in der Lage, Hausgrundstücksberechnungen mit Faktor Sieben durchzuführen, was noch wesentlich mehr Schwierigkeiten bereitet. Rechenprobleme dürften also kaum den Ausschlag geben. Man hat offenbar bewußt den „großen Bruder" (*rabû*, vgl. Z. 8′) den „kleinen Brüdern" (*terdinnu*, Z. 4′) gegenübergestellt, um die Hälfte des Vermögens in einer Hand zu belassen. Wenn die Richter einen solchen Teilungsmodus vorschreiben (auf den sich ja auch die Parteien vorher berufen haben, vgl. Z. 8), dann wird man daraus schließen müssen, daß er die gängige Praxis bei vier männlichen Erben darstellt.

Nr. 43: Adoption
Inventarnummer: BM 38125 (80–11–12,6)

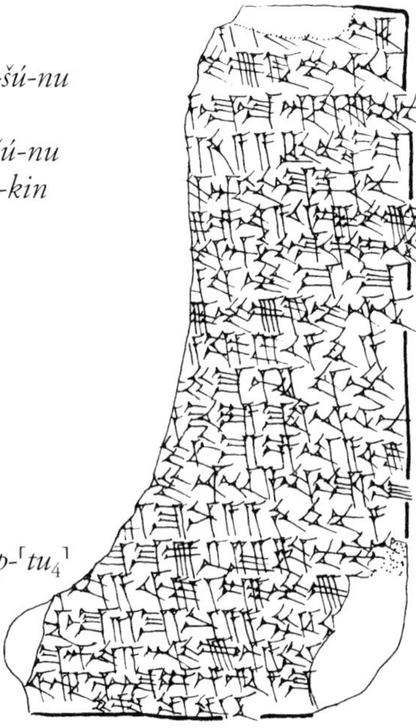

1 [^{f}Zu-un-na-a mārassu] ⸢šá ^{m}Mu-še-zib⸣-^{d}Bēl
2 [mār … u ^{md}Nabû]-šuma-ú-kin mu-ti-šú
3 [mār-šú šá ^{m}… mār ^{m}Š]á-la-la ina ḫu-ud lìb-bi-šú-nu
4 [ṭuppi mārūti š]á ^{m}Sūqa-a-a ik-nu-uk-ma
5 [ana tardinnūti(?) itti(?) ^{m}Ar]ad-^{d}Gu-la mārī-šú-nu
6 [rabî ilqûšu(?) ^{f}Z]u-un-na-a u ^{md}Nabû-šuma-ú-kin
7 [… ^{m}]Arad-^{d}Gu-la ul i-mit-tú
8 […] ⸢x⸣ u$_4$-mu ma-la
9 [^{f}Zu-un-na-a ù ^{md}N]abû-šuma-ú-kin mu-ti-šú
10 [balṭū ^{m}Sūqa-a-a] a-ka-lu kurummāti$^{ḫi.a}$
11 [i-nam-da-áš-šú-nu]-tu 1-en u$_4$-mu
12 [^{lú}…-ūti pāni]⸢^{d}⸣GAŠAN-ia it-ti-šú-nu
13 [ikkal/ippuš ina u$_4$-m]u ^{f}Zu-un-na-a ù
14 [^{md}Nabû-šuma-ú-kin] mu-ti-šú a-na šim-tu$_4$
15 [it-tal-ku]-⸢ú⸣ ^{m}Su-qa-a-a tar-din-nu šá
16 [^{m}Arad-^{d}Gu-l]a šu-ú ⅓ (mana) šiqil kaspu nu-up-⸢tu$_4$⸣
17 [^{f}Zu-un]-na-a ù ^{md}Nabû-šuma-ú-k[in]
18 [mu-ti]-šú ina qātē^{II} ^{m}Su-qa-a-a maḫ-r[u-uʾ]
19 [šá da-ba]-ba an-na-a innû^{ú} ^{d}A-num [^{d}En-líl]
20 [^{d}É-a] ar-rat la nap-šur-ri šá la [x x (x)]
21 [o] li-ru-ru-šú

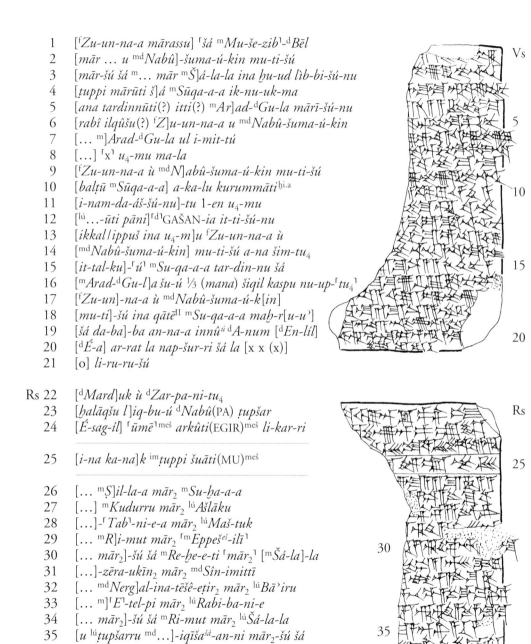

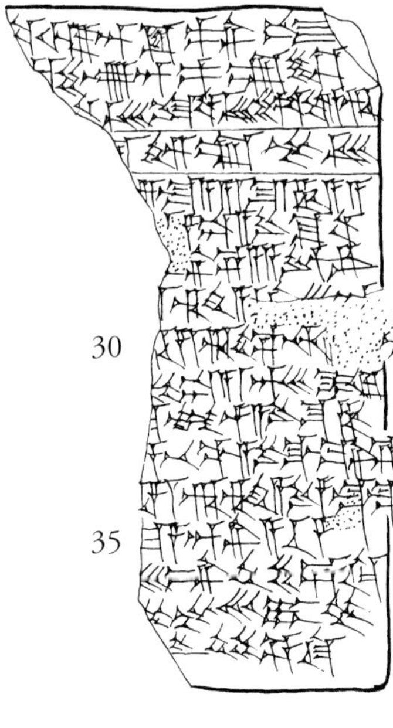

Rs 22 [^{d}Mard]uk ù ^{d}Zar-pa-ni-tu$_4$
23 [ḫalāqšu l]iq-bu-ú ^{d}Nabû(PA) ṭupšar
24 [É-sag-íl] ⸢ūmē⸣^{meš} arkûti(EGIR)^{meš} li-kar-ri

---

25 [i-na ka-na]k ^{im}ṭuppi šuāti(MU)^{meš}

---

26 [… ^{m}Ṣ]il-la-a mār$_2$ ^{m}Su-ḫa-a-a
27 […] ^{m}Kudurru mār$_2$ ^{lú}Ašlāku
28 […]-⸢Tab⸣-ni-e-a mār$_2$ ^{lú}Maš-tuk
29 [… ^{m}R]i-mut mār$_2$ ⸢^{m}Eppeš^{eš}-ilī⸣
30 [… mār$_2$]-šú šá ^{m}Re-ḫe-e-ti ⸢mār$_2$⸣ [^{m}Šá-la]-la
31 […]-zēra-ukīn$_2$ mār$_2$ ^{md}Sîn-imittī
32 [… ^{md}Nerg]al-ina-tēšê-eṭir$_2$ mār$_2$ ^{lú}Bāʾiru
33 [… ^{m}]⸢E⸣-tel-pi mār$_2$ ^{lú}Rabi-ba-ni-e
34 [… mār$_2$]-šú šá ^{m}Ri-mut mār$_2$ ^{lú}Šá-la-la
35 [u ^{lú}ṭupšarru ^{md}…]-iqīša^{šá}-an-ni mār$_2$-šú šá
36 [… mār$_2$ ^{md}]Sîn-tab-ni Bābili^{ki}
37 [^{iti}… ūmi x.k]am šanat 38.kam
38 [^{md}Nabû-kudurrī-uṣur] šar Bābili^{ki}

Die Tafel ist ungesiegelt.

Z. 4 Irrtümlich Singular statt Plural beim Verb. Ob *ṭuppi mārūti* oder *ṭuppi mār banûti* zu ergänzen ist, hängt davon ab, ob der Adoptierte ein Familienangehöriger war, oder als Findelkind oder Sklave einen minderfreien Status besaß. Wegen der in Z. 12 erwähnten Pfründe, an der er partizipieren soll (und nicht könnte, wenn er nicht die entsprechenden Voraussetzung erfüllte), ist ersteres wesentlich wahrscheinlicher.

Z. 5f. Die Ergänzung dieser Zeilen ist wegen des Fehlens direkter Parallelen mit Unsicherheiten behaftet, dürfte aber prinzipiell so zutreffen. Für den Standardausdruck *ana mārūti leqû* gibt es genug neubabylonische Belege, vgl. CAD L 138, *s.v. leqû* 2a. Die Stellung des Adoptierten als jüngerer Bruder (*tardinnu*, Abstraktum *tardinnūtu* „Status als jüngerer (Bruder))" neben bereits vorhandenen Kindern ist mehrfach bezeugt: In AnOr 8 14 (M. San Nicolò, BR 6 4) handelt es sich um die Adoption eines 17 Tage alten Kindes einer Prostituierten durch ihren Bruder. Den Adoptierten schreibt der Vater als jüngeren Bruder des PN, seines (eigenen) Sohnes ein: *ana tardinnu ša* PN *mārīšu ilṭuršu*. Analog wäre also auch im vorliegenden Fall etwas wie *ana tardinnu ša* ^{m}*Arad-*^{d}*Gula mārīšu ilṭurūšu* denkbar. In der von F. E. Peiser, OLZ 7 (1904), 39: 5 umschriebenen Urkunde adoptiert ein Mann einen Erwachsenen und dessen Sohn; beide als *tardinnu*. Söhne des Adoptivvaters sind als Zeugen anwesend. Eine alternative Ergänzung für Z. 4–6 unseres Textes wäre ... *ṭuppi mār banûti ša* S. *iknukū-ma ana mārūti ... ilqûšu* „eine Tafel über den Vollfreien-Status des S. ausgestellt und ihn ... als Sohn angenommen", man vergleiche aber die im Kommentar zu Z. 4 gegen eine Sklavenadoption geäußerten inhaltlichen Bedenken. Unwahrscheinlich wäre auch *ana mārūti ana* A. *mārīšunu iddinūšu* „als Sohn dem A., ihrem Sohn, gegeben" aus zwei Gründen: Zum einen bringt PN *tardinnu ša* PN_2 *šū* in Z. 15 eher ein Verhältnis zwischen Brüdern als eine Vater-Sohn-Beziehung von Sūqaja und Arad-Gula zum Ausdruck, zum andern wird eine Adoption gewöhnlich durch den Annehmenden, nicht durch einen Dritten herbeigeführt. Eine Ausnahme bildet zwar YOS 6 2 (Bearbeitung durch M. San Nicolò, BR 6 5): Dort gibt ein Mann zwei Drittel seines Sklaven einem anderen seiner Sklaven als Sohn (*ana mārūti iddin*). Auf den vorliegenden Fall läßt sich dieses Beispiel allerdings nicht übertragen.

Z. 7 Das Verb am Ende und der syntaktische Zusammenhang sind mir unklar. Aus dem Kontext heraus wäre etwas wie „... S. gegenüber (*ana muḫḫi*) A. nicht bevorzugen" denkbar; Parallelen gibt es m.W. nicht. Am Anfang der nächsten Zeile wäre noch Platz für ein angekoppeltes Verb, denn die nachfolgende Phrase kann, mit u_4*-mu* beginnend, befriedigend rekonstruiert werden.

Z. 19f. Anu, Enlil und Ea: Die Trias der „großen Götter" wird in der Regel zusammen angerufen, z.B. TuM 2/3 8, BM 64650 (MacGinnis, ASJ 15, 105f.), VS 5 21 (= NRV 12), Cyr 277 (mit Kommentar in CM 20, S. 135 mit Anm. 265).

Z. 24 Es liegt eine Verwechslung von *arku* „lang" (Logogramm GÍD.DA) mit dem homophonen *arkû* „späterer, zukünftiger" (Logogramm EGIR) vor. In der Fluchformel ist normalerweise von „langen Tagen" die Rede (CAD A/2 285 *s.v. arku* 4′b); „künftige Tage" entstellen den Sinn jedoch nicht. Dieselbe Erscheinung liegt in BM 61176// 67388 vor (M.T. Roth, BMA 5 mit Kommentar).

Datum Wegen der Länge der Regierungszeit kommt nur Nebukadnezar II. in Betracht.

Übersetzung

[^{f}Zunnaja, Tochter des] Mušēzib-Bēl $^{(Z.\ 2)}$ [aus der Familie ..., und] Nabû-šuma-ukīn, ihr Ehemann, $^{(Z.\ 3)}$ [Sohn des ... aus der Familie] Šalala haben(!) aus freiem Entschluß (wörtlich: in der Freude ihrer Herzen) $^{(Z.\ 4)}$ [eine Tafel über die Adoption(?)] des Sūqaja ausstellen lassen und $^{(Z.5)}$ [ihn als jüngeren(?) Sohn neben(?)] Arad-Gula, ihrem $^{(Z.\ 6)}$ [ältesten] $^{(Z.\ 5)}$ Sohn, $^{(Z.\ 6)}$ [angenommen]. ^{f}Zunnaja und Nabû-šuma-ukīn $^{(Z.\ 7)}$ [werden

Suqaja(?) gegenüber(?)] Arad-Gula nicht *...en* (Z. 8) [*und* (*nicht*) *...en*]. Solange (Z. 9) [ᶠZunnaja und] Nabû-šuma-ukīn, ihr Ehemann, (Z. 10) [leben, wird Sūqaja(?) ihn]en Brot (und) Verpflegung (Z. 11) [geben]. Einen Tag (Z. 12) [der ...(-Pfründe) vor] Bēltija [wird er] mit ihnen (Z. 13) [genießen/durchführen(?) We]nn ᶠZunnaja und (Z. 14) [Nabû-šuma-iškun], ihr Ehemann, gestorben (Z. 15) [sein werden,] ist Sūqaja der jüngere (Bruder) des (Z. 16) [Arad-Gu]la. 20 š Silber Zusatzleistung (Z. 17) [(...) haben ᶠZun]naja und Nabû-šuma-ukīn, (Z. 18) ihr [Ehemann], von Sūqaja erhalten.

(Z. 19) [Wer] diese Abmachung ändert, den mögen Anu, (Z. 20) [Enlil und Ea] mit einem unlösbaren Fluch ohne [...] (Z. 21) verfluchen. (Z. 22) Marduk und Zarpanītu (Z. 23) [mögen seinen Untergang] befehlen. Nabû, der Schreiber von (Z. 24) [Esagil], möge seine künftigen(sic!) Tage verkürzen.

Zeugen	[...]/Ṣillaja/Suḫaja
	[...]/Kudurru/Ašlāku
	[...]/Tabnêa/Maštuk
	[...]/Rīmūt/Eppeš-ilī
	[...]/Reḫēti/[Šala]la
	[...]/[...]-zēra-ukīn/Sîn-imittī
	[...]/Nergal-ina-tēšê-eṭir/Bāʾiru
	[...]/Etel-pî/Rab-banê
	[...]/Rīmūt/Šalala
Schreiber	[...]-iqīšanni/[...]/Sîn-tabni
Ausstellungsort	Babylon
Datum	x.x.38 [Nbk] (567/566 v. Chr.)

Kommentar

Diese interessante Urkunde ist leider stark beschädigt; über weite Strecken fehlt die linke Hälfte der Tafel. Es bedarf einiger Phantasie, um die Lücken sinnvoll zu füllen und zu verstehen, was vor sich geht. Die angegebenen Ergänzungen sind zudem nicht durch Parallelen belegbar, sondern höchst tentativ. Dementsprechend schwierig bleibt die Interpretation.

Ein Ehepaar (ᶠZunnaja und Nabû-šākin-šumi) trifft eine Verfügung aus freien Stücken (*ina ḫūd libbīšunu*). Es scheint um die Adoption eines gewissen Sūqaja zu gehen, auch wenn die entscheidenden Termini auf dem weggebrochenen Teil des Dokument gestanden haben müssen. Gleichzeitig ist jedoch auch von einem anderen (wohl leiblichen) Sohn Arad-Gula die Rede, und das Verhältnis zwischen beiden wird geregelt, indem Sūqaja zum *tardinnu* „jüngeren (Bruder)" des Arad-Gula erklärt wird (Z. 15, hier scheint die Ergänzung recht sicher).

Es fällt auf, daß die Annehmenden als „ᶠZunnaja und ... ihr Ehemann" bezeichnet werden. Dies ist höchst ungewöhnlich, da bei Ehepaaren normalerweise von „PN und ... seine(r) Ehefrau" die Rede ist, es sei denn, der Vorgang wird aus der Perspektive der Ehefrau und ihrer Familie beurkundet. Auf diesen Punkt wird noch zurückzukommen sein.

Des weiteren ist aus dem Dokument nichts über die Herkunft des Sūqaja zu erfahren. In Z. 4, wo er zum ersten Mal erwähnt wird, ist weder ein Verwandtschaftsverhältnis noch die Filiation angegeben. Da am Anfang des Dokumentes keine Zeilen fehlen, kann diese Angabe auch nicht weggebrochen sein. Als Findel- oder Ziehkind (*tarbītu*) wird er ebenfalls nicht bezeichnet. Die Nichterwähnung spricht allerdings nicht dagegen, daß Sūqaja ein enger Verwandter (z.B. ein Sohn der Tochter) gewesen sein könnte, oder ein Ziehkind, dem das Ehepaar eine *ṭuppi mārūti*, eine Adoptionsurkunde, ausgestellt hat. Ferner wäre die Freilassung und Adoption eines Sklaven nicht völlig ausgeschlossen; in den Lücken des Dokuments ließen sich die entsprechenden operativen Elemente unterbringen.

Wie dem auch sein, in jedem Falle geht es dem Ehepaar nicht darum, sich unbedingt einen männlichen Erben zu schaffen, da sie bereits einen anderen Sohn haben; ob dieser ihr leibliches Kind ist oder ebenfalls adoptiert wurde, ist in diesem Zusammenhang nicht von Belang.

Die Adoption eines jüngeren Sohnes ist zwar ungewöhnlich, aber nicht einmalig (vgl. den Kommentar zu Z. 5f.) und von der jeweiligen Familiensituation abhängig. Wenn der jüngere Sohn Verpflichtungen des Vaters gegenüber „Göttern und König" übernimmt oder mit seinem älteren Bruder teilt, oder sich verpflichtet, die Eltern zu pflegen, dann werden die Motive für eine Adoption deutlich. Der Versorgungsanspruch der Eltern ist bei der Adoption von erwachsenen „Kindern" ein zentrales Thema und wird gewissermaßen mit dem Erbanspruch des Adoptierten oder der Übertragung bestimmter Vermögensbestandteile (aus deren Einkünften u.a. der Unterhalt erwirtschaftet werden muß) erkauft. Hierin bildet unsere Urkunde keine Ausnahme, denn Z. 8–11 lassen sich schwerlich anders interpretieren, auch wenn Sūqajas Name nicht erhalten ist.

Als Gegenleistung für die Versorgung der Adoptiveltern gelangt Sūqaja wohl in den Besitz eines Pfründeneinkommens, wie die Nennung von Tag und Gottheit in Z. 11f. suggeriert. Das Suffix an *ittišunu* „mit ihnen" bezieht sich auf das Ehepaar: Arad-Gula, der ältere Sohn, war demnach von der Regelung ausgenommen, hatte also zu Lebzeiten der Eltern keinen Anteil am Einkommen. Wenn es danach heißt, nach dem Tode der Eltern sei Sūqaja der kleine Bruder des Arad-Gula, wird man es wohl so zu verstehen haben, daß sich beide Söhne in der üblichen Weise (d.h. zu ⅔ und ⅓) in den Nachlaß teilen und entsprechend an der Pfründe partizipieren. Explizit wird dies allerdings nicht gesagt.

Die Klausel in Z. 16–18 über die Zahlung von ⅓ (Mine = 20) š Silber durch Sūqaja an die Adoptiveltern als Zusatzleistung (*nūptu*) erinnert an Mietverträge und das *atru* der Kaufurkunden, könnte also im Zusammenhang mit dem Beginn der Pfründenübernahme stehen.

Wenn Sūqaja mit den Adoptiveltern an der Pfründe teilhaben soll, dann setzt dies voraus, daß die damit verbundenen Dienste ordnungsgemäß und von einer dafür qualifizierten Person verrichtet werden. Diesen Status besaßen nur die Angehörigen weniger, alteingesessener Familien, er konnte aber auch durch Adoption erlangt werden. Außerdem war gegebenenfalls die Abstammung und kultische Eignung der Mutter von Belang.[1] Wenn diese Pfründe ursprünglich mit der Familie der ^{f}Zunnaja verbunden war, so erklärte dies, warum der Adoptionsvertrag aus ihrem Blickwinkel formuliert worden ist.

1 In YOS 7 167: 2 und 10 fragt z.B. der Šatammu an, ob die Mutter eines Mannes, dessen Eignung zur Ausführung einer Bäckerpfründe geprüft wird, *ellet* „kultisch rein" sei (zitiert in CAD G 130, *s.v. gullubu* 2, vgl. dazu auch M. San Nicolò, *Parerga babylonica* 12 [besonders S. 195] und 16).

Nr. 44: Rechtsstreit um Adoption und Erbanspruch
Inventarnummer: BM 77425 (84–2–11,165)
Bearbeitung: F. E. Peiser, BRL 2 (1891), S. 16 (T+Ü); F. Joannès, NABU 1996/72 (T+Ü)

Anfang nicht erhalten
1′ [... t]aq-bu-⸢ú?⸣ [...]
2′ [...]-nu šá ^{f}Dam-[qa-a ...]
3′ [...] ^{md}Bēl$^{sic!}$-ēṭir$_2$ mār$_2$-šú šá [...]
4′ [...] ⸢tad⸣-bu-bu-ma tu-š[ad-...]
5′ [^{f}Dam-q]a-⸢a ù⸣ ^{f}Bu-ra-šú ebūr eq[li ...]
6′ ⸢ik⸣-[ka]-la ù ^{fd}Ma-am-mi-tu$_4$-si-l[im ^{f}qal-lat]
7′ šá bīt abī-ia ta-pal-[làḫ]-ši-ni-ti ⸢ia⸣-[a-tú]
8′ mim-ma i-na qātē^{II}-ia la muš-šu-ra-aʾ ^{md}[Nergal-zēra-ibni]
9′ ^{lú}šākin ṭēm Kutê^{ki} ù puḫur ^{lú}Kutê$^{ki.[meš]}$
10′ a-ma-a-ti ^{md}Nabû-ke-šìr iš-tim-mu-ú-ma
11′ ^{f}Dam-qa-a ù ^{f}Bu-ra-šú a-na maḫ-ri-šú-nu
12′ ú-bil-lu-nim-ma iq-bu-ši-na-a-ti um-ma mi-nam-ma
13′ ^{md}Nabû-ke-šìr a-na la māru šá ^{md}Nabû-ēṭir$_2$ tu-tir-ra
14′ iq-ba-aʾ um-ma it-ti ummī-šú a-na bīt ^{md}Nabû-ēṭir$_2$
15′ i-ter-bi ^{md}Nabû-ke-šìr iq-bi um-ma ^{f}Bu-ra-šú
16′ a-ḫat abī-ia ù ^{md}Bēl-iddin ^{lú}mu-ti-šú mārtu
17′ il-qu-nim-ma ^{im}ṭuppa-šú ik-nu-ku ^{f}Dam-qa-a
18′ ummi abī-ia taq-bi um-ma ^{md}Nabû-ke-šìr mār mārī-ia
19′ a-na ^{lú}mu-kin-nu-tu šu-ṭur a-na ^{lú}mu-kin-nu-tu
20′ i-na ^{im}ṭuppi ⸢šu⸣-a-tì iš-ṭur-ú-in-ni ^{lú}šākin ṭēmi
21′ ù puḫur ^{lú}Kutê$^{ki.meš}$ i-da-tu$_4$ šá mār-ú-tu šá ^{md}Nabû-ke-šìr
22′ māri šá ^{md}Nabû-ēṭir$_2$ ú-ba-aʾ-ú ^{md}Nergal-aḫa-iddin mār$_2$-šú šá ^{m}Ibna-a
23′ mār ^{lú}Itinnu ^{lú}ṭupšarru ù ^{m}Ṣil-la-a mār$_2$-šú šá ^{md}Nergal-⸢aḫa⸣-iddin
Rs 24′ mār ^{md}Sîn-karābi(SISKUR$_2$)-išme(ŠE.GA) ^{lú}[m]u-kin-nu ⸢šá⸣ [^{im}ṭuppi]
25′ ú-bil-lu-nim-ma niš ^{d}Šamaš ⸢ù⸣ qa-an ṭ[up-pi (...)]
26′ i-na puḫri ú-šá-az-⸢ki⸣-ir-šu-nu-ti-ma i-da-[tu$_4$ ...]
27′ ki-i la ki-i pi-i šá ^{f}Dam-qa-a ummi abi šá ^{md}Nabû-⸢ke-šìr⸣
28′ ^{md}Nabû-ke-šìr mār$_2$-šú šá ^{md}Nabû-ēṭir^{ir} mār ^{m}Da-bi-bi ⸢a-na⸣
29′ ^{lú}mu-kin-nu-tu ina ^{im}ṭuppi ni-iš-ṭu-ru i-mu-ru-ma
30′ ^{md}Nabû-ke-šìr a-na māri šá ^{md}Nabû-ēṭir^{ir} mār ^{m}Da-bi-bi
31′ i-tur-ru ^{md}Nergal-zēra-ibni ^{lú}šākin ṭēm Kutê^{ki} ù puḫur
32′ ^{lú}Kutê$^{ki.meš}$ im-tal-ku-ma i-na 1(PI) 4(bán) ^{še}zēri zaq-pi
33′ ina tāmirti šá ^{d}Ìr-ra-da-nu ina lìb-bi 5(bán) ^{še}zēru pa-ni ^{f}Bu-r[a-šú]
34′ mārat-su šá ^{md}Nergal-ú-še-zib ú-šad-gil-lu ù 5(bán) [^{še}zēru]
35′ u ^{fd}Ma-am-mi-tu$_4$-si-lim pa-ni ^{f}Dam-qa-[a ummi abi]
36′ šá ^{md}Nabû ke-šìr ú-šad-gil-lu u$_4$-mu ma-l[a ^{f}Damqaja balṭat]
37′ ebūr eqli šá 5(bán) ^{še}zēri tak-kal u ^{f}qa[l-lat-su tapallaḫšu mimma]

Vs

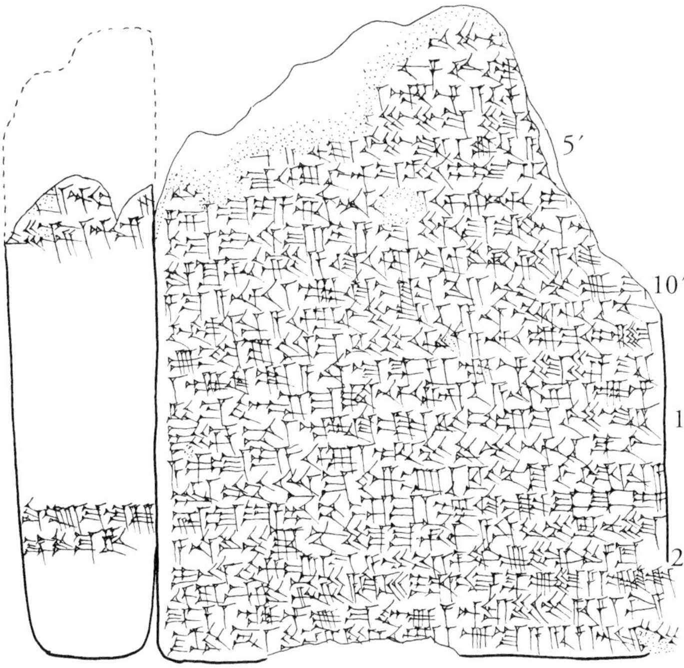

Rs

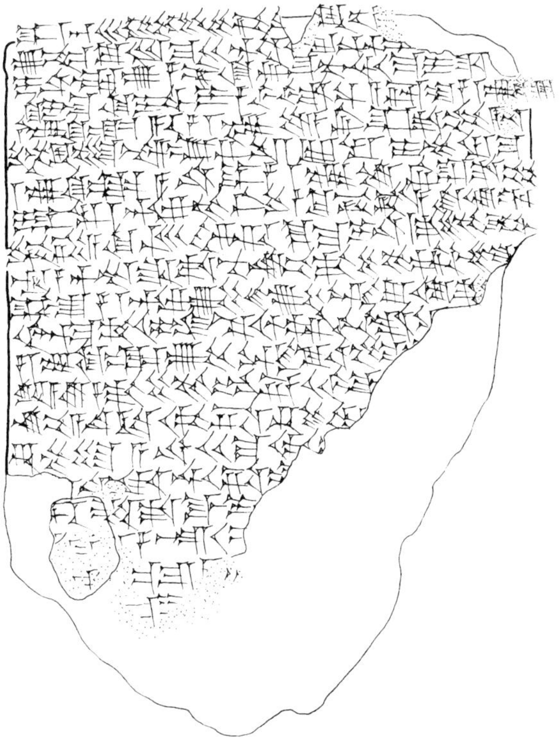

38′ *ina lìb-bi a-na kaspi ul ta-nam-d*[*i-in* ...]
39′ *ri-mu-tu a-na man-ma ul* [*taremme* ...]
40′ [u_4*-mu a-n*]*a šim-ti ta-a*[*t-tal-ku* (...) *nikkassašu pān* ^{md}*Nabû-kēšir*]
41′ [*mār mā*]*rī-šú id-da-gal i-*[...]
42′ [...] *šá ina āli u ṣ*[*ēri*(?) ...]
43′ [...]*-iz-zu* [...]
44′ nur Zeichenreste

Einleitungsformel, Zeugen, Schreiber, Ausstellungsort und Datum nicht erhalten.

lRd oben	weggebrochen
lRd Mitte	[^{na_4}*kunuk*] ^{md}*Nergal-*[(x)]⸢x⸣ ‖ ⸢^{lú}*ērib*(KU_4)⸣ *bīt* ^{d}*Nergal* (ohne Siegel)
lRd unten	^{na_4}*kunuk* ^{m}*Ba-la-ṭu* ‖ *mār* ^{lú}*Bāʾiru* (ohne Siegel)
rRd	obere zwei Drittel mindestens weggebrochen, der Rest ist leer.

Z. 4′ Sicher ist *dabābu* G und Š „klagen" und „zu klagen veranlassen" gemeint.
Z. 7′ F. Joannès ergänzt *i-n*[*a-an-na*] „jetzt", was aber wegen des klar erkennbaren Senkrechten nicht möglich ist. Die hier vorgeschlagene Ergänzung orientiert sich an Nbn 356: 4 und 19.
Z.13′, 14′, 28′, 30′ F. Joannès liest jeweils ^{md}EN-*ēṭir* statt Nabû-ēṭir. Außer in Z. 3′ steht jedoch überall klar $^{d+}$AG, in Z. 13 etwas verdrückt. Ob in Z. 3′ dieselbe Person oder tatsächlich ein Bēl-ēṭir gemeint ist, muß dahingestellt bleiben, da der Kontext schwer beschädigt ist. Ein einmaliger Fehler wäre jedoch denkbar.
Z. 14′ F. Joannès liest É statt AMA und kommt daher wie F.E. Peiser zu völlig anderen inhaltlichen Aussagen.
Z. 21′ Für *idātu* s. CAD I/J 308, *s.v. ittu* A4.
Z. 25′ Der Schwur beim vergöttlichten Schreibgriffel *qan ṭuppi* (für einen Schreiber sehr angebracht) ist sonst m.W. nicht belegt.
Z. 32′ F. Joannès liest 0.2.3 gur; Z. 34′: 0.0.3 gur; Z. 37′: 0.2.3 gur, F.E. Peiser demgegenüber 30 qa bzw. 18 qa (= 1PI bzw. 3 bán).

Übersetzung

[... (Z. 5′) „^{f}Damqaja] und ^{f}Burāšu (Z. 6′) ge[nießen] (Z. 5′) den Ertrag des Feldes [...] und ^{f}Mammītu-silim, [die Sklavin (...)] (Z. 7′) meines Vaterhauses, dient ihnen. (Und) ich? [(...)] (Z. 8′) Mir händigen sie nichts aus!"

[Nergal-zēra-ibni], (Z. 9′) der Gouverneur von Kutha, und die Versammlung der Kuthäer (Z. 10′) hörten die Aussage des Nabû-kēšir an, und (Z. 12′) man brachte (Z. 11′) ^{f}Damqaja und ^{f}Burāšu vor sie. (Z. 12′) Und sie sprachen zu ihnen (d.h. den Frauen) folgendermaßen: „Warum (Z. 13′) habt ihr den Nabû-kēšir zum Nicht-Sohn des Nabû-ēṭir gemacht?"

(Z. 14′) Sie sprachen folgendermaßen: „Mit seiner Mutter ist er ins Haus des Nabû-ēṭir (Z. 15′) eingetreten."

Nabû-kēšir sprach folgendermaßen: „^{f}Burāšu, (Z. 16′) die Schwester meines Vaters, und Bēl-iddin, ihr Ehemann, haben eine Tochter (Z. 17′) (als Adoptivkind) angenommen und ihr eine Tafel ausstellen lassen. ^{f}Damqaja, (Z. 18′) die Mutter meines Vaters, sprach (damals) folgendermaßen: (Z. 19′) ‚Schreibt (Z. 18′) Nabû-kēšir, den Sohn meines Sohnes, (Z. 19′) als Zeugen (hinein)!' (Und) als Zeugen (Z. 20′) schrieben sie mich in diese Tafel (hinein)."

Der Gouverneur (Z. 21′) und die Versammlung der Kuthäer (Z. 22′) forschten nach (Z. 21′) einem Nachweis über *den Status* des Nabû-kēšir (Z. 22′) (als) Sohn des Nabû-ēṭir. Nergal-aḫa-iddin, den Sohn des Ibnaja (Z. 23′) aus der Familie Itinnu, den Schreiber, und Ṣillaja, den Sohn des Nergal-aḫa-iddin (Z. 24′) aus der Familie Sîn-karābī-išme, den Zeugen [der Tafel], (Z. 25′) ließen sie herbeibrigen, und einen Eid bei Šamaš und dem Schreibgriffel [(...)] (Z. 26′) ließen sie sie in der Versammlung schwören, und (zum) Beweis(?) [sprachen sie]: (Z. 27′) „Wenn wir nicht entsprechend den Worten der ᶠDamqaja, der Mutter des Vaters des Nabû-kēšir, (Z. 28′) ‚Nabû-kēšir, Sohn des Nergal-ēṭir aus der Familie Dābibī' als (Z. 29′) Zeugen in die Tafel geschrieben haben, (sollen wir verflucht sein.)"

(Dies) fanden sie heraus und (Z. 30′) Nabû-kēšir (Z. 31′) wurde (damit wieder) (Z. 30′) zu einem Sohn des Nabû-ēṭir aus der Familie Dābibī.

(Z. 31′) Nergal-zēra-ibni, der Gouverneur von Kutha, und die Versammlung (Z. 32′) der Kuthäer berieten, und von den 0.1.4 Kur (mit Dattelpalmen) bepflanzter Anbaufläche (Z. 33′) in der Flur Irra-dannu, davon (Z. 34′) übereigneten sie (Z. 33′) 0.0.5 Kur (d.h. die Hälfte) an ᶠBurāšu, (Z. 34′) die Tochter des Nergal-ušēzib, und 0.0.5 Kur [Anbaufläche] (Z. 35′) und (die Sklavin) ᶠMammītu-silim (Z. 36′) übereigneten sie (Z. 35′) an ᶠDamqaja, [die Mutter des Vaters] (Z. 36′) des Nabû-kēšir. Solange [ᶠDamqaja lebt], (Z. 37′) wird sie das Einkommen der 0.0.5 Kur Anbaufläche genießen und die Sk[lavin wird sie (als Herrin) respektieren. Irgendetwas] (Z. 38′) davon wird sie nicht für Silber verkaufen, [gegen Zins verpfänden], (Z. 39′) als Geschenk an irgendjemanden [verschenken (...) (Z. 40′) Wenn sie] zum Schicksal gegangen (= gestorben) sein wird, (Z. 41′) gehört (Z. 40′) [ihr Nachlaß (oder ein Teil davon?) dem Nabû-kēšir, (Z. 41′) dem Sohn] ihres Sohnes. [...] (Z. 42′) [...] in Stadt und Land [...]

Kommentar

Von dieser Prozeßurkunde sind Beginn und Schluß nicht erhalten, somit fehlen leider wichtige Informationen zum Hintergrund des Falles. Die Aussagen der Parteien, die Beweisfindung und der Beginn der richterlichen Entscheidung sind erhalten. Die Verhandlung fand vor dem Gouverneur (*šākin ṭēmi*) von Kutha und der Versammlung der Kuthäer statt. Auch wenn der Name des Gouverneurs bekannt ist, läßt sich die Urkunde dadurch nicht datieren, da die Abfolge der Amtsinhaber—anders als in Babylon—derzeit noch nicht rekonstruiert werden kann.

Das Gremium muß sich mit der Frage beschäftigen, ob ein gewisser Nabû-kēšir als Sohn des Nabû-ēṭir/Nergal-ušēzib/Dābibī gilt und damit erbberechtigt ist. Er hatte das Gericht bemüht, da die Mutter und die Schwester des Nabû-ēṭir ein Grundstück und einen Sklaven für sich reklamiert hatten (sicher aufgrund einer schriftlichen Verfügung des Erblassers) und ihm mit der Begründung, er sei kein Sohn des Nabû-ēṭir, jegliche Ansprüche verwehrten.

Entscheidend für das Verständnis unserer Urkunde ist die Aussage der beiden Frauen in Z. 14′, Nabû-kēšir sei mit seine(m/r) ... in das Haus des PN eingetreten, mit der sie ihr Argument begründen. F.E. Peiser und F. Joannès lesen den Personennamen als Šamaš- bzw. Bēl-ēṭir (letzterer ist in unklarem Zusammenhang in Z. 3′ wirklich genannt) und das fragliche Logogramm als É, also „Haus(gemeinschaft)" im weitesten Sinn. F.E. Peiser schließt daraus, Nabû-kēšir sei aus der Familie des Nabû-ēṭir in eine andere, nämlich die des Šamaš-ēṭir, übergegangen (und habe damit implizit auf das väterliche Erbe verzichtet), und es ginge bei dem Rechtsstreit um die Frage, ob diese Adoption irgendwann rückgängig gemacht worden sei. F. Joannès erklärt gar nichts, aber die Übersetzung „avec son propre patrimoine" zeigt, daß sich seine Interpretation an F. E. Peiser anlehnt.

Die Kollation der Tafel ergab, daß an allen Stellen, wo ein Personenname ...-ēṭir erscheint, (außer in Z. 3′ wo wegen des fehlenden Kontextes der Sinn ohnehin nicht erschlossen werden kann), Nabû-ēṭir zu lesen ist, und das fragliche Logogramm AMA „Mutter" lautet. Demnach geht es zwar um eine Adoption, aber um eine *in* die Familie des Nabû-ēṭir *hinein*. Nabû-kēšir ist also nicht dessen leiblicher Sohn, sondern seine Mutter hat ihn mitgebracht, als sie in das Haus des Nabû-ēṭir eintrat—was eine Heirat bedeuten kann, aber nicht muß. Nabû-kēšir ist somit der Ziehsohn des Nabû-ēṭir. Das Gericht muß nun klären, ob eine Adoption wirklich stattgefunden hat und Nabû-kēšir zum Erben eingesetzt worden ist: „nach einem Beweis für den Sohnesstatus des Nabû-kēšir (als) Sohn des Nabû-ēṭir aus der Familie Dābibī forschen", wie es in der Gerichtsurkunde Z. 21′ f. heißt.

Die Familienverhältnisse lassen sich folgendermaßen darstellen:

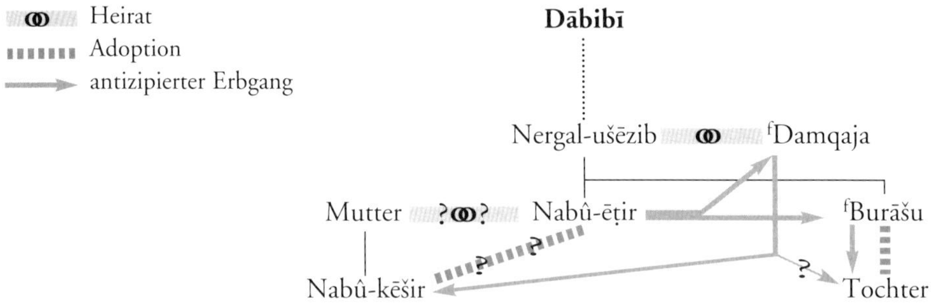

Nabû-kēšir kann offensichtlich keine Adoptionsurkunde beibringen. Er beruft sich jedoch auf ein Dokument, das die Schwester des Nabû-ēṭir hatte ausstellen lassen, als sie und ihr Mann eine Tochter adoptierten. Die Großmutter hatte damals geraten, den Ziehsohn des Nabû-ēṭir als Zeugen in das Dokument eintragen zu lassen, offensichtlich um zu verhindern, daß er die Ansprüche der adoptierten Tochter auf den Nachlaß ihrer Adoptiveltern vor Gericht anfechten konnte. Dabei sei er—ob zu Recht oder zu Unrecht, dies ist hier nicht zu klären und auch nicht von Belang—als Sohn des Nabû-ēṭir mit voller Filiation bezeichnet worden.

Diese Urkunde würde zunächst nur beweisen, daß die Großmutter ihn als Sohn des Nabû-ēṭir akzeptiert hatte, die Tatsache der Adoption selbst ginge daraus nicht hervor, und auch ein Erbabspruch wäre nicht direkt abzuleiten. Wenn die Großmutter ihn aber auf diese Weise als erbberechtigten Nachkommen anerkannt hat, dann kann dies als Argument dienen, um Forderungen gegen sie durchzusetzen.

Großmutter und Tante waren offenbar nicht in der Lage oder auch nicht willens, das fragliche Dokument selbst beizubringen, so daß man den Schreiber und einen der Zeugen auftreiben und vor Gericht bemühen mußte. Unter Eid erklärte der Schreiber, tatsächlich auf Anweisung der Großmutter den Namen mit entsprechender Filiation in die Tafel eingetragen zu haben.

Das Urteil, das nun ergeht, kann salomonisch genannt werden. Die Rechte von Großmutter und Tante werden bestätigt, vermutlich deshalb, weil es eine entsprechende schriftliche Verfügung des Erblassers zu ihren Gunsten gab oder es sich ohnehin um Mitgiftgut bzw. eine Kompensationsleistung für Mitgiftgüter handelte. Die Tante scheint auch keinerlei Beschränkungen ihres Verfügungsrechts hinnehmen zu müssen. Anders die Großmutter. Ihr wird der Nießbrauch am Vermögen garantiert, aber eine Veräußerung oder anderweitige Verfügung (nach babylonischer Terminologie verkaufen, verschenken, verpfänden) untersagt. Als Nacherbe wird nun Nabû-kēšir eingesetzt, möglicherweise muß er sich aber den Nachlaß mit jemandem teilen (vielleicht mit der adoptierten Tochter, falls diese Rechte durch die Urkunde erworben hat, in der er als Zeuge erscheint) — der Zustand der letzten erhaltenen Zeilen läßt keinen sicheren Schluß zu.

Nr. 45: Richterurkunde
Inventarnummer: BM 41663 + BM 41698 + BM 41905
(81–6–25,280 + 316 + 525) [eigene Joins]

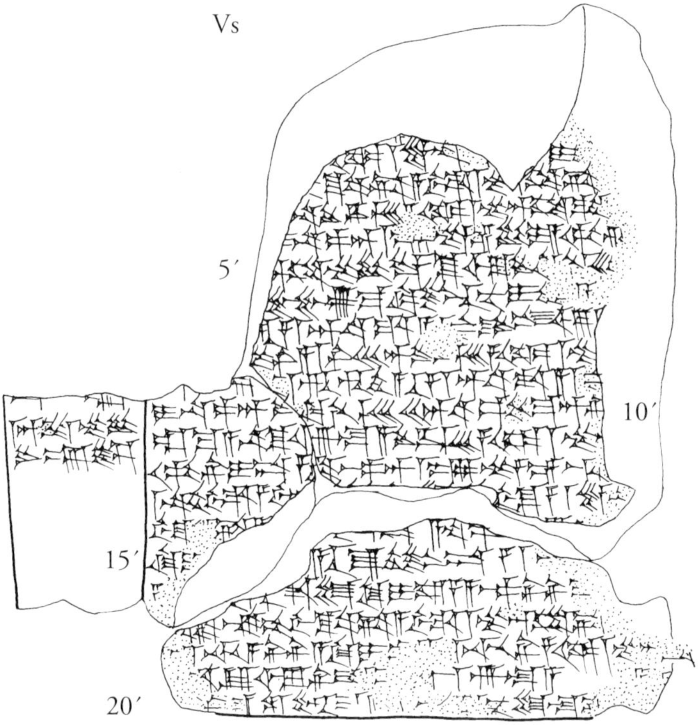

1′ [...] eli(UGU) ^{m}Iddin$_{2}$-[^{d}Marduk] i-⸢x⸣-[...]
2′ [...] ⸢^{f}⸣Ku-ut-ta-a alti ^{m}Iddin-⸢^{d}⸣Marduk ta-[...]
3′ [... a]-na ^{lú}rāšê^{meš} šá eli ^{m}Iddin-^{d}Marduk id-[din-nu]
4′ [...]⸢i⸣-na pa-an ^{md}Nabû-šuma-iškun^{un} aḫī-ia ul ⸢x⸣[...]
5′ [... ^{m}]^{d}Marduk-šuma-uṣur ^{lú}šākin ṭēmi ù ^{lú}⸢dajjānē⸣^{meš} [...]
6′ [... id]-bu-bu-ú-ma di-in-šú-nu i-⸢mur$^{?}$-ru$^{?}$⸣ [(...)]
7′ [^{m}Ri-mut mār]-šú šá ^{md}Šamaš-lē᾿i$_{2}$ mār$_{2}$ ^{m}Ár-rab-tu$_{4}$ ù ^{m}[Ṣil-la-a mār-šú šá]
8′ [^{md}...]-šuma-ibni mār$_{2}$ ^{m}Eppeš^{eš}-ilī ^{lú}⸢rāšû⸣^{meš} šá eli ^{m}Iddin-[^{d}Marduk]
9′ [i-ša]-⸢lu-ma⸣ ^{m}Ri-mut mār$_{2}$-šú šá ^{md}Šamaš-lē᾿i$_{2}$ mār$_{2}$ ^{m}⸢Ár⸣-[rab-tu$_{4}$]
10′ i-na pa-an ^{lú}dajjānē^{meš} niš ^{d}Šamaš iz-kur-ma an-n[i-tu iq-bi]
11′ um-ma a-na-ku u ^{m}Ṣil-la-a ^{lú}rāšû^{meš} šá eli ^{m}Iddin-[^{d}Marduk]
12′ ul ni-i-du šá ⸢kaspu⸣ ina pa-an ^{md}Nabû-šuma-iškun^{un} paq-[du (...)]
13′ ^{m}Na-din mutu(DAM) šá ⸢^{f}I⸣-[lat x x x x] aḫāti šá ^{m}Idd[in$_{2}$-^{d}Marduk ù]
14′ ^{f}Ku-[ut]-ta ⸢a⸣ [alti ^{m}Iddin-^{d}Marduk] a-na ⸢pa⸣-a[n ...]
15′ ki-⸢i⸣ [i-bu-ku-na]-a-šú ^{kuš}ḫi-in-du šá ^{m}⸢Iddin⸣-[^{d}Marduk]
16′ šá [i-na pa-ni]-⸢šú paq⸣-da-tu ki-i iš-šá-a ina pa-ni-ni ⸢i⸣-[...]
17′ [x ma-n]a ⸢kaspu⸣ ina lìb-bi ^{f}Ku-ut-ta-a alti ^{m}Iddin-^{d}Marduk ta-[x x]

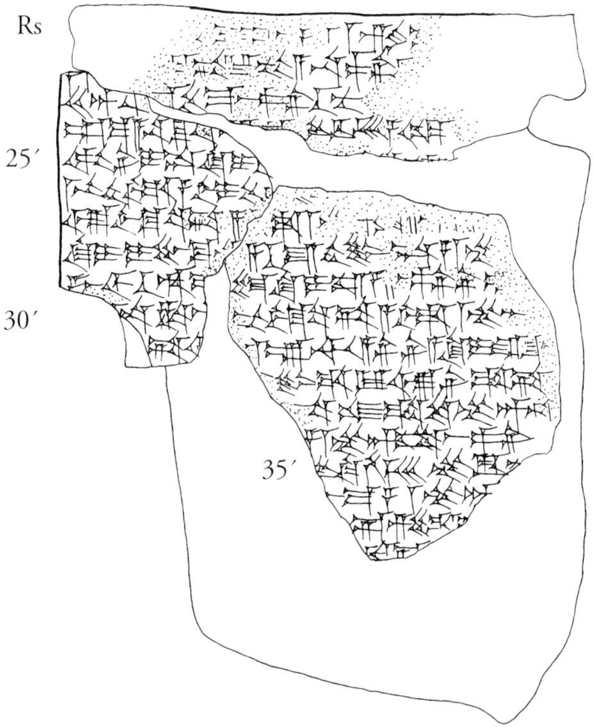

18′ [*ù*] ⸢*šit*⸣-*ti a-ni-ni a-ki-i* ⸢*ra-šu*⸣-*ti-ni šá eli* ^{m}*Iddin*-[^{d}*Marduk*]
19′ [*ni-in*]-⸢*da*⸣-*ṭu ù ni*-⸢*it-ta-ši*⸣ ^{m}*Ṣil-la-a* ((leer)) ⸢*mār-šú šá*⸣
20′ [^{md}…-*šuma*]-⸢*ibni*⸣ *ma-ru-uṣ-ma* ⸢*a-na mu-kin*⸣-*nu-tu la* ⸢x⸣-[x x x]
Rs 21′ [ ] ⸢x x x x⸣ ^{m}*Gi-m*[*il*-^{d}*Gu-la mār*$_2$-*šú*]
22′ ⸢*šá* ^{m}⸣[*Itti-É-sa*]*g-íl*-⸢*zēri*⸣ *a-na pa-ni-š*[*ú-nu* …]
23′ *niš* ^{d}*Šamaš* ⸢*iz-kur-ma*⸣ *ina pa-ni-šú-nu* [… *iq-bi*]
24′ *um-ma a-na-ku* ⸢*u* ^{m}*Ri*$^{?}$-*mut*$^{?}$⸣ ^{lú}*rāšû*^{meš} *šá eli* [^{m}*Iddin*-^{d}*Marduk*]
25′ *ul ni-i-du ki-i k*[*aspu* …]
26′ ^{m}*Na-din mutu*(DAM) *šá* ^{f}*I-lat* […]
27′ *ù* ^{f}*Ku-ut-t*[*a*]-*a* ⸢*alti* ^{m}*Iddin*-^{d}*Marduk a-na*⸣ [*pa-an* …]
28′ *ki-i i-bu-ku-na-a-šú* ^{kuš}*ḫi-in-du šá* ^{m}*Iddin*-[^{d}*Marduk*]
29′ *šá ina pānī-šú paq-d*[*a*]-*tu ki-i iš-šá-a ina pa-ni-ni* ⸢x⸣[…]
30′ [x *ma*]-*na kaspu ina* [*lìb*]-*bi* ^{f}*Ku-ut-ta-a alti* ^{m}*Iddin*-⸢^{d}⸣[*Marduk*]
31′ [x x] *ta* ⸢x⸣[*ù*] *šit-ti an-ni-ni a-ki-i ra*-⸢*šu*⸣-[*ti-ni*]
32′ [*šá eli* ^{m}*Iddin*-^{d}*Marduk n*]*i-in-da-ṭu ù ni-it-ta*-[*ši* …]
33′ […]⸢x⸣-*ut-tu*$_4$ *it-te-mu an*-⸢x⸣[…]
34′ […] *šá* ^{m}*Iddin*-^{d}*Marduk ina pa-ni* […]
35′ […] ^{lú}*dajjānē*^{meš} *mu-kin-nu*-[*nu-ti* …]
36′ [… *mi*]*m-ma šá* ^{m}*Iddin*-^{d}[*Marduk* …]
37′ […] *É-zi-da* […]

Der Rest des Textes ist nicht erhalten

lRd ⸢^{na_4}*kunuk*⸣ || ^{md}*Marduk-šuma-uṣur* || ^{lú}*ṭupšarru* (ohne Siegel)

Es handelt sich um eine ungesiegelte Abschrift eines gesiegelten Originals. Der Diskussion mit M. Jursa verdanke ich wichtige Anregungen zur Interpretation dieser Urkunde.

Z. 1′–4′ Die Zeilen fassen offenbar den Inhalt von Z. 11′–19′ und 24′–32′ zusammen.

Z. 1′ Am Ende *i-ʾ-*[...] von *eʾēlu*?

Z. 4′ Man würde etwas wie *ul paqdu* oder *ul* (*n*)*īdu* erwarten, die Spuren passen aber nicht.

Z. 5′ Marduk-šuma-uṣur ist auch in BM 59069: 7′ als Gouverneur von Babylon belegt, (A.C.V.M. Bongenaar, *Ebabbar*, S. 9), aber auch dort läßt sich das Datum nicht bestimmen. Man beachte, daß sich auf dem linken Rand eine Siegelbeischrift befindet, die einen Marduk-šuma-uṣur als Schreiber ausweist. Wenn keine zufällige Namensgleichheit vorliegt, dann könnte sich um einen Fehler des Abschreibers handeln. Die Richter könnten als „Richter des Königs" (bzw. eines namentlich genannten Königs) bezeichnet sein (vgl. C. Wunsch, *Fs Oelsner*, zu den Richtern des Neriglissar und Nabonid). Entweder die Parteien haben den Fall vor (*ina maḫar*, Anf. Z. 5′ zu ergänzen) den Beamten ausgebreitet, oder sie haben sich an diese gewandt (*ana* (*maḫar*) ... *ikšudū*) etc.

Z. 6′ Die Ergänzung am Ende ist tentativ, aber die erhaltenen Zeichenspuren würden zu keinem anderen Verb, das für „(einen Rechtsfall) anhören/prüfen/entscheiden" gebräuchlich ist, passen; *šemû*, *parāsu* und *dânu* scheiden in jedem Falle aus.

Z. 11′ Rīmūt und Ṣillaja sind in Z. 7′f. eindeutig als Gläubiger des Iddin-Marduk ausgewiesen. Rīmūts Aussage hier muß also entweder bedeuten, daß ihm und Ṣillaja keine weiteren Gläubiger (mit konkurrierenden Rechten auf das Depositum) bekannt sind, oder er will sagen, daß sie nicht wußten, daß es überhaupt ein Depositum gab.

Z. 13′ Nach dem Namen sind mindestens vier Zeichen weggebrochen (winzige Spuren der Köpfe sind erkennbar). Entweder es folgt ein weiterer Frauenname (das wäre dann die Schwester des Iddin-Marduk), oder ^{f}Ilat ist nicht die Schwester, sondern die Tochter der Schwester o.ä., oder der Name ist um einiges länger.

Z. 14′ Am Ende ist ein Name zu ergänzen, entweder der des Depositars Nabû-šuma-iškun, oder der seines Bruders. Letzeres ist wahrscheinlicher, da der Bruder in Z. 4′ aussagt, von irgend etwas (wohl dem Depositum) nichts gewußt zu haben. Dies läßt vermuten, daß er in Vertretung seines Bruders handelt, sei der nun abwesend oder tot.

Z. 16′/29′ Das Verb am Ende sollte „öffnen" bedeuten (*paṭāru* oder *petû*), die Spuren passen aber nicht.

Z. 17′/31′ Als Verb ist eine Form von *našû*, *leqû* o.ä. zu erwarten.

Z. 19′/32′ *maṭû* „(zu) gering sein/werden", „Mangel leiden" muß sich hier darauf beziehen, daß die Forderung der Gläubiger nicht in voller Höhe befriedigt werden kann. M. Jursa schlägt mir vor, dies als Hendiadyoin mit *našû* im Sinne von „eine Teilzahlung akzeptieren" zu verstehen.

Z. 20′ Für eine Verbform mit Wurzel *?rs/ṣ* wäre an *parāsu*, *parāṣu* und *marāṣu* zu denken. Kranksein und nicht als Zeuge erscheinen zu können ergäbe zumindest Sinn. Dann würde man am Ende etwas wie *kânu* D, (*w*)*ašābu* G oder Š, *alāku*, *elû* Š o.ä. erwarten. Die Verneinung erfolgt wohl mit *lā*.

Z. 21′ Statt zu *Gi-m*[*il-*... zu ergänzen, wäre auch an das Logogramm GI für *šalāmu* zu denken. Die Ergänzung des Namens basiert auf Nbk 164: 6, allerdings unter der Voraussetzung, daß die im Kommentar vermutete Verbindung zu dieser Transaktion tatsächlich besteht. Am Ende ist wesentlich mehr Platz, als zur Ergänzung von *iq-bi* nötig wäre. Vielleicht hat er die Aussage des Ṣillaja wiederholt (*šalamāt* ^{m}*Ṣillaja* (*iqbûšu*) *ušanni*) o.ä.?

Z. 24′ Wegen *nīdi* muß noch eine zweite Person folgen, und es ist nur wenig Platz. Keinesfalls ist etwas wie ŠEŠ-*ia* zu lesen, da der Senkrechte klar erkennbar ist. Die Zeichenspuren könnten zu ^{m}*Ri-mut* passen (drei Köpfe und zwei Köpfe sind oben zu erkennen), wenn Gimillu wirklich in Ṣillajas Auftrag und aus dessen Sicht Rīmūts Aussage wortwörtlich zitieren sollte.

Z. 25′ Das letzte erhaltene Zeichen könnte zu KÙ.BABBAR ergänzt werden. Man hat gegenüber Z. 12′ etwas anders formuliert und geschrieben, aber wohl dasselbe ausdrücken wollen.

Übersetzung

[... zu] Lasten von Iddin-Marduk [...], (Z. 2′) [...] ^{f}Kuttaja, die Ehefrau des Iddin-Marduk, ge[nomm]en(?) hat (Z. 3′) [und ... an] die Gläubiger des Iddin-Marduk ge[geben] wurde: (Z. 4′) „... bei Nabû-šuma-iškun, meinem Bruder, nicht ... [...] (Z. 5′) [Vor] Marduk-šuma-uṣur, dem Gouverneur (von Babylon), und den Richtern [des Königs] (Z. 6′) [trugen sie] ihre Angelegenheit vor, und ihre Rechtssache prüften(?) sie (die Richter).

(Z. 7′) [Rīmūt], den Sohn des Šamaš-lēʾi aus der Familie Arrabtu, und [Ṣillaja, den Sohn des] (Z. 8′) [...]-šuma-ibni aus der Familie Eppeš-ilī, die Gläubiger, die (Forderungen) zu Lasten von Iddin-Marduk (hatten), (Z. 9′) [befragten sie, und] Rīmūt, der Sohn des Šamaš-lēʾi aus der Familie Arrabtu, (Z. 10′) schwor vor den Richtern einen Eid bei Šamaš und [sprach] (Z. 11′) folgendermaßen: „Ich und Ṣillaja, (wir) sind Gläubiger, die (Forderungen) zu Lasten von Iddin-Marduk (hatten). (Z. 12′) Daß Silber bei Nabû-šuma-iškun depo[niert worden war], wußten wir nicht. (Z. 13′) Als Nādin, der Ehemann der ^{f}Ilat, [...], der Schwester des Iddin-[Marduk, und] (Z. 14′) ^{f}Kuttaja, [die Ehefrau des Iddin-Marduk] uns [zu ...] (Z. 15′) führten, hat er den Beutel (mit dem Depositum) des [Iddin-Marduk], (Z. 16′) das [ihm] anvertraut war, als er ihn holte, vor uns [geöffnet(?)]. (Z. 17′) [x] Minen Silber davon hat ^{f}Kuttaja, die Ehefrau des Iddin-Marduk, ge[nommen/bekommen] (Z. 18′) [und] den Restbetrag entsprechend dem Guthaben, das zu Lasten des Iddin-Marduk (bestand), (Z. 19′) haben wir (zwar) zu wenig bekommen, aber (trotzdem) an uns genommen."

Ṣillaja, der Sohn (Z. 20′) [des ...-šuma]-ibni, war krank und als Zeuge ist er nicht [*erschienen*].

(Z. 21′) [*An seiner Stelle* hat er] Gi[mil-Gula, den Sohn] (Z. 22′) des [Itti-Esa]gil-zēri vor sie [*geschickt*, und] (Z. 23′) einen Eid bei Šamaš schwor er, und vor ihnen [sagte er aus, *was Ṣillaja ihm gesagt hatte*], (Z. 24′) folgendermaßen: „Ich und Rīmūt, (wir) sind die Gläubiger, die (Forderungen) zu Lasten von [Iddin-Marduk (hatten). (Z. 25′) Daß [...]

(Es folgt eine Wiederholung des Textes von Z. 13′ bis 19′ ohne erkennbare Varianten)

(Z. 33′) [...] haben geschworen [...], (Z. 34′) [...] irgend etwas, das Iddin-[Marduk (gehört), haben] wir [nicht. ...] (Z. 35′) [...] Die Richter [hörten] das Zeug[nis ...] (Z. 36′) [...] irgend etwas, das Iddin-[Marduk (gehört)...]

Rest des Urkundentextes, Richterliste, Ausstellungsort und Datum weggebrochen

Kommentar

Der Inhalt der vorliegenden Urkunde kann trotz der Beschädigungen zumindest teilweise rekonstruiert werden. Es geht um ein Depositum (*terminus technicus*: ^{kuš}*ḫindu* „Lederbeutel"), das—wahrscheinlich nach dem Verkauf eines Hauses oder Grundstücks—hinterlegt worden ist, um eventuell vorhandene Gläubiger auszahlen zu können. Diese Vorsichtsmaßnahme empfiehlt sich, wenn der Käufer Pfandrechte Dritter am Objekt vermutet, insbesondere, wenn der bisherige Eigentümer verstorben ist und keine Klarheit besteht, ob er zu seinen Lebzeiten das Haus als Pfand für irgendwelche Forderungen benutzt hat. Der Kaufpreis (oder ein Teil davon) wird dann nicht direkt an den Verkäufer ausgezahlt, sondern geraume Zeit bei einem Dritten unter Verschluß gehalten, um etwaigen Gläubigern Zeit zu geben, ihre Forderungen anzumelden. Wenn die Ansprüche geklärt sind, wird mit richterlicher Billigung das Depositum zurückgegeben.

In der Urkundengruppe TCL 12 120 und Nbn 1047f. ist ein solcher Vorgang beschrieben: Bei dem Richter Nabû-aḫḫē-iddin aus der Familie Egibi waren mehr als 11 Minen Silber aus einem Hauskauf deponiert worden, die sein Sohn nach über vier Jahren, als auch nach Befragen von verschiedenen Beamten kein Gläubiger ausfindig gemacht werden konnte, mit richterlicher Unbedenklichkeitserklärung schließlich herausgab.

Der vorliegende Fall muß ähnlich verlaufen sein: Noch zu Lebzeiten oder nach dem Tod des Iddin-Marduk war ein hoher Betrag bei Nabû-šuma-iškun (in Z. 4′ genannt) deponiert worden, um dessen Herausgabe es nun geht. Zwei Gläubiger, Rīmūt und Ṣillaja, haben erst nachträglich von der Existenz des Depositums erfahren. Auch die Ehefrau ᶠKuttaja muß Ansprüche auf einen Teil des Geldes gestellt haben, auf welcher Grundlage, ist nicht ersichtlich. Die Parteien begeben sich gemeinsam mit weiteren Verwandten des Iddin-Marduk zum Depositar bzw. dessen Bruder. Laut Z. 4′ hat der Bruder vom Depositum wohl auch nichts gewußt, offenbar handelt er nun anstelle seines abwesenden oder schon verstorbenen Bruders. Der Lederbeutel wird geöffnet und Beträge an die Witwe und die Gläubiger ausgezahlt. Die Gläubiger erhalten ihre Forderung nicht in voller Höhe zurück, aber sie scheinen dies zu akzeptieren, da der Nachlaß nicht mehr hergibt und sie die Ansprüche der Witwe (die vielleicht in gleichem Maße reduziert worden sind) offenbar als legitim anerkennen, indem sie ihr den Vortritt lassen. Jedenfalls gewinnt man nicht den Eindruck, daß sie eine Klage gegen die Ehefrau richten. Soviel ist den in der Urkunde zitierten Aussagen zu entnehmen.

Die Beteiligten haben sich wahrscheinlich vor Gericht begeben, um sich die korrekte Abwicklung der Angelegenheit offiziell bescheinigen zu lassen und wohl auch, um einen gegenseitigen Klageverzicht zu dokumentieren. Die Richter haben sich den Vorgang aus der Perspektive verschiedener Beteiligter schildern lassen und sie scheinen deren Zeugnis nicht in Zweifel zu ziehen. Nachdem der Bruder des Depositars zu Worte gekommen war, folgt die Aussage des Rīmūt. Ṣillaja, der zweite Gläubiger, hätte diese wiederholen und bestätigen sollen, da er aber (wenn der Text am beschädigten unteren Rand der Urkunde so richtig interpretiert ist) durch Krankheit am Kommen gehindert war, scheint er einen Vertreter geschickt zu haben, der in seinem Namen die Aussage macht. Danach schwören weitere Personen (vielleicht Iddin-Marduks Verwandte oder die Angehörigen des Depositars), vom Vermögen des Iddin-Marduk wirklich nichts zurückbehalten zu haben. Sie bestätigen damit, daß der Nachlaß nun völlig erschöpft ist und den Gläubigern nichts vorenthalten wird.

Nachdem berichtet wird, daß die Richter die Aussagen zur Kenntnis genommen haben, bricht der Text ab. Die Entscheidung ist nicht überliefert. Wenn sich die Parteien im wesentlichen einig sind und ihre Vereinbarung gängigem Recht nicht widerspricht, kann man eine Bestätigung des ausgehandelten Kompromisses erwarten. Im vorliegenden Falle ist keine Beurteilung möglich, aber die erhaltenen Floskeln deuten eher auf Konsens als Kontroverse hin.

Das Datum der Urkunde ist nicht erhalten und kann auch nicht über die beteiligten Beamten eingegrenzt werden, weil die Namen der Richter nicht erhalten sind und sich die Amtszeit des erwähnten Gouverneurs von Babylon vorläufig nicht bestimmen läßt. Nur Kontextbelege könnten weiterhelfen. Alle Bruchstücke, aus denen die Tafel gejoint wurde, stammen aus dem Ankauf 81–6–25, der Egibi-Texte in hoher Konzentration enthält. Somit ist eine Verbindung zum Egibi-Archiv und Babylon als Herkunftsort zu vermuten. Allerdings muß man sich mit äußerst vagen Indizien zufrieden geben.

In Z. 13′ und 26′ wird eine Verwandte ᶠIlat genannt, deren Name nicht allzu häufig vorkommt. Ein Beleg (Ngl 34) stammt aus dem Egibi-Archiv: Eine gewisse ᶠIlat, die Tochter des Nabû-ēṭir, tritt im Jahre 2 Ngl nachträglich als Zeugin einem Hauskaufvertrag bei und verzichtet damit auf jegliche Ansprüche. Nabû-aḫḫē-iddin aus der Familie Egibi hat das Haus von einer Erbengemeinschaft erworben: von Lâbāši und Kalbaja, den Söhnen des Marduk-zēra-ibni, und von Gimil-Gula und seinen Brüdern, den Söhnen des Zērija. Die Ahnherrennamen werden in diesem Text nicht genannt. Einem 21 Jahre älteren Dokument zufolge, dem Kaufvertrag Nbk 164, hatte Nabû-aḫḫē-iddin ein Haus in Babylon von Marduk-šāpik-zēri, dem Sohn des Marduk-zēra-ibni aus der Familie Šangû-Ninurta, gekauft; als einer der Nachbarn ist Gimillu, der Sohn des Itti-Esagil-zēri aus der Familie Šangû-Ea, genannt. Es ist nicht völlig abwegig, zwischen beiden Urkunden eine Verbindung herzustellen, auch wenn in Ngl 34 die Filiationen unvollständig und die Namen abgekürzt sind; die Kombination ist zumindest auffällig und die Zahl vergleichbarer Transaktionen gering. Nabû-aḫḫē-iddin könnte beispielsweise zunächst nur den Erbteil eines der Brüder am Haus erworben haben, später dann die der übrigen Brüder und das Nachbargrundstück. Allerdings ist der Ngl 34 zugrunde liegende Kaufvertrag nicht überliefert bzw. bislang nicht identifiziert.

ᶠIlat muß in irgendeiner Form mit den Brüdern aus der Familie Šangû-Ninurta[1] oder Šangû-Ea (oder beiden) verwandt gewesen sein, denn sonst wären Klagen ihrerseits kaum zu befürchten und Ngl 34 hätte nicht ausgestellt werden müssen. Wenn im vorliegenden Dokument eine Frau ᶠIlat neben Gimil[...], dem Sohn des [...]sagil-zēri genannt ist, so legt dies eine Ergänzung des Namens nach Ngl 34 und Nbk 164 nahe. ᶠIlat war eine Verwandte des Iddin-Marduk, wohl die Schwester. Nachbarschaftliche oder gar familiäre Nähe zu Gimil-Gula vorausgesetzt, läßt die Urkunde ahnen, daß auch Nabû-aḫḫē-iddin aus der Familie Egibi bei diesem Depositum seine Hände im Spiel gehabt haben könnte. Möglicherweise war er es sogar, der Iddin-Marduk ein Haus oder Grundstück abgekauft hat. Dies muß jedoch Spekulation bleiben, solange das entscheidende Beweisstück — der Kaufvertrag — fehlt.

Wenn die Protagonisten wirklich mit denen in Ngl 34 und Nbk 164 identisch sind, dann kann das vorliegende Dokument zumindest grob datiert werden: Die zweite Hälfte von Nebukadnezars Regierung bis hin zur ersten Hälfte von Nabonids Regierungszeit käme in Betracht. Wenn der Vorgang direkt oder indirekt mit Ngl 34 zu tun hat, dann spräche dies gegen Nebukadnezar.

Ungeachtet der Frage nach dem Archivkontext ist der Urkunde indirekt etwas über die Familienverhältnisse von Iddin-Marduk und ᶠKuttaja zu entnehmen: Ein Sohn wird nicht erwähnt (d.h. es gibt keinen erwachsenen männlichen Erben, der sich um die Bezahlung von Iddin-Marduks Schulden kümmert), auch ein Bruder als Vertreter der Seitenverwandten tritt nicht auf, sondern die Schwester und deren Ehemann (oder Schwiegersohn). Der Nachlaß des Iddin-Marduk deckte seine Schulden auch dann nicht vollständig, als das Vermögensobjekt, um dessen Kaufpreis es hier geht, veräußert worden war. Dennoch greifen die Gläubiger nicht auf das gesamte deponierte Silber zu, sondern gestehen offenbar — wenn man den nüchternen Worten und der Art der Formulierung trauen kann — der

1 Dieser Familienzweig hat keine erkennbare Verbindung zu jenem, der die als „Šangû-Ninurta-Archiv" bezeichneten Urkunden (s. den Kommentar zu Nr. 4, Anm. 1f.) hinterlassen hat.

Witwe einen Teilbetrag zu. Dies ist bemerkenswert, weil wir daraus schließen müßten, daß Rechte der Witwe auf Teile des Nachlasses ihres Ehemanns, sei es aufgrund einer Vermögensübertragung oder einer durch Pfand gesicherten Forderung,[2] den Rechten der Gläubiger mindestens ebenbürtig sind.[3] Nun sind im vorliegenden Fall wegen der Beschädigungen der Tafel einige Schlußfolgerungen auf zugegebenermaßen wackligen Prämissen gebaut.

2 Neben Vermögensübertragungen zur Sicherstellung der Mitgift können auch normale Verpfändungen an die Ehefrau (vielleicht als erste Sicherungsmaßnahme, bevor eine Vermögensübertragung in die Wege geleitet wird) vorkommen, z.B. BM 46962 (aus dem Šangû-Ninurta-Archiv): 3 *mana kaspu nudunnû ša* PNf PN *mutu ša* PNf *ina qātē* PN2 (Vater der PNf) *maḫir; bītu* … *ša* PN *maškanu ša* PNf *kūm kaspi a'* 3 *manê* „3 m Silber, die Mitgift der PNf, hat PN von PN2 erhalten. Das Haus … des PN ist Pfand der PNf für diese 3 m Silber."

3 Beim sogenannten „Bankrott des Nabû-aplu-iddin", als der Wert eines verpfändeten Hauses die Forderungen der Gläubiger nicht deckte, erhielten diese nur die Hälfte des nominellen Betrags ausgezahlt, G. van Driel, JEOL 29 (1985–86), S. 59–62 (vgl. auch den Kommentar zur folgenden Nummer unter EvM 16, 19, 22 und BM 32853, eine Neubearbeitung dieser Urkunden durch Verf. ist in Vorbereitung).

Nr. 46: Prozeßurkunde
Inventarnummer: BM 77432 + 77647 (84–2–11,172 + 390, eigener Join) und von I. L. Finkel angejointe unnumerierte Fragmente
Bearbeitung: F. E. Peiser, BRL 2 (1891), S. 73 (T+Ü, nur BM 77432)

1′ *i[d-…]*
2′ *ú-ba-[…]*
3′ *la bu-[…]*
4′ *a-na* 6 *[ma-na …]*
5′ *la-am* ⸢x⸣[…]
6′ *ár-ki* ^{md}*[Nabû-…]*
7′ *ši-na*$^{!}$*-ti* […]
8′ *a-na* ^{md}*N[ergal-iddin …]*
9′ *šá* ^{md}*É-*⸢*a*⸣*-[lu-mur …]*
10′ *šá bītī-šú ma[š-ka-nu …]*
11′ *ina bīt makkūri* […]
12′ *iṣ-ba-tan-na* […]
13′ *iq-bi-ma* ^{i}[^{m} …]
14′ *u ina la ú-šu-u[z- …]*
15′ ^{md}*Nabû-ú-šeb-ši id-din* ^{l}[$^{ú?}$ …]
16′ *bītu šu-a-ta ú-maš-ši-ir-ma* ⸢x⸣ […]
17′ *i-na-an-na kaspu šá* ^{md}*Nabû-ú-šeb-ši a-na* ^{md}*Nergal-iddin id-d[i-nu* x x (x)]
18′ ^{f}*Ba-ba-a a-na bītī-ia la tu-še-rib-an-ni* ^{lú}*sukkallu u* ^{lú}*dajjānū*$^{⸢meš⸣}$
19′ *a-mat* ^{md}*Ea-lu-mur iš-mu-ma* ^{md}*Nabû-ú-šeb-ši i-bu-ku-nim-ma ni-iš* ^{d}*Šamaš*
20′ *ú-šá-az-ki-ru-šú u i-šá-lu-šú-ma iq-bi um-ma* ^{md}*Nabû-ēṭir*^{ir} *aḫu-ú-a*
21′ *ul-tu ṣēri il-tap-ra um-ma* 5½ *ma-na kaspu a-na* ^{md}*Nergal-iddin* ^{lú}*rāšû*^{ú}
22′ *šá* ^{md}*Ea-lu-mur i-din-ma* ^{md}*Ea-lu-mur u mārā-šú ṣa-bat-ma* ^{im}*ṭuppi a-pil-ti*
23′ *šá bītī-šú ina qātē*^{II}*-šú ku-nu-uk* 5½ *ma-na kaspu šá ram-ni-ia a-na* ^{md}*Nergal-iddin*
24′ *at-ta-din* ^{md}*É-a-lu-mur mārā-šú u alti-šú ki-i a-bu-ku ina bīt makkūri*
25′ *šá* ^{md}*Da-ad-di-ia aṣ-ṣa-bat u a-na* ^{m}*Ina-qí-bi-*^{d}*Bēl ki-i aq-bu-ú*

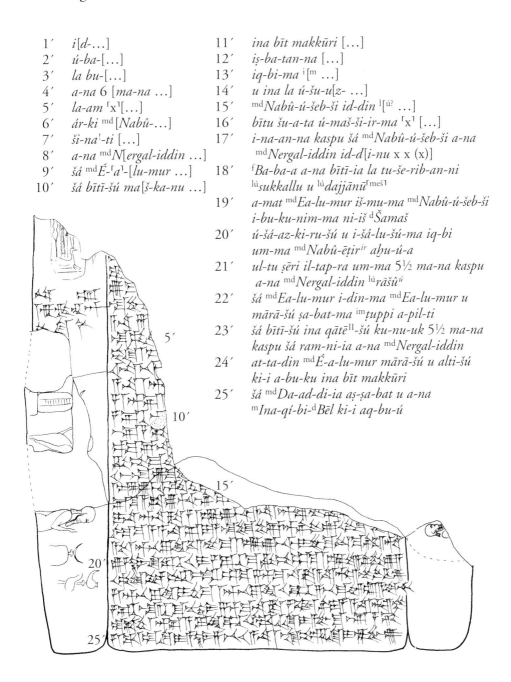

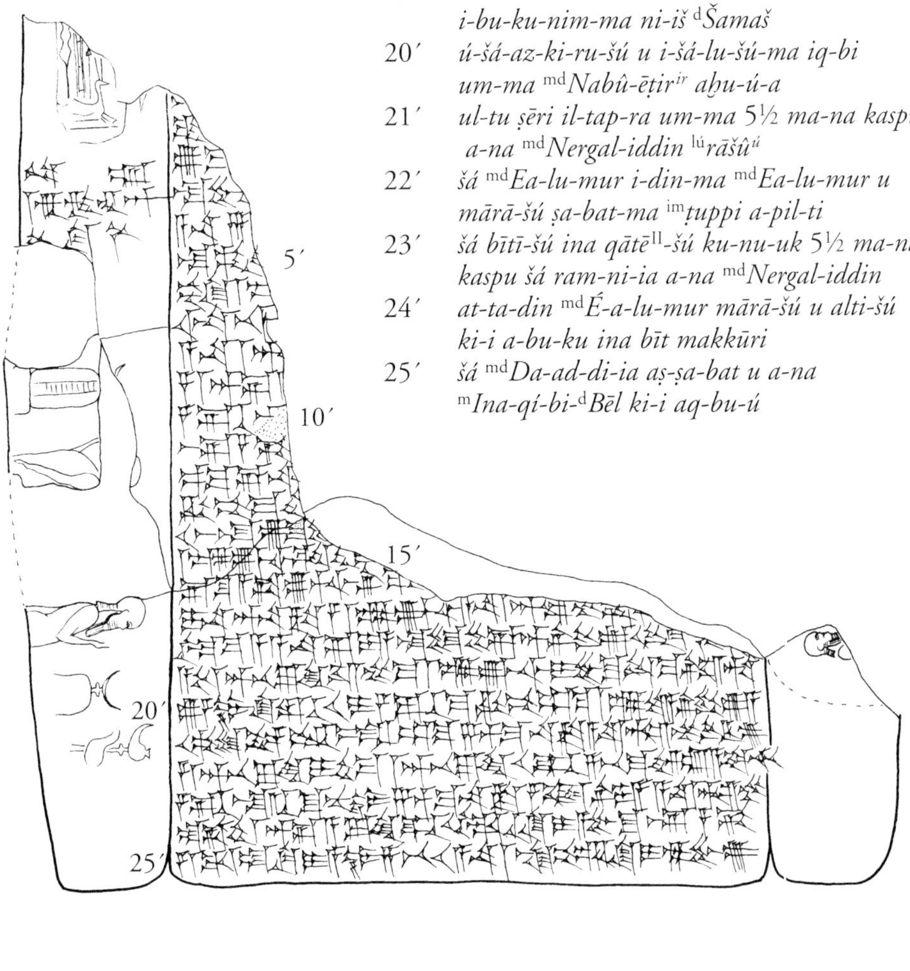

Rs 26′ ^{lú}*ṭupšarru it-ti-ia ki-i iš-pu-ru ina ṣib-t*[*e*$^{?}$*-e-ti* ^{md}*Ea-lu-mur*]
27′ *u mārū-šú* ^{im}*ṭuppu ki-i ik-nu-ku it-tan-nu* ⌜*ki*⌝-[*i* …]
28′ *a-di la* ^{im}*ṭuppu ik-kan-na-ka u ár-ki šá* ^{im}[*ṭuppi* …]
29′ *tu-paq-qer-an-ni ul áš-me u kaspu ki-i taš-šá-a* […]
30′ *ul am-ḫur-šú* ^{m}*Ina-qí-bi-*^{d}*Bēl kaspu šá* ^{f}*Qu-*[*da-šú* …]
31′ *ki-i im-ḫu-ru-šú ina pān* ^{md}*Nabû-šuma-ibni mār*$_2$ ^{m}⌜x⌝ […]
32′ *ár-ki* ^{m}*Mu-še-zib-*^{d}*Bēl* ^{lú}*šākin ṭēm Bābili*^{ki} ⌜x⌝[…]
33′ *ki-i iš-šá-a a-na* ^{md}*Ea-lu-mur ki-i* […]
34′ ⌜*altī*⌝*-šú it-ta-din* ^{f}*Qu-da-šú kaspu a-*[…]
35′ [x x]^{meš} *u ri-ka-si ki-i ú-ti*[*r-ri* …]
36′ [x x x x x] ⌜x⌝ *u* ^{f}*Qu-da-šú a*[*k*$^{?}$-…]
37′ [x x x x x x] ^{md}*Bēl-aba-uṣur* ⌜*kaspu*$^{?}$⌝ […]
38′ nur Spuren, Anschluß an BM 77647: Rs 1″ […]

Rs 2″ *mu-kin-nu-ut-su* [x x] ⌜*ú*⌝ […]
3″ *šá ra-am-ni-šú a-na šīmi* […]
4″ *šá* ^{md}*Nabû-ēṭir*^{ir} *aḫī-šú ik-*⌜x⌝ […]
5″ *ina lìb-bi ia-a-nu u* ⌜É$^{?}$⌝ […]
6″ ⌜*a-na ṣe*⌝*-bu-ti-šú ik-*[…]
7″ [^{md}*É*]*-a-lu-mur i*[*š-*…]
8″ [x x] ^{md}*Nabû-ušabši*^{ši} […]
9″ ⌜*ki-i*⌝ ^{im}*ṭuppi š*[*u-a-ti* …]
10″ *la ina bītī-šú ki-*[…]
11″ *ri-ka-si-šú* […]
12″ *ina šanat* 34[.kam …]
13″ *i-mu-ru* […]
14″ *lu pa-ni* ⌜x⌝ […]

15″ *i-na* […] (Einleitungsformel)

lRd oben: Siegel des Sukkallu Nabû mukīn-apli (Beischrift weggebrochen)
lRd Mitte: ^{na4}*kunuk* || ^{m}*Ri-mut-bēl-ilī* || ^{lú}*dajjānu* (mit Siegel)
lRd unten: Siegel des Marduk-šākin-šumi//URÙ.DÙ-mansum (Beischrift weggbrochen)
rRd unten: Siegelabrollung ohne Beischrift, nicht identifiziert.

Es handelt sich um das Fragment einer gesiegelten Prozeßurkunde. Am Anfang fehlen etwa fünf Zeilen (über dem ersten Siegel sollten zwei oder drei Zeilen Beischrift Platz finden). Im ersten Drittel ist so viel Text verloren, daß der Inhalt kaum erschlossen werden kann. Auch auf der Rückseite fehlt Beträchtliches. Am Ende ist die Richterliste samt Datum verloren. Aus den Richtersiegeln kann aber die Herkunft aus Babylon und die Zeit Neriglissars abgeleitet werden.

Z. 9′f. Hier ist von Ea-lūmur und seinem Haus in der 3. Person die Rede (wohl im Rahmen der Aussage seines Kontrahenten, die hier vielleicht von Ea-lūmur zitiert wird), während ab Z. 11′ Ea-lūmurs Aussage in direkter Rede folgt. Demnach ist am Ende von Z. 10′ zu erwarten, daß der Sprecherwechsel irgendwie markiert wird.

Z. 11′ Wegen Z. 24′ ist zu *bīt makkūri* ergänzt, vermutlich wird dieselbe Story berichtet; die Lesung *bītu šá t*[*a* ...] scheint demgegenüber wenig wahrscheinlich.

Z. 14′ Es geht um *ušuzzu*, „Anwesenheit" beim Ausstellen einer Urkunde, wahrscheinlich ist zu *lā ušuzzija* zu ergänzen.

Z. 15′ Wahrscheinlich ist zu ^{lú}*šākin ṭēm Bābili*^{ki} zu ergänzen, vgl. Z. 32′.

Z. 22′ Zur Bedeutung von *ṭuppi apilti* vgl. den Kommentar.

Z. 25′ Für *ina kīli ṣabāṭu* „im Gefängnis festsetzen" vgl. CAD Ṣ 7f. *s.v. ṣabātu* 2a. Ein „Speicher" kann ebenfalls als Gefängnis oder Arbeitshaus dienen, vgl. *ṣibtētu* in Z. 26′.

Z. 27′ Das letzte, beschädigte Zeichen könnte SAL sein.

Rs 6′′ *ana ṣibûti*, wörtlich „auf Wunsch (von ...)" dient als *terminus technicus* bei Stellvertretung.

Siegel, lRd oben: Dasselbe Stempelsiegel befindet sich, ebenfalls an derselben Position, auf BM 113908 (C. Wunsch, *Fs Del Olmo*). Auch dort ist die Beischrift nicht erhalten, aber im Text heißt es, der dokumentierte Rechtsstreit habe vor „Nabû-mukīn-[apli, dem *sukkallu*], und den Richtern des Neriglissar" stattgefunden. Auch im vorliegenden Text ist dies der Fall, nur werden in Z. 18′ keine Namen genannt. Dem Sukkallu steht als Ranghöchstem die linke obere Ecke zum Siegeln zu. Derselbe Sukkallu erscheint auch in BM 31797 (C. Wunsch, AfO 44/45, Nr. 5), die Tafel ist allerdings ungesiegelt.

Siegel, rRd Mitte: Das Siegel ist über die Beischrift identifiziert. Rīmūt-bēl-ilī stammt aus der Familie Aḫu-bani und ist auch in 5R 67, 1 und BM 113908 als jeweils erster Richter mit Siegel bezeugt.

Siegel, lRd unten: Das Siegel gehört dem Richter Marduk-šākin-šumi//URÙ.DÙ-mansum (dem Vater der ^{f}Šikkuttu von Nr. 27–32). Es befindet sich sowohl auf BM 113908 (lRd, 3. von oben), als auch 5R 67, 1 (rRd, ganz oben). In BM 31797 und Edinb. 69 wird dieser Richter ebenfalls genannt, die Urkunden sind aber ungesiegelt.

Siegel, rRd unten: Der Siegelinhaber kann nicht identifiziert werden. Rechtsblickende bärtige Beter kommen auf mindestens vier Richtersiegeln aus der Zeit von Neriglissar und dem Beginn von Nabonids Herrschaft vor.

Datum Die Zusammensetzung des Richterkollegiums (dazu C. Wunsch, *Fs Oelsner*, Tabelle S. 571) macht eine Einordnung in die Regierungszeit des Neriglissar wahrscheinlich, BM 113908 bietet die engste Parallele.

Übersetzung

... (Z. 9′) des/das Ea-[lūmur ...] (Z. 10′) dessen Haus als Pfand [...] (Z. 11′) „Im Speicher [des Daddija(?) ...] (Z. 12′) ergriff er mich [...] (Z. 13′) sprach er, und eine [Tafel ...] (Z. 14′) und ohne [meine(?)] Anwesenheit [... an] (Z. 15′) Nabû-ušebši gegeben. [Der Gouverneur von Babylon(?) ...] (Z. 16′) hat dieses Haus freigegeben, und [...] (Z. 17′) jetzt [habe ich(?)] das Silber, das Nabû-ušebši an Nergal-iddin gezahlt hat, [an ... (zurück)gezahlt(?), (aber)] (Z. 18′) ^{f}Babaja läßt mich nicht in mein Haus hinein!" Sukkallu und Richter (Z. 19′) hörten die Aussage des Ea-lūmur, und den Nabû-ušebši führte man herbei, und einen Eid bei Šamaš (Z. 20′) ließen sie ihn schwören. Und sie befragten ihn, und er sprach folgendermaßen: „Nabû-ēṭir, mein Bruder, (Z. 21′) hat von unterwegs (eine Nachricht) geschickt, folgendermaßen: ‚5 m 30 š Silber (Z. 22′) zahle (Z. 21′) an Nergal-iddin, den Gläubiger (Z. 22′) des Ea-lūmur, und greife dir Ea-lūmur und seinen Sohn, und laß dir eine *Erwerbsurkunde* (Z. 23′) über ihr Haus durch ihn ausstellen.‘ 5 m 30 š Silber aus meinem eigenen (Vermögen) (Z. 24′) habe ich (Z. 23′) an Nergal-iddin (Z. 24′) gezahlt. Nachdem ich Ea-lūmur, seinen Sohn und seine Ehefrau, abgeführt hatte, (Z. 25′) setzte ich sie (Z. 24′) im Speicher (Z. 25′) des Daddija unter Arrest. Nachdem ich mit Ina-qībi-Bēl gesprochen hatte, (Z. 26′) er einen Schreiber mit mir geschickt hat, und in Gefangen[schaft Ea-lūmur] (Z. 27′) und sein Sohn die Tafel ausstellen ließen, haben sie (sie mir) gegeben. [Daß PNf], (Z. 28′) bevor die Tafel ausgestellt war oder nachdem die [Tafel ausgestellt war], (Z. 29′) Ansprüche gegen mich gestellt hätte, habe ich nicht gehört. Und Silber, als sie es [...] gebracht hat, (Z. 30′) habe ich nicht erhalten. Als Ina-qībi-Bēl das Silber, das ^{f}Qudāšu [gebracht hat], (Z. 31′) erhielt, hat er es dem Nabû-šuma-ibni aus der Familie [... (als Depositum) anvertraut(?)]. (Z. 32′) Nachdem Mušēzib-Bēl, der Gouverneur von Babylon, [die Sache dann ...] (Z. 33′) geprüft hat, an Ea-lūmur, als/damit er [...] (Z. 34′) seine Ehefrau [...], gegeben. ^{f}Qudāšu hat das Silber [...] (Z. 35′) [... Nachdem ich ...] und den Vertrag wieder zurück[gegeben hatte ...] (Z. 36′) [...] und ^{f}Qudāšu [...] (Z. 37′) [...] Bēl-apla-uṣur das Si[lber(?) ...] (Lücke)

... (Rs 2′′) sein Zeugnis [..., daß er Silber] (Rs 3′′) aus seinem eigenen (Vermögen) für den Kaufpreis [des Hauses gezahlt und eine Urkunde im Namen] (Rs 4′′) des Nabû-ēṭir, seines Bruders, aus[gestellt hat: Einen Anteil des/der ...] (Rs 5′′) daran gibt es nicht. Und das H[aus(?) ...] (Rs 6′′) auf seinen Wunsch hin aus[gestellt ...] (Rs 7′′) Ea-lūmur [...] (Rs 8′′) [an] Nabû-ušebši [...] (Rs 9′′) entsprechend dieser Tafel [...] (Rs 10′′) nicht in sein Haus [...] (Rs 11′′) sein(en) Vertrag [...] (Rs 12′′) im 34. Jahr [Nebukadnezars ...] (Rs 13′′) haben sie angesehen [...] (Rs 14′′) an [...]

Richterliste, Schreibernamen, Ausstellungsort und Datum nicht erhalten.

Kommentar

Den wesentlichen Inhalt dieses Textes hat bereits F.E. Peiser dargestellt: Ea-lūmur hat das Gericht bemüht, weil ihn eine gewisse ^{f}Babaja nicht mehr in sein Haus hineingelassen hat (Z. 18′). Er schildert, wie es dazu kam. Der fragmentarisch erhaltene Bericht kann z.T. durch das ergänzt werden, was Nabû-ušebši, einer der Beteiligten, zu sagen hat (ab Z. 20′).

Ea-lūmur hatte Schulden, wohl sechs Minen (Z. 4′), für die er sein Wohnhaus verpfändet und möglicherweise auch einen Bürgen gestellt hatte. Ein Zahlungstermin war vereinbart worden, vielleicht auch mit der Festlegung, daß das Haus dem Gläubiger gehören soll, wenn der Schuldner nicht zahlt. Der Hauptgläubiger, ein gewisser Nergal-iddin, forderte sein Geld vereinbarungsgemäß zurück. Ea-lūmur war offensichtlich nicht in der Lage, es bis zum Termin aufzutreiben. Nun war ein gewisser Nabû-ēṭir gefordert, den Schuldbetrag schnellstmöglich aufzutreiben. Wir müssen wohl mit Peiser annehmen, daß Nabû-ēṭir für Ea-lūmur gebürgt hatte. Er hatte aber keine Zeit, sich um die Angelegenheit selbst zu kümmern, da er geschäftlich unterwegs war. Also gab er seinem Bruder Nabû-ušebši Instruktionen, wie zu verfahren sei: Nabû-ušebši soll zunächst die Forderung des Nergal-iddin begleichen. Dann soll er sich den Schuldner und dessen Sohn (damit dieser als zukünftiger Erbe seines Vaters, der dessen Nachlaß mit allen Rechten und Verbindlichkeiten übernehmen wird, nicht nachträglich prozessiert) greifen und ihn ein *ṭuppi apilti* genanntes Dokument über das Haus ausstellen lassen.

Nabû-ušabši tut wie ihm geraten: Er zahlt zunächst dem Gläubiger Nergal-iddin 5½ Minen im Auftrag seines Bruders, aber aus seinem eigenen Vermögen. Wir können voraussetzen, daß er sich darüber eine Quittung ausstellen ließ, dies war ein Muß und übliche Praxis. Daß diese Zahlung erfolgt ist, zweifelt auch vor Gericht niemand an. Dann greift sich Nabû-ušabši den Schuldner und dessen Sohn (die Ehefrau zur Sicherheit gleich mit) und setzt sie unter Arrest. Nun geht es an das Ausstellen der Urkunde. Nabû-ušebši bittet zunächst einen gewissen Ina-qībi-Bēl, ihm einen Schreiber zu schicken, und läßt Vater samt Sohn die Urkunde in Gefangenschaft (*ina ṣibtēti*) aufsetzen.

Bevor wir Spekulationen über das weitere Geschehen anstellen, muß geklärt werden um was für eine Urkunde es sich handelt, die auszustellen Nabû-ušebši seinen Schuldner durch Haft nötigt. Die in den Wörterbüchern angegebenen Übersetzungen[1] „Restschuldurkunde" bzw. „receipt for payment in full" helfen nicht weiter. Von einem Restbetrag ist definitiv nicht die Rede, und keiner der beiden Beteiligten sollte eine Quittung ausstellen müssen, denn Nabû-ušabši hat das Geld gezahlt und Ea-lūmur hat es nicht erhalten. Außerdem heißt es eindeutig *ṭuppi apilti ša bītīšu* „bezüglich seines Hauses", es geht also nicht um den Silberbetrag. Der Schuldner kann das Geld nicht auftreiben, und der Bürge kann den für den Schuldner ausgelegten Betrag nur auf eine Weise eintreiben: indem er sich des Pfandobjekts bemächtigt. Hier ist inhaltlich also nur eines zu erwarten: eine offizielle Urkunde, die das Eigentumsrecht auf Nabû-ušebši (bzw. seinen Bruder, wenn er als dessen Stellvertreter handelt) überträgt. Ea-lūmur mag sich zwar von seinem Haus nicht trennen und hofft, den Verkauf noch abwenden zu können, er will den Bürgen hinhalten. Dieser will aber kein Risiko eingehen und zwingt den Schuldner auf etwas unfeine Art, einen Kaufvertrag aufzusetzen.

Stellt die *ṭuppi apilti* wirklich nichts anderes als einen Kaufvertrag dar? Und wenn ja, warum wird sie dann nicht *ṭuppi maḫīri*[2] genannt, da doch dieser Begriff existiert und verwendet wird? Trifft diese angenommene Bedeutung auch auf die anderen Belege zu? Da deren Zahl seit Abfassung von CAD A/2 mindestens verdoppelt werden kann, seien sie hier (ohne Anspruch auf Vollständigkeit) zum Vergleich mit Kontext dargestellt:

• CT 51 43: 18ff.:
adi muḫḫi ša rēš qanâti^meš^ *inaššû* ^im^*ṭuppi apilti ikannakū-ma rēḫti kaspi* PN *ana* PN2 *inamdinu* „Wenn man das Grundstückes überprüft (und) eine *ṭ. a.* ausgestellt hat, und PN (der Käufer) den Rest des Kaufpreises an PN2 (den Verkäufer) zahlt ..." (es folgt kein übergeordneter Satz). Das Formular der Urkunde folgt dem eines Kaufvertrages, aber in der Kaufabschlußklausel fehlt jener Teil, der den Gesamtpreis angibt. Entsprechend erscheint *ina šīm bītīšu* „(als Teilbetrag) *vom* Kaufpreis seines Hauses" in der Quittungsklausel, was ebenfalls verdeutlicht, daß der gezahlte Betrag nicht den Gesamtpreis ausmacht. Vielmehr soll dieser erst berechnet werden, nachdem das Grundstück „überprüft" ist. Diese Formulierung bezieht sich normalerweise auf die Vermessung und exakte Flächenberechnung, auf der dann der Kaufpreis basiert. Ein „Überprüfen" von Gläubigerrechten ist aber nicht grundsätzlich ausgeschlossen. Zum provisorischen Charakter der Urkunde paßt das Fehlen von Nagelmarkenvermerk und Siegeln und die Einleitung der Zeugenliste mit normalem ^lú^*mukinnu* statt *ina kanāk ṭuppi šuāti*.

1 AHw S. 58, CAD A/2 169 *s.v. apiltu* A b. (Z. 21–23 dieser Urkunde übersetzt, aber mißverstanden, anders CAD K 141 *s.v. kanāku* 4b, dort allerdings ohne Übersetzung).
2 CAD M/1 97 *s.v.* 4b.

• Nbn 50: 14f.
rēš qanâti^{meš} *innaššû* $^{\text{na}_4}$*ṭuppi apilti ikkannak-ma* (es folgt die Ausgleichsklausel) „Das Hausgrundstücks wird überprüft (und) eine *ṭ. a.* ausgestellt werden, (dann wird die Flächendifferenz entsprechend dem Kaufpreis ausgeglichen)."
Die Urkunde ist nicht der Kaufvertrag selbst. Das Grundstück war zuvor an den Käufer verpfändet (Nbn 9), nur ein Teil des Kaufpreises wird als bezahlt quittiert (Z. 11: *ina* šīm bītīšu*).

• TCL 12 11: 13ff.:
adi kasap gamirti uttaṭṭiru $^{\text{na}_4}$*ṭuppi apilti ittišu ikkannak* „Wenn der volle Silberbetrag bezahlt ist, wird eine *ṭ. a.* mit ihm ausgestellt."
Es geht um einen Grundstückskauf, Formularbestandteile eines Kaufvertrages mit erheblichen Auslassungen werden benutzt. Die Urkunde beschreibt die Objekte und gibt den Gesamtpreis an. Davon wird zunächst nur die Hälfte angezahlt.

• PBS 13 79: 6ff.
... *ša lā dīni isqu* ... *ša* PN *pāni* PN2 *akī* ^{im}*ṭuppi apilti iddaggal u* PN2 *kasap* PN3 *uttar* „(Wenn PN nicht zum Zahlungstermin erscheint), gehört ohne Rechtsstreit die (Tempelbetreter)-Pfründe gemäß der *ṭ. a.* PN2, und PN2 wird das Silber des PN3 zurückzahlen."
PN hatte Schulden und hat von PN3 einen letzten Zahlungstermin gesetzt bekommen, um die drohende Veräußerung seiner Pfründe abzuwenden. Die *ṭuppi apilti* ist hier bereits ausgestellt worden und der Eigentumsübertrag soll ohne weitere Formalitäten auf Basis dieser Urkunde erfolgen, wenn der Termin verstrichen ist. Die Zahlung geht direkt an den Gläubiger.

• CM 20 8: 1ff.:
^{še}*zēru* ... *ša* PN *ina qātē* PN2–5 *ana kasap gamirti imḫuru-ma* ^{im}*ṭuppi apilti ina qātēšunu iknukuma* ... „(Was) das Grundstück ... (betrifft), das PN von PN2–5 zum vollen Silberbetrag erhalten hat und eine *ṭ. a.* von ihnen hat ausstellen lassen ..." [die Übersetzungen der Phrase in CM 20 7 und 8 sind dementsprechend zu korrigieren].
Die Urkunde betrifft Ansprüche, die aus einer Nachmessung des Grundstücks resultieren. Die vier Verkäufer waren bei Esagila verschuldet und der Käufer hat den Kaufpreis direkt an den Tempel beglichen. Der zugehörige Kaufvertrag, der diese Umstände in einem Nachtrag nach Anfechtungsklausel und Ausgleichsformel explizit schildert, liegt als 5R 67, 1 (CM 20 6) vor. Er dürfte demnach die *ṭuppi apilti* darstellen.

• BM 36299//37448+: Rs 2′ff.
adi ^{im}*ṭuppu ša* ... *qanâti*^{meš} ... *ša šanat* 2.kam ... PN *ina qātē* [PN2] *išāmu ana pāni* ^{lú}*ṭupšarrē*^{meš} *ša šarri i-*⌜x⌝[x x]*-ma* [*alāku* o.ä.?] ^{im}*ṭuppi apilti ikannakū-ma ana* PN *inamdinū* „Nebst der Tafel über das Hausgrundstück, das in Jahre 2 Cyr PN von PN2 gekauft hat, [werden sie(?)] zu den Schreibern des Königs [gehen(?)], und eine *ṭ. a.* werden sie (die Schreiber) ausstellen und PN geben."
Die Tafel stammt aus dem Jahre 4 Cyr, folgt dem Formular eines Hauskaufes, läßt aber den zweiten Teil der Anfechtungsklauseln weg. Aus der Grundstücksbeschreibung geht hervor, daß der Käufer ein angrenzendes Areal bereits vorher vom Verkäufer erworben hat. Dies dürfte der Vorgang im Jahre 2 Cyr gewesen sein. Nun soll offensichtlich über den Inhalt *beider* Verträge *zusammen* eine offizielle *ṭuppi apilti* ausgestellt werden.

• BM 43825: 12′ff.:
[*adi mu*]*ḫḫi* ^{lú}*ṭupšarrē*^{meš} *šá šarri* [^{im}*ṭuppi*] *apilti ikannakū-ma ana* [PN] *inamdinū-ma* ... *kaspu* PN2 [... *ina*] *qātē* PN *maḫir* „... [bis] die Schreiber des Königs eine *ṭ. a.* ausgestellt und PN (dem Käufer) gegeben haben, hat PN2 (der Verkäufer) 20 š Silber von PN erhalten".
Es geht um einen Grundstückskauf. Die zitierte Passage folgt einer Kaufabschlußklausel, in der aber die Angabe des Gesamtpreises fehlt. Der Rest des Textes ist nicht erhalten. Die gezahlten 20 š Silber können (bei allen syntaktischen Problemen, die diese Passage bietet) nur als An- oder Teilzahlung verstanden werden, da sich nach Preisrelation und erhaltener Angabe zur Grundstücksfläche mindestens 1 m 10 š als Kaufpreis errechnen, wahrscheinlich sogar mehr.

• BM 42372: 13ff.:
1 *mana kaspu* PN *ina šīm qanâtīšu maḫir adi rēš qanâti*^{meš} *inaššû u* ^{im}*ṭuppi apilti ikannaku ana* PN2 *inamdinu u rēḫti* ^{kuš}*<ḫ>indīšu* PN2 *ana* PN *inamdinu idi bītīšu* PN *ikkal adi* PN *rēḫti* ^{kuš}*ḫindīšu innittir* „1 m Silber hat PN (der Verkäufer) vom Kaufpreis seines Hauses erhalten. Bis man das Grundstück überprüft und eine *ṭ. a.* ausgestellt und PN gegeben hat, und PN2 (der Käufer) den Rest seines deponierten (Silbers) an PN gezahlt hat, wird PN die Miete seines Hauses genießen, bis PN den Rest seines deponierten (Silbers) beglichen bekommt."
Es geht um einen Hauskauf, die Urkunde verkürzt aber das Formular. Sie enthält keine Angaben zu Maßen und Nachbarn, aber die Kaufabschlußklausel; Garantieklauseln fehlen. Der Gesamtpreis beträgt 1 m 50 š, die Zahlung von 1 m wird im Rahmen der zitierten Quittungsklausel bestätigt, weitere 50 š sind offensichtlich deponiert worden. Dies deutet auf Probleme mit möglichen Gläubigern hin. Das Nutzrecht bis zur Ausstellung der offiziellen Urkunde wird geregelt.

• BM 32043//BM 34280: 1ff:
bītu ša … PN *ina qātē* PNf … *ana kasap gamirti išāmu-ma* ^{im}*ṭuppi apilti* [*ina qātēšu*] *iknuku ina našparti ša* PN2 *bītu šuāti imtaḫar* … „(Was) das Haus (betrifft), das … PN von PNf … zum vollen Silber(betrag) gekauft hat, und eine *ṭ. a.* [von ihr] hat ausstellen lassen: Im Auftrag von PN2 hat er dieses Haus erworben …"
Es geht um einen Hauskauf, bei dem der nominelle Käufer als Vertreter eines anderen gehandelt hat. Die *ṭuppi apilti* kann nichts anderes als der Kaufvertrag im Namen von PN sein; er liegt in mehreren Exemplaren vor: BM 33057+35480+38112 (gesiegelt), BM 32160 (gesiegelt) und BM 41398 (ungesiegelt, dieses Exemplar wurde von R. Sack als AM 22 in recht fehlerhafter Umschrift mitgeteilt und als Feldkauf mißverstanden). Die Verkäuferin hatte das Haus zuvor laut EvM 6 antichretisch verpfändet.

Vier parallele Dokumente (zum „Bankrott des Nabû-apla-iddin")

• EvM 16: 13ff.:
PN *ana* ^{lú}*ṭupsarrē*^{meš} *ša šarri iqabbi-ma* ^{im}*ṭuppu ikannakū-ma ana* PN2 *inamdinū kī lā iqtabû-ma* ^{im}*ṭuppu lā iktangū-ma ana* PN2 *lā ittannū kaspu u ḫubullašu* PN *ana* PN2 *inamdin* „PN (der Gläubiger des Verkäufers) wird die Schreiber des Königs ansprechen und sie werden eine *ṭ.* (*a.*) ausstellen und PN2 (dem Käufer) geben. Wenn er die Schreiber nicht anspricht, und sie keine Tafel ausstellen und PN3 geben, wird das Silber und seinen Zins PN an PN2 (zurück)geben."

• EvM 19: 14ff.:
adi muḫḫi PN *ana* ^{lú}*ṭupšarrē*^{meš} *šá šarri iqabbû-ma* ^{im}*ṭuppi apilti ikannakū* PN2 *pūt eṭēri ša* … *kaspi naši* „Bis PN (der Sohn des Gläubigers) mit den Schreibern des Königs spricht, und sie eine *ṭ. a.* ausstellen, bürgt PN2 für die Zahlung des Silbers." Es muß analog zu EvM 16 um die Rückzahlung des Betrags an den Käufer für den Fall, daß die Tafel nicht ausgestellt wird, gehen.

• BM 30853: 12ff:
PN *ana* ^{lú}*ṭupšarrē*^{meš} *šá šarri iqabbi-ma* ^{im}*ṭuppu mala zittīšu ikannakū-ma ana* PN2 *inamdinū* „PN (der Gläubiger des Verkäufers) wird die Schreiber des Königs ansprechen, und sie werden eine *ṭ.* (*a.*) entsprechend seinem Anteil ausstellen und PN2 (dem Käufer) geben."

• EvM 22: 15ff.:
ana ^{lú}*ṭupšarrē*^{meš} *ša šarri iqabbû* ^{im}*ṭuppu ikannakū-ma ana* PN3 *inamdinū*; „(PN und PN2, die Gläubiger des Verkäufers) werden die Schreiber des Königs ansprechen; eine *ṭ.* (*a.*) werden sie ausstellen und PN3 (dem Käufer) geben."

Diese vier Urkunden gehören zu einem Vorgang. Ein Haus war an mehrere Gläubiger verpfändet, Neriglissar hat es gekauft: EvM 16: 1ff.: *qanâti ša* PN *ša pāni* ^{lú}*rāšûti*^{meš} *šudgulu u bīt* PN Neriglissar *ana kaspi imḫuru* „Hausgrundstück des PN, das den Gläubigern übereignet ist; und das Haus des PN hat Neriglissar für Silber erworben." Jeder der Gläubiger hat im Auftrag des

> Käufers die Hälfte des ihm geschuldeten Betrags ausgezahlt bekommen und den ursprünglichen Verpflichtungsschein dem Käufer ausgehändigt. Wenn sie keine *ṭ. a.* ihren Anteilen gemäß ausstellen lassen, müssen sie das Silber, das sie über Neriglissars Mittelsmann bekommen haben, wieder zurückzahlen. Auch hier kann *ṭ. a.* keine Quittung meinen, denn der Schuldner/Verkäufer hat sein Silber längst bekommen und die vier vorliegenden Urkunden sind sämtlich selbst Quittungen. Den Schlüssel zum Verständnis liefert der Hinweis in EvM 16, das Haus sei an die Gläubiger (und nicht Neriglissar!) übereignet. Die Gläubiger sind damit die neuen Eigentümer. Wir müssen annehmen, daß das Haus weniger wert war als die Summe der Schulden, da die Gläubiger nur je die Hälfte des nominellen Schuldbetrages von Neriglissar gezahlt bekommen. Auch in diesem Fall wird deutlich, daß die *ṭuppi* (*apilti*), die von den Schreibern des Königs ausgestellt werden soll, etwas mit dem Eigentumsrecht am vormals verpfändeten Objekt zu tun haben muß.

All diesen Fällen ist gemein, daß es um die Übertragung des Eigentumsrechtes an bestimmten Objekten (Grundstücken, Häusern, Pfründen) geht, die häufig in die Form eines Kaufes gekleidet ist. Die *ṭuppi apilti* wird für den neuen Eigentümer ausgestellt und diesem ausgehändigt. In sechs von elf Fällen (einschließlich dem vorliegenden) war der Verkäufer verschuldet und/oder das Objekt zuvor nachweislich verpfändet. In den anderen Fällen ist dies auch zu vermuten, es mangelt zum Nachweis lediglich an Kontext, es findet zudem nur eine Teilzahlung des Kaufpreises statt. In zwei Fällen geht aus dem Archivkontext hervor, daß mit der *ṭuppi apilti* der offizielle Kaufvertrag gemeint ist, der auch tatsächlich als gesiegeltes Originaldokument überliefert ist.

Für das Ausstellen der *ṭuppi apilti* wird *kanāku* gebraucht, was meist mit „(eine Urkunde) siegeln" wiedergegeben wird, sich aber in neubabylonischer Zeit auch auf Urkundentypen bezieht, die nachweislich nie gesiegelt wurden, z.B. Vermögensübertragungen oder Adoptionen. Zudem siegeln bei Privaturkunden nicht die Parteien, sondern nur wenige, privilegierte Schreiber oder Richter, so daß *kanāku* (von einer Partei gesagt) wohl besser allgemein als „(eine offizielle Urkunde) ausstellen (lassen)" wiederzugeben ist.

Wer in unserem Kontext Subjekt dieses *kanāku* ist, ob die Schreiber oder eine der Parteien, kann nicht immer zweifelsfrei festgestellt werden. Wo die Schreiber genannt sind oder eine passive oder unpersönliche Formulierung gewählt wurde, gibt es keine Zweideutigkeiten. Anders jedoch, wenn sich die Formulierung *ina qātēšu*(*nu*) *iknuk*(*ū*) auf eine der Parteien beziehen muß. In BM 32043//34280 (bei einer Verkäufer*in*) deutet die maskuline Verbform darauf, daß der Käufer Subjekt ist, während es in CM 20 8 *ina qātēšunu* bei Verkäufermehrheit heißt. Dies deckt sich mit dem Befund in der vorliegenden Urkunde, wo in Z. 23′ Nabû-ušabši als Vertreter des neuen Eigentümers mit *kunuk* aufgefordert wird, den Schuldner *ina qātēšu* eine Tafel ausstellen zu lassen.[3]

3 Diese spezielle Konstruktion von *kanāku* ist in CAD K, S. 141 *s.v.* 4b als „to obtain a sealed document from a debtor" übersetzt. Man könnte dies im Deutschen mit „eine Tafel (vom Schuldner) erlangen" wiedergeben, aber das Fordern, das dem Erlangen vorausgeht, kommt so nicht zum Ausdruck. Da *kanāku* auch im „normalen" Kontext „ausstellen lassen", nicht „(selbst) ausstellen" bedeutet, kommt man mit dieser Übersetzung hier ebensogut zurecht. Daß sich *ina qātēšu* nicht auf das Schreiben des Dokuments durch die Partei selbst bezieht, ist klar. Es sei außerdem darauf verwiesen, daß alle in CAD aufgeführten Belege für diese Verwendung des Verbs in dem hier diskutierten Kontext von Verpfändung und Hingabe an Zahlungsstatt vorkommen, also eine Spezialbedeutung repräsentieren.

Warum wird die Tafel *ṭuppi apilti* genannt? Wegen *apālu* „befriedigen", „voll bezahlen" hat CAD „receipt for payment in full" übersetzt und dies auf die Zahlung des Kaufpreises durch den Käufer bezogen. Die Ausstellung einer solchen Urkunde wäre aber überflüssig, da jeder Kaufvertrag ohnehin eine obligatiorische Quittungsklausel über den *vollen* Kaufpreis beinhaltet. Der Käufer bedarf also einer solchen Absicherung nicht. Es sei außerdem darauf verwiesen, daß sich die „Schreiber des Königs", an die sich die Parteien nicht selten wenden, um die *ṭuppi apilti* ausstellen zu lassen, keine ordinären Quittungen ausfertigen. Sie bilden eine als „Notare"[4] beschriebene Gruppe von hochqualifizierten Schreibern, die offizielle Kaufverträge ausstellen und mit Siegeln versehen (im Gegensatz zu normalen Schreibern, die solche Verträge zwar ausstellen, aber nicht siegeln dürfen) und deren Kompetenz dann gefragt ist, wenn es zu prüfen gilt, ob die juristischen Voraussetzungen für einen Verkauf erfüllt sind. Damit sind sie insbesondere für jene Fälle prädestiniert, in denen die Rechte Dritter (Gläubiger oder Familienangehöriger des Verkäufers) betroffen sind.

Der Begriff *apiltu* „Befriedigung" kann sich also nicht auf die erfolgte Zahlung des Kaufpreises beziehen, zumal dieser, wenn der Verkäufer verschuldet war und ein Objekt als antichretisches Pfand bestellt hatte, *de facto* bereits seit Jahren an den Verkäufer gezahlt sein konnte. Die „Befriedigung" erfuhr im Gegenteil der Pfandgläubiger (oft genug der Käufer selbst), dessen Forderung (ob nun direkt oder auf Umwegen) beglichen wurde, indem das Eigentumsrecht am Pfandobjekt (oder einem anderen an Zahlungsstatt hingegebenen Objekt) offiziell auf ihn übertragen wurde. Somit dokumentiert eine *ṭuppi apilti* den Erwerb eines Objekts durch Hingabe an Zahlungsstatt vom Schuldner, im Unterschied zur *ṭuppi maḫīri*, der eigentlichen Kaufurkunde. Formal mag sie sich eine *ṭuppi apilti* von der *ṭuppi maḫīri* lediglich durch einen Nachsatz unterscheiden, in dem die Zahlung des Kaufpreises an durch den Käufer an die Gläubiger des Verkäufers erwähnt ist. Eines allerdings ist zu beachten: Auch nach Ausstellung einer *ṭuppi apilti* kann dem Schuldner/Verkäufer noch Gelegenheit gegeben werden, das Objekt zurückzubekommen, wenn er den Schuldbetrag aufbringt (und sei es nur von einem anderen Gläubiger): Die *ṭuppi apilti* muß dann zurückgegeben bzw. ungültig gemacht werden.

Was ist mit Ea-lūmurs Haus passiert, nachdem ihn Nabû-ušabši gezwungen hatte, die Urkunde ausstellen zu lassen? Hier läßt der fragmentarische Erhaltungszustand keine sicheren Schlüsse zu. Offenbar hat eine gewisse ᶠQudāšu Silber besorgen können, das zunächst bei einem Außenstehenden deponiert worden ist, ob im Auftrag Ea-lūmurs oder eines anderen, ist nicht zu ermitteln. Die Angelegenheit hat dann der (damalige) Gouverneur von Babylon (in seiner richterlichen Funktion) überprüft. Nabû-ušabši sagt offenbar aus, die Erwerbsurkunde zurückgegeben zu haben, woraus wir schließen dürfen, daß ihm der Kaufpreis zurückgezahlt worden ist, durch ᶠQudāšu oder eine andere Person. Als Ea-lūmur sein Haus wieder in Besitz nehmen wollte, hat ihn (wie aus Z. 18′ zu entnehmen war) eine ᶠBābaja daran gehindert, indem sie Ansprüche auf das Haus angemeldete, vielleicht unter dem Vorwand, daß eine bestimmte Urkunde (die *ṭuppi apilti*?) ohne ihre Anwesenheit ausgestellt worden sei (vgl. Z. 14′). Darauf wird sich wohl Nabû-ušabšis Äußerung beziehen, ihm seien weder vor noch nach Ausstellung der *ṭuppi apilti* dergleichen Forderungen einer Frau zu Ohren gekommen.

Wie die Richter entschieden, nachdem sie die Zeugen angehört und die Urkunden studiert haben, entzieht sich unserer Kenntnis.

4 Dazu H.D. Baker und C. Wunsch, *Notaries*.

Nr. 47: Prozeßurkunde
Inventarnummer: BM 77474 (84–2–11,214)
Publikation: F. E. Peiser, BRL 2 (1891), S. 63 (T+Ü); F. Joannès, NABU 1996/72 (T+Ü)

1′ […]⸢x⸣[…]
2′ [… ^{l}]^{ú}Bā᾽iru ⸢x⸣[…]
3′ [ú-ìl-tì šá x m]a-na 2 šiqil […]
4′ [… mu]-ti-ia mār$_{2}$-šú šá […]
5′ [… iš-me]-e-ma ú-ìl-tì ⸢x⸣[…]
6′ […] qanâti^{meš} zitti-šú ⸢šá⸣ it-t[i …]
7′ [maš-ka-nu aṣ]-⸢bat⸣ e-nin-na ^{m}Mu-še-zib-^{d}Bēl [(x x x)]
8′ [qát-su e]-⸢li⸣ qanâti^{meš} bīt maš-ka-ni-ia um-m[id-ma a-na]
9′ [pa-ni]-⸢ia⸣ la muš-šu-ur ia-a-ta ù mārū^{meš}-[ú-a]
10′ [bītu] a-na a-šá-bi-ni la i-ši ^{md}Nergal-[tab]-ni-ú-ṣu[r]
11′ [^{l}]^{ú}šākin ṭēm Kutê^{ki} a-ma-a-ta ^{f}La-ṣa-ḫi-it-tu$_{4}$
12′ taq-bu-šú iš-me-e-ma ^{m}Arad-^{d}Ne[rgal (o) ^{m}]Mu-še-zib-^{d}Bēl
13′ ub-lam-ma ma-ḫar-šú uš-zi-su$^{?}$ a-na ^{m}Mu-še-zib-^{d}Bēl
14′ iq-bi um-ma mi-nam-ma qanâti^{meš} bīt maš-ka-nu
15′ šá ^{f}La-ṣa-ḫi-it-tu$_{4}$ qātē^{II}-ka ina muḫ-ḫi tu-[um]-mid
16′ ^{m}Mu-še-zib-^{d}Bēl i-pu-ul um-ma šanat 2.k[am ^{m}Ku]-ra-áš
17′ qanâti^{meš} u ^{še}zēru zittu šá ^{m}Arad-^{d}Nergal ^{md}Nergal-iddin
18′ abū-ú-a ina qātē^{II} ^{m}Arad-^{d}Nergal a-na kàs-pa i-šá-am
19′ ú-ìl-tì šá ⸢2/3?⸣ ma-na 2 šiqil kaspu šá ^{f}L[a-ṣa-ḫi]-⸢it-tu$_{4}$⸣
20′ e-li ^{m}Arad-^{d}Nergal ⸢ú⸣-[…]
21′ [x (x)]-ta-ti ^{im}ṭup[pi …]

Rest der Vorderseite und Beginn der Rückseite weggebrochen.

Rs 1′ […]⸢x⸣[…]
2′ [x x (x) ^{f}L]a-ṣa-ḫ[i-it-tu$_{4}$ …]
3′ [^{md}Nergal]-iddin abu šá ^{m}M[u-še-zib-^{d}Bēl …]
4′ [(šá) x m]a-na 2 šiqil kaspu ina […]
5′ [5/6 m]a-na 8 šiqil kaspu ^{f}L[a-ṣa-ḫi-it-tu$_{4}$ … eli]
6′ ^{m}Arad-^{d}Nergal ú-šar-šu-ú […]
7′ a-ki-i ú-ìl-tì-šú a-na ⸢f⸣[…]
8′ šá 5/6 ma-na 8 šiqil kaspi a-na ⸢f⸣[La-ṣa-ḫi-it-tu$_{4}$]
8′ ⸢i⸣-nam-di-nu qanâti^{meš} ina pa-ni-š[ú muššur]

9′ [i-na] purussē(EŠ.BAR) di-⸢i-ni⸣ [šuāti]

10′ [IGI ^{m}… ^{l}]^{ú}šākin ṭēm Kutê^{ki} mār$_{2}$-šú šá ^{m}[…]
11′ [^{m}… mār-šú] šá ^{m}Za-ki-ru […]
12′ […]-^{d}Marduk ^{m}[…]
13′ [^{m}…]-^{d}Bēl mār ^{m}[…]
14′ […]-šuma-uṣur ^{m}[…]
15′ […] ⸢x⸣-DU […]

Rest der Zeugen- und Schreibernamen, Ausstellungsort und Datum weggebrochen.

Vs

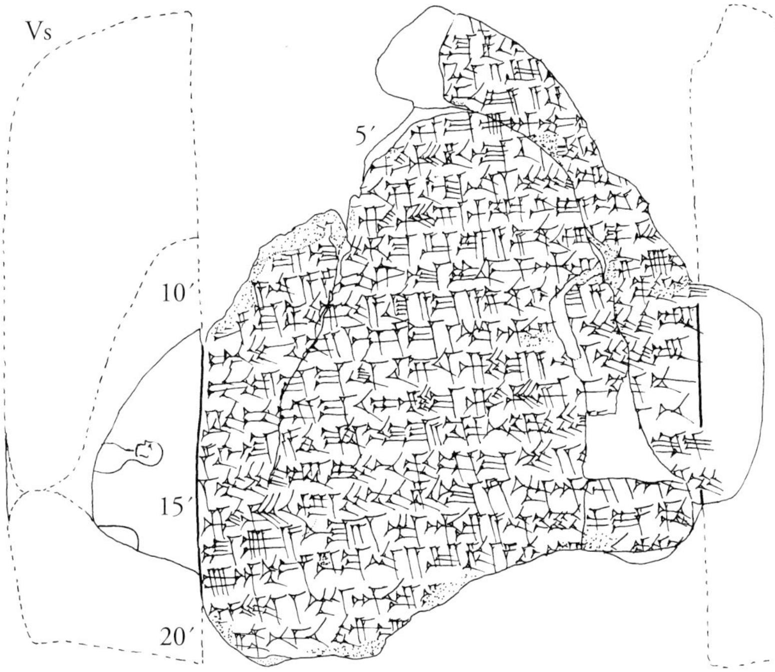

Rs

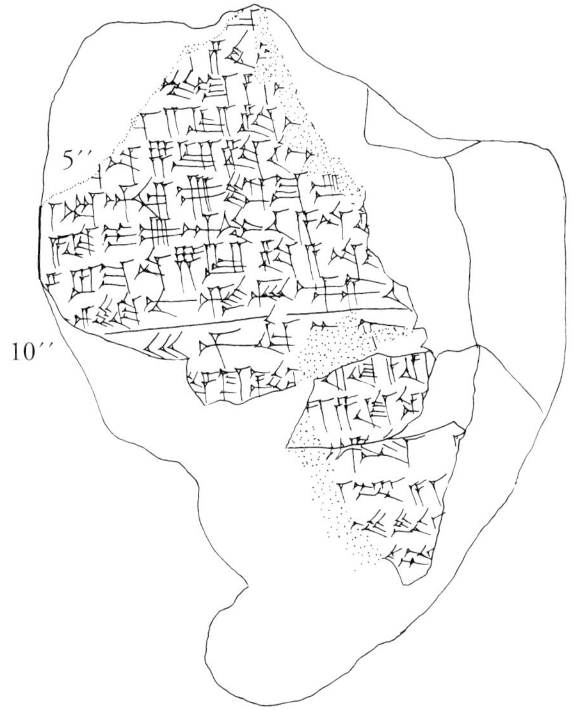

Die Tafel ist gesiegelt. Am linken Rand ist der Kopf eines linksblickenden kahlen Beters zu erkennen (nicht identifizierbar); auf dem rechten Rand ist nichts zu sehen.

Z. 2′ F. Joannès liest x-*šu* ḫa-la; LA steht eher nicht da, LÚ scheint sicher. Die Angabe eines Ahnherrennamens ziemlich weit am Anfang des Textes ist nicht unwahrscheinlich.

Z. 3′ Ergänzung nach Z. 19′ wie Rs 4′

Z. 4′ Die Ergänzung zu *mu*]-*ti-ia* geht auf F. Joannès zurück, allerdings könnte auch ein auf –ija endender Name (z.B. Kabtija, Kittija) gemeint sein.

Z. 7′ Am Anfang ist wohl -*t*]*i* oder]-*bat* zu lesen, die Ergänzung zu *maškanu ṣabātu* somit möglich. Am Ende der Zeile ist vielleicht eine Verwandtschaftsbezeichnung zu ergänzen.

Z. 8′ Die von F. Joannès vorgeschlagene Ergänzung *um*-[*taššir*] ist nicht möglich, da das zweite Zeichen mit einem einzelnen großen Waagerechten beginnt. Analog zu Z. 15′ wohl *emēdu* D. Die Spuren des LI am Anfang sind sichtbar.

Z. 12f.′ F.E. Peiser liest in Z. 13′ *uš-zi-su* für *ušzissu*. Ob es sich beim letzten Zeichen um ZU oder SU handelt, ist nicht ganz klar. Sein Vorschlag löst das Problem in der vorhergehenden Zeile, wo man sonst *ublam* auf den Gouverneur beziehen müßte, der aber mit Sicherheit nicht selbst jemanden vor Gericht geholt hat. Wenn aber zwischen den Namen Arad-Nergal und Mušēzib-Bēl ein *u* gestanden haben sollte, wäre mit F. Joannès zu übersetzen: „der Gouverneur … zitierte (sie vor Gericht), und PN und PN2 erschienen vor ihm."

Z. 15′ Die Ergänzung geht auf F. Joannès zurück.

Z. 20′ Eine Ergänzung des Verbs zu *ušarši* „ließ er (sie) bekommen" analog zu Rs 6′ wäre möglich, aber vielleicht ist ⌜*ú*⌝-[*šal-lim*] „hat er beglichen" gemeint—das würde das Ende des Pfandrechts bedeuten.

Z.21′ Nachdem ein loses Oberflächenbruchstück wieder auf der Tafel fixiert wurde, ist nun [x (x)]-*ta-ti* am Anfang zu lesen, [*i*]*t-ti* ist unmöglich. Vielleicht zu *s*/*šittu* Pl. *s*/*šitātu* „Rest"?

Rs 8′′ Am Anfang steht klar *šá* (gegen F. Joannès, der 4⅚ liest). Vielleicht ist *ina*/*adi ūmi ša* … *inamdinu* gemeint.

Datum Der Rechtsstreit fand nach 2 Cyr statt (vgl. Z. 16′), das Datum kann aber weder über die Parteien noch über den Gouverneur, über dessen Amtszeit nichts weiter bekannt ist, eingegrenzt werden.

Übersetzung

„[…] Familie Bā᾿iru (Z. 3′) […] 4$^{?}$2 š [Silber …] (Z. 4′) […] meines Ehe[mannes], des Sohnes des […] (Z. 5′) [… stimmte] zu, und einen Verpflichtungsschein […] (Z. 6′) […] das Hausgrundstück, seinen Anteil, den er mit [… gemeinsam (besaß)] (Z. 7′) na[hm ich als Pfand]. Jetzt hat Mušēzib-Bēl […] (Z. 8′) das Haus(grundstück), mein Pfandobjekt, mit Beschlag belegt, und (Z. 9′) [an] mich gibt er es nicht heraus. Ich und meine Kinder, (Z. 10′) haben k[ein Haus], um darin zu wohnen." Nergal-tabni-uṣur, (Z. 11′) der Gouverneur von Kutha, hat die Worte, die ^{f}Laṣaḫittu (Z. 12′) sprach, gehört, und Arad-Nergal (Z. 13′) brachte (Z. 12a′) Mušēzib-Bēl (Z. 13a′) und sie erschienen vor ihm. Zu Mušēzib-Bēl (Z. 14′) sprach er folgendermaßen: „Warum belegst du das Haus(grundstück), das Pfandobjekt (Z. 15′) der ^{f}Laṣaḫittu, mit Beschlag?" (Z. 16′) Mušēzib-Bēl antwortete folgendermaßen: „Im Jahre 2 Cyrus (Z. 17′) hat Haus- und Feld(grundstück), den Anteil des Arad-Nergal, Nergal-iddin, (Z. 18′) mein Vater, von Arad-Nergal für Silber gekauft. (Z. 19′) Einen Verpflichtungsschein über 4$^{?}$2 š Silber der ^{f}Laṣaḫittu (Z. 20′) zu Lasten von Arad-Nergal hat er [beglichen(?) …] (Z. 21′) Rest(?) der Tafel […] (große Lücke)

[…] ^{f}Laṣaḫittu […] (Rs 3′′) [Nergal]-iddin, der Vater des [Mušēzib-Bēl …] (Rs 4′′) [4$^{?}$]2 š Silber […] (Rs 5′′) [5]8 š Silber ließen sie ^{f}L[aṣaḫittu zu Lasten von] (Rs 6′′) Arad-Nergal bekommen. [Mušēzib-Bēl wird] (Rs 7′′) entsprechend ihrer Urkunde an ^{f}[Laṣaḫittu zahlen. Wenn er] (Rs 8′′) 58 š Silber an [^{f}Laṣaḫittu] (Rs 9′′) gibt, steht ihm das Haus zur Verfügung (oder: Bis …, solange steht ihr das Haus zur Verfügung).

Kommentar

Der Hintergrund dieses Rechtsstreits ist zwar nicht völlig klar, eine Vermutung kann aber angestellt werden. ᶠLaṣaḫittu hatte eine Forderung gegenüber Arad-Nergal und dafür dessen Hausanteil (an ungeteiltem Gemeinschaftsbesitz, wohl dem Erbe seines Vaters) als Pfand genommen, um darin zu wohnen. Es war also offensichtlich eine antichretische Nutzung vereinbart worden. Mušēzib-Bēl reklamiert dieses Haus für sich, weil sein Vater den Anteil des Arad-Nergal gekauft hat. Er behauptet offenbar, die Forderung der ᶠLaṣaḫittu sei bei dieser Gelegenheit beglichen worden.

Was dann geschieht, entzieht sich unserer Kenntnis. Die Richter scheinen zu Gunsten von ᶠLaṣaḫittu entschieden zu haben (vielleicht, weil Mušēzib-Bēl nicht nachweisen konnte, die Forderung bezahlt zu haben), der Betrag hat sich von 4?2 š auf 58 š erhöht (durch Zinsrückstände?), und Mušēzib-Bēl muß diesen offenbar begleichen, bevor er das Haus wieder in Besitz nehmen kann.

Über das Verhältnis der Personen zueinander kann nichts in Erfahrung gebracht werden. Es ist jedoch zu vermuten, daß ᶠLaṣaḫittu ihre Forderung als Gegenwert für Mitgiftsilber bekommen hat, das ihr Ehemann oder dessen Vater ausgegeben haben; *mu*]-*ti-ia* und *iš-me*]-*e-ma* (Z. 4′f.), wenn richtig ergänzt, könnten in diese Richtung deuten. Mitgiftsilber könnte aber auch als langfristiges antichretisches Darlehen an einen Dritten investiert worden sein. Da ᶠLaṣaḫittu sich beklagt, sie habe mit ihren Kindern kein Haus, um darin zu wohnen, wird man wohl annehmen müssen, daß sie Witwe war.

Nr. 48: Beurkundung des Ergebnisses eines Rechtsstreits
Inventarnummer: BM 65722 (82–9–18, 5712)

Vs

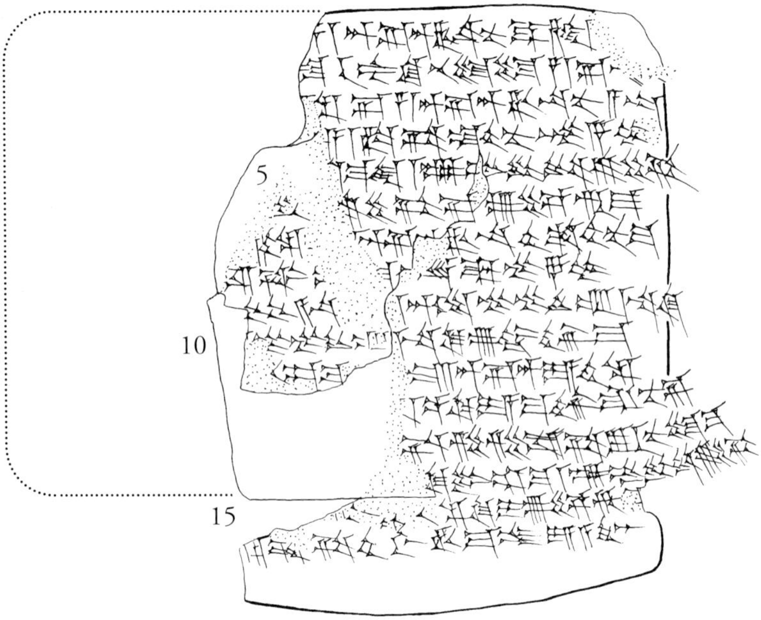

Rs

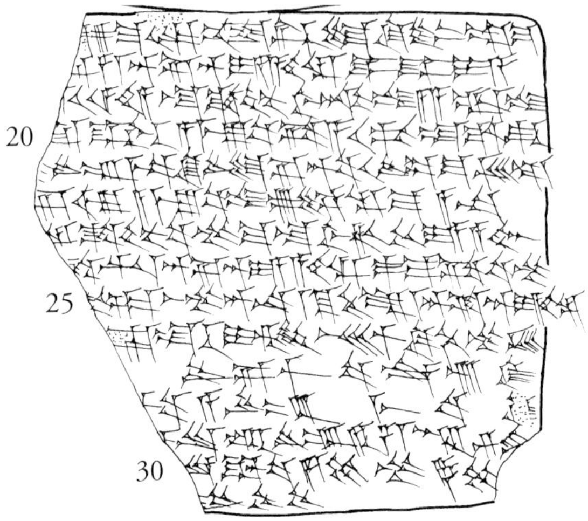

1 [... *šá* ^{md}*Bīt-ìl-ia-a-ḫi-ru mār-šú*] ⸢*šá*⸣ ^{md}*Bīt-ìl-ḫa-na-nu māru ṣa-ḫír* [o (o)]
2 [*šá* ^{f}*Ḫa-ma-tu*$_4$*-ia-a-aʾ ummi*] *abī-šú ár-ki mi-tu-tu šá* ^{md}*Bīt-ìl-*[*ḫa-na-nu*]
3 [*abi* ^{md}*Bīt-ìl-ia-a-ḫi*]*-ru bītu šá* ^{md}*Bīt-ìl-ḫa-na-nu a-na*
4 [... ^{m}*Zab-di-i*]*a ana kaspi ta-ad-din-nu ina šanat* 4.kam
5 [^{m}*Ku-ra-áš šàr Bābili*^{ki} *šàr mātāti i-n*]*a ma-ḫar* ^{md}*Nabû-šarra-uṣur* ^{lú}*simmāgir*(UD.ŠÀ$^{sic!}$-ŠE.GA)
6 [*it-ti-šú tad-bu-bu-ma* ^{md}*Nabû-šarra*]-⸢*uṣur*⸣ [^{lú}*si*]*mmāgir bītu ú-tir-ri-ma*
7 [*a-na* ^{md}*Bīt-ìl-i*]*a-ḫi-ru* [*mār-šú šá* ^{m}]^{d}*Bīt-ìl-ḫa-na-nu*$^{!}$ *id-din-nu-ma*
8 [*ina* ...] *iš-ṭur-r*[*u um*]-⸢*ma*⸣ ^{iti}*nisannu šanat* 7.kam
9 [^{m}*Ku-ra-áš šàr Bābili*^{ki} *šàr*] *mātāti*(KUR.KUR) *a-na* [*ma-ḫar*] ^{md}*Marduk-šuma-iddin* ^{lú}*šangû Sip-par*^{ki}
10 [*il-lak-ku* ^{md}*Marduk*]*-šuma-iddin* ^{lú}*šangû Sip-par*^{ki} *ú-paḫ-ḫi-ir-ma*
11 [^{lú}*ērib-bīt-*^{d}*Šamaš u*] ⸢^{lú}⸣*šībūt*(AB.BA)[^{meš} *ā*]*li* ^{md}*Bīt-ìl-ia-ḫi-ru*
12 [^{f}*Ḫa-ma-tu*$_4$*-ia-a-aʾ u*] ^{m}*Zab-di-ia ma-ḫi-ir-ra-a-nu bīti*
13 [*ub-lu-nim-ma ina ma-ḫar-šú-nu*] *uš-zi-zi iš-ta-lu-šú-nu-tu-ma*
14 [^{m}*Zab-di-ia eli ram-ni-šú ú*]*-ki-in um-ma* ^{md}*Nabû-šarra-uṣur* ^{lú}*simmāgir*
15 [...]-⸢x x x⸣*-ru ki-i ú-tir-ri* ⸢x⸣
16 [*a-na* ^{md}*Bīt-ìl-ia-ḫi-r*]*u it-ta-din* ^{f}*Ḫa-ma-tu*$_4$*-ia-a-aʾ*
Rs 17 [*iš-ta-l*]*u-ú-ma eli ram-ni-šú tu-ki-in um-ma*
18 [^{m}*Zab-di-ia b*]*ītu šá* ^{md}*Bīt-ìl-ia-a-ḫi-ru mār mārī-ia*
19 [*ana kaspi kī imḫuru*] *u kurummātu*$^{ḫi.a}$ *la id-din-nu* ^{f}*Bal-tu*$_4$*-a-a al-tu*$_4$
20 [PN *u* ^{f}...]*-ra mārtī-šú a-me-lu-ut-ta-a ul ad-da-áš-šú*
21 [^{md}*Marduk-šuma-idd*]*in* ^{lú}*šangû Sip-par*^{ki} ^{lú}*ērib-bīt-*^{d}*Šamaš u* ^{lú}*šībūt*(AB.BA)^{meš} *āli*
22 [...] *bītu u a-me-lu-ut-tu*$_4$ *ú-tir-ru-ma a-na*
23 [^{md}*Bīt-ìl-ia-ḫi*]*-ru id-din-nu u*$_4$*-mu ma-la* ^{f}*Ḫa-mat-ia-a-aʾ*
24 [*bal-ṭa-tu*] *it-ti* ^{md}*Bīt-ìl-ia-a-ḫi-ru áš-ba-at u*$_4$*-mu*
25 [x silà *akalu*$^{ḫi.a}$ x silà] *billatu*([KAS].SAG) *ina šatti*$_2$ 1 ^{túg}KUR.RA ^{md}*Bīt-ìl-ia-a-ḫi-ru*
26 [*a-na* ^{f}*Ḫa-mat-ia-a-aʾ*] ⸢*ummi*$^{!}$⸣ *abī-šú i-nam-din ina purussē*(EŠ.BAR) *dīni*(DI.KU$_5$) *šuāti*(MU)^{meš}
27 [*maḫar* ^{md}*Marduk-šuma-iddin*] ^{lú}*šangû*$_2$ *Sippar*^{ki}
28 [^{m}*Iqīša-*^{d}*Marduk mār*$_2$*-šú šá* ^{m}*E-tel-pi*]-^{d}*Šamaš mār*$_2$ ^{lú}*Šangû-Sip-par*^{ki}
29 [... ^{m}*A*]*rad-*^{d}*Bēl* ^{lú}*ṭupšarru*$_2$ *mār*$_2$*-šú šá* ^{md}*Bēl-ušallim*
30 [*mār*$_2$ ^{md}*Adad-šam-me-e Sippar*^{ki}] ^{iti}*nisannu ūmi* 4.kam *šanat* 7.kam
31 [^{m}*Ku-ra-áš šàr Bābili*^{ki}] *šàr mātāti*(KUR.KUR)

Von der Tafel fehlt links etwa ein Drittel, alle Ergänzungen sind daher höchst unsicher. Die hier gebotene Umschrift versteht sich als ein Versuch, die Lücken je nach Länge sinnvoll zu füllen, um einen zusammenhängenden Text zu gewinnen. Der Problematik eines solchen Verfahrens ist sich die Autorin bewußt.

Z. 1 Es ist wohl *amātu, dīnu* o.ä. zu ergänzen. Das Haus wird in Z. 3 erwähnt und wäre hier syntaktisch schlecht unterzubringen.
Beide Namen sind Westsemitisch und mit dem theophoren Element Bēt-el gebildet; zu *-iaḫīru* von *ʿwr* „erwecken" vgl. PNA 2/I, S. 517 *s.v.* Il-iaḫīru und zu *-ḫanānu* von *ḥnn* „segnen" vgl. PNA 2/I, S. 449f. *s.v.* Il-ḫanāna.

Z. 4 Die Lücke am Beginn ist für den Namen des Käufers zu groß. Da fḪamatajā in Z. 19 betont, keine Versorgungsleistungen (*kurummātu*) vom Käufer erhalten zu haben, wird man annehmen können, dies sei der Zweck der Vereinbarung gewesen.

Z. 5, 6, 14 Beim Titel des Simmāgir ist USKAR (UD.SAR) in UD.ŠÀ verschrieben. Ein solcher Beamter namens Nabû-šarra-uṣur ist bisher nicht belegt (A.C.V.M Bongenaar, *Ebabbar*, S. 128).

Z. 8 Die Ergänzung *riksu*/*riksāti* oder *sipru* füllt die Lücke nicht aus; das erwähnte Dokument dürfte aber keine Tontafel gewesen sein.

Z. 16 Der in PNA 2/I, S. 446 gebuchte männliche Name Ḫamatāiu („Man from Hamath") ist zu vergleichen.

Z. 28–30 Zur Ergänzung des Zeugen- und Schreibernamens vgl. den Index in A.C.V.M. Bongenaar, *Ebabbar*.

Übersetzung

[(Was) *die Rechtssache* des Bīt-il-iaḫīru, des Sohnes] des Bīt-il-ḫanānu, des kleinen Kindes (betrifft): (Z. 2) [daß fḪamatajā, die Mutter] seines Vaters, nach dem Tod des Bīt-il-[ḫanānu], (Z. 3) [des Vaters des Bīt-il-iaḫī]ru, das Haus des Bīt-il-ḫanānu für (Z. 4) [*ihren Unterhalt*(?) an Zabdija] für Silber gegeben (= verkauft) hat (und) im Jahre 4 (Z. 5) [des Cyrus, Königs von Babylon und der Länder,] vor Nabû-šarra-uṣur, dem Simmāgir, (Z. 6) [gegen ihn geklagt hat, und Nabû-šarra]-uṣur, der Simmāgir, das Haus zurückgegeben und (Z. 7) [dem Bīt-il]-iaḫīru, [dem Sohn des] Bīt-il-ḫanānu gegeben hat, und (Z. 8) [in dem *Dokument*] folgendermaßen geschrieben hat: ‚Im Nisan des Jahres 7 (Z. 9) [des Cyrus werden sie] zu Marduk-šuma-iddin, dem Šangû von Sippar, (Z. 10) [gehen (oder: vor M. Rechtsstreit führen)]‘:

Marduk-šuma-iddin, der Šangû von Sippar, versammelte (sie), und (Z. 11) [die Tempelbetreter des Šamaš-(Tempels) und] die Ältesten der Stadt ließen Bīt-il-iaḫīru, (Z. 12) [fḪamatujā] und Zabdija, den Käufer des Hauses, (Z. 13) [holen, und vor ihnen] erscheinen sie. Und sie befragten sie, und (Z. 14) [Zabdija] bestätigte [freiwillig folgendermaßen: ‚Nabû-šarra-uṣur, der Simmāgir, (Z. 15) [hat das Haus …] als er es zurückgab, dem (Z. 16) [Bīt-il-iaḫīru] gegeben. fḪamatajā (Z. 17) [befrag]ten sie, und sie bestätigte freiwillig folgendermaßen: (Z. 18) ‚[Als Zabdija] das Haus des Bīt-il-iaḫīru, des Sohnes meines Sohnes, (Z. 19) [für Silber empfangen,] aber (uns) keine Verpflegung gegeben hatte, habe ich ihm fBaltaja, die Ehefrau (Z. 20) [des …, und PNf], ihre Tochter, meine Sklaven, (auch) nicht gegeben.‘ (Z. 21) [Marduk-šuma-iddin], der Šangû von Sippar, die Tempelbetreter des Šamaš-(Tempels) und die Ältesten der Stadt (Z. 22) [berieten … und] gaben das Haus und die Sklaven zurück und gaben sie an (Z. 23) [Bīt-il-iaḫī]ru. Solange fḪamatajā (Z. 24) [lebt], wohnt sie bei Bīt-il-iaḫīru. Täglich (Z. 25) [x Silà Brot, x Silà] gutes Bier (und) jährlich ein KUR.RA-Gewand wird Bīt-il-iaḫīru (Z. 26) [an fḪamatajā], die Mutter seines Vaters, geben.

Bei der Entscheidung dieser Rechtssache (waren zugegen):

Zeugen	[Marduk-šuma-iddin], dem Šangû von Sippar
	Iqīša-Marduk/Etel-pī]-Šamaš/Šangû-Sippar
	ein weiterer Zeuge
Schreiber	Arad Bēl/Bēl-ušallim/Adad-šammê
Ausstellungsort	[Sippar]
Datum	4.1.7 Cyr (19.4.532 v. Chr.)

Kommentar

Die vorliegende Urkunde ist trotz ihrer Beschädigungen in zweierlei Hinsicht interessant: wegen des beurkundeten Vorgangs und wegen des juristischen Prozedere.

Es geht um ein Haus, das ein Sohn im Kindesalter von seinem Vater geerbt hat. Er scheint keine nahen männlichen Verwandten mehr gehabt zu haben, da es seine Großmutter (die Mutter des Vaters) ist, die sich seiner annimmt und—um für seinen Unterhalt sorgen zu können—das Haus an einen gewissen Zabdija verkauft hat. Daß es nicht um einen Fall von Miete oder antichretischer Verpfändung geht, wird aus dem Terminus *māḫirānu* deutlich, mit dem Zabdija in Z. 12 bezeichnet wird. Daß die Großmutter nach dem Tode ihres Sohnes zum Verkauf des Hauses berechtigt war, auch wenn es formal zum Erbe des Enkels gehörte, scheint niemand anzuzweifeln. Wenn kein Brot im Haus ist, können Vermögensobjekte nicht geschont werden, zumal eigentlich der Enkel mit dem Erbe seines Vaters (zumindest theoretisch) auch die Verpflichtung übernommen hat, dessen Mutter zu versorgen. Es scheint auch, als sei trotz der Formulierung *ana kaspi nadānu* „für Silber geben" gar kein Silber gezahlt worden, sondern mit dem Käufer die Lieferung von Nahrungsmitteln vereinbart worden, möglicherweise sogar mit behördlicher Zustimmung.

Da der Käufer aber seinen Verpflichtungen nicht nachgekommen war, verlangte die Großmutter vom zuständigen Beamten, dem Simmāgir, eine Annullierung des Vertrags. Dieser entschied zu ihren bzw. ihres Enkels Gunsten, verlangte aber, den Fall im 7. Jahr des Cyrus (d.h. zwei oder drei Jahre später) der höchsten Tempelbehörde und den Stadtältesten von Sippar noch einmal vorzulegen. Dies geschah, gleich zu Beginn des Jahres. Nach erneuter Anhörung der Parteien, die keinen Widerspruch einlegten, wurde der Enkel als Eigentümer des Hauses bestätigt. Zugleich wurde ihm auferlegt, für seine Großmutter zu sorgen, sie bei sich wohnen zu lassen und ihr Speise und Kleidung zu geben.

Es scheint, als habe der Simmāgir im Jahre 4 Cyr den Fall zwar interimsmäßig entschieden, aber noch nicht gleich an die übergeordneten Autoritäten weiterleiten wollen. Dies könnte mit dem Alter des Enkels zu tun haben: Als er das Haus erbte, war er *māru ṣeḫru*, ein kleines Kind, wohl zwischen drei und sechs Jahren.[1] Bei Ausstellung der vorliegenden Urkunde muß er als geschäftsfähig, also bereits „erwachsen" gegolten haben, denn er übernimmt eine Verpflichtung. Man hat offensichtlich diesen Zeitpunkt abwarten wollen, bevor man eine endgültige Entscheidung traf.

Die beiden Parteien, die sich vor Gericht gegenüberstehen, haben westsemitische Namen, die sie als Nicht-Babylonier ausweisen. Dies ist selten der Fall, weitaus häufiger sind Transaktionen oder Streitfälle zwischen Babyloniern auf der einen Seite und Nichtbabyloniern auf der anderen dokumentiert.[2] Darüber hinaus erscheint ein Beamter mit der Klärung ihrer Angelegenheiten befaßt, der in Keilschrifttexten nicht allzu oft vorkommt: der Simmāgir.[3] Nabû-šarra-uṣur trägt einen typischen Beamtennamen und erscheint hier in richterlicher Funktion.[4] Offensichtlich war er für die Belange der Nichtbabylonier zuständig und ließ Dokumente für sie ausstellen, sicher in aramäischer Sprache. Dies mag

---

1 So F. Joannès, KTEMA 22, S. 123 auf der Basis von Sklavenkaufverträgen.

2 Mündliche Auskunft von R. Zadok.

3 Zu Titel, Herkunft und Belegen s. W. von Soden, ZA 62; den spärlichen Belege im Ebabbar-Archiv s. A.C.V.M. Bongenaar, *Ebabbar*, S. 128[142].

4 In AnOr 8 56 hatte der Stellvertreter (*šanû*) des Simmāgir darüber zu befinden, wem eine bestimmte Sklavin gehörte.

erklären, warum die Amtsinhaber in Keilschrifttexten so selten erwähnt sind und wir nicht wissen, ob es gleichzeitig mehrere Amtsinhaber an verschiedenen Orten oder gar am selben Ort gegeben hat. Der Karriereweg könnte über den *ša-rēši*-Beamten und den königlichen Alphabetschreiber (*sepīru ša šarri*) geführt haben. Ob aber der im Jahre 16 Nbn im Ebabbar bezeugte Alphabetschreiber namens Nabû-šarra-uṣur mit unserem Simmāgir identisch ist, läßt sich nicht feststellen.[5]

Daß der Fall schließlich dem Šangû und den Stadtältesten von Sippar vorgelegt wird, wird damit zu tun haben, daß die Protagonisten in einem Gebiet wohnten, das der Verwaltung von Ebabbar unterstand.

5 A.C.V.M. Bongenaar, *Ebabbar*, S. 501.

1. Personen

Es werden folgende Symbole verwendet:

~	ersetzt den fraglichen Namen oder Begriff
•	der Name erscheint als Personenname
○	der Name erscheint als Vatersname
¤	der Name erscheint als Ahnherrenname
?	unklar, ober der Name Personen-, Vaters- oder Ahnherrenname ist
⚭	kennzeichnet den Ehepartner
Skl.	die Person ist ein Sklave
	Filiationen werden mit •/○/¤ angegeben, bei Ausfall eines Gliedes •/○ bzw. •//¤
kursive	Zeilennummern kennzeichnen Zeugen
fette	Zeilennummern kennzeichnen Schreiber

Bēl-rēmanni (^{md}en-*re-e-ma-an-ni*)
• -//Mandidi BM 35508+ (Nr. 42): 4, *šākin ṭēmi* von Babylon
Bēl-ri[...] ($^{md+}$en-*ri*-[)
• -/[...] BM 41869 (Nr. 23): Rs. *14′*
Bēl-šuma-iškun ($^{md+}$en-mu-gar-*un*)
○ Sagil/-/Egibi BM 59618 (Nr. 39): 6
Bēlšunu (^{m}en-*šú-nu*)
• -/Nabû-balāssu-iqbi/Balīḫī BM 55784 (Nr. 35): Rs *10′*
○ [...]/-/lú[...] BM 36463 (Nr. 21): Rs 4′
Bēl-uballiṭ ($^{md+}$en-tin-*iṭ*)
○ Bēl-iddin/- BM 47552 (Nr. 18): 21
Bēl-upaḫḫir ($^{md+}$en-nigin-[)
• -/[...] BM 36466 (Nr. 37): 9
Bēl-upāqu siehe Ana-Bēl-upāqu
Bēl-ušallim ($^{md+}$en-gi)
• -/Arad-Marduk/Ēṭiru BM 46787 (Nr. 4): *28*
○ Arad-Bēl/-/Adad-šammê BM 59721 (Nr. 9): 19, BM 65722 (Nr. 48): 29
Bēl-[...] ($^{md+}$en-[)
○ [...]/- BM 42470 (Nr. 3): 14
Bēl/Nabû-[...] ($^{md+}$[)
• - BM 77432+ (Nr. 46): 6′
^{f}Bissaja (^{f}*Bi-is-sa-a*)
• -/[...] BM 46618 (Nr. 2): 3, 6, 17, 19, 30, Schwester des Nergal-pir᾽a-uṣur, ⚭ Nergal-uballiṭ
Bīt-il-ḫanānu (^{md}é-dingir-*ḫa-na-nu*)
○ Bīt-il-iāḫīru/- BM 65722 (Nr. 48): 1, 2, 3, 7
Bīt-il-iāḫīru (^{md}é-dingir-*ia-a-ḫi-ru*)
• -/Bīt-il-ḫanānu BM 65722 (Nr. 48): 7, 11, 16, 18, 23, 24, 25
Būdija (^{m}*bu-di-ia*)
• Skl. BM 46581 (Nr. 30): 3′ ⚭ ^{f}Nanaja-dīninni, siehe Ina-Esagil-būdija
Bulṭaja (^{m}*bul-ṭa-a*)
○ Marduk-zēra-ibni/-/Bēlijau Nr. 10: 7a
^{f}Bu᾽ītu (^{f}*bu-᾽-i-tu*$_{4}$)
• -/[...]/Bēl-ēṭiru BM 30515 (Nr. 33): 11
Būnānu (^{m}*bu-na-an-n*[*u*])
• -/[...] BM 40566 (Nr. 12): *23*
^{f}Buraja(?) (^{f}⌜*bu*$^{?}$-*ra*$^{?}$-*a*$^{?}$⌝)
• Skl. BM 40030 (Nr. 41): 1′
Buraqu (^{m}*bu-r*[*a*-)
¤ [...]/[...]-mukīn-apli/- BM 47795+ (Nr. 29): 27′
^{f}Burāšu (^{f}*bu-ra-šú*)
• -/Nergal-ušēzib/Dābibī BM 77425 (Nr. 44): 5′, 11′, 15′, 33′ ⚭ Bēl-iddin
^{f}Busasa (^{f}*bu-sa-sa*)
• -/Nāṣir/Nabunnaja(?) BM 40566 (Nr. 12): 14 ⚭ Šamaš-ēṭir, Tochter der ^{f}Etellītu
^{f}Bu[...] (^{f}*bu*-[)
• Skl. 32153:+ 20′
-//Paḫḫāru(?) BM 38428 (Nr. 26): 3′
Dābibī (^{m}*da-bi-bi*)
¤ ^{f}Burāšu/Nergal-ušēzib/- (BM 77425 (Nr. 44))
Kabti-ilī-[Marduk]/Ēṭeru/- Nr. 10: 4c
Nabû-ēṭir//- BM 77425 (Nr. 44): 28′, 30′
Nabû-kēšir/Nabû-ēṭir/- BM 77425 (Nr. 44): 28′, 30′
Taqīš-Gula/Ēṭiru/- Nr. 10: 7a
Zababa-napištī-uṣur/Nabû-mukīn-apli/- BM 31425+ (Nr. 8): 3′′
[...]/Nabû-bāni-zēri/- BM 46838 (Nr. 28): Rs 11′
[...]/Šamaš-uballiṭ/- BM 31721 (Nr. 22): Rs 8′ (Dābi<bi>)
Daddija (^{m}*da-ad-di-ia*)
• - BM 77432+ (Nr. 46): 25′
^{f}Damqaja (^{f}*dam-qa-a*)
• - BM 77425 (Nr. 44): 2′, 5′, 11′, 17′, 27′, 35′, [36′], Mutter des Nabû-ēṭir// Dābibī
Da...-il (^{m}*da*-⌜x⌝-(x)-dingir)
○ Attâ-panâ/- BM 33795 (Nr. 5): Rs 6′
DA[...]
• -/Nabû-[...]/Šangû-Ištar-Bābili BM 59721 (Nr. 9): *16*
^{f}Dīninni (^{f}*di-nin-ni*)
• Skl. der ^{f}Šikkuttu BM 46830 (Nr. 32): 4 ⚭ Ina-Esagil-būdija, siehe ^{f}Nanaja-dīninni
^{f}Dumqīšu-āmur (^{f}*dum-qi-šú-a-m*[*ur*])
• -/Šamaš-iddin/Rabâ-ša-Ninurta BM 35675 (Nr. 24): 4′
DÙ$^{?}$-[...] (^{m}⌜dù⌝$^{?}$-[)
○ [...]/- BM 40030 (Nr. 41): Rs 4′
Ea-aḫḫē-iddin (^{md}be-šeš.meš-mu)
○ Bēl-ikṣur/-/Ēṭiru BM 46721 (Nr. 31): 3
(Ea)-eppeš-ilī ($^{m(d}$be)-dù-*eš*-dingir.(meš))
¤ Bēl-ittannu/Nergal-ušallim/- (BM 55784 (Nr. 35))
^{f}Kalaturtu/Nergal-ušallim/- (BM 55784 (Nr. 35))
Mannu-iqabu/Nergal-ušallim/- (BM 55784 (Nr. 35))
Nergal-ušallim/[...]/- BM 55784 (Nr. 35): 2
Ṣillaja/[...]-šuma-ibni/- BM 41663+ (Nr. 45): 8′

^{f}Ubārtu/Ea-šuma-[uṣur]/-
BM 46581 (Nr. 30): 6′
[...]-Marduk//-
BM 46838 (Nr. 28): Rs 10′

Ezida-šadûnu (^{m}*é-zi-da-šá-du-nu*)
• -/Nabû-zēra-iddin/Badi-ilu
BM 103451 (Nr. 38): *45*

E[...] (^{m}⸢*e*⸣-[)
¤ [...]-zēru-līšir/Iddin-Nabû
BM 38205 (Nr. 36): 16

^{f}Gagaja (^{f}*ga-ga-a*)
• -/Bēl-nāṣir BM 32463 (Nr. 17): 1, 10; *NN* ⚭ Pir'u/Marduk-ušallim/Aḫḫē'u, Mutter der ^{f}Nuptaja

^{md}GAL-⸢x⸣[...]
• -/[...] BM 36466 (Nr. 37): Rs *14′*

^{f}Gigītu (^{f}*gi-gi-i-tu*$_{4}$)
• -/[...] BM 59721 (Nr. 9): 1, 5, 8, 9 ⚭ Iddin-Nabû/Marduk-šuma-ibni/ Malāḫu

Gimillu (^{m}*gi-mil-lu*)
• -/[...] BM 41933 (Nr. 14): Rs *3′*

Gimil-Šamaš (^{m}šu-^{d}utu)
• -/Bēl-ibni/Naggāru
BM 103451 (Nr. 38): *42*

Gula-šuma-ibni (^{md}*gu-la*-mu-*ib-ni*)
• -/Ur-Bēlet-Dēri/Šangû-Gula
BM 38215 (Nr. 19): *20′*

Gula-šuma-uṣur (^{md}*gu-la*-mu-urù)
• -/Bāba-pir'u-uṣur/Egibi BM 38215 (Nr. 19): *16′*, ⸢26′⸣ ⚭ ^{f}Šidatu

Gula-zēra-ibni (^{md}*gu-la*-numun-dù)
• -/[...] BM 41933 (Nr. 14): 7′, Sohn der ^{f}Kāṣirtu

Gūzānu (^{m}*gu-za-na*/*nu*)
• -/Nabû-ēṭir, *širku* des Nabû-Tempels
BM 42470 (Nr. 3): 2, 7, 16, 17
-/Nabû-idi-x, *širku* des Nabû-Tempels
BM 42470 (Nr. 3): *25*
○ [...]-bullissu/- BM 46787 (Nr. 4): 30
[...]/- BM 47084 (Nr. 6): 4′

Ḫabaṣīru (^{m}*ḫa-ba-ṣi-i-ri*)
○ Mušēzib-Bēl/- BM 59584 (Nr. 1): Rs 10′

^{f}Ḫabaṣītu (^{f}*ḫa-ba-ṣi-tu*$_{4}$)
• Skl. BM 103451 (Nr. 38): 24, mit Kindern

^{f}Ḫamatajā' (^{f}*ḫa-mat*/*ma-tu*$_{4}$*-ia-a-'*)
• - BM 65722 (Nr. 48): 16, 23, Großmutter des Bīt-il-iāḫīru

Ḫuzalu (^{m}*ḫu-za-lu*)
• - BM 103451 (Nr. 38). 28

Ibnaja (^{m}dù-*a*, ^{m}*ib-na-a*)
• -/[...] BM 40566 (Nr. 12): *20*

○ Nergal-aḫa-iddin/-/Itinnu
BM 77425 (Nr. 44): 22′

Iddin-aḫu (^{m}sum.na-šeš)
• -/Šulaja/Ilu-bani BM 21975 (Nr. 15): Rs *11′*
○ Marduk-nāṣir/-/Ṣāḫit-ginê
BM 59618 (Nr. 39): 13
[...]-šuma-iddin/-/[Idd]in-Papsukkal
BM 21975 (Nr. 15): Rs 14′

Iddinaja (^{m}mu/sum.na-*a*)
• -/Bēl-eṭēri-Nabû BM 47552 (Nr. 18): *23*
○ [...]/-/lú[...] BM 36463 (Nr. 21): Rs 5′

Iddin-Bēl (^{m}sum.na-$^{d+}$en)
• -/Ana-Bēl-upāqu/Šangû-Zāriqu
BM 32619 (Nr. 34): Rs **11**′

Iddin-Marduk (^{m}mu/sum.na-^{d}amar.utu)
• -/Bāba-ēreš BM 46787 (Nr. 4): *31*
-/Nabû-ēṭir/Nappāḫu
BM 30515 (Nr. 33): *22*
-/Nabû-mukīn-apli/Egibi
BM 32619 (Nr. 34): 1, 9, Rs 5′
-/[...] BM 41663+ (Nr. 45): 1′, 2′, 3′, 8′, 11′, 13′, 14′, 17′, 18′, Rs 28′, 30′, 31′, 34′, 36′ ⚭ ^{f}Kuttaja
○ Nabû-balāssu-iqbi/-/Egibi
(BM 32619 (Nr. 34))

Iddin-Nabû (^{m}mu-$^{d+}$ag)
• -/Marduk-šuma-ibni/Malāḫu BM 59721 (Nr. 9): [2], 6, 7, 9 ⚭ ^{f}Gigītu
-/Nabû(?)-mukīn-apli/Šangû-Enamtila
BM 38215 (Nr. 19): *24′*
○ [...]-zēru-līšir/-/E[...]
BM 38205 (Nr. 36): 16

Iddin-Papsukkal (<>.na-^{d}*pap-sukkal*)
¤ [...]-šuma-iddin/Iddin-aḫu/-
BM 21975 (Nr. 15): Rs 14′

Iddin-Bēl/Nabû (^{m}*id-di-na*-$^{d+}$[)
○ Nabû-aḫa-ittannu/-
BM 47552 (Nr. 18): 19

Iddin-[...] (^{m}sum.na-[)
○ [...]-bēlšunu/- BM 32153+ (Nr. 16): Rs 21

^{f}Ilat (^{f}*i-lat*)
• - BM 41663+ (Nr. 45): 13′, Rs 26′ ⚭ Nādin

Ile''i-bulluṭu-Marduk (^{m}á.gál-ti.la-^{d}asar.ri)
¤ Marduk-ēṭir/Mušēzib-Marduk/-
BM 38205 (Nr. 36): 2
Rīmūt-Gula/Marduk-ēṭir/-
(BM 38205 (Nr. 36))

Ile''i-Marduk (^{m}da-^{d}amar.utu)
¤ Šūzubu/[Zababa-aḫa-iddin]/-
BM 55784 (Nr. 35): Rs 15′

Nabû-aḫḫē-šullim (md+ag-šeš.meš-*šul-lim*/gi)
• -/Nabû-šuma-imbi/Ea-ibni
BM 21975 (Nr. 15): Rs *8'*
-/[...] BM 38943 (Nr. 40): Rs *12'*
○ Rīmūt-Nabû/- BM 46838 (Nr. 28): Rs 5'
Nabû-apla-iddin (md+ag-ibila/a-mu)
• -/Marduk-bēl-zēri/MU[...]
BM 30515 (Nr. 33): **25**
-/[...]/[...]
BM 35508+ (Nr. 42): 11, 15, 16', 19'
○ Bēl-aḫḫē-iddin/-/[...]
BM 35508+ (Nr. 42): 1, 4'
fBēlet/- BM 47552 (Nr. 18): 12, 13, 16
Marduk-šuma-ibni/-/[...]
BM 35508+ (Nr. 42): 1, 4'
Nabû-mušētiq-uddê/-/[...]
BM 35508+ (Nr. 42): 1, 4'
Nabû-apla-[...] (md+ag-ibila-[)
○ [...]/-/[...] BM 35508+ (Nr. 42): 15''
Nabû-balāṭsu-iqbi (md+ag-tin-*su*-e/*iq-bi*)
• -/Iddin-Marduk/Egibi
BM 32619 (Nr. 34): 10
-/Nergal-ušēzib/Sîn-damāqu
BM 32619 (Nr. 34): 7
Nabû-bakti-idikki (md+ag-*ba-ak-ti-i-di-i*[*k-ki*])
• Skl. BM 40030 (Nr. 41): 2'
Nabû-balāssu-iqbi (md+ag-tin-*su*-e/-*iq-bi*)
• -/[...]/[...] BM 35508+ (Nr. 42): 2, 6, [9], 9', 10', 13', 14', 17', 20', 22', 25', 27', 28', 29', 31', 33'
-(//Amēlû)
BM 46580 (Nr. 11): *17'* Richter
○ Bēlšunu/-/Balīḫī BM 55784 (Nr. 35): Rs 10'
Nabû-bāni-aḫi (md+ag-dù-šeš)
• -/Balāssu/[...] BM 41933 (Nr. 14): Rs **6'**
Nabû-bāni-zēri (md+ag-dù-numun)
○ [...]/-/Dābibī BM 46838 (Nr. 28): Rs 11'
Nabû-barḫi-ilī (md+ag-*bar-ḫi*-dingir.meš)
○ Mušēzib-Marduk/-/Naggāru
BM 32619 (Nr. 34): Rs 9'
Nabû-bēlšunu (md+ag-en-*šú-nu*)
• -/Balāṭu/Ir'anni BM 31425+ (Nr. 8): 2, 10', 14' ⚭ fRē'ītu/Bēl-kāṣir
Nabû-bēl-[...] (md+ag-en-[)
? - BM 36463 (Nr. 21): Rs *7'*
Nabû-bullissu (md+ag-*bul-liṭ-su*)
• -/Bēl-iddin/Šangû-Šamaš
BM 55784 (Nr. 35): Rs *12'*
Nabû-ēṭir (md+ag-sur/kar-*ir*)
• -/Bēl MU?-[...] BM 46721 (Nr. 31): 14
- BM 77432+ (Nr. 46): 20', Rs 4'', Bruder des Nabû-ušebši
-//Dābibī BM 77425 (Nr. 44): 13', 14', 22', 29', 30'
○ Balāṭu/-/Rē'i-sīsî BM 35508+ (Nr. 42): rRd Siegelbeischrift
Gūzānu/- BM 42470 (Nr. 3): 2
Iddin-Marduk/-/Nappāḫu
BM 30515 (Nr. 33): 22
Nabû-kēšir/-/Dābibī (BM 77425 (Nr. 44))
¤ Bēl-nādin-apli//- (= Ēṭiru?)
BM 47552 (Nr. 18): 25
Nabû-ēṭir-napšāti (md+ag-kar-*ir*-z[i.meš])
• -/Nādin/Basija BM 21975 (Nr. 15): 2, Rs *7'*, ⚭ fAḫātī//Basija
-/[...] BM 40566 (Nr. 12): *22*
○ fṢirâ/-/Basija Rs 13'
Nabû-idi-x (md+ag-*i-di*-⌜x (x)⌝)
○ Gūzānu/- BM 42470 (Nr. 3): 25
Nabû-ikṣur (md+ag-*ik-ṣur*)
• -/[...] BM 32463 (Nr. 17): Rs *3*
Nabû-ittannu (md+ag-*it-tan-nu*)
• -/Adad-zēra-[...] BM 47552 (Nr. 18): 5
-/Ea-šuma-uṣur/Urindu-amāssu
BM 46787 (Nr. 4): *25*
Nabû-kāṣir (md+ag-kád)
• -/Šuma-ukīn/Ēṭiru
BM 46787 (Nr. 4): 3, 7, 9, 17
○ fInbaja/-/Ēṭiru BM 46787 (Nr. 4): 3
Nabû-kēšir (md+ag-*ke-šìr*)
• Nabû-ēṭir/-/Dābibī BM 77425 (Nr. 44): 10', 13', 15', 18', 21', 27', 28', 30', 36', [40']
Nabû-lē'i (md+ag-da, *-le-'*)
• -/Nabû-ušallim BM 103451 (Nr. 38): 32
-/[...] BM 41869 (Nr. 23): Rs *11'*
○ Marduk-zēra-ibni/-/Itinnu(?)
BM 31721 (Nr. 22): Rs 7'
Nabû-mukīn-apli (md+ag-gin-ibila/a)
• -/Nabû-mukīn-apli(Fehler?)/Sippê
BM 59618 (Nr. 39): *16*
-//Paḫḫāru BM 47795+ (Nr. 29): [**33'**]
-, *sartennu* BM 77432+ (Nr. 46): [lRd, Siegelbeischrift] Siegel erhalten
- BM 37722 (Nr. 25): Rs *2'*
○ Iddin-Marduk/-/Egibi
BM 32619 (Nr. 34): 1
Iddin-Nabû/-/Šangû-Enamtila
BM 38215 (Nr. 19): 24'
Nabû-mukīn-apli(Fehler?)/-/Sippê
BM 59618 (Nr. 39); 17
Zababa-napištī-uṣur/-/Dābibī
BM 31425+ (Nr. 8): 3''
[...]/-/[...]ri BM 38205 (Nr. 36): 11

Nabû-zēra-ukīn (md+ag-numun-gin)
• -/[...] BM 40523 (Nr. 13): *19*
-//Bā'iru BM 35508+ (Nr. 42): oRd Siegelbeischrift
Nabû-[...] (md+ag-[)
• -/Rīmūt/[...] BM 32153+ (Nr. 16): Rs *17*
-//Nur-Papsukkal BM 36463 (Nr. 21): Rs **8′**
- BM 36463 (Nr. 21): Rs *2′*; BM 38428 (Nr. 26): 7′
Skl. BM 35675 (Nr. 24): 2′
◦ DA[...]/-/Šangû-Ištar-Bābili BM 59721 (Nr. 9): 17
? - BM 36466 (Nr. 37): 3
Nādin (m*na-di-nu*/-*din*)
• -/Adda-rām BM 47552 (Nr. 18): 1
-/Lūṣi-ana-nūr-Marduk/Ilūta-bani BM 21975 (Nr. 15): Rs *10′*
-/Šamaš-šuma-iddin/Naggāru BM 103451 (Nr. 38): *46*
-/[...] BM 41663+ (Nr. 45): 13′, Rs 26′ ⚭ fIlat
◦ Nabû-ēṭir-napšāti/-/Basija BM 21975 (Nr. 15): 3, Rs 7′
Rīmūt-Bēl/-/Sîn-šadûnu BM 46646 (Nr. 27): 14
Nadnaja (m*nad-na-a*)
◦ [...]/-/[...] BM 35508+ (Nr. 42): 2′′
Naggāru (lúnagar)
¤ Gimil-Šamaš/Bēl-ibni/- BM 103451 (Nr. 38): 42
Marduk-šuma-ibni/Bēl-ibni/- BM 59584 (Nr. 1): Rs 7′
Mušēzib-Marduk/Nabû-barḫi-ilī/- BM 32619 (Nr. 34): Rs 9′
Nādin/Šamaš-šuma-iddin/- BM 103451 (Nr. 38): 46
Šamaš-aḫḫē-erība/Šamaš-mukīn-apli/- BM 103451 (Nr. 38): 48
Na'id-Marduk (mi-damar.utu)
• -/[...] BM 41869 (Nr. 23): Rs *12′*
◦ Kabtija/-/Ṣāḫit-ginê BM 46646 (Nr. 27): 4
Nabû-šuma-ukīn/-/Ša-ṭābtīšu BM 46646 (Nr. 27): 15
fNanaja-dīninni (fd*na-na-a-di-ni-in-ni*)
• Skl. BM 46581 (Nr. 30): 3′ ⚭ Būdija, siehe fDīninni
Nanna-utu (mdšeš.ki-u.tu)
¤ [...]//- BM 46646 (Nr. 27): 13
Nappāḫu (lúsimug)
¤ Iddin-Marduk/Nabû-ēṭir/- BM 30515 (Nr. 33): 22
Itti-Nabû-balāṭu/Marduk-šuma-uṣur/- BM 32619 (Nr. 34): Rs 8′
Nāṣir (m*na-ṣi-ru*)
• -/Etellu/Šamaš-(a)bāri BM 103451 (Nr. 38): [2], 9, 15, 23, 29, 30
-/Nergal-ēṭir(?)/Nabunnaja(?) BM 40566 (Nr. 12): 11, [12(?)] ⚭ fEtellītu
fdNa-[...]
• Skl. BM 46581 (Nr. 30): Rs 5
Nergal-aḫa-iddin (mdu.gur-šeš-mu)
• -/Ibnaja/Itinnu BM 77425 (Nr. 44): **22′**
◦ Ṣillaja/-/Sîn-karābi-išme BM 77425 (Nr. 44): 23′
Nergal-bānūnu (mdu.gur-*ba-nu-nu*)
-(//Rab-banê) BM 46580 (Nr. 11): *16′*, lRd Richter
Nergal-ēṭir (mdu.gur-sur/kar-*ir*)
• -/Aplaja/Ṭābiḫu Nr. 10: *7*a, Bruder der Braut
◦ [Nāṣir(?)]/-/Nabunnaja BM 40566 (Nr. 12): 13
Nergal-iddin (mdu.gur-mu)
• - BM 77432+ (Nr. 46): 17′, 21′, 23′
◦ Mušēzib-Bēl/- BM 77474 (Nr. 47): 17′, Rs 3′
Nergal-ina-tešê-eṭir (mdu.g]ur-*ina*-sùḫ-sur)
◦ [...]/-/Ba'iru BM 38125 (Nr. 43): 32
Nergal-pir'a-uṣur (mdu.gur-nunuz-urù)
• -/[...] BM 46618 (Nr. 2): 2, 5, 8, 32
◦ fBissaja/- (BM 46618 (Nr. 2))
Nergal-tabni-uṣur (mdu.gur-*tab-ni-ú-ṣur*)
• -, *šākin ṭēmi* von Kutha BM 77474 (Nr. 47): 10′, [Rs 10′]
Nergal-uballiṭ (mdu.gur-tin-*iṭ*)
• -/⌈x⌉[...] BM 46618 (Nr. 2): 1, 22, 30
◦ fEtellītu/- BM 40566 (Nr. 12): 8
Tabnêa/- BM 40566 (Nr. 12): 8
Nergal-ušallim (mdu.gur-gi)
• -/[...]/Ea-eppeš-ilī (mit zweitem Namen Bēl-idānu) BM 55784 (Nr. 35): 1, Rs 3′, 6′
-/[...] BM 38943 (Nr. 40): 5′
-(//Šigûa) BM 46580 (Nr. 11): *15′* Richter
- BM 37603+ (Nr. 20): 2′
◦ Bēl-ittannu/-/Ea-eppeš-ilī (BM 55784 (Nr. 35))
fKalaturtu/-/Ea-eppeš-ilī (BM 55784 (Nr. 35))
Mannu-iqabu/-/Ea-eppeš-ilī (BM 55784 (Nr. 35))
f[...]tu/-/Ea-eppeš-ilī (BM 55784 (Nr. 35))
Nergal-ušēzib (mdu.gur-*ú-še-zib*)
• -/Kalbaja/lú[...].DÙ BM 59618 (Nr. 39): 8
-/[...] BM 41869 (Nr. 23): Rs *13′*
◦ fBurāšu/-/Dābibī BM 77425 (Nr. 44): 34′

Rīmūt-Gula (^{m}*ri-mut-*^{d}me.me)
• -/Marduk-eṭir/Ile''i-bulluṭu-Marduk BM 38205 (Nr. 36): 5, 6
Rīmūt-Nabû (^{m}*ri-mut-*$^{d+}$ag)
• -/Nabû-aḫḫē-šullim/[...] BM 46838 (Nr. 28): Rs *5′*
-/Nabû-ēṭir-napšāti/Basija BM 21975 (Nr. 15): 10
- BM 31721 (Nr. 22): Rs 5′ (Sohn der ^{f}Šu...tu)
Rīš-ana-Esagil (^{m}sud-*ana-é-sag-g*[*il*])
¤ [...]/[...]-kēšir/- BM 47795+ (Nr. 29): 29′
Ri[...] (^{m}*ri-*[)
◦ [...]-napšāti/- BM 40566 (Nr. 12): 18
Sagil (^{m}*sag-íl*)
• -/Bēl-šuma-iškun/Egibi BM 59618 (Nr. 39): 5
Silim-Bēl (^{m}*si-lim-*$^{d+}$en)
◦ [...]/-/[...] BM 35508+ (Nr. 42): 4′′
Sîn-aluḫu (^{md}30-*a-lu-ḫu*)
¤ Bēl-kāṣir/Marduk-MU-[...]/- BM 32463 (Nr. 17): Rs 7
Sîn-damāqu (^{md}30-*da-ma-qu*)
¤ Nabû-balāssu-iqbi/Nergal-ušēzib/- BM 32619 (Nr. 34): 8
Nabû-šumu-līšir/Iqīšaja/- BM 59584 (Nr. 1): 12′
Sîn-imittī (^{md}30-zag.lu)
¤ [...]/[...]-zēra-ukīn/- BM 38125 (Nr. 43): 31
Sîn-karābi-išme (^{md}30-siskur$_{2}$-še.ga)
¤ Ṣillaja/Nergal-aḫa-iddin/- BM 77425 (Nr. 44): 24′
Sîn-kēšir ($^{md]}$30-*ke-šìr*)
◦ [...]/- BM 47795+ (Nr. 29): 26′
Sîn-šadûnu (^{md}30-*šá-du-nu*)
¤ Rīmūt-Bēl/Nādin/- BM 46646 (Nr. 27): 14
Sîn-tabni (^{md}30-*tab-ni*)
¤ Bēl-upāqu/Šūzubu/- BM 59618 (Nr. 39): 15
^{f}Kaṣirtu/Aplaja/- BM 41933 (Nr. 14): 5′
Nabû-šuma-uṣur/[...]-a/- Nr. 10: 7b
[...]/[...]-iqīšanni/- BM 38125 (Nr. 43): 36
Sîn-zēra-iddin (^{md}30-še.numun-sum.na)
◦ -/Aḫ-immē BM 33795 (Nr. 5): 3
-/^{f}Mammītu-ilat BM 33795 (Nr. 5): 3
-/^{f}Nabê-ḫinnī BM 33795 (Nr. 5): 3
Sippê (^{m}*sip-pi-e*)
¤ Nabû-mukīn-apli/Nabû-mukīn-apli/- BM 59618 (Nr. 39): 17
Suḫaja (^{m}*su-ḫa-a-a*)
¤ Aḫḫē-iddin-Marduk/Šākin-šumi/- BM 46787 (Nr. 4): 25
Kabti-ilī-Marduk//- (BM 40030 (Nr. 41): lRd Siegel)
Marduk-[...]//- BM 46787 (Nr. 4): 22
[...]/Ṣillaja/- BM 38125 (Nr. 43): 26
Sūqaja (^{m}sila-*a-a, su-qa-a-a*)
• -/Nabû-šuma-ukīn/Šalala (adoptiert) BM 38125 (Nr. 43): 4, 15, 18
^{m}SU-[...]
? - BM 46581 (Nr. 30): 8′
Ṣāḫitu (^{lú}ì.sur)
¤ [...]-PAP//- BM 30515 (Nr. 33): 5
Ṣāḫit-ginê (^{lú}ì.sur-gi.na)
¤ Kabtija/Na'id-Marduk/- BM 46646 (Nr. 27): 5
Marduk-nāṣir/Iddin-aḫu/- BM 59618 (Nr. 39): 13
Ṣillaja (^{m}*ṣil-la-a*)
• -/Aplaja/Šamaš-(a)bāri BM 103451 (Nr. 38): [1], 7, 13, 20, 22, 29, 37, 39
-/Nergal-aḫa-iddin/Sîn-karābi-išme BM 77425 (Nr. 44): *23′*
-/[...]-šuma-ibni/Eppeš-ilī BM 41663+ (Nr. 45): 11′, 19′
◦ Šamaš-G[I-...]/- BM 36466 (Nr. 37): 13
[...]ši/-/[...] BM 35508+ (Nr. 42): 12′′
[...]/-/Suḫaja BM 38125 (Nr. 43): 26
^{f}Ṣirâ (^{f}*ṣi-ra-a*)
• -/Nabû-ēṭir-napšāti/Basija BM 21975 (Nr. 15): Rs *12′ ina ašābi*
Šaddinnu (^{m}*šad-din-nu*)
◦ [...]nu/-/Nūr-Sîn BM 55784 (Nr. 35): lRd
Šākin-šumi (^{m}gar/*šá-kin-*mu)
• -/[...] BM 46618 (Nr. 2): 10, Onkel des Nergal-pir'a-uṣur
◦ Aḫḫē-iddin-Marduk/-/Suḫaja BM 46787 (Nr. 4): 25
^{f}[...]/- BM 46787 (Nr. 4): 19
Šalala (^{m}*šá-la-la*)
¤ Nabû-šuma-ukīn/[...]/- BM 38125 (Nr. 43): 3
[...]/Rēḫētu/- BM 38125 (Nr. 43): 30
[...]/Rīmūt/- BM 38125 (Nr. 43): 34
Šamaš-(a)bāri (^{md}utu-*ba-*(*a*)*-ri*)
¤ Nāṣir/Etellu/- BM 103451 (Nr. 38): [2]
Ṣillaja/Aplaja/- BM 103451 (Nr. 38): [2]
Šamaš-erība/Bēl-ēṭir/- BM 103451 (Nr. 38): 4
Šamaš-zēra-ušabši/Etellu/- BM 103451 (Nr. 38): 3
Tabnêa//- BM 35508+ (Nr. 42): oRd Siegelbeischrift
Šamaš-aba-uṣur (^{d}utu-ad-urù)
• Skl. BM 103451 (Nr. 38): 21, Sohn der ^{f}Aja-bēl-uṣrī

2. Titel

3. Ortschaften

ālu ša ^{lú}GAL SAG BM 33795 (Nr. 5): AO

Aqabi-... (^{uru}*a-qa-bi-*⌜x⌝-[...]) BM 36466 (Nr. 37): AO

Babylon (tin.tir^{ki}, ká.dingir.ra^{ki}, ká.dingir$^{meš.ki}$) BM 46618 (Nr. 2): AO, Nr. 10: 1, 8, BM 40523 (Nr. 13): AO; BM 47552 (Nr. 18): 4, AO; BM 46646 (Nr. 27): AO; BM 47795+ (Nr. 29): 2′; BM 46721 (Nr 31): AO, BM 30515 (Nr. 33): AO; BM 59618 (Nr. 39): AO; BM 38125 (Nr. 43): AO

Bīt-Dakkūru (^{uru}*é-da-ku-ru*) BM 32619 (Nr. 34): 11; 35508: 23′

Bīt-Raḫê (*é-ra-aḫ-*ʾ*-e*) BM 30515 (Nr. 33): 2

Bīt-Sâlu (*é-sa-a-lu*) BM 46618 (Nr. 2): 12; S. 13

Borsippa (*bár-sipa*^{ki}, *bar-sip*^{ki}) BM 42470 (Nr. 3) AO, BM 41933 (Nr. 14) AO, BM 21975 (Nr. 15) AO; S. 31

Ḫursagkalamma/Kiš S. 71

Kār-Šamaš ... (kar-^{d}utu$^{?}$ ⌜x x x⌝) BM 46830 (Nr. 32): Rs 3′

Kullab *kul-la-bi*^{ki} BM 47552 (Nr. 18): 3

Larsa (ud.unug^{ki}) BM 103451 (Nr. 38): 5, AO

Sippar (ud.ki.nun^{ki}, *sip-par*^{ki})BM 55784 (Nr. 35) AO, BM 59584 (Nr. 1) AO, BM 59721 (Nr. 9) AO

^{uru}*Taḫ-ú-ka*^{ki} (= Taḫ(u)makka?) BM 32619 (Nr. 34): AO

4. Gewässer

ḫarri gišri BM 38943 (Nr. 40): 9′

ḫarru ša ḫa-ri-ru ... BM 38428 (Nr. 26): 5′

ḫarru ša [...]*-iltaqab* BM 32619 (Nr. 34): 11f.

palgu BM 38205 (Nr. 36): 4

5. Sonstige Ortsbezeichnungen

abul Zababa BM 46581 (Nr. 30): 2′

aḫullâ qalla ša Bābili BM 32153 (Nr. 16): 11′

^{garim}Araḫtu BM 21975 (Nr. 15): 5, K15

ālu eššu ša qe[*reb Bābili*] BM 46581 (Nr. 30): Rs 3

bāb bīt nuḫatimmē BM 3463 (Nr. 17): 2

[*bāb bīt*] *sirāšê* BM 3463 (Nr. 17): 2f.

bāb dindu BM 30515 (Nr. 33): 3

bāb me-[...] BM 3463 (Nr. 17): 3

bābu šá ^{d}*Bēl* BM 35508+ (Nr. 42): 7, 9, 11, 16, 7′, 17′, 18′, 20′

ḫarba [...]*iatari* BM 30515 (Nr. 33): 6f.

Ezida BM 41663+ (Nr. 45): 37′

mūtaq multēšir ḫabli Nr. 10: 2a

mūtaq ^{d}*Nergal ša ḫadê* Nr. 10: 2d, 3

tāmirtu ša ^{d}*Irra-danu* BM 77425 (Nr. 44): 33′

6. Wörter

7. Realien

8. Textstellen

Ebenfalls bei ISLET erschienen:

Babylonische Archive Band 1

MINING THE ARCHIVES

FESTSCHRIFT FOR CHRISTOPHER WALKER ON THE OCCASION OF HIS 60TH BIRTHDAY

edited by Cornelia Wunsch

ISLET

Dresden 2002

ISBN 3980846601
x + 374 Seiten
€ 50,00 plus Porto
Zu bestellen über
islet@mailbox.co.uk

INHALT:

Approaches to Akkadian Name-Giving in First-Millennium B.C. Mesopotamia (HEATHER D. BAKER); *The "Accession Year" in the Late Achaemenid and Early Hellenistic Period* (TOM BOIY); *Remarks on BM 37361* (JOHN P. BRITTON); *The Level of the Euphrates* (DAVID BROWN); *Schafe, die „aus den Häusern" herbeigeführt wurden: BM 78910 und die Rolle des privaten Spenders (kāribu) im neubabylonischen Sippar* (ROCÍO DA RIVA); *The Kassite Cross Revisited* (ERICA EHRENBERG); *Ur-gigir, a Sumerian Cosmopolitan* (CLAUDIA FISCHER); *An Adoption Document from the Kisurra Collection in the British Museum* (ANNE GODDEERIS); *Ein neubabylonisches Rezept zur Berauschung und Ausnüchterung* (NILS P. HEEẞEL); *Florilegium babyloniacum: Neue Texte aus hellenistischer und spätachämenidischer Zeit* (MICHAEL JURSA); *Old Babylonian Extispicy Reports* (ULLA KOCH-WESTENHOLZ); *Redeeming a Father's Seal (Frans van Koppen); Working in Elam* (JOHN MACGINNIS); *A Charm Against Demons of Time* (CHRISTA MÜLLER-KESSLER, *with an Appendix by W. G. Lambert); A Note on the Akītu-House at Ḫarrān* (JAMIE R. NOVOTNY); *Ein spätaltbabylonischer Kaufvertrag aus Babylon (Rosel Pientka-Hinz); Describing the Body of a God* (FRANCES S. REYNOLDS); *Ewe Should Be So Lucky: Extispicy Reports and Everyday Life* (SETH RICHARDSON); *Guaranteed Genuine Originals: The Plimpton Collection and the Early History of Mathematical Assyriology* (ELEANOR ROBSON); *Some Lunar Ephemerides and Related Texts from Babylon* (JOHN M. STEELE); *Endogamy in Mesopotamia in the Neo-Babylonian Period* (CAROLINE WAERZEGGERS); *Du sollst nicht darüber spotten: eine Abschrift der 10. Tafel von úru àm.ma.ir.ra.bi* (MICHAELA WESZELI); *„Du hast meinen Sohn geschlagen!"* (CORNELIA WUNSCH); *Bibliography of C.B.F. Walker; Indices*